A SABEDORIA DO AGORA

Daniel J. Siegel

A SABEDORIA DO AGORA

A ciência e a prática da presença
UM GUIA REVOLUCIONÁRIO DE MEDITAÇÃO

Tradução
Diego Franco Gonçales

PAIDÓS

Copyright © 2018 Mind Your Brain, Inc.
Copyright © Editora Planeta do Brasil, 2022
Copyright da tradução © Diego Franco Gonçales
Esta tradução foi publicada por acordo com a Ballantine Books, um selo da Random House, uma divisão da Penguin Random House LLC
Ilustrações de Madeleine Welch Siegel. Copyright © 2018 Mind Your Brain, Inc.
Título original: *Aware: the Science and Practice of Presence – the Groundbreaking Meditation Practice*
Todos os direitos reservados.

Preparação: Karina Barbosa
Revisão: Andréa Bruno e Valquíria Matiolli
Diagramação: 3Pontos Apoio Editorial Ltda
Capa: Filipa Damião Pinto | Foresti Design

Dados Internacionais de Catalogação na Publicação (CIP)
Angélica Ilacqua CRB-8/7057

Siegel, Daniel J.
  A sabedoria do agora: a ciência e a prática da presença – um guia revolucionário de meditação/Daniel J. Siegel; tradução de Diego Franco Gonçales.- São Paulo: Planeta, 2021.
  368 p.

ISBN 978-65-5535-581-9
Título original: *Aware: The Science and Practice of Presence – The Groundbreaking editation Practice*

  1. Neurociência 2. Meditação 3. Desenvolvimento pessoal 4. Autorrealização I. Título II. Gonçales, Diego

21-5225   CDD 158.1

Índice para catálogo sistemático:
1. Neurociência

Ao escolher este livro, você está apoiando o manejo responsável das florestas do mundo

2022
Todos os direitos desta edição reservados à
EDITORA PLANETA DO BRASIL LTDA.
Rua Bela Cintra, 986, 4º andar – Consolação
São Paulo – SP – CEP 01415-002
www.planetadelivros.com.br
faleconosco@editoraplaneta.com.br

Para Caroline Welch
A magnífica e cuidadosa mulher que me mostra todos os dias
o poder e o potencial da presença em nossa
vida pessoal e profissional

e

Em memória de John O'Donohue:

Uma década
não diminui
o amor
o riso
e
a luz
que sua vida
ainda
traz para nós
verdade e
transformação
significado e
sua mente
conosco
por
agora
para sempre

Sumário

Parte I – A RODA DA CONSCIÊNCIA: IDEIA E PRÁTICA

Um convite 14
    Cultivando o bem-estar: a atenção, a consciência e a intenção 15
    Uma ferramenta prática 17
    Um guia de viagem para a mente 22
Histórias de uso da Roda da Consciência: adquirindo a sabedoria
do agora 25
    Billy e o retorno ao núcleo 25
    Jonathan e o fim da montanha-russa emocional 26
    Mona e o santuário do núcleo 27
    Teresa, o trauma e a cura pela integração com a Roda 27
    Zachary: encontrando significado, conexão e alívio da dor 31
Preparando a mente para a Roda da Consciência: a atenção focada . 34
    Construindo o aspecto regulador da mente 34
    Algumas dicas iniciais 36
    Uma lente para a visão mental 40
    Respiração consciente para estabilizar a atenção 42
    O que é a mente? 47
    Os três pilares do treinamento mental 53
    Atenção focal e não focal 56
    Monitorando a atenção e a consciência 60
A Roda da Consciência Básica 65
    Mapas, metáforas e mecanismos 65
    Roda da Consciência: Básica e Completa 67

Um mapa da Roda da Consciência Básica 70
Praticando a Roda da Consciência Básica 73
Refletindo sobre a mente: sua experiência com a Roda Básica 76
A intenção de gentileza 82
    Entrelaçando gentileza, empatia e compaixão na sua vida 82
    Integração, espiritualidade, saúde 94
    Nosso eu interior e compartilhado 95
    Construindo compaixão com frases de intenção 98
    Refletindo sobre gentileza e compaixão 103
    Aprofundando a prática da Roda da Consciência 106
A consciência aberta 109
    Explorando o núcleo 109
    Refletindo sobre o conhecer 113
    Energia em torno da Roda 114
    Prática condensada da Roda 118

Parte II – A RODA DA CONSCIÊNCIA E OS MECANISMOS DA MENTE

A mente e o fluxo de energia do corpo 124
    Mind your brain 128
    Seu cérebro na palma da mão 130
    A rede em modo padrão 135
    Como integrar a RMP 138
    Afrouxando as amarras de um eu separado 142
    Apego *versus* vínculo 145
    O quarto segmento do aro e a mente relacional 149
    Desenvolvendo um cérebro integrado com o treinamento mental .. 154
A integração no cérebro e o raio da atenção focal 157
    Como e onde surge a consciência? 157
    A consciência e a integração da informação 162
    Atenção, consciência e o cérebro social 165
    O núcleo do conhecer e os possíveis mecanismos cerebrais por trás da consciência pura 170
A natureza da energia, a energia da mente 178
    Ciência, energia e experiência 178
    A energia da natureza 181
    A energia como probabilidade 195

Diagrama 3-P do fluxo de energia 206
Mapeando a mente: picos, platôs e o plano das possibilidades .. 210
A consciência, o núcleo e o plano das possibilidades 222
A consciência e o plano das possibilidades 222
Correlatos cerebrais da consciência pura 224
Filtros de consciência 229
Filtros de consciência e a organização da experiência 229
Os modelos que delineiam nosso senso de realidade 234
Os platôs, o eu e a rede em modo padrão 238
Um conjunto pessoal de filtros 243
A consciência pura e os filtros de consciência 246
A varredura oscilatória da atenção: um *loop* 3-P, um raio sobre a Roda 248
Proporções de varredura, estados mentais.................................. 253
Admiração e alegria.. 262
Uma tabela de correlações entre experiência mental, metáfora e mecanismo 264

Parte III – A TRANSFORMAÇÃO COM A APLICAÇÃO DA RODA: TIRANDO PROVEITO DO NÚCLEO E VIVENDO A PARTIR DO PLANO DAS POSSIBILIDADES

A Roda como uma ideia para crianças: Billy e a liberdade do núcleo, a vastidão do plano 269
A Roda para adolescentes: Jonathan acalma a montanha-russa de platôs e picos... 274
A Roda para pais e outros provedores: Mona e a liberdade de platôs recorrentes e de picos de caos e inflexibilidade........... 281
A Roda na cura de traumas: Teresa e a transformação de filtros traumáticos de consciência... 287
Dissociação 295
Vergonha 296
Cura... 297
A Roda na vida profissional e uma mente desperta: Zachary e o acesso ao plano.. 304

Parte IV – A SABEDORIA DO AGORA

Desafios e oportunidades de viver com presença e estar consciente.. 318

Liberdade: transformando-a em possibilidade 326
Presença além dos métodos 328
Atenção plena consciente e integração 330
Conexão desde o plano 332
Rir, viver e morrer desde o plano 335
Liderar e amar desde o plano 339

Agradecimentos 343

Referências e leituras selecionadas 347

Índice remissivo 349

Elogios para A *sabedoria do agora* 363

Uma mente que se amplia com uma nova ideia nunca retorna ao seu tamanho original.

Oliver Wendell Holmes

PARTE I

A Roda da Consciência: ideia e prática

Um convite

Há um velho ditado que diz que a consciência é como um recipiente de água. Se você despejar uma colher de sal num recipiente pequeno – digamos, do tamanho de uma xícara de café – é quase certeza de que a água ficará salgada demais para ser bebida. Mas, se o recipiente for muito maior (capaz de conter muitos, muitos litros de água), essa mesma colher de sal, agora despejada nessa vasta quantidade de líquido, terá um sabor normal. A mesma água, o mesmo sal; basta uma proporção diferente e a experiência de bebê-la será totalmente diversa.

A consciência é assim. Quando aprendemos a cultivar nossa capacidade de estar conscientes, nossa qualidade de vida e a força da nossa mente são aprimoradas.

As habilidades que você vai aprender neste livro são de fato bastante simples: você aprenderá a aumentar sua capacidade mental de estar consciente, de modo que seja capaz de ajustar a proporção entre a experiência da autoconsciência em si (a água) e o objeto de sua consciência (o sal). Você pode chamar isso de cultivo da consciência; você pode chamar de fortalecimento da mente. Pesquisas revelam que você estaria correto até em chamar isso de integração cerebral – cultivar as ligações entre as diferentes regiões do cérebro, fortalecendo sua capacidade de regular coisas, como a emoção, a atenção, o pensamento e o comportamento, e aprendendo a viver uma vida com mais flexibilidade e liberdade.

Aprender essa habilidade de distinguir entre a consciência e aquilo de que você está ciente lhe permitirá expandir o recipiente da consciência e lhe dará o potencial de "saborear" muito mais do que um mero copo de água salgada. Você será capaz de mergulhar a fundo em qualquer experiência que surgir, mesmo que a vida jogue inúmeras colheres de sal em seu caminho.

Para que essas habilidades possam fazer parte de sua vida, este livro lhe ensinará uma prática chamada Roda da Consciência, desenvolvida por mim. À medida que se tornar hábil no uso dessa ferramenta, você perceberá uma nova capacidade de resistir mais facilmente às tormentas da existência e de viver a vida mais plenamente, abrindo-se para quaisquer experiências que surgirem, sejam elas positivas ou negativas. Essa habilidade de cultivar a consciência expandindo a autoconsciência – transformando, por exemplo, a pequena xícara de café em um vasto recipiente de água – não só ajudará você a desfrutar mais a vida como também poderá trazer um sentido mais profundo de conexão e significado à experiência cotidiana, além de tornar você mais saudável.

Cultivando o bem-estar: a atenção, a consciência e a intenção

Nas páginas deste livro, mergulharemos a fundo em três habilidades que, de acordo com estudos científicos cuidadosamente conduzidos, ajudam a cultivar o bem-estar. Quando desenvolvemos a *atenção focada*, a *consciência aberta* e a *intenção de gentileza*, as pesquisas revelam que nós

1. *melhoramos* a **função imunológica** para ajudar no combate a infecções;
2. *otimizamos* o nível da enzima **telomerase**, que repara e preserva as extremidades de seus cromossomos, mantendo suas células – portanto, *você* – jovens, funcionais e saudáveis;
3. *aumentamos* a **regulação "epigenética"** dos genes para ajudar a prevenir inflamações prejudiciais à vida;
4. *modificamos* os **fatores cardiovasculares**, melhorando os níveis de colesterol, a pressão arterial e as funções cardíacas;
5. *aumentamos* a **integração neural** no cérebro, permitindo maior coordenação e equilíbrio na conectividade funcional e estrutural dentro do sistema nervoso, o que facilita seu funcionamento ideal, incluindo a autorregulação, a resolução de problemas e o comportamento adaptativo, que são o cerne do bem-estar.

Em resumo, as descobertas científicas agora postulam: sua mente pode alterar a condição de seu corpo e retardar o envelhecimento.

Além dessas descobertas concretas, temos outras, mais subjetivas, porém igualmente poderosas, de que o cultivo desses aspectos da mente – o modo como você focaliza a atenção, a consciência aberta e orienta sua intenção em direção à bondade e ao cuidado – aumenta também a sensação de bem-estar, a conexão com os outros (na forma de mais empatia e compaixão), o equilíbrio emocional e a resiliência diante dos desafios. Estudos revelam que, à medida que a sensação de significado e propósito aumenta, uma constante neutralidade do ser – o que alguns chamam de tranquilidade de espírito – é alimentada por essas práticas específicas.

Tudo isso é resultado do fortalecimento da sua mente com a expansão do recipiente da consciência.

A palavra grega *eudaimonia* descreve lindamente a profunda sensação de bem-estar, tranquilidade de espírito e felicidade que vem de viver a vida como algo que tem sentido, que tem conexão com os outros e com o mundo ao seu redor. Cultivar *eudaimonia* parece ser algo que você gostaria de colocar em sua lista de afazeres da vida?

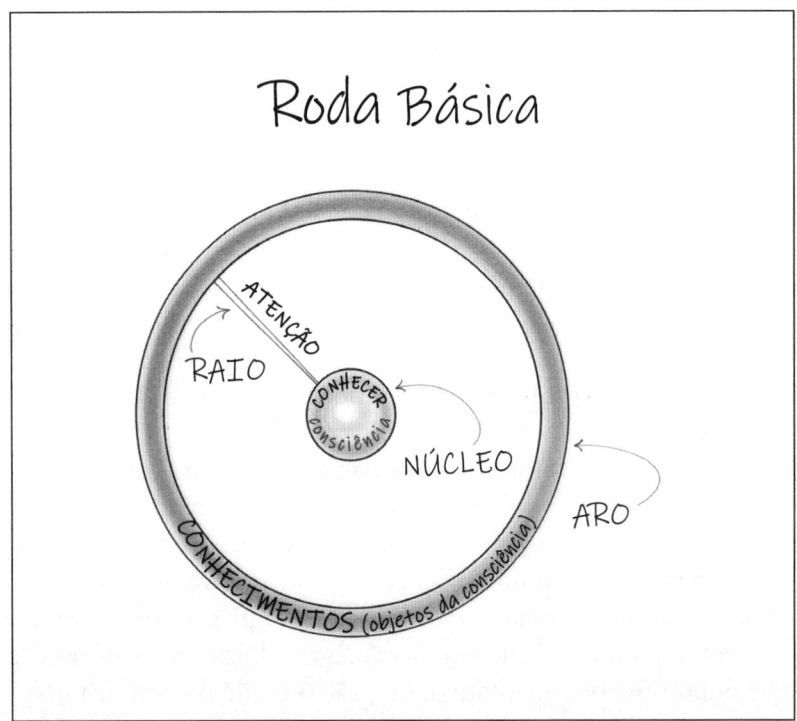

Se você já experimenta essa *qualidade da existência* no seu dia a dia, essas práticas de treinamento de atenção, consciência e intenção podem melhorar e reforçar o estágio que você já alcançou nesta vida. Maravilha. E, se você sente que essas características de *eudaimonia* estão distantes ou que talvez lhe sejam desconhecidas e gostaria de torná-las mais íntimas de sua existência cotidiana, este livro é o lugar certo para você.

Uma ferramenta prática

A Roda da Consciência é uma ferramenta útil que desenvolvi ao longo de muitos anos para ajudar a expandir o recipiente da consciência.

Ofereci a Roda da Consciência a milhares de indivíduos ao redor do mundo, e ficou provado que ela é uma prática que pode ajudar as pessoas a desenvolver mais bem-estar, tanto na vida intrapessoal quanto na interpessoal. A prática da Roda é baseada em passos simples, fáceis de aprender e de aplicar em suas experiências diárias.

A Roda é uma metáfora visual muito útil para explicar como a mente funciona. O conceito me surgiu de repente, certo dia, enquanto eu olhava para uma mesa redonda em meu escritório. A mesa consiste em um tampo de vidro transparente, cercado por um aro externo de madeira. Percebi que nossa consciência poderia ser vista como algo repousando no meio de um círculo (um núcleo, podemos dizer), a partir do qual, a qualquer momento, podemos escolher focalizar uma ampla gama de pensamentos, imagens, sentimentos e sensações que nos rodeiam por todo o aro. Em outras palavras, as coisas de que podemos estar cientes seriam representadas pelo aro de madeira, e poderíamos colocar no núcleo a experiência de estar cientes.

Se eu pudesse ensinar às pessoas como expandir aquele recipiente de consciência acessando de forma mais livre e plena o núcleo de consciência da Roda, elas seriam capazes de mudar a maneira como vivenciam as colheradas de sal da vida e talvez até aprenderiam a saborear a doçura da vida de uma maneira mais equilibrada e satisfatória, mesmo se houvesse muito sal naquele momento. Quando olhei para aquela mesa, vi que a transparência daquele núcleo de vidro poderia representar como nos tornamos cientes de todas essas colheradas da vida, cada uma das variadas experiências das quais poderíamos tomar consciência, desde pensamentos até sensações, e que agora poderíamos visualizá-las sendo colocadas no círculo ao redor do núcleo – a madeira do aro externo da mesa.

O núcleo central daquela mesa, agora chamada de Roda da Consciência, representa a experiência de estar consciente, de *saber* que se está avaliando os conhecimentos da vida, representados pelo aro; por exemplo, neste momento, você está ciente das palavras que está lendo nesta página, e agora talvez você tenha se tornado ciente das associações que está fazendo com as palavras – as imagens ou lembranças que lhe vêm à mente.

A consciência pode ser simplesmente definida como nosso senso subjetivo de conhecer – assim como você estar ciente de eu ter escrito a palavra *olá*. Neste livro, usaremos a perspectiva de que *a consciência inclui tanto o conhecer quanto o conhecimento*. Você sabe que eu escrevi *olá*. "Você sabe" é o conhecer; "olá" é o conhecimento. O conhecer está no núcleo; os conhecimentos estão no aro. Quando falamos em expandir o recipiente da consciência, estamos, portanto, fortalecendo a experiência de conhecer – fortalecendo e expandindo nossa capacidade de estar cientes.

Agora imagine o que poderia acontecer se, partindo do núcleo, nossa atenção fosse dirigida a qualquer um dos vários conhecimentos do aro, concentrada em um ou outro ponto – em um determinado pensamento, uma percepção ou um sentimento; em qualquer um dos vários conhecimentos da vida que repousam sobre o aro. Estendendo a metáfora da roda, podemos visualizar esses momentos de concentração da atenção como um raio da roda.

O raio da atenção conecta o núcleo do conhecer com o aro dos conhecimentos.

Durante a prática, eu levo meus pacientes ou alunos a se centrar e imaginar que suas mentes são como a Roda. Em seguida, imaginamos que o aro pode ser dividido em quatro partes ou segmentos, cada um contendo uma certa categoria de conhecimentos. O primeiro segmento contém a categoria de conhecimentos dos nossos primeiros *cinco sentidos*: audição, visão, olfato, paladar e tato; o segundo segmento representa outra categoria de conhecimentos, que inclui os *sinais internos do corpo*, como as sensações de nossos músculos ou de nossos pulmões. O terceiro segmento contém as *atividades mentais*, como sentimentos, pensamentos e memórias, enquanto o quarto segmento contém nosso *senso de conexão* com outras pessoas e com a natureza, nosso *senso relacional*.

Lentamente movemos esse único raio da atenção ao longo do aro, trazendo ao foco, um a um, os elementos daquele segmento, depois movemos o raio da atenção para o próximo segmento e revemos esses pontos também. Sistematicamente, consideramos um a um os elementos do aro, movendo o raio da atenção ao longo do aro de conhecimentos. Conforme a prática se desenrola em uma determinada sessão, e conforme os indivíduos continuam a praticar com frequência, eles geralmente descrevem um sentimento de mais clareza e calma, um senso mais profundo de estabilidade e até mesmo de vitalidade, não apenas durante a prática em si, mas durante o resto do dia.

A prática da Roda é uma forma de abrir a consciência e cultivar um recipiente maior e mais expansivo de consciência. As pessoas que participam da prática parecem estar fortalecendo suas mentes.

A Roda foi projetada como uma prática que poderia equilibrar nossa vida pela integração da experiência da consciência. Como? Ao distinguirmos o amplo leque de conhecimentos do aro – uns dos outros, mas distingui-lo também do conhecer presente na consciência do próprio núcleo –, podemos diferenciar os componentes da consciência. Então, conectando sistematicamente os conhecimentos do aro com o conhecer do núcleo por meio do movimento do raio da atenção, torna-se possível ligar as partes diferenciadas da consciência. É assim que, ao diferenciar e conectar, a prática da Roda da Consciência integra a consciência.

Nesta nossa realidade, uma das propriedades emergentes fundamentais de sistemas complexos é chamada de auto-organização. Você deve ter imaginado que esse termo foi criado por alguém da área de psicologia ou mesmo de negócios – mas é um termo matemático. A forma ou o formato com que um sistema complexo se desdobra é determinada por essa propriedade que emerge da auto-organização. Esse desdobramento pode ser otimizado ou limitado. Quando não está otimizado, ele se move em direção ao caos ou à rigidez. Quando está se otimizando, ele se move em direção à harmonia e é flexível, adaptável, coerente, energizado e estável.

Dada a experiência de caos e rigidez que eu vinha observando em meus pacientes (e em meus amigos e em mim mesmo quando as coisas não estavam indo tão bem), comecei a me perguntar se a mente poderia ser algum tipo de processo auto-organizador. Uma mente forte poderia otimizar a auto-organização e criar uma experiência de harmonia na vida; uma mente falha poderia se afastar dessa harmonia e se inclinar para o caos ou para a rigidez. Se isso fosse verdade, então o cultivo de uma mente forte poderia ser facilitado ao perguntarmos como ocorre a auto-organização ideal. Há uma resposta para essa pergunta.

A ligação de partes distintas de um sistema complexo equivale ao modo como a propriedade emergente auto-organizador que regula o desdobramento desse sistema ao longo do tempo se auto-organiza e se move em direção a um funcionamento ideal. Em outras palavras, a integração (como a estamos definindo com o equilíbrio entre diferenciação e conexão) cria uma auto-organização ideal, com seu funcionamento flexível e adaptável.

A ideia essencial por trás da Roda é expandir o recipiente da consciência e, de fato, equilibrar a experiência da própria consciência. *Equilíbrio* é um termo leigo que podemos entender cientificamente como proveniente do processo que estamos chamando de integração – de um lado, permitir que as coisas sejam diferentes ou distintas umas das outras, e, por outro, fazer uma posterior conexão entre elas. Quando diferenciamos e conectamos, integramos. Tornamo-nos equilibrados e coordenados na vida quando criamos a integração. Várias disciplinas científicas podem usar outra terminologia, mas o conceito é o mesmo. Integração (o equilíbrio entre diferenciação e conexão) é a base para uma regulação ideal, que nos permita fluir entre caos e rigidez; é o processo central que nos ajuda a prosperar e florescer. A saúde vem da integração. Simples assim, e muito importante.

Um sistema que está integrado está em um fluxo de harmonia. Assim como em um coro, em que a voz de cada integrante se diferencia e se conecta às vozes dos demais, a harmonia emerge com a integração. Vale notar que essa ligação não elimina as diferenças, como no conceito de mistura; em vez disso, ela mantém essas contribuições únicas, enquanto as conecta entre si. A integração é mais como uma salada de frutas do que como uma vitamina. É assim que a integração cria a sinergia do todo maior do que a soma de suas partes. Da mesma forma, essa sinergia de integração significa que os muitos aspectos de nossa vida, assim como os muitos pontos no aro, podem ser honrados por suas diferenças, mas depois reunidos em harmonia.

Em minha própria jornada como clínico, trabalhando dentro da estrutura de uma área multidisciplinar chamada neurobiologia interpessoal, refletir sobre nossa mente como um modo auto-organizador de regular o fluxo de energia e informação me inspirou a buscar estratégias para promover mais integração na vida de meus pacientes, a fim de criar mais bem-estar em termos de corpo e relacionamentos. Os muitos livros que escrevi ou coescrevi têm como base a integração.

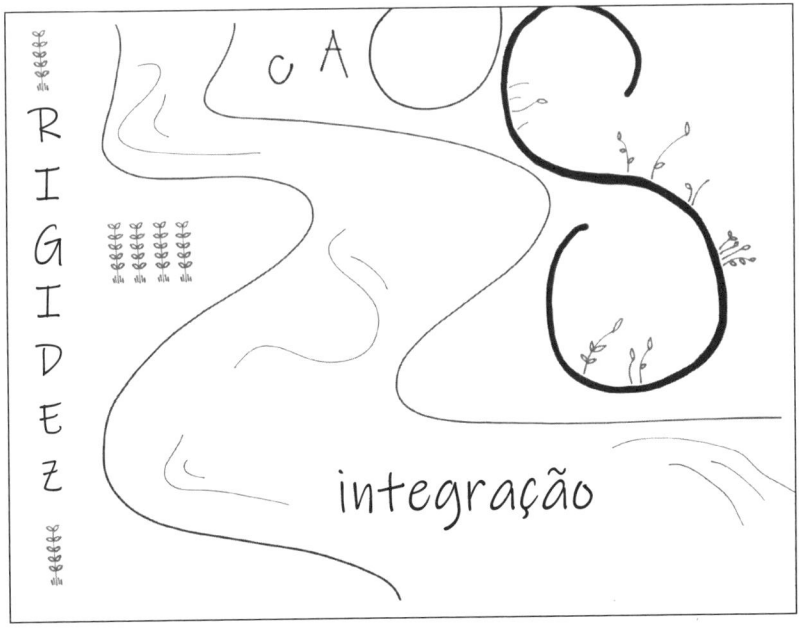

Depois que integramos a consciência com a Roda da Consciência, a vida das pessoas melhorou.

Muitas encontraram nela uma prática de construção de habilidades que as capacita de forma bastante profunda. Ela transformou o modo como elas passaram a experimentar suas interioridades mentais – suas emoções, seus pensamentos e suas memórias –, abriu novos modos de interagir com os outros e até expandiu o senso de conexão e significado em suas vidas.

Um guia de viagem para a mente

Minha esperança para nossa conversa neste livro é que a Roda da Consciência se torne parte de sua vida, como conceito e como prática, e que ela aumente o bem-estar em seu corpo, sua mente e seus relacionamentos. Embora essa prática seja inspirada em pesquisas científicas e tenha sido reforçada pelo feedback de milhares de indivíduos que a exploraram, você e eu precisamos ter em mente que *você* é um indivíduo peculiar com sua própria história, suas tendências e suas formas de existir no mundo. Cada um de nós é único. Portanto, apesar de algumas generalizações que acionaremos, sua própria experiência com este material será uma revelação única.

Assim como outros profissionais da área da saúde, dou o meu melhor para me basear em dados científicos e descobertas generalistas e depois aplicá-las com cuidado, diretamente a uma determinada pessoa. Pretendo permanecer aberto – procurando, recebendo e respondendo ao feedback daqueles que vêm aceitando essas ideias e experimentando essas práticas. Como médicos, não podemos garantir resultados para qualquer paciente ou cliente específico; podemos simplesmente nos basear na ciência e em experiências anteriores para oferecer alguns passos que têm uma *alta probabilidade* de ajudar. A partir dessa perspectiva, nossa abordagem pode ser a de oferecer o melhor possível e permanecer abertos às amplas formas pelas quais qualquer pessoa pode, de fato, responder a essas práticas.

Como isto é um livro (não psicoterapia ou mesmo um workshop), nossa conexão aqui, por este conjunto de palavras, não é um relacionamento ao vivo, de perguntas e respostas na hora. Portanto, naturalmente não será possível um feedback direto, em tempo real, e uma troca contínua entre nós dois. Mas, como leitor, você está convidado a ter um diálogo contínuo consigo, momento a momento. Como leitor, você pode acolher essas ideias, experimentar as práticas e *ver como elas funcionam para você*. Eu, como autor, posso simplesmente compartilhar minhas experiências e perspectivas, palavras que não podem criar um feedback direto seu, mas que, espero, ofereçam algo útil. Nesse sentido, o livro pode ser visto como um guia de viagem, discutindo os detalhes de uma possível jornada que só você pode fazer. O autor do guia tem a responsabilidade de fazer sugestões; o papel do viajante é recebê-las, considerar o que está sendo oferecido e depois, de forma responsável, criar sua própria viagem. Posso fazer o papel de um xerpa, um guia que apoia suas viagens, mas, como viajante, você precisa dar seus próprios passos e modificá-los conforme necessário ao longo do caminho.

Mantive na minha mente a importância da sua experiência subjetiva, tanto ao criar a própria Roda da Consciência quanto na construção deste livro, que explora as ideias conceituais e os potenciais práticos da Roda. Nenhuma oferta pode garantir os benefícios. Mas peço a você que use este livro como um guia de viagem útil e acessível para as ideias e práticas que podem trazer enormes benefícios para sua vida.

Não será uma listagem detalhada (ao estilo do resumo de um projeto de pesquisa) de todas as descobertas fascinantes e relevantes dessa área, mas será um guia de viagem prático, inspirado na ciência, para a mente e a saúde mental, e que oferece ideias e práticas em um quadro estruturado para a jornada específica que vem pela frente.

Podemos encontrar, em várias publicações, revisões úteis de estudos científicos sobre os tipos de prática que cultivam o bem-estar, as quais incluem uma análise muito acessível da ciência da meditação por Daniel Goleman e Richard J. Davidson, chamada *Altered Traits* [Traços alterados, em tradução livre]. Outro exemplo de pesquisadoras excelentes que avaliaram descobertas científicas e delinearam cuidadosamente seu uso prático pode ser visto em *O segredo está nos telômeros*, de Elizabeth Blackburn, ganhadora do Nobel, e sua colega, a cientista Elissa Epel. Como já publiquei referências a essas pesquisas em vários livros, como *A mente em desenvolvimento* e *Mente saudável*, aqui em *A sabedoria do agora* vamos direto às ideias e às práticas que se fundamentam nesses dados, de modo a oferecer um caminho em potencial para cultivar mais resiliência e bem-estar em sua vida. Você pode encontrar uma lista de referências gerais e sugestões de leitura em meu website [conteúdo em inglês], conforme apresentado no final deste livro.

Nas páginas que se seguem, estaremos, juntos, fazendo mergulhos profundos e caminhadas divertidas ao longo de uma série de trilhas que exploram e fortalecem sua mente. Estarei lá com você a cada passo desse caminho.

Histórias de uso da Roda da Consciência: adquirindo a sabedoria do agora

Gostaria agora de oferecer alguns exemplos concretos de como a Roda da Consciência – tanto a ideia quanto a prática – tem sido útil na vida de uma série de pessoas. Vou apresentar a você indivíduos específicos e o modo como eles usaram a Roda para fortalecer a mente e ter uma vida melhor. Depois de você iniciar suas próprias explorações da Roda nesta primeira parte do livro, estaremos prontos para, a partir da sua prática pessoal, aprofundar nossa exploração dos mecanismos da mente na parte II. Em seguida, na parte III, retornaremos a esses mesmos indivíduos e veremos como podemos aplicar esses novos conhecimentos para expandir nossa compreensão de como a Roda pode tê-los ajudado e como a própria mente pode funcionar. Na parte IV, vamos nos ater a essas novas noções sobre a mente e a Roda, à medida que continuamos a explorar os modos como você pode entrelaçar essas ideias e práticas de forma útil em sua vida. Talvez você venha a descobrir, como eu e muitos outros, que o uso dessas novas noções sobre a essência do que é a mente e do que é uma consciência expandida – e as experiências diretas sobre como a prática da Roda integra a consciência – pode ajudá-lo a fortalecer sua mente e a cultivar mais bem-estar em sua vida.

Billy e o retorno ao núcleo

Billy, um menino de 5 anos expulso de uma escola por bater em outro aluno no parquinho da escola, foi transferido para a turma da sra. Smith em uma nova escola de ensino fundamental. Essa professora tinha aprendido sobre a Roda nos meus livros. Na sala de aula, ela costuma pedir a seus alunos que desenhem uma roda com um grande círculo externo e um círculo interno menor, conectado a uma linha que faz as vezes de um raio. Ela então descreve que o núcleo é a nossa consciência, o aro forma as várias coisas das quais estamos cientes e o raio é o modo como as crianças podem determinar para onde sua atenção pode ir. Alguns dias após aprender sobre a Roda a partir de um desenho, Billy foi até a sra. Smith e disse o seguinte, segundo um e-mail que ela me escreveu: "Sra. Smith! Preciso dar um tempo – estou prestes a dar um soco no Joey porque ele levou meu brinquedo para o pátio. Estou preso no aro, preciso voltar ao meu núcleo!". Billy usou o tempo necessário para se distanciar do impulso de agredir – uma atitude inflexível e com resultados caóticos que ele, sem dúvida, aprendera cedo –, e com o desenho da Roda ele foi capaz de articular sua necessidade, desenvolvendo depois uma forma alternativa, mais integrada de agir. Ele pôde respeitar o comportamento de outra criança e reconhecer o próprio impulso, mas optou por não reagir de maneira impulsiva. Semanas depois, a sra. Smith me escreveu novamente, dizendo que Billy tinha se tornado um novo integrante benquisto em sua turma.

Jonathan e o fim da montanha-russa emocional

Agora considere este exemplo de alguém que usa a Roda não apenas como uma *ideia* na forma de uma metáfora visual, como o Billy, mas também como uma prática que oferece uma *experiência* que pode transformar a atenção, a consciência e a intenção. Se você leu meu livro O *poder da visão mental*, talvez se lembre de um paciente de 16 anos, um jovem que chamo de Jonathan, que usou a prática da Roda para lidar com graves alterações de humor que estavam criando grande sofrimento em sua vida. Com a criação intencional de um *estado emocional* específico por meio da prática da Roda ao longo do tempo, Jonathan pôde cultivar uma nova *característica* de equilíbrio emocional em sua vida. Em suas próprias palavras: "Eu simplesmente não levo todos aqueles sentimentos e pensamentos tão a sério – e eles não me causam mais aquelas alterações tão selvagens". O que as ideias e práticas da Roda fizeram por Jonathan foi capacitá-lo a aplicar, de modo intencional, os conceitos aprendidos e as habilidades desenvolvidas para criar regularmente um estado mental que decerto envolvia um conjunto específico de ativações cerebrais. Esse padrão repetido de ativação neural *funcional* pode então se tornar uma mudança na conexão neural *estrutural*. Esse é um exemplo concreto de como podemos transformar um estado criado de forma intencional em uma característica saudável em nossa vida.

Mona e o santuário do núcleo

Mona, 40 anos, mãe de três filhos, todos com menos de 10 anos de vida, muitas vezes se encontrava com a "corda no pescoço". Estava criando os filhos sem muita ajuda de seu cônjuge, família e amigos, irritando-se facilmente com os filhos, para então ter raiva de si mesma por se sentir assim.

Mona veio a um de meus workshops e começou a implementar a Roda da Consciência como uma prática regular. Ela descobriu que, com o tempo, sua capacidade de acessar o núcleo da consciência lhe deu a experiência de escolher seu comportamento e mais resiliência para enfrentar os desafios cotidianos de criar três filhos. Com a integração de sua consciência, Mona transformou seu comportamento repetidamente *reativo* em *receptivo* e confiável. Na reatividade, Mona agia de forma caótica ou rígida na vida interior ou no comportamento exterior; com a receptividade, ela poderia ser flexível, criando uma forma mais integrada de estar com os filhos e consigo. Assim, Mona poderia ser mais presente e amável com os filhos, e mais bondosa e carinhosa consigo também.

Teresa, o trauma e a cura pela integração com a Roda

Trauma de desenvolvimento é um termo que usamos para eventos significativamente estressantes que acontecem no início da vida; por exemplo, abuso ou negligência de crianças pequenas. Algumas pessoas usam um termo afim para um conjunto mais amplo de desafios precoces: *experiências adversas na infância*, ou EAIs. O trauma de desenvolvimento, e das EAIs talvez menos intensas, causa um impacto que prejudica o aumento da integração cerebral – um efeito que, felizmente, em muitos casos, pode ser curado. A integração no cérebro, que estamos chamando de integração neural, é necessária para nos dar equilíbrio na vida, na forma de uma série de funções executivas que regulam emoção e humor, pensamento e atenção, e até mesmo os relacionamentos e o comportamento. Teresa penou em cada uma dessas áreas e veio até mim em busca de ajuda. Aos 25 anos, suas experiências de lutar contra as consequências de uma infância traumática exemplificam esse importante princípio de que o caos e a rigidez nos relacionamentos levam a uma integração neural problemática. Depois que ela se conectou lentamente comigo, adquirindo confiança para se abrir sobre a experiência de ser uma criança vulnerável com pais abusivos, eu lhe apresentei as ideias e a prática da Roda.

Para muitos que passaram por eventos intensos e aterrorizantes, especialmente nas mãos das pessoas que deveriam ter oferecido a eles proteção e cuidado, a experiência de diferenciar o que é estar consciente (núcleo) daquilo de que estamos conscientes (aro) pode ser, de início, algo novo e perturbador. Por quê? Uma provável explicação é que, quando entramos no estado de ciência de nossa própria consciência (o núcleo metafórico da Roda), podemos vivenciar um estado de abertura e possibilidades ampliadas que pode ser bem diferente do sentimento de certeza que surge quando estamos cientes apenas do aro metafórico dos conhecimentos da vida. Perder-se em "lugares familiares" do aro – mesmo se essas sensações, pensamentos ou sentimentos surgirem de traumas e de ter recebido cuidados aquém do ideal – pode ironicamente ser mais reconfortante do que entrar num estado de incerteza e liberdade, a experiência do núcleo. Esse padrão de ser atraído para o estado mental do abuso, para aqueles elementos repetitivos do aro, pode envolver o que para alguns é uma postura de vítima passiva, e para outros pode ser um estado ativo de luta raivosa. Esses estados revelam como podemos nos tornar *reativos* em resposta a ameaças. Para Teresa, ser reativa significava às vezes ficar assustada e em um estado mental de fuga dos desafios, enquanto, outras vezes, consistia em lutar até mesmo contra as pessoas que esperavam se conectar e ser solidárias com ela. Teresa precisava, na verdade, deixar de ser reativa para se tornar *receptiva*. Estar aberta e disponível para se conectar não é uma postura passiva, mas uma pessoa traumatizada pode confundir essa postura com desistência e com um risco ainda maior de ser ferida e decepcionada. Ao fazer uma analogia com a Roda, a reatividade de Teresa poderia ser vista como um conjunto de conhecimentos familiares de luta, fuga, congelamento e até mesmo desmaio, o legado de estados reativos que, de tão repetidos em sua infância, se tornaram características ou tendências automáticas de sua vida adulta.

Esse é um princípio geral importante. O que é praticado repetidas vezes fortalece os conjuntos ou padrões de ativação cerebral. Com a repetição, a estrutura neural é literalmente alterada. É assim que os estados repetidos se tornam características duradouras.

Você deve ter notado que, em cada um desses exemplos, uma realidade científica simples é revelada. Resumi esse princípio fundamental da integração da mente desta forma:

Aonde vai a atenção, flui a ativação e cresce a conexão.

Para Teresa, e para muitas outras pessoas, a Roda ofereceu uma chance de sair do automatismo dos estados de reatividade e despertar a mente para novas possibilidades de ser e de fazer. Ter uma mente desperta significa usar os processos mentais de atenção, consciência e intenção para ativar novos estados mentais que, com a prática repetida, podem se tornar características esculpidas intencionalmente na vida de uma pessoa. Quando essa característica é uma mente integrada, significa que podemos passar da reatividade automática sem escolha para a liberdade da resposta com escolha. É assim que a integração da consciência poderia transformar a vida de Teresa: com a prática repetida, ela poderia moldar sua atenção, consciência e intenção para criar uma forma mais integrada de viver – a base da *eudaimonia*.

O núcleo da Roda representa o conhecimento de estar consciente e é a fonte da consciência receptiva, de estar aberto e disponível para se conectar a qualquer coisa que surja no aro, sem se perder ou ficar preso naquele aro, consumido pelos conhecimentos da vida. Dessa forma, a metáfora da Roda, tanto como ideia quanto como a prática que Teresa logo aprenderia, poderia ajudá-la a tomar consciência da prisão que sua mente havia sido treinada para se tornar. Assim como a experiência lhe ensinou a existir como se estivesse em uma prisão, uma experiência integradora intencional e repetida – como a prática da Roda – poderia ensiná-la a se libertar daquela prisão.

Ideias são maravilhosas, mas, às vezes, na verdade, com bastante frequência, a prática também é necessária para começar a experimentar novas formas de ser e de se comportar e para construir profundamente essas ideias libertadoras dentro de nós enquanto vivemos seu significado no dia a dia.

Quando Teresa vivenciou um estado de pânico ao explorar pela primeira vez o núcleo da Roda, em uma parte da prática que discutiremos mais tarde, passamos um tempo em repouso, refletindo sobre o que era aquela experiência de medo. Assim como muitas outras pessoas que viveram alguma forma de trauma, o foco inicial no corpo, nas emoções em geral ou no núcleo pode às vezes ser angustiante por si só. Essa experiência desconcertante, se recebida com paciência e apoio, pode ser simplesmente um dos "males que vêm para o bem", ou seja, é uma sensação desconfortável, sim, mas um convite para explorar mais a fundo o que pode estar acontecendo. Cada sentimento, cada imagem desafiadora pode ser uma oportunidade para aprender e crescer. Essa é, em última análise, uma lição que a Roda oferece, pois fortalece a mente e nos liberta das prisões do passado.

Com a repetição da prática, Teresa aprendeu muitas coisas com essas experiências. Uma lição foi que ela poderia deslocar o que inicialmente criava ansiedade (como focar partes de seu corpo feridas por seus pais) e, assim, sentir-se à vontade com esse foco de sua atenção. Lembre-se: "aonde vai a atenção, flui a ativação e cresce a conexão". Teresa poderia mudar com mais agilidade o foco em um ou outro ponto ao longo do aro, *versus* seu foco reativo anterior nos mesmos pontos de dor, e focar as estratégias ativas para evitá-los. Ela desenvolveu um estado integrado de receptividade com base no núcleo. Suas memórias e seus traços anteriores de reatividade passariam a ser vivenciados simplesmente como pontos do aro à medida que seu núcleo se tornava uma fonte de reflexão, consciência, escolha e, finalmente, mudança.

Outra lição importante para Teresa foi a constatação de que seu núcleo tinha sido habitado por uma sensação tão forte de não ter controle do que estava acontecendo que ela inicialmente enxergava com medo o núcleo em si. Conforme sua prática prosseguia, esse medo se transformou primeiro em uma postura mais moderada de cautela, e depois em outra que se desenvolveu até que ela conseguiu ver seu núcleo com curiosidade – um verdadeiro alívio para ela, depois de ter vivido tantos anos com o pé atrás em relação à própria consciência receptiva. Em sua vida, Teresa nunca havia sido autorizada a simplesmente relaxar na imensidão de *estar presente* e aberta a tudo o que surgisse; em vez disso, ainda criança, ela tinha que estar sempre alerta para a próxima investida de comportamentos imprevisíveis e aterrorizantes de seus pais. À medida que desfrutava de um novo estado de presença, no qual ela estava aberta por inteiro para o vasto terreno à sua frente, ela sentia cada vez mais paz e alegria.

O que a transformação de Teresa nos diz é que na vida nunca é tarde demais para se desenvolver, crescer e se transformar. Por meio da Roda da Consciência e de outras práticas de meditação e de atenção plena, é possível desenvolver o estado de presença receptiva, que pode formar a base para uma profunda sensação de bem-estar e uma maior facilidade de conexão compassiva com os outros. Infelizmente, muitos de nós aprendemos a desconfiar das outras pessoas e até mesmo de nossa vida interior, e a prisão resultante de nossas próprias adaptações mentais para sobreviver gera uma crença de que somos incapazes de fazer uma mudança. Em contraste, quando estamos presentes para a vida, estamos abertos para nos unirmos profundamente aos outros, e até mesmo à nossa experiência interior. A coragem de Teresa de mergulhar nas ideias e práticas da Roda a ajudou a desenvolver uma força interior e uma resiliência que durarão o resto de sua vida.

Zachary: encontrando significado, conexão e alívio da dor

Zachary escolheu mergulhar na prática da Roda durante um workshop do qual participou a convite do irmão. Embora a empresa de Zachary estivesse prosperando e sua vida familiar fosse agitada e gratificante, ele sentiu aos 55 anos que algo não estava bem; faltava alguma coisa que ele não sabia o que era. Durante a prática da Roda, ele falou sobre uma dor no quadril que havia sentido quase sem cessar por mais de dez anos que parecia desvanecer de alguma forma. Conforme repetíamos a prática da Roda várias vezes ao longo daquele fim de semana, ele percebia, a cada prática, que a sensação de dor e desconforto, que antes era aguda e perturbadora, só diminuía. Na quinta e última imersão da Roda, as sensações de seu quadril pareciam apenas mais uma em um grande conjunto, nas quais ele podia mergulhar e depois deixar para lá.

Zachary descreveu o alívio da dor física naquele encontro com uma sensação de alegria e maestria. Convidei-o a se manter em contato comigo por e-mail e a me informar como tudo continuou após o workshop. Só tive resposta dele uma vez naquele ano, com a notícia muito positiva de que, com a prática contínua, a dor não tinha voltado.

Surpreendentemente, essa descoberta da libertação de dores crônicas foi algo muito comum nos workshops da Roda em todo o mundo. Estudos com intervenções meditativas comprovaram que treinar a mente nessas formas de atenção focada, consciência aberta e intenção de gentileza pode trazer muitos benefícios, que incluem não só a redução da experiência subjetiva de dor como também uma diminuição objetiva da representação da dor dentro do cérebro.

Uma maneira de entender esse fenômeno é voltar à nossa analogia da consciência como um recipiente de água. Nesse caso, a dor física é o sal que, em um recipiente muito pequeno, pode tornar a água salgada demais para ser bebida confortavelmente, até mesmo não potável. Porém, se aumentarmos a quantidade de água para 300 litros, esse novo recipiente expandido pode conter a colher de sal porque a enorme quantidade de água a diluirá tanto que o líquido permanecerá bebível. O treinamento mental pode ser visto como a expansão do núcleo da nossa Roda da Consciência metafórica, tornando o recipiente da autoconsciência, o conhecimento receptivo da consciência, muito maior. Com o recipiente e o núcleo expandidos, a mesma colher de dor – um único ponto no aro – acaba diluída, tornando-se apenas um de um número infinito de pontos ao longo de todo o aro de conhecimentos. Vivenciamos um alívio daquilo que antes era um foco único de dor. Ao fazer uma analogia com a Roda, diríamos que a experiência de Zachary o libertou de um ponto do aro que se tornara excessivamente saliente e dominara seu núcleo. Se os estudos cerebrais sobre meditação se aplicarem, podemos até sugerir que o cérebro de Zachary estava tendo muito menos ativações neurais na região que representa a dor e a consciência dela. Essa visão da água e do sal ajuda a explicar a eficácia da Roda como imagem visual, como ideia e como prática, e talvez a eficácia do treinamento mental em geral, para ajudar a aliviar o sofrimento da dor crônica.

Além de ajudar com a dor física, a experiência da Roda nos convida a outras mudanças no desenrolar da vida. Tive uma surpresa agradável ao encontrar Zachary durante um almoço no ano seguinte (a mesma empresa havia me pedido para voltar e fazer outro workshop de três dias). Além da diminuição da dor física, Zachary vivenciou outro tipo de alívio. Enquanto um pequeno grupo se juntava antes da reunião, ele me disse que a experiência da Roda no primeiro workshop havia aberto sua mente para uma nova maneira de vivenciar o sentido de sua vida, ajudando-o a sentir uma conexão mais rica consigo, com os outros e com o enorme mundo ao seu redor. Além de se sentir grato por ter sua dor física reduzida, ele foi apresentado a um novo sentido e propósito em sua vida. Ele nos contou, durante o almoço, sobre sua experiência na prática mais avançada da Roda, focando o raio da atenção sobre o núcleo da consciência. Ele disse que, da primeira vez que "moveu o raio da atenção pelo aro e, depois, de volta ao núcleo, a sensação de estar completamente aberto e cheio de alegria e amor" lhe deu uma nova sensação de ser "real e vivo", uma experiência que mudou sua vida e a direção de seu caminho profissional e pessoal. Segundo ele, era aquilo que estava faltando e que ele nunca pôde nomear – um senso de significado, propósito e conexão. Seu irmão, também durante o almoço, brincou comigo dizendo que a esposa de Zachary ia me enviar a conta de um programa de treinamento em meditação no qual ele estava inscrito. Zachary rapidamente acrescentou: "A culpa é sua; agora eu tenho uma sensação de estar vivo que eu gostaria de aprender a compartilhar com os outros, não apenas guardar para mim mesmo". Ele disse que estava até mesmo considerando tornar-se um ministro em sua fé ou um profissional de saúde mental. A escolha de Zachary foi se afastar do mundo dos negócios, pois sentia que ali essas novas visões do que lhe importava não podiam encontrar guarida; agora ele queria desenvolver sua própria mente e aprender como poderia estar a serviço dos outros.

Preparando a mente para a Roda da Consciência: a atenção focada

Enquanto você se prepara para uma experiência da Roda em primeira mão, vamos agora explorar algumas práticas e ideias básicas que ajudarão a preparar sua mente para o que está por vir. Como já mencionei, na prática da Roda você aprenderá habilidades básicas que lhe permitirão integrar a consciência e fortalecer sua mente. Integração é a ligação de elementos diferentes – e a Roda dá suporte a essa integração, diferenciando cada elemento do aro como um conhecimento de consciência e diferenciando-os dos conhecimentos do núcleo para, por fim, conectá-los sistematicamente entre si com o movimento do raio de atenção da Roda. Com a prática, você enriquecerá não apenas sua capacidade de atenção como também sua experiência da consciência e da própria mente.

Construindo o aspecto regulador da mente

A mente pode ser vista como tendo uma faceta, que é um *processo regulatório* engajado na tarefa de determinar como a energia e a informação fluem em nossa vida. Um processo é um desdobramento parecido com um verbo, portanto a mente, dessa perspectiva, é mais como um verbo do que um substantivo. A regulação tem dois aspectos. Um é o monitoramento. O outro é a modificação. Ao desenvolvermos uma prática de fortalecimento da mente como a Roda da Consciência, podemos construir a faceta reguladora da mente e nos tornamos mais capazes de otimizar seu funcionamento. Antes de praticarmos a Roda na próxima seção, começaremos aqui estabilizando a função de monitoramento da mente enquanto desenvolvemos a habilidade da atenção focada – o primeiro pilar do treinamento mental.

Quando anda de bicicleta, você observa o caminho, sente o equilíbrio dela e ouve o tráfego ao redor. Ao observar, sentir e ouvir, você absorve várias formas de energia dentro da percepção. Isso tudo é o *monitoramento*. E você também faz *modificações*, pedalando, conduzindo e freando. É assim que você muda a posição e o movimento da bicicleta, alterando o fluxo de energia, o movimento da bicicleta no espaço. Para se tornar um ciclista melhor e mais capacitado, você aprimora essas habilidades de monitoramento e modificação. Da mesma forma como você pode treinar suas habilidades de ciclista, você pode cultivar uma mente mais forte, aprimorando a maneira como monitora e modifica o fluxo de energia e informação – a essência do sistema da mente.

Uma maneira de aprimorar o monitoramento do fluxo de energia é estabilizar o equipamento que usamos para perceber esse fluxo. Uma prática que nos ensina a estabilizar a atenção exercita o modo como a direcionamos, como o feixe de uma lanterna sobre um foco escolhido. Um foco muito útil para essa prática, encontrado em muitas culturas pelo mundo, é a respiração. Quando realizamos uma prática básica de respiração consciente, estamos fortalecendo a capacidade de monitoramento da mente para que estabilizemos a

```
    Monitoramento
   + MODIFICAÇÃO
   ─────────────────
     REGULAÇÃO
```

atenção. Com a extensão da própria prática da Roda mais elaborada, como veremos em breve, impulsionaremos essa estabilização da atenção, além de adicionarmos outros aspectos de fortalecimento, tanto para o monitoramento quanto para a modificação desse fluxo de energia.

O que você está prestes a aprender é como estabilizar o *monitoramento* para que possa sentir o fluxo de energia e informação com mais foco, profundidade, clareza e detalhes. Quando conseguir estabilizar a função de monitoramento da mente, você poderá aprender a *modificar* para integrar.

Algumas dicas iniciais

Antes de praticarmos a Roda, é importante que você tenha um pouco de experiência com a estabilização da atenção. Se você já fez muitas práticas reflexivas ou de "meditação", um termo que essencialmente abarca diversas formas de treinamento mental, já deve ter experiência com alguma prática de respiração consciente e pode optar por pular esta seção inicial, indo diretamente para a prática básica da Roda. Mas, se você não tiver feito muita reflexão interior, essa prática de respiração para estabilizar a atenção pode ser bastante útil. Por exemplo, em nosso centro de pesquisa Mindful Awareness Research Center, na UCLA (Universidade da Califórnia em Los Angeles), nosso primeiro estudo de MAP (*Mindful Awareness Practice*, prática de atenção plena consciente) explorou como a prática de atenção plena baseada na respiração como foco poderia ajudar adultos e adolescentes com dificuldade de se concentrar e manter a atenção. Nosso estudo-piloto revelou que os participantes alcançaram melhorias mais significativas nas habilidades de atenção com a prática de atenção plena do que os indivíduos que tomavam medicamentos para problemas de déficit de atenção (o resumo de Lidia Zylowska sobre esse trabalho está disponível em *The Mindful Prescription for Adult ADHD*, Mindfulness para TDAH na idade adulta).

Aí vão algumas ideias iniciais.

Primeiro, tente ficar acordado. Quando você reflete sobre o seu interior, tal como focalizar a respiração como uma sensação corporal, você abandona a atenção voltada para o mundo exterior. Para alguns, esse foco interno é tão diferente de um foco externo que pode parecer estranho, incômodo ou mesmo desconfortável. Algumas pessoas acham esse foco interno monótono e entediante. Nessa situação, a tendência pode ser perder o foco, ficar menos alerta, sonolento e até adormecer. Mesmo que o cochilo seja, talvez, uma das mais subestimadas atividades humanas, ficar acordado para a prática é algo que você precisa fazer para obter seus benefícios. Ficar alerta é de fato parte do aprendizado para fortalecer o foco de atenção mental, ao perceber que você está adormecendo e então despertar. Monitorar seu estado de alerta é parte do aprendizado para fortalecer como você monitora o fluxo de energia e informação. Assim, você pode coletar essas informações sobre sua sonolência e modular a energia de forma a se manter acordado e até mesmo ficar mais alerta.

Por exemplo, se você fechou os olhos, pode considerar abri-los um pouco para deixar entrar a luz e estimular seu cérebro. Você pode fazer toda a prática com os olhos bem abertos. Se isso não funcionar para mantê-lo acordado, tente se sentar, caso esteja deitado. Se você estiver sentado, pode tentar ficar em pé; se estiver em pé, tente andar um pouco. Você pode fazer algo para mudar o fluxo de energia e animar a mente para estabilizar a atenção. A chave é monitorar seu próprio estado de energia e de vigília e depois fazer algo a respeito. Se você precisa de uma soneca, às vezes é melhor deixar a prática reflexiva de lado, por enquanto, e simplesmente deixar o cochilo acontecer e aproveitar o descanso!

Segunda dica: se você estiver praticando em grupo, pode ser útil estabelecer algum acordo coletivo para que, no caso de alguém de fato entrar no estado de sono e essa pessoa começar a roncar, outros membros do grupo tenham permissão para acordá-lo. É muito difícil para os demais ignorar um ronco. É melhor entrar em acordo com antecedência e dar permissão para um respeitoso e gentil cutucão para acordar o adormecido.

Um terceiro apontamento: há uma diferença entre relaxamento e reflexão. As técnicas de relaxamento são ótimas para se acalmar, mas demonstraram ser bastante diferentes dos efeitos de uma prática meditativa de atenção plena. Assim, da mesma forma que você pode relaxar com esse exercício de respiração reflexiva, ou depois, com a prática da Roda, é igualmente possível que você não se sinta relaxado de maneira alguma, e isso é bom também. Reflexão não é o mesmo que relaxamento – nem na prática nem nos resultados. Reflexão é mais como se tornar estável e ter clareza, mesmo diante de todo o caos ao seu redor – ou dentro de você. O estado de atenção plena consciente tem a ver com monitorar de modo estável o que quer que surja, no momento em que surgir. Essa é a consciência receptiva que chamamos de presença. É a clareza que a reflexão constrói, à medida que permite que as coisas surjam e sejam apenas vivenciadas dentro da consciência, o núcleo de nossa Roda.

Uma quarta noção: há uma diferença entre *observar* e *sentir*. Quando abrimos a consciência às sensações, como a da respiração, nos tornamos um *duto* que direciona o fluxo de algo para a nossa consciência, por exemplo, permitindo que a sensação da respiração nas narinas flua para a consciência. A atenção aqui é mais como uma mangueira que deixa a água fluir através dela em vez de congelá-la, depois construir um iglu com os blocos de gelo resultantes. Quando observamos algo, há um aspecto de ser mais como uma testemunha *construindo* uma percepção, em vez de um duto direcionando um fluxo. E, como veremos, quando começamos a testemunhar e a narrar a partir dessa postura observacional, construímos uma história a respeito de algo – mesmo que seja sobre a respiração – mais do que simplesmente sentir o duto conduzir esse fluxo sensorial. Se o fluxo de energia é como a água com sabão, então a mente é como a haste que pode simplesmente fazer surgir bolhas ou moldá-las em símbolos.

A observação é a porta de entrada para ser testemunha e depois se tornar o narrador de uma experiência. É assim que você domina uma experiência: ao observar, testemunhar e narrar. São todas formas de construção em que há um observador, uma testemunha e um narrador, cada um contribuindo para a construção de uma experiência

Duto e Construtor

naquele momento. Essa construção pode ser bastante distinta do fluxo sensorial de ser um duto da experiência, daquilo que podemos chamar de *condução*.

A chave para iniciar essa prática de respiração consciente reflexiva é deixar a sensação da respiração ser o foco da atenção, preenchendo a consciência. Algo bem diferente de ser convidado a observar a respiração, a testemunhá-la ou a narrar a experiência da respiração: "Agora estou respirando". Isso talvez pareça uma diferença sutil, mas, como você pode vir a perceber, saber a diferença entre sentir e observar é fundamental para integrar sua experiência e fortalecer sua mente.

Um quinto ponto: seja gentil consigo. Essas práticas podem ser simples, mas isso não as torna fáceis. Em muitos aspectos, refletir sobre o nosso interior é um dos maiores desafios que enfrentamos como seres humanos. Como disse o matemático francês Blaise Pascal: "Todos os problemas da humanidade decorrem da incapacidade do homem de ficar quieto, sozinho em uma sala". É verdade, nossa capacidade de *refletir* está no âmago da inteligência emocional e social, habilidades que muitas pessoas ainda não aprenderam. São ferramentas que capacitarão você a conhecer sua mente interior e a se conectar com a vida interior e mental dos outros.

Estamos tão acostumados a focar o externo que, muitas vezes, a prática reflexiva é totalmente nova para grande parte das pessoas. Sentar-se em silêncio por qualquer período de tempo parece insuportável para alguns. Adoramos ser distraídos por estímulos externos, falar e preencher as lacunas de silêncio em nossa vida. Por isso, é muito importante ser gentil consigo e perceber que grande parte da sua vida pode ter sido focada no mundo externo, preenchida com informações do seu entorno: de pessoas, aparelhos eletrônicos e outras coisas ao seu redor. Agora você está enriquecendo a jornada de sua vida ao aprender a refletir sobre sua vida interior.

A princípio, ficar à vontade com essas práticas reflexivas pode ser frustrante. Mais uma vez, convido você a ser gentil consigo. É um trabalho duro e não existe maneira "perfeita" de fazer isso. Lembre-se: sua mente tem uma mente própria. Parte de sua tarefa é perceber que a energia e a informação simplesmente fluem. Às vezes, você pode direcioná-las bem, guiando a atenção; às vezes, parece que elas têm vida própria, conforme a atenção é desviada para um foco ou outro. Estar aberto a tudo o que acontece é o primeiro passo. Ser gentil consigo em sua viagem por este guia ajudará nisso.

A essência do treinamento mental é aprender a concentrar a atenção. Assim como William James, o pai da psicologia moderna, afirmou certa vez, treinar a atenção permite que você se torne um mestre de si mesmo. Ele escreveu: "A faculdade de retomar de forma consciente o foco da atenção desviada, uma vez após a outra, é a própria raiz do discernimento, do caráter e da vontade. Ninguém é *compos sui* (mestre de si mesmo) sem isso. Uma educação que melhoraria essa faculdade seria a educação *par excellence*. Mas é mais fácil definir esse ideal do que dar instruções práticas para que ele se concretize".[1]

James claramente não estava familiarizado com a prática meditativa de treinar a atenção focada que exploraremos nesta próxima seção, uma simples prática de atenção plena à respiração que pode ajudar você a ser um mestre de sua própria mente. Em nosso centro de pesquisa, um estudo-piloto revelou que tal meditação básica pode melhorar muito os componentes da atenção focada e ajudar as pessoas a se tornarem mais responsáveis pela própria vida. Meditação é o treinamento mental em ação.

Uma lente para a visão mental

Visão mental [Mindsight] é uma expressão que define tanto a forma como vemos nossa própria mente e a dos outros quanto a nossa capacidade de perceber nossas naturezas diferenciadas – ao mesmo tempo que nos relacionamos uns com os outros. Isso significa que a visão mental tem tudo a ver com discernimento, empatia e integração. Para sentirmos o fluxo de energia e informação, podemos usar uma habilidade de monitoramento da mente que é como uma lente perceptiva que concentra esse fluxo na nossa consciência, permitindo que alcancemos um foco claro em sentir a mente interior e a mente dos outros. Há um *tripé* para essa lente de visão mental que será útil apresentar aqui: *abertura*, *observação* e *objetividade*. Quando você desenvolve essas três habilidades e as pratica ao longo do tempo, estabiliza sua capacidade de monitorar com mais clareza o que está acontecendo no presente.

---

[1] William James, *The Principles of Psychology*, v. 1. Cambridge, MA: Harvard University Press, 1890, p. 463.

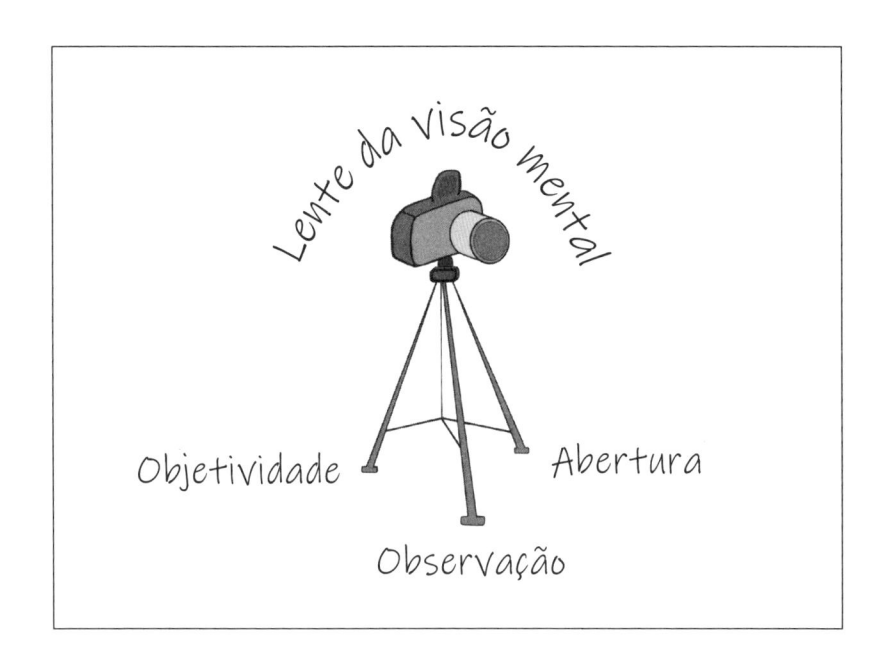

Estar *aberto* a tudo o que surgir significa deixar de lado as expectativas e ser mais receptivo, aceitando o que está acontecendo de fato. A percepção é moldada pela expectativa, portanto estar mais aberto e abrir mão de julgar e antecipar expande nossa consciência de todas as eventualidades da vida.

Observação é a capacidade de nos distanciar um pouco de uma experiência, de notar os contornos de tudo o que está se revelando sem ser inundado por isso. É uma forma de percepção mais ativa do que agir como um duto da sensação pura. Com a observação, podemos evitar o piloto automático de nos perdermos em um pensamento, sentimento ou sensação. Às vezes, é importante deixar de observar para que possamos sentir o fluxo de sensações, mas outras vezes ganhamos uma perspectiva mais geral com o amplo ponto de vista da observação. Ambos os modos são bons; eles são simplesmente diferentes um do outro. A observação nos encoraja a nos tornarmos observadores amplamente cientes e ativos de nossa vida – permite estarmos mais centrados em *conhecer* o núcleo sem sermos varridos pelos conhecimentos do aro, que, às vezes, podem sobrecarregar nossa capacidade de ter uma experiência mais integrada de consciência.

A *objetividade* leva essa capacidade de observação um passo adiante, conforme sentimos que os conhecimentos de nossa experiência são objetos da mente, e não a totalidade de nossa identidade ou equivalentes à realidade absoluta. Mantemos uma postura objetiva ao sentir e perceber os conhecimentos como simples elementos de experiência que surgem e desaparecem, indo e vindo no campo da consciência, que é a nossa base. Isso é objetividade.

A abertura, a observação e a objetividade estabilizam as lentes da visão mental e nos permitem sentir o fluxo de energia e informação com mais clareza, profundidade e detalhes. Cada um dos pés do tripé fortalecedor da mente será desenvolvido nas práticas que começaremos a explorar agora. Aprender a tirar proveito do tripé da lente da visão mental em diferentes situações é a habilidade de aprender a viver uma vida plena e integrada.

Respiração consciente para estabilizar a atenção

Vamos começar com uma prática básica de respiração consciente conhecida no mundo todo.

Se possível, encontre um espaço tranquilo e livre de interrupções. Separe um momento para encontrar uma posição confortável – pode ser sentado, deitado ou em pé. Desligue todos os aparelhos que possam perturbar sua curta prática. Se você tiver um temporizador, configure-o para soar um alarme suave dentro de cinco minutos. Se você estiver sentado em uma cadeira, descruze as pernas, deixe a coluna ereta (de modo confortável) e plante bem os pés no chão. Se preferir ficar no chão, sente-se sobre as pernas flexionadas, deixe a coluna ereta e o corpo em uma posição confortável que você consiga manter por alguns minutos. Se você às vezes sente dor nas costas, como eu sinto, pode fazer essa prática deitado, mas esteja ciente de que é bem provável que você cochile. Uma técnica que me ajuda a evitar adormecer quando estou deitado é deixar um antebraço levantado, com o cotovelo apoiado no chão e a mão aberta apontando para o teto. Se você adormecer, saberá, porque provavelmente seu braço cairá sobre seu peito (e talvez até o desperte).

Se você quiser, pode ficar de olhos abertos ou parcialmente fechados, com um foco suave. Alguns podem achar mais fácil fechar totalmente os olhos para remover a distração sensorial da luz.

Antes de fechar os olhos, tente seguir estes quatro passos:

1. Deixe sua atenção visual ir para o meio do ambiente.
2. Agora envie sua atenção para a parede mais distante (ou para o teto, se estiver deitado).
3. A seguir, traga sua atenção de volta para o meio do ambiente.
4. Finalmente, mantenha sua atenção visual próxima, a uma distância que você segura um livro para ler.

Separe um momento para perceber como *você* pode determinar para onde a atenção vai. Aqui, por meio da sua atenção visual, você está simplesmente direcionando a energia da luz para a consciência.

Convido você a ler as instruções a seguir e, enquanto isso, pode usá-las como um guia para experimentar a prática. Depois de se familiarizar com elas, você pode ir até a aba "Resources" [Recursos] em meu site, drdansiegel.com, e ouvir minha voz enquanto eu oriento você ao longo dessa prática e de outras mais avançadas também [conteúdo em inglês]. Depois de ler as instruções completas e conhecer a prática, você pode ser guiado pelo meu áudio disponível no site ou tentar a prática por conta própria, de memória.

Aí vão as instruções.

Depois de ler cada uma das partes desta prática, você pode procurar um lugar tranquilo para experimentá-la. Você também pode ouvir cada parte em meu website, drdansiegel.com, na aba "Resources".

Deixe a atenção se concentrar na respiração, começando com a sensação do ar entrando e saindo de suas narinas. Deixe as sensações do ar que entra e sai preencherem sua consciência. Basta seguir o ritmo da respiração entrando e saindo.

Agora deixe que sua atenção se concentre em seu peito, permitindo que a sensação de elevar e abaixar seu peito preencha sua consciência. Para dentro e para fora, para dentro e para fora, siga o ritmo da respiração.

Agora deixe sua atenção se mover para seu abdômen. Se você nunca fez "respiração abdominal", pode colocar uma mão no abdômen e deixar a sensação do movimento preencher a consciência. Quando o ar enche os pulmões, o diafragma abaixo deles puxa para baixo e empurra o abdômen para fora; quando o ar sai dos pulmões, o diafragma relaxa e o abdômen se move para dentro. Continue deixando que a sensação do movimento abdominal para dentro e para fora preencha sua consciência. Sinta o ritmo da respiração, para dentro e para fora, deixando a consciência se preencher com a sensação do movimento abdominal.

Agora deixe a atenção encontrar a sensação da respiração onde ela lhe parecer mais natural. Pode ser a sensação do abdômen para dentro e para fora; pode ser o peito subindo e descendo; pode ser a sensação do ar entrando e saindo das narinas. Ou talvez seja o corpo inteiro apenas respirando, para dentro e para fora. Mantenha o foco da atenção onde você sentir primeiro a sensação da respiração.

Agora deixe a sensação da respiração preencher a consciência. Para dentro e para fora, para dentro e para fora, siga o ritmo da respiração, para dentro e para fora. Em algum momento, a consciência talvez seja preenchida com algo diferente da respiração. Se você perceber que a consciência não está mais na sua respiração, redirecione sua atenção para a sensação da respiração.

Continue a se concentrar na respiração por alguns ciclos, voltando a focá-la em caso de distração, e veja no que isso dá. Se você estiver lendo estas instruções enquanto pratica, talvez queira fechar os olhos por alguns ciclos de respiração antes de continuar a ler.

Para dentro e para fora, para dentro e para fora, siga o ritmo da respiração, para dentro e para fora.

Como foi para você? Agora, separe um momento para refletir sobre sua experiência com a respiração.

Agora tentaremos adicionar mais um componente. Para algumas pessoas, pode ser útil encontrar uma palavra que represente a distração que afastou a atenção da respiração. Se um pensamento tiver desviado sua atenção em transmitir a sensação da respiração para a consciência, especialmente se tiver sido um pensamento que se repetiu várias vezes, você pode tentar dizer mentalmente: "Pensamento, pensamento, pensamento". Para alguns, nomear a distração ajuda a afastá-la e aumenta a capacidade de redirecionar a atenção para a sensação da respiração. Da mesma forma, se uma memória toma conta da consciência e substitui a respiração, dizer internamente

"Lembrança, lembrança, lembrança" pode ser útil para redirecionar a atenção para longe da memória e devolvê-la à sensação da respiração. Para outros, esse processo de nomeação é por si só uma distração, e não é nada útil. Para eles, é mais fácil simplesmente perceber a distração sem nomeá-la e então redirecionar a atenção para a sensação da respiração.

Além de nomear ou perceber distrações – para então retornar à respiração –, lembre-se de tentar imprimir gentileza a essa experiência. Pode ser útil considerar esta perspectiva: a prática de respiração é como contrair e relaxar um músculo durante o exercício. O foco na respiração é a contração do músculo; a inevitável distração é o relaxamento do músculo. Você não precisa criar as distrações – elas acontecerão naturalmente, pois a mente tem mente própria! Mas você pode intencionalmente agir com gentileza quando essas distrações vierem, estando *aberto* a qualquer coisa que surja, *observando* a distração, percebendo que ela é um *objeto* ou uma atividade da mente, e então devolvendo o foco da atenção de volta à respiração – permitindo que sua gentileza enquadre esse processo com uma atitude gentil, despida de julgamento. É assim que você pode usar a gentileza aliada ao tripé da visão mental (abertura, observação e objetividade).

Se você apenas estivesse no fluxo dos dutos daquilo que estivesse acontecendo em suas sensações, então se perder em uma distração seria apenas sua experiência sensorial fluindo. Nesse caso, você estaria utilizando apenas o pé de *abertura* do tripé da sua lente de visão mental. Em vez disso, estabilizar a atenção nos permite estar no fluxo da sensação da respiração (abertos ao fluxo dos dutos) usando as ferramentas da capacidade mental de observação e objetividade para observar o novo pensamento ou memória como uma distração, e não apenas fluir com eles, e então construir o processo de redirecionamento para direcionar a atenção para a sensação da respiração. Em termos gerais, essa simples prática de respiração consciente nos convida a estarmos abertos ao fluxo da respiração, observar quando esse foco de atenção se desviar e, com objetividade, mover o foco da atenção de volta à respiração. Assim é feita a integração: diferenciamos abertura, observação e objetividade e fazemos uma conexão entre elas à medida que estabilizamos a atenção.

Portanto, vamos tentar novamente essa prática básica de respiração consciente, desta vez com o convite para rotular ou simplesmente perceber as distrações, retornando gentilmente à respiração, uma vez após a outra. Lembre-se: caso você queira ser guiado pela minha voz nessa prática de respiração, acesse meu site (drdansiegel.com/resources).

> Se você estiver fazendo a prática de respiração consciente por conta própria e pela primeira vez, ajuste um alarme para três minutos. Talvez seja interessante escolher um toque diferente do que você usa para acordar de manhã. Se você já fez a prática antes, pode ajustar para cinco minutos ou mais. Depois de programar o alarme, permita-se sentir a respiração, retomando o foco caso alguma distração diferente da respiração tenha preenchido sua consciência, e então continue no ritmo da respiração, para dentro e para fora, até que o alarme avise que é hora de parar. Antes de iniciar a contagem de tempo para qualquer prática reflexiva, encontre uma posição confortável, com as costas retas, em um espaço onde você não será interrompido.
>
> Pronto? Aproveite!
>
> Após o alarme, é hora de parar. Você pode se sentir calmo ou energizado, renovado ou cansado. Se você estiver passando por um período desafiador em sua vida, você pode até se sentir mais ansioso ou tenso, já que passar tempo habitando nosso interior também pode nos tornar mais conscientes das dificuldades que estamos enfrentando. Lembre-se de que é um exercício. Fazer um exercício não significa que devemos nos sentir de certa maneira depois, ou mesmo que nos sentiremos da mesma maneira cada vez que o praticarmos. Por que é considerado um exercício? É um exercício porque você está fortalecendo sua capacidade de *concentrar* a atenção, de *perceber* uma distração que não é saliente ou relevante para a tarefa em questão – uma percepção que os cientistas chamam de "monitoramento de redes de saliência" –, redirecionando a atenção de forma intencional. Há diferentes circuitos cerebrais para cada uma dessas facetas de atenção – manter o foco, perceber e redirecionar a atenção – e você está treinando cada uma delas.

Tenha em mente nosso lema: aonde vai a atenção, flui a ativação e cresce a conexão. Você já ativou várias partes importantes do seu cérebro em apenas alguns minutos de prática!

Em outros exercícios reflexivos que farão parte de nossa prática da Roda, exploraremos e ampliaremos a capacidade de *consciência aberta*, ou *monitoramento aberto* – ou seja, deixar as coisas simplesmente surgirem e se manter em um estado receptivo, de abertura. Essa consciência aberta, junto com os elementos fundamentais da prática da atenção – manter, perceber e redirecionar –, se fortalecerá à medida que sua prática for aprofundada.

Se você nunca fez práticas reflexivas, pode ser útil repetir o exercício de respiração por um tempo, se possível diariamente, antes de começarmos a prática da Roda nas próximas seções.

Depois de treinar a respiração por uma semana ou mais, alguns se sentem prontos para experimentar a prática básica da Roda, enquanto outros simplesmente gostam de "mergulhar de cabeça" e ver no que dá. Você também pode vir a gostar de inserir essa prática de respiração consciente em várias situações de sua vida, por exemplo, enquanto espera em uma fila, descansa em casa ou ao acordar. É algo simples, mas poderoso. Com o tempo, você não só fortalecerá a atenção como também estabilizará a mente e criará mais clareza na experiência de estar consciente.

Há uma certa coerência interna criada pela respiração consciente, o que provavelmente se deve ao padrão de repetição de inspirar e expirar, do ar entrando e saindo, como quando antecipamos algo e, depois que acontece, ficamos profundamente satisfeitos e bem fundamentados. Isso pode dar à vida uma sensação de ser previsível e confiável. Para muitos, esse foco na respiração cria coerência no equilíbrio fisiológico do coração, bem como uma clareza mental que pode continuar por muito tempo após o período de prática em si. Deixar que essa prática, de se concentrar na respiração e retomar o foco quando a mente se distrai, faça parte de sua reflexão diária é uma forma de dar a si mesmo um presente inesgotável.

Antes de mergulharmos na prática da Roda, vamos explorar alguns dos aspectos de sua mente que podem ter surgido com essa prática fortalecedora de respiração consciente.

O que é a mente?

Deixemos claro desde o início que esse termo não tem uma definição específica – de fato, podemos dizer que é um sinônimo de *atividade cerebral*, mas muitas vezes não há nenhuma definição de *mente*. Sim, existem descrições das atividades da mente, incluindo sentimentos, pensamentos, memórias e atenção, mas não existe uma definição clara dessas atividades.

Em alguns contextos, a palavra *mente* é usada para indicar pensamentos em vez de sentimentos – como na oposição entre mente e coração. Em meu trabalho, não a uso dessa maneira. Muito pelo contrário: em meus ensinamentos e aqui nesta jornada estamos usando o termo *mente* para significar o núcleo de nossa experiência de estar vivo, desde os sentimentos e a intuição até o pensamento, a memória, a atenção, a consciência, a intenção e a origem dos comportamentos. Alguns cientistas se concentram nas origens neurais da mente; outros se concentram na natureza social de nossa vida mental. Mas qual sistema da mente pode abranger tanto suas origens físicas quanto suas origens relacionais?

Em termos gerais, *um relacionamento pode ser visto como o compartilhamento do fluxo de energia e de informação*. Para um antropólogo, sociólogo ou linguista, nossa vida mental está acontecendo entre nós. *O cérebro pode ser visto como um mecanismo encarnado de fluxo de energia de informação*. E por isso temos uma *inter-mente*, dentro

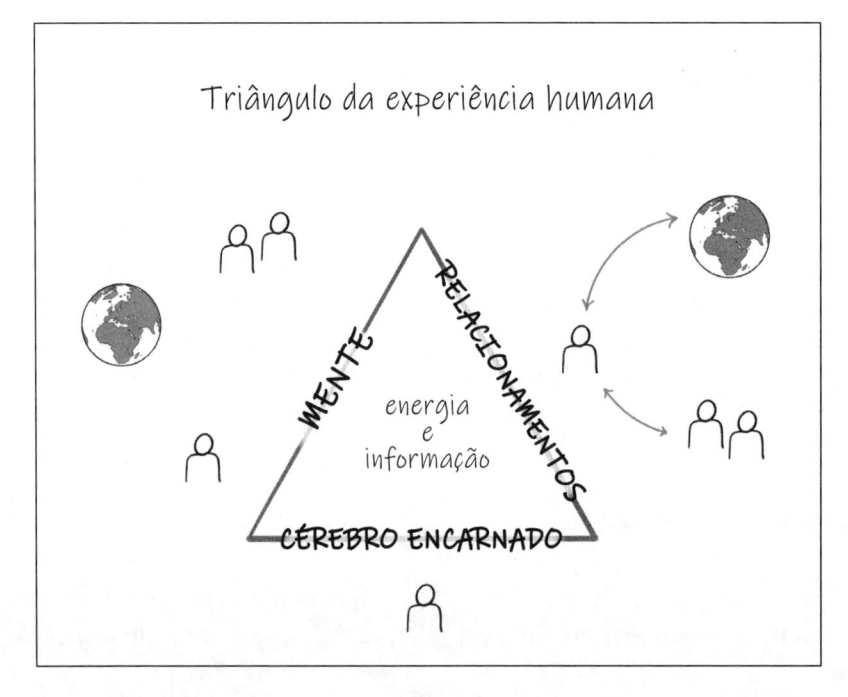

Triângulo da experiência humana

MENTE / RELACIONAMENTOS / CÉREBRO ENCARNADO

energia e informação

de um corpo encapsulado por pele, incluindo o cérebro, encapsulado pelo crânio, que podemos simplesmente chamar de "cérebro encarnado". E nós temos as *entre-mentes*, que acontecem a partir de nossos relacionamentos. Também podemos chamar de mentes interiores e exteriores, as inter e entreorigens do nosso eu, de quem somos. A mente acontece *dentro* e *entre*.

Sei que essa visão da mente como além dos limites do crânio, e até mesmo da pele, pode ser nova para muitos, e talvez diferente do que costuma ser dito. Mas há uma longa linha de raciocínio e evidências científicas por trás dessa proposta de que a mente é tanto encarnada quanto relacional.

O elemento compartilhado do sistema da sua mente é o fluxo de energia e informação. Esse fluxo não é limitado pelo crânio ou pela pele.

A mente vista dessa maneira tem pelo menos quatro facetas fundamentais das quais vamos tirar proveito durante a prática da Roda para aumentar o bem-estar em sua vida. Cada uma delas será um dos blocos que você e eu usaremos ao longo de nossa jornada para construir um caminho prático fundamentado cientificamente para cultivar o bem-estar em sua vida.

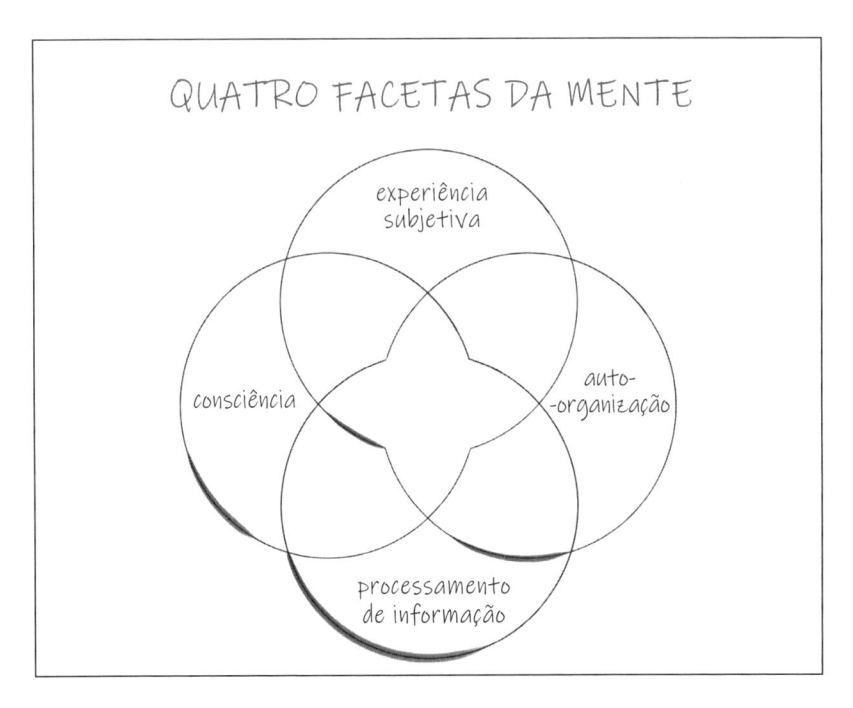

QUATRO FACETAS DA MENTE

- experiência subjetiva
- consciência
- auto-organização
- processamento de informação

1. *Consciência* é a experiência subjetiva de estar consciente e *também* tudo aquilo de que estamos conscientes, no sentido mais concreto. Por exemplo, enquanto lê as palavras desta página, você está ciente da existência delas e de seus significados específicos. Em outras palavras, a consciência é feita tanto dos *conhecimentos* quanto do *conhecer*. O aro é a representação metafórica dos conhecimentos; o núcleo representa o conhecer. Quando direcionamos o fluxo de energia e informação, estamos usando a atenção, representada pelo raio da Roda.

2. *Experiência subjetiva* é a textura que sentimos considerando-se a vida vivida. Tornar-se ciente de sua experiência subjetiva, e até mesmo o ato de expressá-la a si mesmo (como ao escrever um diário) e compartilhá-la com os outros (como nas conversas reflexivas que se concentram na natureza interior da mente ao dialogar com os outros), potencializa muitos aspectos do bem-estar. Subjetiva, ou o que às vezes é chamado de "em primeira pessoa", a experiência pode ser chamada de *ápice* da realidade, ou seja, ela não pode ser reduzida a nada além de si mesma. Como logo veremos, o ápice pode surgir de algum mecanismo de nossa realidade, e, como um ápice, essa propriedade emergente não pode ser reduzida aos elementos dos quais ela surge. O ápice é o que podemos obter de mais básico da realidade. Uma noção que estamos propondo é que nossa experiência subjetiva de estar vivo emerge do inter e entrefluxo de energia.

3. *Processamento de informação* é a forma como recebemos os fluxos de energia – no cérebro, no corpo e em nossas relações interpessoais – e fazemos sentido deles. A informação é um padrão de energia com valor simbólico; ela representa algo diferente do próprio padrão de energia. O processamento de informação às vezes está na consciência, mas grande parte do fluxo de energia e informação da mente ocorre *sem* envolver a consciência.

Por exemplo, se eu escrever "Ponte Golden Gate", isso é um padrão de luz (ou de som, se você e eu estivermos nos conectando por meio de palavras faladas) que chega até você em um padrão de energia com um significado simbólico. O termo significa algo – é um símbolo de algo; as palavras não são a coisa em si. A ponte não é o conjunto de letras nem as ondas sonoras que formam as palavras – as palavras *significam* a ponte. Elas simbolizam ou representam a ponte real, como uma representação linguística. Podemos dizer que esse simbolismo é "energia em formação", porque forma representações simbólicas, elementos comuns de nossa vida intra e interpessoal que simplesmente chamaremos de *informação*. E, visto que a informação como padrão de energia está em um estado contínuo de mudança, denominamos esse movimento, essa transformação, de *processamento* e *fluxo*.

E, agora, para a nossa quarta faceta da mente...

4. *Auto-organização* é a *regulação* do fluxo de energia e informação. É uma propriedade emergente de sistemas complexos. Um breve enfoque sobre esse processo regulador pode ajudar a esclarecer essa importante faceta da mente. De uma maneira muito contraintuitiva, essa propriedade emergente surge do fluxo dos elementos de um sistema complexo e depois se volta para as origens e formas a partir das quais emergiu. Dá para ser mais estranho que isso? No entanto, a matemática dos sistemas complexos é bastante clara – em nosso universo, sistemas complexos têm a propriedade emergente da auto-organização. Esse processo regula repetidamente suas próprias origens, moldando o próprio devir e, em seguida, o próprio surgimento. Estranho, mas parte da nossa realidade.

É por causa da auto-organização que as nuvens não se alinham de um modo certinho, ordenado, nem são aleatórias. A auto-organização otimiza os desdobramentos de um sistema por meio de diferenciação e da conexão. A matemática por trás dessa propriedade emergente de sistemas complexos é, digamos, complexa, mas podemos entendê-la intuitivamente da seguinte forma: as possibilidades de como o sistema flui são maximizadas por meio da diferenciação e da conexão – e essa maximização da complexidade reforça seu próprio devir.

No entanto, você pode bloquear esse processo inato desligando a diferenciação, a conexão ou ambas, e então o sistema não se moverá em harmonia, mas sim, como vimos, irá em direção ao caos ou à rigidez. Mas, quando se liberta a auto-organização desses impedimentos, o impulso natural de um sistema complexo é criar a harmonia da integração. É provável que seja assim que a Roda da Consciência nos ajuda a desenvolver bem-estar em nossa vida.

Podemos propor que, além de consciência, experiência subjetiva e processamento de informações, a mente inclui a definição de "processo emergente de auto-organização encarnada e relacional que regula o fluxo de energia e informação". Como veremos, isso nos permite dizer o que caracteriza uma mente saudável, e então nos mostra passos para cultivar uma mente forte que cria integração dentro e entre.

Um fluxo integrado cria harmonia. Em termos matemáticos, vimos que esse fluxo ótimo de auto-organização tem cinco características, sintetizadas na sigla FACES: Flexibilidade, Adaptabilidade, Coerência (funcionamento correto ao longo do tempo, ou resiliência), Energia (sensação de vitalidade) e Solidez (estabilidade).

Estudos sobre o bem-estar revelaram que o melhor indicador de saúde e felicidade é ter um cérebro dotado de integração, o que os pesquisadores chamam de "conectoma interconectado". Isso significa que ter as diferentes áreas do cérebro conectadas entre si, processo que permite a coordenação e o equilíbrio do cérebro como um todo, é provavelmente o mecanismo que permite que a regulação seja otimizada – o modo como regulamos a atenção, a emoção, o pensamento, o comportamento e nossos relacionamentos. Também nos estudos sobre meditação, o aumento do bem-estar está associado ao crescimento de regiões integradoras do cérebro – córtex pré-frontal, corpo caloso, hipocampo e conectoma.

Um processo regulatório, como vimos, monitora o que ele regula e modifica o que ele está regulando – como quando você anda de bicicleta ou dirige um carro. Ao determinarmos a quarta faceta da mente como o processo regulatório auto-organizador, podemos entender o modo como uma implicação natural estabiliza o monitoramento para, então, aprender a modificar para integrar. O que está sendo monitorado e depois modificado? O fluxo de energia e informação. Onde? Dentro do corpo, e entre o corpo e outras pessoas e o mundo ao redor, o planeta.

Como ideia e como prática, a Roda da Consciência foi inspirada nessa visão da mente. Para cultivar uma mente saudável, estabilize a capacidade de monitorar o fluxo de energia e informação dentro e entre. E então, uma vez reforçado esse monitoramento, aprenda a modular o fluxo de energia e de informação rumo à integração, diferenciando e conectando esse fluxo, agora sentido com mais clareza.

Resumindo, a quarta faceta da mente a define como, em parte, um processo regulatório. Assim, fortalecê-la nada mais é que construir estas duas etapas de regulação:

1. *Estabilizar o monitoramento* para que você possa sentir com mais profundidade, clareza e detalhes.
2. *Modular rumo à integração* para que você possa moldar com diferenciação e conexão.

Dessa perspectiva, podemos ver quais são os elementos fundamentais do treinamento para fortalecer a mente.

Os três pilares do treinamento mental

Análises de pesquisas sobre treinamento mental sugerem que os três fatores que discutimos – atenção focada, consciência aberta e treinamento de compaixão, o que chamamos de *intenção de gentileza* – estão entre os principais ingredientes para gerar bem-estar e felicidade em nossa vida. No futuro, outros elementos centrais podem ser descobertos para o treinamento mental, a fim de encaminhar nossa vida em direção ao bem-estar.

Três aspectos do treinamento mental demonstrados em pesquisas incluem:

1. *Atenção focada:* a capacidade de manter a concentração, ignorar as distrações ou afastá-las quando estas surgirem, retomando a atenção para o objeto em questão.
2. *Consciência aberta:* a experiência da presença da mente, na qual se sustenta um estado de receptividade aos objetos dentro da consciência, sem se apegar ou se perder neles.
3. *Intenção de gentileza:* a capacidade de ter um estado mental com uma postura positiva, compaixão e amor, tanto internamente (ou "autocompaixão", o que chamaremos de "intracompaixão") quanto nas relações interpessoais (ou "compaixão direcionada ao outro", o que vamos chamar de "intercompaixão").

Pesquisas sobre o treinamento de atenção focada, consciência aberta e intenção de gentileza sugerem que elas se complementam e

Os três pilares do treinamento mental

ATENÇÃO FOCADA | CONSCIÊNCIA ABERTA | INTENÇÃO DE GENTILEZA

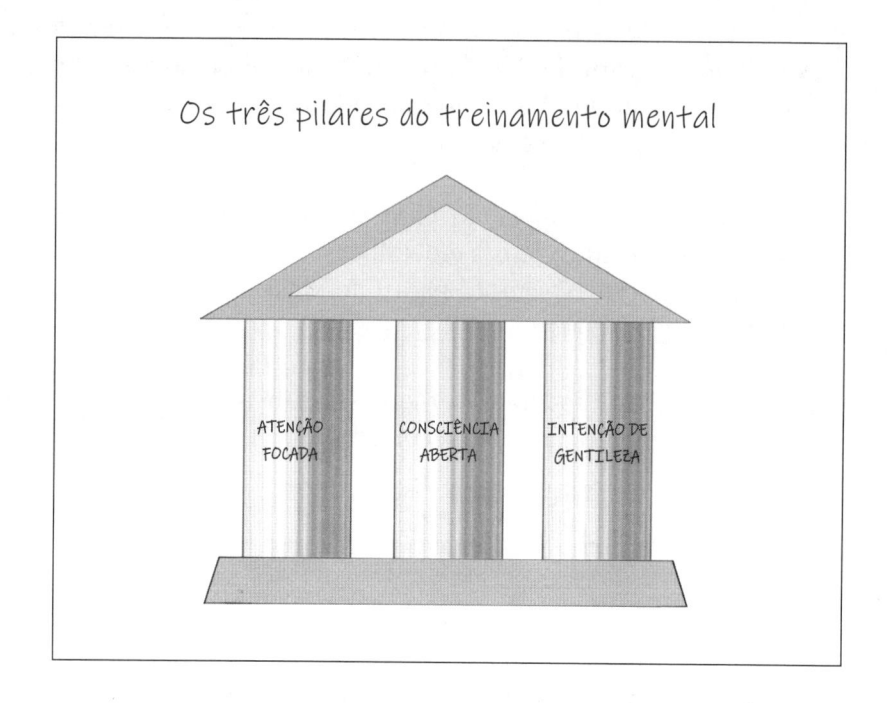

apoiam o movimento em direção ao bem-estar no corpo e no cérebro, em nossas relações intra e interpessoais, e em nossa vida mental de atenção, sentimentos, pensamentos e memória.

Tomados como um todo, esses resultados do treinamento mental podem revelar o mecanismo que descrevemos anteriormente – aonde vai a atenção, flui a ativação e cresce a conexão.

Uma maneira de desenvolvermos mais presença em nossa vida, de nos tornarmos mais atentos em nosso dia a dia para que estejamos cientes do que está acontecendo conforme acontece, bem como cultivar a intenção de gentileza dentro dessa consciência aberta, é fazer uma prática regular que treine a mente nessas três formas inter-relacionadas. Esse treinamento mental às vezes é chamado de meditação. Quando aprendemos a fortalecer a atenção focada, estamos essencialmente aproveitando o poder do nosso raio para direcionar a atenção para diferentes pontos ao longo do nosso aro. Aprendemos a direcionar, manter a atenção e detectar desvios de foco para depois redirecionar a atenção. Com a consciência aberta, aprendemos a fortalecer nosso acesso ao núcleo, distinguindo o *conhecer* da consciência dos *conhecimentos* do aro. Com o monitoramento aberto, podemos alcançar o equilíbrio emocional ao perceber quando somos arrastados para o aro, e então aproveitar a capacidade de voltar à tranquilidade de espírito do núcleo. Por fim, com o treinamento de intenção de gentileza, desenvolvemos as bases da empatia e da compaixão, o carinho e o cuidado com os outros e conosco.

O termo *mindfulness* (atenção plena), frequentemente usado na expressão "meditação mindfulness", não tem uma definição única, fixa, compartilhada por todos os profissionais e pesquisadores. A essência desse termo, entretanto, pode ser resumida com as noções a seguir. Estar ciente do que está acontecendo sem ser arrastado por atividades mentais preestabelecidas, como julgamentos ou ideias, memórias ou emoções, é uma forma de descrever a atenção plena consciente. Em nosso centro de pesquisa, oferecemos treinamentos em MAPs (práticas de atenção plena consciente), que, de acordo com demonstrações científicas, têm promovido o bem-estar no corpo, na mente e nos relacionamentos. As MAPs incluem meditação sentada, meditação ambulante, ioga, tai chi chuan, qigong e oração centrada. Todas essas são formas de fortalecer a mente e trazer saúde para nossa vida.

Para mim, as MAPs podem ser vistas com um conjunto de características em comum. Naturalmente, todas elas envolvem a consciência. Porém, mais do que estar ciente, elas incluem prestar atenção à intenção de cada um e tomar ciência da experiência da consciência em si. Em muitas dessas práticas, não em todas, há uma inclinação bondosa, um senso de cuidado e compaixão para consigo e com os outros, que meus colegas, os psicólogos Trudy Goodman Kornfield e Jack Kornfield, com Ram Dass, chamaram de consciência amorosa, e Shauna Shapiro e seus colegas, de atenção amorosa. Shelly Herrell usa o termo *soulfulness* [plenitude de espírito] para descrever indivíduos de uma ampla gama de origens culturais mais afinados com a ideia de plenitude de espírito do que de atenção plena. Alguns psicólogos, como Paul Gilbert, têm se concentrado mais na compaixão, enquanto outros, como Kristin Neff e Christopher Germer, distinguiram esse componente de compaixão da própria atenção plena e, especificamente, têm nomeado e estudado a autocompaixão.

O termo geral *presença* às vezes é usado também para a noção de existir em um estado de consciência e ser receptivo ao que está acontecendo. A presença abrange a sensibilidade de que podemos variar em estado mental, mesmo que nosso corpo físico esteja presente em uma experiência. Podemos ter uma consciência receptiva do que está acontecendo conforme acontece e então diríamos que "estamos atentos". Ou podemos estar distraídos enquanto nossa mente vagueia para outras preocupações, a despeito do que estivéssemos tentando nos concentrar ou de que atividade estamos fisicamente envolvidos. Quando nossa mente vagueia *involuntariamente*, não estamos presentes, não estamos receptivamente conscientes, não estamos atentos e, como estudos sugerem, inibimos a felicidade – mesmo se estivermos sonhando acordados com coisas empolgantes. A presença mental é um estado de grande despertar e receptividade ao que está acontecendo, conforme acontece no momento, dentro de nós e entre nós e o mundo. A presença cultiva a felicidade.

Tenho usado o acrônimo CARA para me lembrar das características desse estado de presença que está, creio eu, na essência da consciência receptiva e do que se pode chamar de atenção plena, ou do que alguns podem chamar de estado de plenitude de coração, de espírito, ou de gentileza: Curiosidade, Aceitação, Receptividade e Amor. Em um estado mental de CARA, estamos presentes para a vida.

Embora o termo comum "atenção plena" envolva um amplo conjunto de variáveis utilizadas por uma série de clínicos e pesquisadores, o interesse popular em "estar em atenção plena" explodiu nos últimos anos, mesmo sem um conhecimento exato do que isso significa. Para mim, a parte empolgante dessa curiosidade exagerada é que as pessoas parecem interessadas em explorar como cultivar mais presença em suas vidas para que possam ser mais saudáveis, felizes e amáveis para si mesmas e para os outros. Cada um desses adjetivos pode ser visto como uma forma de sentir a mente em si, um processo com vários nomes que eu chamo de visão mental, que nos permite ter percepção, empatia e integração.

Surpreendentemente, desenvolvemos essas importantes habilidades da mente por meio do foco na atenção. Você deve ter notado em nossa primeira prática de respiração consciente que sua mente se desviaria com frequência do foco pretendido. Vamos explorar quais podem ser essas diferentes características da atenção no centro de uma prática tão simples quanto se concentrar na sensação da respiração.

Atenção focal e não focal

Uma maneira importante de distinguir diferentes formas de atenção é determinar se o fluxo de energia, que é o foco de nossa atenção, adentra a consciência. Se o foco da atenção envolve a consciência, chamamos de *atenção focal*; se não envolve, é *atenção não focal*. A fim de entender melhor essa diferença, reserve um momento para tentar uma curta atividade: simplesmente mova-se pelo local onde você se encontra agora. Ao fazer isso, observe do que você está ciente conforme você sente e observa o que está diante de seus olhos; o que você sente com os pés ou as mãos, se estiver se movendo em uma cadeira de rodas. Receba o máximo que puder de sinais do mundo exterior e traga-os para a sua autoconsciência. Isso é conhecer o estado de consciência, e os conhecimentos são aquilo de que você está consciente. Em outras palavras, esteja o mais *consciente* possível de seu entorno. Posicione o "holofote da atenção", como o feixe de luz de uma lanterna em um caminho escuro, na direção de tudo o que puder enquanto se desloca pelo local.

O holofote da atenção focal visa sua capacidade mental de concentrar o fluxo de energia na consciência. Isso é a atenção *focal* preenchendo a consciência com certos aspectos de sua experiência de se mover por um local. Ao mesmo tempo, estudos revelam que sua mente também está focando um holofote de atenção talvez mais amplo em muitos aspectos de sua experiência que nunca adentram a consciência. Chamamos isso de *atenção não focal*. Por exemplo, nesse exercício, você prestou atenção de modo não focal ao seu equilíbrio para não cair e atentou para o espaço ao seu redor para não se chocar com algo enquanto se movia. Você pode ter descoberto que, durante o exercício, você ficou absorvido em algum pensamento ou memória. Nesse momento, sua atenção focal estava voltada para esses processos mentais e não mais para o ambiente. Mas você não caiu ou esbarrou em algo, porque sua atenção não focal estava naqueles obstáculos potencialmente perigosos e na sua segurança – mesmo sem você estar ciente. Nossa mente inconsciente tem impactos profundos em nossos comportamentos, sentimentos e pensamentos, mesmo quando não estamos cientes dessas influências da atenção não focal em nossa vida mental.

Refletindo sobre esse exercício, pense em outros cenários em que você está tanto consciente quanto inconsciente de seus arredores. Por exemplo, se você estiver fazendo trilha, poderá prestar atenção às rochas do caminho à frente, desconsiderando as pedras por onde já passou. A atenção ajuda você a sobreviver; ajuda a navegar pelo mundo em que vive. Se não prestar atenção, focal ou não focal, você pode tropeçar e cair. Se você prestar atenção, é mais provável que você sobreviva e prospere.

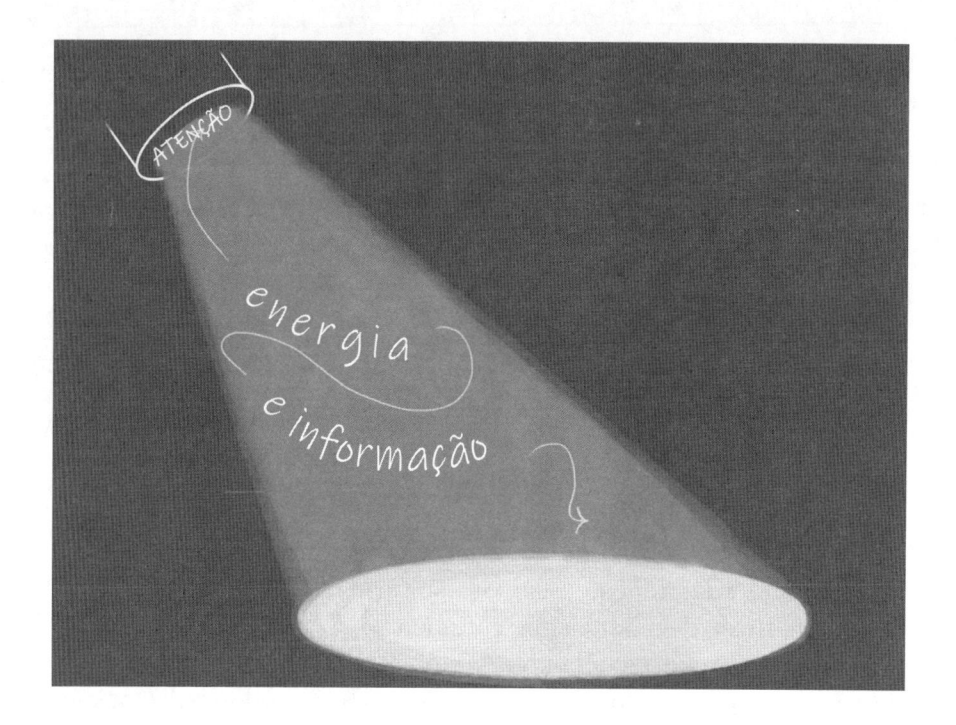

A atenção, seja ela focal, seja ela não focal – com ou sem consciência –, ajuda você a navegar por um mundo de energia.

Ao trazermos padrões energéticos importantes à consciência, podemos discernir que significado eles têm; podemos criar e interpretar a "energia em formação", de modo a desvendar as informações à nossa frente e determinar seu significado para nossa jornada futura. Como já vimos, a informação é simplesmente um padrão de energia com valor simbólico. Quando essa informação está na consciência, podemos refletir sobre seu significado e escolher como responder a ela. Dessa maneira, a consciência nos permite escolher e criar mudanças. Com essa consciência, podemos fazer escolhas sobre como proceder, onde pisar, o que evitar, que direção tomar – física e emocionalmente. Podemos fazer uma pausa e refletir sobre várias escolhas para depois selecionar quais são as que mais se adéquam a nossa situação e nossas preferências.

A consciência nos dá a oportunidade de escolher e mudar.

Com tal atenção focada, com a atenção conduzindo o fluxo de energia e informação à consciência, podemos refletir e tomar decisões intencionais e ponderadas à medida que monitoramos com mais foco e clareza para que possamos fazer modificações com mais intenção e eficácia.

É por isso que a atenção dentro da consciência – a atenção focal – é tão importante. A atenção focada, lembre-se, é um dos três principais pilares de formas cientificamente provadas para criar mais bem-estar em nossa vida – com a consciência aberta e a intenção de gentileza, práticas que desenvolveremos e discutiremos em capítulos posteriores.

Com atenção não focal, nossa mente também está atenta ao que está acontecendo, direcionando o fluxo de energia e informação de uma maneira que não entra na consciência. Dessa forma, você pode estar em piloto automático, tendo uma conversa com um amigo ou se perdendo na imaginação enquanto faz trilha, e ainda assim não tropeçar ou cair. Como tropeçar não é tão útil, sua mente inconsciente dá importância à evasão de obstáculos, como pedras ou animais perigosos, para ajudá-lo a sobreviver ao seu passeio. Essa mente inconsciente está monitorando o caminho, mesmo que sua mente consciente, sua consciência naquele momento, não esteja repleta de imagens visuais da trilha. Você pode perder uma bifurcação no caminho porque não estava prestando atenção (focal), mas é improvável que você tropece em uma pedra ou um galho, porque você estava de fato prestando atenção não focal à trilha. Sua mente inconsciente está atenta à viagem. A atenção não focal pode moldar nosso comportamento para que não tropecemos e até influenciar o que entra em nossa consciência sob a forma de distração durante uma tentativa de permanecer concentrados, como na prática da respiração consciente.

Assim, tanto a atenção focal consciente quanto a atenção não focal inconsciente envolvem um processo de avaliação que dá sentido e significado aos padrões de energia e seu valor informativo à medida que eles surgem, momento a momento. Prestar atenção a galhos e cobras é importante para nossa sobrevivência, e registramos essa saliência em nossas formas de atenção consciente e não consciente. No cérebro, as regiões que focalizam nossa atenção e avaliam ou apuram o significado dos eventos à medida que eles se revelam estão interligadas na estrutura e na função. A atenção é moldada diretamente por essa avaliação, pela saliência ou relevância dos eventos que se revelam em nossa vida.

Monitorando a atenção e a consciência

Nossos dias são preenchidos com uma mistura de atenção direcionada e atenção demandada. Às vezes, escolhemos ao que devemos estar atentos e, outras vezes, as circunstâncias do mundo demandam nossa atenção, puxando a lanterna da atenção para outra direção. Curiosamente, precisamos tanto da atenção direcionada quanto da demandada, e tanto da atenção focal quanto da não focal. Imagine novamente nossa trilha por montanhas rochosas. Precisamos direcionar intencionalmente nossa atenção para o próprio caminho para que não tropecemos em uma rocha, caindo no chão. Mas, se um urso de repente decidir cruzar nosso caminho, precisamos ser capazes de direcionar (de imediato!) a atenção para esse novo fato de nossa experiência. Ao navegarmos por este mundo, devemos ser ágeis em termos de atenção direcionada ou demandada. E, quando se trata da experiência cotidiana de viver a vida – em outras palavras, quando não surge nenhum urso em nosso caminho –, nossa rede de saliências avalia de modo automático o que é mais relevante para ser o foco de nossa atenção, momento a momento, e geralmente não temos consciência de que nossa mente inconsciente está fazendo essas avaliações.

Aqui vai um exemplo para ilustrar essa importante distinção. Imagine que você está preocupado com uma discussão que teve com um amigo na semana passada. Sem que você perceba, sentimentos de tristeza ou raiva que possam ter surgido naquele momento acabam sendo facilmente desencadeados, porque a saliência encoraja você a dar significado a qualquer cenário que parece intuitivamente relacionado à conversa perturbadora que você teve. Essas emoções se tornaram mais relevantes, mais ativadas ou "privilegiadas", por causa da discussão – mesmo que não estejam em sua consciência no momento.

O exemplo da discussão ajuda a esclarecer as distinções entre consciência e atenção. Nós nos engajamos em atenção não focal o tempo todo. É assim que nossa mente processa e monitora as coisas importantes sem utilizar o espaço mental relativamente limitado da consciência. Esse espaço mental do conhecer, a experiência subjetiva de estar consciente, só pode funcionar em algumas informações de cada vez, como uma lousa mental, às vezes chamada de memória de trabalho, que nos permite manipular a informação e fazer novas combinações de forma consciente. No entanto, o processamento de informação não requer consciência; por isso, podemos imaginar, calcular e encontrar soluções para os problemas sem utilizar esse espaço limitado de memória de trabalho. Para evitar a inundação desse espaço, temos uma atenção não focal que direciona inconscientemente o fluxo de energia e informação. A direção desse processamento de informação ainda está sendo moldada pela mente; ela simplesmente não faz parte de nossa experiência subjetiva de conhecer conscientemente, de estar consciente.

A boa notícia é que você pode aprender a sentir esses vários aspectos da atenção, direcionados por você ou demandados por algo fora de seu controle, envolvendo a consciência (focais) ou não (não focais). Esse direcionamento do fluxo de energia de informação é a atenção. Estar consciente é a experiência subjetiva do conhecer desde dentro da consciência. Nós "conhecemos" o que está acontecendo ao nosso redor e dentro de nós – o termo *conhecemos* aqui significa não o conhecimento factual, mas sim uma textura subjetiva do desdobramento do momento presente. Podemos cultivar o acesso a uma experiência mais aberta de estar consciente, e essa capacidade de escolha e de mudança consciente capacita nossa vida a se mover com flexibilidade e intenção rumo a um modo de vida mais integrado.

Treinar a mente é construir essas habilidades de atenção, consciência e intenção.

A chave para uma prática reflexiva que pode fortalecer seu cérebro, sua mente e seus relacionamentos e melhorar a saúde de seu corpo de todas as maneiras que discutimos (reduzindo a inflamação e otimizando as funções cardiovasculares, imunológicas, epigenéticas e funções da telomerase) é cultivar sua atenção focal e direcionada, criada intencionalmente, à medida que você transmite o fluxo de energia e informação para a consciência. De muitas maneiras, esse exercício para treinar a capacidade de monitoramento mental é o primeiro passo para fortalecer sua capacidade de presença. E a presença mental é a porta de entrada para liberar a capacidade mental de criar integração de modo natural.

Sim, sempre haverá momentos de atenção demandada, mas o ato de trazer a atenção de volta a uma experiência direcionada é o núcleo dessa prática. E, sim, você também passará por processos de atenção não focal, mas sua atenção focal – o modo como você transmite as coisas para a consciência – estará no âmago do nosso trabalho. A boa notícia é que você não precisa se preocupar com esses momentos de atenção demandada e não focal; seu objetivo será manter e fortalecer a atenção direcionada e focal. Como? Com intenção e consciência.

Neste momento, temos clareza para desfrutar e aprofundar nossa experiência à medida que avançamos em nossa jornada. Atenção é o processo que direciona o fluxo de energia e informação. Consciência é a nossa experiência subjetiva de conhecer receptivamente. E a intenção, o que é?

Intenção é o modo como você estabelece sua motivação para se envolver em uma determinada atividade de uma determinada forma. Ter a intenção de estar ciente do que está acontecendo, por exemplo, pode aumentar a probabilidade de você manter a atenção focal direcionada. Da mesma maneira, você pode ter a intenção de ser gentil consigo quando a atenção se torna demandada, não direcionada, e com essa intenção você pode agora perceber que devanear é apenas o que a mente faz – sem necessidade de julgar ou ficar bravo com o devaneio ou consigo. Se sua mente devaneia e sua atenção se desvia, isso significa uma coisa: você é humano. Com gentileza, você pode simplesmente reconhecer que se distraiu porque algo atraiu sua atenção para outro lugar, e pode intencionalmente orientar sua atenção de volta para o foco pretendido. Da mesma forma, se alguma distração assumir a consciência várias vezes, você pode notar esse padrão como algo simplesmente revelador para o qual sua atenção não focal tem direcionado seu holofote, tornando mais provável que penetre na consciência. Quando você está aberto a qualquer coisa, tais intrusões em uma prática mental simplesmente se tornam vislumbres de sua mente inconsciente. Você mal percebe a distração e depois redireciona o foco para a respiração, por exemplo, se esse for o exercício que você está intencionalmente fazendo naquele momento.

A boa notícia é que, ao fazer isso, você estará fortalecendo tanto sua atenção direcionada quanto sua atenção focal. Essas habilidades também cultivarão uma capacidade mais forte e mais ampla de se tornar consciente do que está ocorrendo conforme acontece. Com uma capacidade mais forte, você poderá manter a atenção, monitorar a consciência, perceber quebras de saliência e redirecionar a atenção focal para preencher a consciência com o foco pretendido. A capacidade mais ampla significa que você pode manter itens dentro da consciência por mais tempo, além de sentir as várias dimensões daquilo de que você está ciente com mais riqueza, amplitude, foco, profundidade e detalhes. Você estará construindo os três pés do tripé da visão mental: abertura, observação e objetividade. Em vez de ser arrastado para o que você acha que deveria estar acontecendo, você poderá aprender a habilidade de estar presente para o que é. Cultivar a consciência dessa forma será o início de um enriquecimento de sua vida, criando uma vitalidade e plenitude da sua experiência consciente de estar vivo, o que pode ser bem estimulante.

Uma maneira simples de visualizar isso é com um conceito que mencionamos brevemente: presença. Quando você está aberto ao que está acontecendo conforme acontece, você está presente em uma experiência. Uma vasta gama de pesquisas revela que a presença é o melhor preditor de uma série de indicadores de bem-estar, incluindo níveis fisiológicos, satisfação em relacionamentos e felicidade.

Algumas pessoas naturalmente têm uma espécie de presença, algo que recebe o nome de *traços de atenção plena* e que tem sido estudado por pesquisadores. Outras adquirem esses traços por meio de práticas intencionais de treinamento mental que fortalecem a atenção focal e a consciência aberta e cultivam a intenção de gentileza. De qualquer forma, todos nós podemos nos beneficiar com a prática regular da atenção, assim como podemos manter o corpo saudável com atividade física e manter os dentes e as gengivas sadios com higiene dental adequada. Algumas pessoas podem ter o corpo ou os dentes mais fortes do que outras, mas a maioria de nós pode se beneficiar com exercícios ou higiene bucal – e esse benefício exige que façamos essas coisas regularmente, não apenas uma vez por ano ou uma vez por mês. Como você se sentiria se escovasse os dentes apenas uma vez por mês? Diariamente pode ser a frequência ideal, mas, em vez disso, pensar em uma prática *regular* pode funcionar melhor para você. Se você não conseguir fazer todos os dias, tudo bem – mas encontre uma maneira de fazer dessa higiene mental uma prática regular. Podemos praticar uma boa higiene mental. Para muitas pessoas, fazer uma prática diária facilita a criação de um hábito regular. Com essas práticas, você cultivará um hábito de saúde. Quando você praticar a Roda da Consciência, na qual mergulharemos a seguir, você trará para sua rotina diária os três pilares: atenção focada, consciência aberta e intenção de gentileza.

A Roda da Consciência Básica

Mapas, metáforas e mecanismos

Antes de qualquer viagem, nós nos orientamos formando uma visão geral do local para onde estamos indo e do caminho até lá. Um mapa é uma ferramenta útil que mostra visualmente o terreno que nos espera – montanhas e vales, rios e lagos, rodovias e estradas que podemos encontrar durante a viagem. Os mapas servem como representações visuais do espaço geográfico. A Roda da Consciência oferece a imagem de uma roda comum para representar aspectos da vida mental, processos mentais que não necessariamente correspondem a localizações espaciais específicas dentro de nosso cérebro ou outras estruturas físicas. É uma metáfora visual que tenta oferecer um mapa do terreno de nossa vida mental. Nossa mente pode ser mais como um verbo – um processo – do que como um substantivo (que representa um lugar no espaço).

No entanto, visualizar um mapeamento espacial, como uma roda, pode ser de grande benefício para nos guiar na jornada para a mente. Por essa razão, é importante lembrar que a Roda – e os mapas em geral – é apenas uma representação simbólica; não é o verdadeiro território. Se um mapa for entendido como o próprio terreno, pode gerar muita confusão e frustração. Por exemplo, se você estiver viajando da Califórnia ao Grand Canyon, no Arizona, e, à medida que percorre o caminho, você visualiza as adoráveis fotografias da primavera no mapa colorido que está usando como guia, você pode muito bem ficar decepcionado quando chegar e descobrir só penhascos cobertos de neve porque, na verdade, é inverno.

Nesse cenário, é possível que, ao se apegar às imagens do mapa, você perca de vista a magnificência do Grand Canyon que está diante de você.

Outro possível risco do uso de mapas é que você pode acabar se concentrando apenas no destino final, perdendo a oportunidade de vivenciar a realidade das riquezas que a viagem em si oferece.

Usar a Roda como metáfora visual – como um mapa – para a mente tem esses mesmos pontos negativos em potencial. Usufruir dos benefícios de usar o mapa como guia dependerá de como ele é utilizado. À medida que avançamos na exploração da Roda da Consciência como ferramenta de transformação pessoal, em vez de nos concentrarmos apenas em um ponto final imaginado ou idealizado, vamos desfrutar e vivenciar a jornada. Isso será essencial para utilizar a Roda da Consciência de forma construtiva e libertadora. Dito isso, vamos dar uma olhada nas partes do mapa e ver o que elas podem significar em nossa vida.

Como já discutimos, o núcleo central de nossa Roda retrata a experiência de estar ciente, de conhecer. O aro representa aquilo de que estamos cientes, os conhecimentos da consciência. A imagem da Roda representa uma ligação do conhecer do núcleo com os conhecimentos do aro por meio do raio da atenção. O raio solitário da Roda (contraposto aos muitos raios de uma roda real) é um símbolo para a atenção focal, o fluxo preciso de energia e informação que estamos direcionando para a consciência em um dado momento.

A ideia é integrar a consciência e fortalecer a mente, diferenciando e depois conectando o fluxo de energia e informação dentro da consciência. Como a regulação envolve monitoramento e modificação, a Roda está fortalecendo a mente ao estabilizar o modo como rastreamos o fluxo de energia e informação e, em seguida, como transformamos esse fluxo de forma integrada. É assim que usamos a Roda para integrar nossa vida.

Ao explorar a Roda como ideia e prática, pode ser útil lembrar que essa representação visual metafórica da mente pode ser de grande ajuda para explorar sua vida mental. Porém, depois de partir em sua jornada para o Grand Canyon, e especialmente quando chegar lá, guarde o mapa no bolso e aproveite a experiência da viagem em si. Deixe o mapa ser seu auxílio, não sua prisão. Explore e aprecie sua mente.

Roda da Consciência: Básica e Completa

Antes de iniciarmos nossa prática da Roda da Consciência Básica, quero aproveitar essa oportunidade para delinear toda a jornada que temos pela frente. Darei instruções mais detalhadas para cada parte da prática nas seções que se seguem, mas aqui você encontrará os passos gerais. A Roda da Consciência Básica guia você pela experiência essencial da metáfora da roda para esclarecer a natureza da consciência e suas partes diferenciadas, incluindo o núcleo do conhecer, o aro dos conhecimentos e o raio da atenção (números de 1 a 4, e depois 6, na Prática da Roda Completa). A Prática da Roda Completa expande-se para cultivar a consciência da consciência com uma inflexão do raio da atenção em direção ao núcleo do conhecer (número 5), e depois um foco dentro do quarto segmento do aro, adicionando frases de intenções positivas e de gentileza oferecidas para promover cuidados e preocupações com o *dentro*, o *entre* e o "EuNós" (número 7).

Uma revisão: se você for iniciante na prática da Roda, recomendo que comece com os passos básicos, números de 1 a 6, deixando de fora o passo 5. Se você tiver experiência com outras práticas reflexivas, ou simplesmente se sentir pronto para mergulhar na Roda Completa, experimente todas as etapas, de 1 a 7. Como na prática da respiração, lembre-se: você pode ler os passos e depois praticá-los de memória, pedir a um amigo que leia para você ou ir ao meu site e seguir minha voz ao longo da prática da Roda Básica ou da Roda da Consciência Completa.

Cada uma dessas 7 etapas, que juntas formam a Roda da Consciência Completa, está resumida no esboço da prática da Roda a seguir.

A prática da Roda Completa

A prática da Roda da Consciência Completa pode ser descrita desta forma:

1. **RESPIRAÇÃO**: Comece com a respiração para ancorar a atenção e centrar-se para a prática da Roda.

2. **OS PRIMEIROS CINCO SENTIDOS NO PRIMEIRO SEGMENTO DO ARO:** Tire a respiração do foco de atenção e comece a focar o primeiro segmento do aro – os primeiros cinco sentidos, focando-se em um sentido de cada vez: audição, visão, olfato, paladar e tato.
3. **INTEROCEPÇÃO NO SEGUNDO SEGMENTO DO ARO:** Respire fundo e mova o raio para o segundo segmento do aro, que representa os sinais internos do corpo. Mova sistematicamente o raio da atenção ao longo do corpo, começando com as sensações dos músculos e ossos da região facial, depois passe, uma a uma, para as sensações da cabeça, pescoço, ombros, braços, parte de cima das costas e peito, lombar e músculos do abdômen, quadris, pernas, região pélvica, e em seguida dos órgãos genitais, intestinos, sistema respiratório, coração e corpo inteiro.
4. **ATIVIDADES MENTAIS NO TERCEIRO SEGMENTO DO ARO:** Respire fundo e mova o raio para o terceiro segmento do aro, que representa as atividades mentais. Primeira parte: convide qualquer atividade mental – sentimento, pensamento, memória, o que quer que seja – para adentrar a consciência. Muitas coisas podem surgir, ou simplesmente nada; aconteça o que acontecer, está tudo bem. Segunda parte: novamente, convide qualquer coisa à consciência, mas dessa vez preste especial atenção à forma como as atividades mentais surgem, ficam presentes e depois deixam a consciência. Quando uma atividade mental não é imediatamente substituída por outra, o que você sente com a lacuna que fica antes de surgir uma nova atividade?
5. **NÚCLEO-SOBRE-NÚCLEO COM CONSCIÊNCIA DA CONSCIÊNCIA:** Antes de passarmos o raio da atenção para o quarto e último segmento do aro, exploraremos o próprio núcleo. Em outras palavras, fortaleceremos a capacidade de estarmos cientes da consciência. Você pode fazer isso imaginando que o raio da atenção está se curvando, de modo que ele próprio se volte para o núcleo; alguns preferem a imagem de retrair o raio ou simplesmente deixá-lo no núcleo da consciência. Veja qual noção ou imagem visual funciona melhor para você, lembrando que a ideia dessa parte da prática é a mesma: consciência da própria consciência (deixe passar um minuto ou mais). Acompanhe a respiração novamente e siga seu ritmo, para dentro e para fora... Agora você pode se preparar para endireitar e estender o raio para o quarto e último segmento do aro, nosso senso relacional.

6. **SENSO RELACIONAL DO QUARTO SEGMENTO DO ARO:** Nesta revisão do último segmento do aro, vamos explorar nossas conexões com outras pessoas e coisas fora do corpo em que nascemos. Vamos começar com um senso de conexão com aqueles que estão fisicamente mais próximos a você neste momento. Abra-se para a conexão com amigos e familiares... a uma conexão com seus colegas de trabalho... com as pessoas que vivem em seu bairro, em sua comunidade... que vivem em sua cidade... Abra-se para a conexão com aqueles que moram no seu estado, na sua região... com as pessoas que vivem em seu país... Por fim, abra-se para um senso de conexão com todas as pessoas que vivem na Terra... Agora veja se você consegue abrir esse senso de conexão para todos os seres vivos na Terra...

7. **FRASES DE GENTILEZA:** Agora, sabendo aquilo que a ciência revelou recentemente e que as sabedorias tradicionais conhecem há muitos anos (o cultivo de intenções de gentileza, cuidado, empatia e compaixão pode trazer mudanças positivas ao nosso mundo interior e interpessoal), convido você a repetir as seguintes frases em silêncio, mentalmente. Começaremos com frases curtas e básicas de gentileza, depois passaremos a essas mesmas intenções ditas de forma mais elaborada.

Que *todos os seres vivos*... sejam felizes.

Que todos os seres vivos... sejam saudáveis.

Que todos os seres vivos... tenham segurança.

Que todos os seres vivos... consigam florescer e prosperar.

Agora, respirando mais fundo, enviamos esses mesmos desejos, agora mais elaborados, a um sentido interior de quem somos, a um Eu:

Que *eu*... seja feliz e viva com sentido, conexão e tranquilidade de espírito, e com um coração leve, grato e alegre.

Que eu... seja saudável e tenha o corpo cheio de energia e flexibilidade, força e estabilidade.

Que eu... esteja seguro e protegido contra todos os tipos de perigos internos e externos.

Que eu... consiga florescer e prosperar e viver com conforto e bem-estar.

Agora, novamente respirando um pouco mais fundo, enviaremos esses mesmos desejos elaborados a um senso integrado de quem somos. Combinando nosso Eu interior com o nosso Nós interconectado, continuamos com frases de boas intenções para Eu-Nós:

Que *Eu-Nós...* sejamos felizes e vivamos com sentido, conexão e tranquilidade de espírito, e com um coração leve, grato e alegre.

Que Eu-Nós... sejamos saudáveis e tenhamos o corpo cheio de energia e flexibilidade, força e estabilidade.

Que Eu-Nós... estejamos seguros e protegidos contra todos os tipos de perigos internos e externos.

Que Eu-Nós... consigamos florescer e prosperar e viver com conforto e bem-estar.

Convido você mais uma vez a acompanhar a respiração, e seguir seu ritmo, para dentro e para fora... E, agora, deixe seus olhos se abrirem, caso estejam fechados, e vamos encerrar, por enquanto, esta prática da Roda da Consciência.

Um mapa da Roda da Consciência Básica

Você logo terá a oportunidade de mergulhar na prática da Roda, mas primeiro vamos rever nosso mapa. Você lembrará que o aro pode ser dividido em quatro segmentos. O primeiro segmento inclui nossos *primeiros cinco sentidos*: audição, visão, olfato, paladar e tato. O segundo segmento do aro inclui as sensações físicas interiores do corpo – os sinais de nossos músculos e ossos e as sensações que surgem de nossos órgãos internos, como intestinos, pulmões e coração. Na ciência chamamos isso de *interocepção*, a percepção (*-cepção*) do interior (*-intero*), e também chamamos de *sexto sentido*. O terceiro segmento do aro representa nossas atividades mentais, como emoções, pensamentos e memórias. Para manter a sequência, podemos chamá-las de nosso *sétimo sentido* – a capacidade de estarmos cientes de tais atividades mentais. No quarto segmento do aro, está nosso senso de conexão com coisas fora do corpo – nossa relação com outras pessoas, animais de estimação, o planeta, a natureza, Deus e tudo o que

RODA DA CONSCIÊNCIA

- primeiros cinco sentidos
- sensações físicas interiores (sexto sentido)
- interconexão (oitavo sentido)
- atividades mentais (sétimo sentido)
- atenção
- consciência

seja exterior, que se estenda além do corpo. E podemos chamar esse sentido relacional de interconexão, nosso *oitavo sentido*.

Cada um desses sentidos é uma forma de fluxo de energia e informação, um aspecto particular da energia que varia ao longo do que podemos chamar de características CLIFF: Contorno, Localização, Intensidade, Frequência e Forma. "Sentir um fluxo de energia" significa simplesmente estar aberto a essas variáveis e ao modo como elas formam vários padrões de energia e se transformam em sua experiência.

O raio da atenção pode sistematicamente direcionar esses padrões de energia para o núcleo da consciência, a experiência de *conhecer*. Você pode guiar o aro enquanto direciona a atenção durante a prática, segmento por segmento ao longo do aro. Sua mente também pode "ter uma mente própria", e a atenção pode deixar de ser direcionada por você para se tornar demandada em direções independentes de sua escolha. Como já vimos na prática de respiração consciente, a mente funciona assim; portanto, se você puder, por favor, lembre-se de ser gentil consigo e de ter abertura, paciência e compreensão. Lembre-se de que se distrair só demonstra que você é um ser humano.

Enquanto a atenção estiver direcionando a energia para a consciência, ela é atenção focal. Às vezes você terá a atenção focal direcionada; outras vezes, ela será demandada. Em certos momentos da prática, você aperfeiçoará o componente de atenção focada, como nos dois primeiros segmentos. Com a intenção, você direcionará a atenção para os primeiros cinco sentidos, depois para o sexto. Naturalmente, porém, podem surgir distrações durante a prática da Roda e, assim como você faz no exercício da respiração, simplesmente perceba a distração, deixe-a ir e retorne a atenção para o aspecto do aro em que você esteja focando no momento.

Ao longo da prática, você será orientado a desviar a atenção para abordar novos aspectos do fluxo de energia e informação, a cada segmento de aro, e, ao fazer isso, você fortalecerá sua capacidade de direcionar a atenção, de desviar o foco da atenção com intenção.

Quando chegarmos ao terceiro segmento do aro, mergulharemos em outro aspecto do fortalecimento mental, um processo chamado de *consciência aberta*. Em contraste com o foco intencional em um ponto do aro com atenção focada nos dois primeiros segmentos, agora você experimentará um processo diferente, o monitoramento aberto. Aqui, deixe que a consciência se torne preenchida com o que estiver sendo conduzido. Pode não vir nada ou podem vir muitas coisas. O que surgir é simplesmente o que emerge na consciência. Como discutiremos mais a fundo adiante, fortalecer a capacidade de consciência aberta é tão importante quanto fortalecer a atenção focada, pois nos permite distinguir a experiência de estar consciente (o conhecer do núcleo) daquilo de que estamos cientes (os pontos no aro). Essa capacidade de diferenciar o conhecer (núcleo) do conhecimento (aro) oferece uma profunda fonte de liberdade mental para nossa vida. Essa integração da consciência ajuda a evitar que nos identifiquemos como os meros conteúdos sempre mutáveis da nossa mente, atividades mentais que muitas vezes podem nos arrastar à medida que "nos perdemos no aro". A consciência aberta permite que o núcleo da Roda se torne um santuário de clareza em meio à tagarelice às vezes incessante das atividades mentais no núcleo. Essa é a clareza que a integração da consciência – diferenciando e conectando o núcleo e o aro – nos permite alcançar como um estado mental durante a prática, e depois desfrutá-la como um traço de tranquilidade de espírito e resiliência em nossas experiências cotidianas da vida.

A seguir, passaremos dessa consciência aberta do terceiro segmento à exploração do quarto segmento do aro, o senso de conexão com pessoas ou outras entidades fora do corpo. Esse senso relacional envolverá o foco da atenção em sensações específicas, e assim continuamos a fortalecer o aspecto de monitoramento da mente. Esse segmento também traz um senso de interconexão, cuidado e gentileza, e nos permite experimentar uma extensão de quem somos – mesmo antes de acrescentarmos, na prática da versão completa da Roda, frases de gentileza –, e, dessa forma, o segmento relacional do aro ajuda a desenvolver o terceiro pilar da prática de treinamento mental, fundamentado em pesquisas: o cultivo da intenção de gentileza, desenvolvendo nosso senso de compaixão e conexão com o mundo.

A prática da Roda também nos dá a oportunidade de, em uma única sessão, percorrer sistematicamente a vasta gama de experiências que ocorrem dia após dia em nossa vida mental e, dessa forma, pode nos ajudar a aperfeiçoar a capacidade de abordar nossa vida, tantas vezes mais fragmentada e agitada fora da prática reflexiva, de uma maneira agora mais focada, calma e compassiva.

Pronto para começar?

Praticando a Roda da Consciência Básica

Encontre um lugar tranquilo onde você possa se sentar, deitar-se ou ficar em pé por cerca de meia hora, sem interrupções. Desligue seus aparelhos. Dê mais uma olhada no diagrama da Roda (veja a figura na seção anterior). Conhecer a estrutura da Roda é tudo de que você precisa; não é necessário ser capaz de visualizar a Roda como um mapa. Lembre-se: o núcleo representa o conhecer da consciência; o aro são os conhecimentos; e o raio é o foco de atenção. (Mais uma vez, pode ser útil ler todo o exercício antes de experimentar a prática e depois guiar-se de memória. Você pode acessar a aba "Resources" do meu site, drdansiegel.com, caso prefira ser guiado pela minha voz.) Comece com a Roda Básica; exploraremos a Roda Completa, mais avançada, à medida que formos progredindo.

Comece focando a respiração como uma forma de se centrar. Basta deixar a sensação da respiração preencher a consciência. Agora desvie sua atenção da respiração. Imagine-se no centro da Roda, no núcleo do conhecer, de estar consciente. Imagine mandar um raio de atenção do núcleo do conhecer para o primeiro segmento do aro.

Comece focalizando a atenção no sentido da audição, deixando a consciência se encher de som... (Permanecer de quinze a trinta segundos em cada sentido pode ser uma boa duração).

Agora, afastando a audição, mova um pouco o raio da atenção no primeiro segmento para o sentido da visão, deixando a consciência se encher de luz...

Agora, mova o raio da atenção, afastando a luz e concentrando-se no olfato. Deixe os aromas preencherem a consciência...

Agora, mova o raio da atenção, abrindo-se para o sentido do paladar, deixando que os sabores preencham a consciência...

Agora, deixe o raio da atenção se mover para o sentido do tato, deixando a consciência se preencher com a sensação da pele tocando a pele (mão na mão), tocando as roupas, tocando o chão...

Respirando fundo, imagine mover o raio da atenção para o próximo segmento do aro, que representa o interior do corpo – as sensações dos músculos, ossos e dos órgãos internos. (Aqui, o tempo para cada parte do corpo mencionada varia entre alguns segundos e cerca de quinze segundos.) Comece pela região facial, deixando as sensações dos músculos e ossos do rosto preencherem a consciência... Mova a atenção para a testa e o topo do couro cabeludo, agora descendo pelas laterais da cabeça, passando pelas orelhas, e então para os músculos e ossos da garganta e pescoço. Agora, mova a atenção para os ombros e depois direcione a atenção para baixo, passando pelos braços, até as extremidades dos dedos... Agora, traga a atenção para a parte superior das costas e do peito... Agora, a lombar e os músculos do abdômen... E, agora, concentre a atenção nas sensações dos quadris... E, agora, conduza a atenção para baixo, na direção das pernas, até as extremidades dos dedos dos pés.

E, então, concentre a atenção na região pélvica. Abra a consciência para as sensações dos órgãos genitais... Agora, concentre a atenção nas sensações das vísceras, começando no fundo do abdômen, com os intestinos... Agora, mova-a para cima, em direção à região do estômago, na parte superior do abdômen... Então, siga essas sensações das vísceras para cima, do estômago ao centro do peito, abrindo-se para as sensações do esôfago, que conecta o estômago à garganta e ao interior da boca. Agora, mova a atenção para o sistema respiratório, começando atrás das maçãs do rosto, com as sensações dos seios nasais... depois para o nariz... e para a boca... e depois da frente da garganta até a traqueia, o tubo que traz o ar vital para o centro dos pulmões, para o interior do peito... os pulmões de ambos os lados se expandindo e contraindo... Agora, deixe o foco de atenção se mover para a região do coração, abrindo a consciência para as sensações do coração.

Agora, deixe as sensações de todo o interior do corpo preencher a consciência, da cabeça aos pés. Sabendo que a ciência atual tem mostrado o que as sabedorias tradicionais conhecem há muito tempo – que abrir a consciência para as sensações do corpo é uma poderosa fonte de sabedoria e intuição –, convido você a respirar mais fundo, sabendo que, sempre que quiser, você pode voltar a explorar esse sexto sentido das sensações do corpo e então mover o raio da atenção para o próximo segmento do aro.

Vamos agora direcionar a atenção para focar o terceiro segmento do raio, aquele que representa as atividades mentais, como emoções, pensamentos, memórias, crenças, intenções, esperanças e sonhos. Eu aconselho você a convidar todas as atividades mentais – pensamentos, sentimentos, lembranças – a entrar no núcleo do conhecer. Basta estar aberto a tudo o que emergir – ou não – do aro. Não há certo ou errado. Muitas coisas podem vir, inclusive nada. Simplesmente abra o núcleo para tudo o que surgir do aro das atividades mentais. Vamos começar a prática agora mesmo... (Continue por cerca de um minuto e meio.)

Em seguida, convidando novamente quaisquer atividades mentais para virem ao núcleo do conhecer, convido você a prestar especial atenção ao modo como uma atividade mental, tal como um pensamento, surge na consciência. Será que ela surge de repente ou de forma gradual? Uma vez apresentada à consciência, como ela se mantém presente? É firme? Vibrante? E como a atividade mental (o pensamento, a memória ou a emoção) sai da consciência? Ela sai de um "lugar" ou de outro? É gradual ou repentina? É simplesmente substituída por uma atividade mental ou outra, como um pensamento, um sentimento ou uma memória? E, quando não é imediatamente substituída por outra atividade mental, o que você sente na lacuna entre uma atividade e a seguinte? Aqui, convido você a se tornar um estudante da arquitetura da vida mental, estudando como as atividades mentais primeiro se apresentam à consciência, permanecem presentes e depois saem da consciência. Vamos começar essa prática agora mesmo... (Continue por um minuto e meio.)

(Note: se você estivesse praticando a Roda Completa, este seria o momento em que você faria a inflexão de núcleo-sobre-núcleo ou a retração do raio, que aprofundaremos em um capítulo posterior.)

Convido você agora a respirar mais fundo. E agora imagine mover o raio de atenção para o quarto e último segmento do aro. Esta é a parte do aro que representa nosso sentido relacional, nossas conexões com pessoas e coisas fora do corpo em que nascemos.

Com o raio da atenção sobre o quarto segmento do aro, o segmento relacional, deixe agora mesmo que a consciência se torne preenchida com o senso de conexão com as pessoas fisicamente mais próximas a você. Agora, abra-se ao senso de conexão com a família e amigos não tão próximos. Agora, deixe que a consciência se preencha com o senso de conexão com seus colegas de trabalho, de escola, com sua comunidade. Agora, abra-se para o senso de conexão com as pessoas que vivem em seu bairro... para o senso de conexão com as pessoas de sua comunidade... com as pessoas que vivem em sua cidade... e agora abra-se a uma sensação de conexão com as pessoas que vivem em sua região ou seu estado... e com as pessoas que vivem em seu país... com as pessoas que moram no mesmo continente que você. E agora veja se consegue abrir seu senso de conexão a todas as pessoas que vivem neste precioso planeta, este lugar que chamamos de planeta Terra.

E, agora, veja se você consegue expandir essa sensação de conexão com todos os seres vivos na Terra...

(Na prática da Roda Completa, é neste momento que você acrescenta as frases de gentileza.)

Convido você a acompanhar novamente a respiração e seguir seu ritmo, para dentro e para fora... Agora, respirando de forma mais intencional e talvez mais profunda, deixe seus olhos se prepararem para abrir, caso estejam fechados, e vamos encerrar, por enquanto, esta prática da Roda da Consciência.

Refletindo sobre a mente: sua experiência com a Roda Básica

Você acabou de completar a prática básica da Roda da Consciência. Como foi? Você achou desafiador manter a atenção nos vários segmentos do aro? Como foi retomar a atenção quando uma distração tomou conta da consciência? Como você sentiu os vários aspectos da prática? Vamos revisá-los, segmento por segmento. Nesta e em futuras seções, pode ser útil escrever suas reflexões em um diário especial, que você pode consultar à medida que prosseguimos em nossa jornada nestas explorações e cultivos de sua mente.

No primeiro segmento, dos cinco sentidos, como foi a sensação dos sons? Você notou alguma mudança na qualidade da audição quando o som foi selecionado como o único foco naquele momento? Qual foi a sensação de luz quando você se concentrou nas sensações visuais? Como você sentiu a cor e o contraste enquanto a visão se diferenciava dos outros sentidos? Com o olfato como foco, qual era a sensação dos aromas na consciência? Foi mais difícil ou mais fácil senti-los, em comparação com as outras sensações até agora? Qual foi a sensação de passar ao paladar? Você notou sua boca ou língua se movendo para aumentar as sensações do paladar? E como foi analisar cada parte da pele ao tomar consciência da sensação do tato? Certas áreas pareciam mais sensíveis do que outras?

Para muitas pessoas, reservar esse tempo para diferenciar os primeiros cinco sentidos uns dos outros permite uma experiência mais acentuada de estar ciente de cada fluxo sensorial. Com a prática, essa capacidade de sentir com mais clareza e detalhes passará a aumentar sua alegria com a vida diária, trazendo mais intensidade e prazer, mais vitalidade para suas experiências diárias.

Ao focar o segundo segmento do aro, qual foi a sensação de enviar a atenção para dentro de si? Como foi o convite a se concentrar nas sensações dos músculos e dos ossos? Você tomou consciência de sensações que talvez fossem novas para sua consciência? As sensações existem até mesmo fora da consciência, mas elas só se tornam parte de nossa experiência subjetiva quando as trazemos à consciência com a atenção focal, direcionada ou demandada. Qual foi a sensação de mover o foco ao longo dos músculos e ossos do corpo? Como foi guiar a atenção até essas sensações? Alguma área foi mais desafiadora que outras?

Quando focamos os órgãos do corpo, começando com as sensações dos órgãos genitais, o que você sentiu? Várias sensações podem evocar sentimentos diferentes, incluindo lembranças do passado, bem como sinais corporais de que podem estar acontecendo agora mesmo. Ao se abrir para esses sinais, especialmente da região genital, caso você tenha sido criado em certas comunidades onde é desconfortável discutir o assunto, ou se houve uma experiência de trauma sexual, esse segmento da Roda pode se tornar bastante desafiador. Se você descobrir que esses sinais não surgiram facilmente ou que eles o inundaram, pode ser um sinal de que a rigidez ou o caos façam parte da história daquela região corporal para você. Se a sua experiência for assim, considere dedicar um tempo especial a essa área em práticas futuras, e, se a experiência se tornar avassaladora, então pode ser bastante útil escrever em seu diário ou buscar ajuda profissional.

Se alguma parte da prática da Roda evoca uma sensação avassaladora, você pode modificar a prática para monitorar o que está acontecendo e então modificar suas ações para acomodar qualquer desconforto que considere intolerável no momento. Lembre-se da experiência de Teresa, que discutimos na segunda seção do livro, e como a movimentação pelos aspectos da prática a ajudou a transformar questões traumáticas não resolvidas. Voltar a um aspecto do aro que pode ter sido particularmente problemático é algo que você pode escolher fazer para ajudar a integrar essa experiência em sua vida como um todo. O que pode ser desconfortável em uma primeira passagem pode, com a prática, ser entendido com mais clareza à medida que você dá sentido ao que essas sensações significam em sua vida – agora e no passado. Cada indivíduo é único, e honrar sua experiência particular é importante à medida que você se inicia nessa jornada.

Quando nos mudamos para o foco nas vísceras, como foi para você? Elas têm uma ampla gama de redes neurais e neurotransmissores, e ficar aberto a seus sinais dentro da consciência pode ser uma janela importante para a sabedoria dos "instintos viscerais". Nem toda intuição visceral ou física, no geral, é precisa, mas estar aberto ao que esses sinais nos reservam pode ser uma forma útil de estar em contato com o processamento não lógico.

À medida que você movia a atenção da região das vísceras para a região do estômago, como você se sentiu? Como foi se abrir para as sensações do esôfago? Para muitos, é algo bastante novo. E, dentro da cavidade oral, dentro da boca, há muitos sinais que podem estar ligados a todo tipo de experiências anteriores. Você pode descobrir que, quando expande sua consciência até essas diferentes sensações corporais, muitas vezes o que surge é uma mistura do que está acontecendo ali, no momento, e de elementos do passado.

Ao mover o foco para o sistema respiratório, qual foi a sensação de direcionar a atenção focal para os seios nasais e depois para a parte da frente da garganta? Às vezes mantemos a ansiedade nessa região, e isso pode ser sentido à medida que nos movemos pela traqueia e para os pulmões e temos dificuldade de recuperar o fôlego. Fazer amizade com as sensações do corpo, com qualquer área que possa estar enviando sinais proeminentes naquele momento, é uma parte importante da consciência interoceptiva, ou consciência corporal interna.

Ao focar a região do peito, qual foi a sensação? Concentrar a atenção na área do coração – se você não estiver de fato ciente das sensações de seus batimentos cardíacos – ajuda a acalmar a mente, como apontaram alguns estudos, pois isso coordena o controle cerebral do chamado sistema nervoso autônomo. O mesmo pode valer para adquirir consciência dos ciclos respiratórios. Pesquisas revelam que, a partir desses aspectos da consciência corporal, somos capazes de equilibrar o equivalente ao acelerador e ao freio do cérebro para que aprendamos a "dirigir o carro" do corpo de maneira mais suave e coordenada. Você acionaria o freio e o acelerador ao mesmo tempo? Não, você coordenaria essas duas funções de controle de frenagem e velocidade. O foco na região do coração ou na respiração nos dá coordenação e equilíbrio para o corpo e ajuda a estabilizar a mente.

Às vezes, parece avassalador quando consideramos o interior do corpo como um todo, depois de termos nos concentrado em cada sistema, parte por parte. Qual foi a sensação de ser convidado a se tornar tão receptivo? A noção por trás dessa consciência do corpo como um todo é simplesmente preparar o palco para sua vida cotidiana. Por exemplo, se eu tiver uma interação difícil com alguém, eu me lembrarei de entrar em contato com o meu corpo antes de dar uma resposta. Meu coração pode enviar sinais importantes nesse momento ou minhas vísceras podem estar chamando a atenção. Posso sentir tensão nos músculos dos meus braços ou um aperto no maxilar. Ser capaz de simplesmente pedir a todo o corpo para trazer sensações à consciência é encontrar uma forma de convidar quaisquer sinais especialmente relevantes a surgir na consciência para que sejam respeitados, inspecionados e integrados à minha consciência do significado do que está acontecendo naquele momento. Estudos sugerem que as pessoas que têm mais habilidades interoceptivas têm mais capacidade de percepção e empatia, assim como equilíbrio emocional e intuição. E, portanto, construir essas habilidades de consciência corporal é um caminho direto para uma conexão mais profunda com a nossa vida interior e interpessoal.

Ao passarmos para o terceiro segmento, as atividades mentais – nosso sétimo sentido –, o que sentimos ao mudar o foco dos sentidos exteriores e interiores, dos sinais do corpo para as atividades mentais de sentimentos, pensamentos, memórias e intenções? Como foi estar simplesmente "aberto" a tudo o que surgisse, ou não surgisse, dentro da consciência? Essa mudança, de uma *atenção focada* em um ponto muito específico nos dois primeiros segmentos do aro (som, visão, uma sensação de uma parte específica do corpo) para uma *consciência aberta*, que convida à consciência tudo o que surgir, talvez seja semelhante, de certa forma, ao momento "corpo inteiro" do segundo segmento na prática da Roda – simplesmente estar aberto a qualquer conjunto amplo de sensações que possa surgir. O que surgiu quando você convidou todas as coisas para entrar? Alguns se inundam de sentimentos ou imagens. Essa é uma forma natural que a mente tem de se tornar receptiva às muitas coisas da nossa cabeça.

Em contraste, para outros, essa experiência traz uma abertura pacífica, uma clareza e uma calma, o que pode parecer ironia, já que eles convidaram qualquer coisa para vir à consciência, mas nada veio. Os indivíduos com essa experiência muitas vezes afirmam que nunca tinham vivenciado tal calmaria, estando mais familiarizados com uma tagarelice de preocupações cotidianas, a sensação atarefada e muitas vezes incessante de estar sobrecarregados por emoções, lembranças e pensamentos a serem resolvidos. Dar à mente permissão para estar aberta a qualquer coisa que surja pode permitir que ela se torne clara e receptiva.

Chegamos então ao próximo aspecto da revisão do sétimo sentido: como foi para você prestar especial atenção à dinâmica das atividades mentais – como elas surgiam, permaneciam presentes e depois deixavam a consciência? Isso pode ser bem desafiador para muitos, pois parece envolver tanto uma abertura para o que quer que surja (como na primeira parte dessa revisão do segmento), mas também um foco especial na natureza das idas e vindas. Para alguns, a lacuna entre as atividades mentais é especialmente intrigante, pois esse espaço entre, digamos, dois pensamentos, ou memórias ou emoções, tem uma qualidade muito incomum; para muitas pessoas é algo novo demais para entrar na consciência de repente. Para muitos de nós que ainda não experimentaram a meditação ou uma prática reflexiva como a Roda, pode ser bastante revelador estar ciente dos detalhes mais sutis da atividade mental. Muitas vezes, nossa experiência anterior pode ter sido a de uma ou outra atividade mental que dominou nossa consciência, como a tagarelice das atividades da mente, os fluxos de pensamento sempre presentes, e não tivemos a oportunidade de perceber que somos, de fato, mais do que essa tagarelice mental. Com essa revisão do terceiro segmento, uma nova experiência de consciência aberta – o núcleo – se distingue ainda mais dos elementos do aro. Para muitos, essa nova consciência pode ser transformadora e, literalmente, mudar a mentalidade – algo de virar a cabeça. É o início de uma distinção mais completa entre o conhecer e os conhecimentos.

Como uma mãe certa vez me disse enquanto eu ensinava essa prática a ela e a seu filho adolescente: "Nunca soube que eu era mais do que meus pensamentos ou sentimentos". Para ela, distinguir o núcleo do aro foi uma experiência revolucionária que a capacitou a viver a vida de forma muito mais rica e matizada.

Quando voltamos nossa atenção para o quarto segmento do aro, como foi para você esse senso relacional, nosso oitavo sentido? Como foi mudar o foco da atenção para as atividades mentais e para a conexão com os outros? Alguns podem achar confuso esse oitavo sentido relacional, pois não sabem ao certo no que exatamente estão se concentrando. Para outros, surge um profundo senso de amor, paz, bondade e conexão, e eles se enchem de lágrimas de alegria e gratidão. Seja qual for sua experiência, essa é sua experiência. Da próxima vez que você fizer essa prática, poderá ter uma experiência diferente. Na próxima seção, acrescentaremos frases diretas de gentileza e cuidado que se baseiam nessas experiências de conexão que comprovadamente trazem mudanças positivas para nossa vida interior e interpessoal.

A intenção de gentileza

Nesta seção, vamos partir do treinamento da atenção focada e consciência aberta nos três primeiros segmentos do aro para aprofundar e expandir o foco em cultivar a intenção de gentileza dentro do quarto segmento. Por que "expandir", e não "introduzir" esse estado de gentileza? Como você foi convidado a ser gentil consigo mesmo quando sua mente se distrair, você já vem praticando uma forma de ser gentil com sua experiência, de estar aberto às inevitáveis distrações que desviam a atenção de seu foco, e de ter um senso interior de compaixão. Com o quarto segmento da prática da Roda, você cultivará a integração desses aspectos de atenção, consciência e intenção à medida que eles se reforçam mutuamente com a repetição da prática em sua vida, agora com foco específico diretamente em seu estado de interconectividade e gentileza para com os outros e com seu eu interior.

Entrelaçando gentileza, empatia e compaixão na sua vida

A Roda da Consciência é uma ferramenta para nos ajudar a diferenciar e conectar energia e informação em nossa vida. Com a imersão no primeiro segmento do aro, abrimo-nos para o fluxo de energia do mundo exterior por meio de nossos cinco sentidos. Com a revisão do segundo segmento da roda, focamos a atenção na realidade de que vivemos em um corpo e que nosso eu corporal pode ser diferenciado de outras pessoas e outros seres vivos. Isso é parte da nossa experiência do eu interior – o fluxo de energia e informação dentro do corpo em que nascemos, a fonte interna de nossa mente encarnada que molda a forma como vivemos. Nossa imersão no terceiro segmento do aro, o das nossas atividades mentais, revela outra fonte de nosso eu interior, repleta de experiências subjetivas de sentimentos e pensamentos, memórias e crenças, e cada uma delas molda a nossa história de vida. Com essa revisão de segmento, convidamos tudo à consciência, passando do treinamento da atenção focada dos dois primeiros segmentos para a consciência aberta do terceiro segmento.

Com o quarto segmento da Roda, avançaremos a partir dessas habilidades de atenção focada e consciência aberta e desse conhecimento de nossa vida interior de sensações e atividades mentais, focando mais de perto o modo como somos seres vivos, corporais e distintos e estamos, na verdade, interconectados. Cada um de nós tem um senso do eu interior que emerge do aspecto interior da mente. Podemos aprender a estar mais conscientes desse senso do eu interior e também cultivar a capacidade de sentir a interconexão que temos com outras pessoas e com o grande planeta em que vivemos. Essa é nossa mente interior, a extensão de nossa experiência subjetiva – o sentimento e a consciência de quem somos, emergindo na trama de nossas relações com as pessoas e o planeta. Tomamos consciência dessa *entre-mente* ao nos abrirmos a essas interconexões com nosso oitavo sentido relacional.

De que são feitas essas interconexões relacionais? Podemos propor que estamos conectados uns aos outros – a outras pessoas e ao nosso mundo natural – por meio de conexões de algum tipo. Mas o que são essas conexões que nos interconectam? No sentido mais amplo, podemos propor a partir de uma perspectiva científica que somos parte de um sistema interconectado, e os elementos fundamentais desse sistema são a energia e a informação. Já discutimos como os sistemas complexos funcionam a partir de propriedades emergentes que surgem de interações entre os elementos, sejam eles água, sejam eles sal, para o mar, ou fluxo de energia e informação, para nossas interconexões e a natureza mental. As relações e nosso "eu relacional" podem ser visualizados como a forma de *compartilhar* o fluxo de energia e informação. Muitos cientistas – de físicos a biólogos, passando por sociólogos, linguistas e antropólogos – descrevem essas conexões de várias maneiras. Alguns podem chamá-las de nossa interconectividade; outros, de nossa interdependência; de nosso significado cultural compartilhado e, ainda, simplesmente de uma rede de vida. Podemos enxergar cada uma dessas formas de estudar nossas conexões como campos reveladores do fluxo de energia e informação, às vezes invisíveis ou tão sutis que esses padrões de fluxo não são detectados na consciência, mas que de toda forma podem ser estabelecidos cientificamente como aspectos reais de nossa realidade relacional – nossa interconectividade. Nem tudo que é real pode ser captado prontamente por nossos primeiros cinco sentidos – portanto, o que chamamos de nosso oitavo sentido relacional pode estar relacionado a outra forma de monitorar esse compartilhamento ou conexão do fluxo de energia e informação.

Para além de simplesmente imaginar essas conexões, pode ser que estejamos literalmente pressentindo de um modo ainda indeterminado esses campos de energia que normalmente não podemos detectar. Uma possibilidade, então, é que sentimos essas conexões energéticas; outra possibilidade é que simplesmente as imaginamos a partir do que observamos com os cinco sentidos – de modo que criamos, ou construímos, uma visão e uma narrativa de que estamos conectados. Esse sentido relacional construído é erguido a partir da experiência, não é imaginado do nada. Por enquanto, vamos deixar a questão em aberto: nosso eu relacional e sua conectividade são coisas que construímos ou algo que percebemos como dutos sensoriais? Nosso senso relacional pode de fato abranger tanto a construção quanto a condução. Trazer um senso de conexão para a consciência – seja construído ou sentido diretamente a partir de um momento – reforça nosso senso de interconexão com o mundo.

Mas o que de fato significa "conexão"? Em certo nível, é possível vivenciar a vida de um modo isolado. Nascemos em um corpo, no qual viveremos e morreremos. E acabou. Nascemos sozinhos e morremos sozinhos. E, na sociedade atual, um eu tão isolado é com frequência reforçado por um senso de separação com foco no indivíduo independente, encorajado de tantas maneiras a seguir sozinho. Mais que isso, como vimos desde a época de Hipócrates, 2.500 anos atrás, e reafirmamos nos tempos modernos, uma visão médica tem muitas vezes postulado que a mente – e o eu que dela emerge – era *apenas* algo que veio da cabeça, do cérebro encapsulado pelo crânio. Nessa perspectiva científica contemporânea, o "eu" é uma entidade individual, limitada por pele e crânio, e a mente da qual ele vem é simplesmente atividade cerebral. Dessa forma, a pele torna-se um limite impermeável que define o "eu".

Talvez isso seja tudo o que existe.

No entanto, sabemos que a experiência subjetiva simplesmente não é o mesmo que a atividade cerebral, mesmo que ela dependa desse funcionamento neural do corpo. Quando temos um instinto visceral ou um sentimento vindo do peito, não estamos nos tornando conscientes do papel do corpo inteiro em nossa vida mental? Decerto a mente é, ao menos, plenamente encarnada, e não apenas "encraniada". E também sabemos que as relações com os outros têm efeitos profundos em nossa vida mental. O que sentimos na intimidade de nossa vida subjetiva é moldado profundamente por nosso senso de pertencimento, por nossas conexões com o mundo. Os sentimentos estão no cerne de nossa vida subjetiva e se estendem diretamente a nossos mundos relacionais. Essas fontes corporais e relacionais de nossa vida subjetiva mental têm efeitos poderosos em nosso bem-estar. Por exemplo, um dos indicadores mais robustos de nossa saúde mental – bem como de saúde física, felicidade e expectativa de vida – é nossa rede de apoio social. Por que essas conexões sociais seriam tão importantes para o nosso bem-estar? Os resultados de pesquisas indicam que as conexões que temos uns com os outros são reais e realmente importantes.

Meu palpite para você é: a razão pela qual essas robustas descobertas científicas são empiricamente relatadas, uma após a outra, é que a mente *não é* o mesmo que a atividade cerebral isolada. A mente, como já discutimos, pode ser vista como plenamente *encarnada*, envolvendo os processos fisiológicos do corpo como um todo, e não apenas guardada no crânio e emergindo do cérebro. Podemos propor, ainda, que a mente também pode ser vista como *relacional*, envolvendo nossas interconexões com outras pessoas e nosso mundo natural, o planeta. Um estudo revelou que as pessoas aumentam seu bem-estar quando têm a oportunidade de estar na natureza ou de se conectar a uma rede social em que ficam à vontade para ter a chamada "integração social", demonstrando duas linhas de pesquisa empírica que apontam para o poder de promover saúde que têm as nossas relações – com pessoas e com o planeta.

O que somos é maior que o corpo e mais amplo que o cérebro.

Somos mais do que nossa vida interior, mental – temos uma realidade interligada à nossa identidade. Quando percebemos que o eu vem da mente, e que a mente tem tanto um aspecto interno quanto um aspecto interpessoal, então o eu é um aspecto *tanto* de nosso corpo *quanto* de nossas relações.

Mas o que é, de fato, uma relação? Uma relação é como compartilhamos energia e informações uns com os outros. *Cérebro encarnado* é uma expressão que temos usado para o mecanismo interno do fluxo de energia e informação; relações são o modo como compartilhamos o fluxo de energia e informação com pessoas e outras entidades fora do corpo em que nascemos.

Quando dizemos "sentir a conexão", no quarto segmento do aro, estamos nos referindo a nossas relações com pessoas, animais de estimação e o planeta – com todos os tipos de entidade, na verdade – que estão fora do corpo. "Conexão" refere-se ao modo como a energia e a informação estão fluindo entre nosso eu corporal e os "outros". Como veremos, precisamos usar aspas nesse termo, "outros", a fim de lembrar que o "eu" pode na verdade não estar restrito ao corpo limitado pela pele, mas pode, de algumas formas muito reais, envolver nossas interconexões além do corpo. Simplificando, estamos conectados às pessoas e ao planeta, e essas conexões definem e moldam quem nós somos – profunda, significativa e clinicamente. O eu é mais do que a imagem comum de um ser isolado e sozinho na cabeça ou no corpo.

Essas conexões podem ser vistas simplesmente como compartilhamento de energia e de informações. Compartilhamos o planeta, e a ciência afirma a realidade de que estamos todos profundamente conectados uns com os outros. A partir da nossa experiência consciente, podemos não estar cientes dessas interconexões. Podemos ter a ilusão de estarmos separados; podemos acreditar que estamos isolados. De fato, podemos ter aprendido inadvertidamente com nossos pais, colegas, professores e com a sociedade que a visão consensual é a de um eu separado – eu sou o meu corpo e nada mais. Mas, para muitos, essa construção contemporânea de um eu sozinho pode trazer uma triste sensação de falta de sentido e desconexão. Cultivar o oitavo sentido pode abrir a porta para dissolver um mito compartilhado de nossa separação e nos abrir para a consciência de nossas conexões significativas na vida, aquelas que talvez nem soubéssemos que realmente existiam. Dessa forma, o quarto segmento do aro é uma oportunidade de se abrir ao que é, e não de fabricar algo imaginado do nada. De fato, respiramos o mesmo ar, compartilhamos a mesma água, vivemos na mesma ecosfera e habitamos o mesmo planeta enquanto ele gira pelo espaço. Abrir-se para a nossa conexão, explorando o oitavo sentido, não é o que você pensa ou acredita ou o que lhe disseram no início da sua vida; é se abrir para o que *é*. Essas conexões relacionais existem, esteja você ciente delas ou não.

A prática básica da Roda nos convida a abrir a consciência para a realidade de nossas conexões com outras pessoas, com outros seres vivos, com a rede da vida no planeta. O grupo de pesquisa do neurocientista Richard J. Davidson sugeriu que componentes específicos do treinamento de compaixão, comprovadamente úteis, poderiam ser adicionados para aumentar o impacto positivo da Roda na integração. Com base nisso, decidi incorporar frases específicas de gentileza, desejos de felicidade, saúde, segurança e bem-estar, dirigidas a todos os seres vivos, a um "eu" interior e a um eu integrado, um "Eu-Nós" que combina o "eu" interior diferenciado dentro do corpo com o "nós" de nossas interconexões com as pessoas e o planeta. Essas frases se encaixam bem na revisão do quarto segmento, após tomarmos consciência de nossa interconectividade, e assim você as encontrará naturalmente na conclusão da prática da Roda Completa.

Nas várias sabedorias tradicionais em todo o mundo, incluindo uma série de práticas religiosas, a compaixão é considerada um dos valores mais altos, que aumentam o bem-estar tanto no indivíduo quanto na comunidade. A compaixão pode ser definida como a forma de sentir o sofrimento do outro, imaginar formas de diminuir esse sentimento e tentar ajudá-lo a reduzir seu sofrimento. A percepção, a imaginação e a ação são parte do que a compaixão implica.

A percepção do sofrimento em alguém geralmente requer um processo chamado empatia. A empatia pode ser vista como tendo pelo menos cinco aspectos, incluindo ressonância emocional (sentir os sentimentos do outro), tomada de perspectiva (ver do ponto de vista do outro), compreensão cognitiva (imaginar as experiências mentais do outro e seu significado), preocupação empática (preocupar-se com o bem-estar do outro) e alegria simpática ou empática (sentir-se feliz com a felicidade e o sucesso do outro). Para muitos, a Roda cultiva cada um desses aspectos de ser empático. A preocupação empática – sentir a experiência subjetiva do outro e se preocupar com seu bem-estar – é vista como a motivação e a porta de entrada para a compaixão.

Há algumas opiniões confusas, expressas às vezes por uma série de escritores, que sugerem algo como "a empatia é ruim; a compaixão é boa", ou que há um lado negativo na inteligência emocional e na sintonia emocional com outras pessoas. A realidade é que a compaixão pode não ser possível para a maioria das pessoas sem a empatia, que permite nossa sintonia com a vida interior, com as emoções e a experiência subjetiva dos outros. É assim que a percepção da visão mental, a empatia e a integração têm sido sugeridas como os fundamentos da inteligência emocional e social. Qual é a desvantagem de ter visão mental em nossa vida? Quando vemos que a empatia inclui a preocupação empática, que é essencialmente o portal para a compaixão, percebemos que a afirmação "a empatia é ruim e a compaixão é boa" é enganosa e confusa.

Uma vez ministrei um workshop em Berlim e, na parte noturna do evento, a neurocientista social Tania Singer deu uma palestra sobre seus estudos, revelando como o treinamento de ressonância empática pode por si só levar ao sofrimento emocional, enquanto o ensino da compaixão ativa os circuitos profundos do cuidado, da preocupação e do companheirismo. Isso nos deu a oportunidade de trabalharmos juntos depois de sua palestra. Mencionei à professora Singer que alguns pareceristas recentes de um manuscrito que eu havia submetido disseram que eu não deveria encorajar a empatia do modo como eu fazia naquele livro, e depois citaram o trabalho dela para apoiar a perspectiva deles de que "a empatia é ruim, a compaixão é boa". Ela disse que eles tinham interpretado mal seu trabalho. O excesso de identificação com o estado emocional do outro pode levar à angústia empática, mas, quando essa ressonância emocional é associada à compaixão, o indivíduo retém um senso de equilíbrio, de tranquilidade de espírito. De fato, praticamente todas as pessoas precisam ter empatia a fim de gerar compaixão. O ponto é que a empatia sozinha pode às vezes levar à angústia.

Matthieu Ricard, um monge budista com treinamento em ciência e colaborador frequente dos cientistas do instituto Mind and Life, que há décadas estudam práticas contemplativas como a meditação, abordou essa importante questão em uma reunião científica após a apresentação de Tania Singer a Sua Santidade, o dalai-lama:

> A questão, claro, não é se livrar da empatia. Queremos continuar conscientes dos sentimentos dos outros. Mas precisamos colocar a empatia no espaço maior do amor altruísta e da compaixão. Esse espaço agirá como um amortecedor para a angústia empática. Como o altruísmo e a compaixão são estados mentais positivos, eles reforçam nossa coragem e nos dão os recursos para lidar com o sofrimento dos outros de forma

construtiva. A empatia sem compaixão é como uma bomba de água sem água: ela superaquece e desliga. Portanto, precisamos da água do amor e da compaixão para esfriar continuamente a angústia empática e contrabalancear o esgotamento emocional.[2]

Concentrando-se na empatia profissional e na compaixão dos clínicos, Arthur Zajonc, físico quântico que à época era presidente do Mind and Life, observou nessa reunião:

> Por um lado, temos frieza e cinismo, distanciando-nos dos pacientes e daqueles que sofrem a fim de manter nosso equilíbrio e julgar de modo profissional. Por outro lado, podemos nos envolver tanto que isso nos leva ao esgotamento, à autodestruição e assim por diante. Temos a tendência de oscilar entre esses dois extremos... Deve haver um meio-termo, em que a preocupação empática nos conecta aos sentimentos dos outros, mas de modo que permita uma resposta inteligente como médico, como pessoa atenciosa e preocupada, como mãe ou pai, ou como companheiro ou amigo na vida.[3]

Em resposta a uma pergunta de Richard J. Davidson sobre a perspectiva budista a respeito do treinamento da compaixão, eis como o dalai-lama respondeu:

> Acho que não está apenas na tradição budista. Todas as principais tradições religiosas enfatizam a importância da prática do amor e da compaixão. Na verdade, é mais como um potencial. Por exemplo, existe uma capacidade básica de estar conscientes. Mas temos que cultivá-la e melhorá-la desenvolvendo o conhecimento e a educação.[4]

A expressão *intenção de gentileza* tenta incluir esses modos de cultivar tanto uma motivação cuidadosa quanto uma postura conceitual, um estado mental gentil, que estabelece o estágio emocional e intelectual para nossa empatia e compaixão na vida, não apenas com aqueles que conhecemos diretamente ou que são semelhantes a nós

---

[2] Wendy Hasenkamp; Janna White (Org.). *The Monastery and the Microscope*. New Haven: Yale University Press, 2017, p. 253.
[3] Ibid., p. 252.
[4] Ibid., p. 254.

como também para um círculo mais amplo de cuidado e preocupação, incluindo outras pessoas e seres vivos.

Esses debates ativos apontam para uma questão importante: a ressonância empática por si só – sentir o sofrimento do outro sem preocupação empática e compaixão, e sem a capacidade de se diferenciar habilmente do sofrimento do outro – leva ao esgotamento. Essa é uma possível desvantagem de estar sintonizado com os outros sem um treinamento adequado em resiliência – sem a capacidade de estar ao mesmo tempo conectado *e* diferenciado. Em outras palavras, corremos o risco de nos identificarmos demais e de surtarmos se a integração não for mantida. Eu lido muito com isso quando trabalho com clínicos e cuidadores que não receberam as ferramentas de integração para ajudar a evitar o esgotamento. E, a partir desses debates, surgiu a sugestão de substituir o termo *fadiga de compaixão* por *fadiga de empatia*, que, como você pode ver, pode ser ainda mais específica com os termos *fadiga de ressonância empática* e *angústia empática*. Essa é uma distinção crucial para nos lembrarmos da forma como a integração cria resiliência. Integração é o processo por trás da compaixão e da gentileza. Mas não vamos jogar fora as amplas e maravilhosas habilidades da plenitude da empatia, e como esse espectro completo de empatia é essencial na vida, essencial até mesmo para a própria compaixão!

Conforme praticam a Roda em casa, a partir do áudio gravado em nosso escritório ou do nosso site, as pessoas começam a sentir uma redução na ansiedade e no medo e uma melhoria leve ou moderada na distimia – sensação crônica de desânimo. Pessoas com histórico de trauma encontram uma nova força na abordagem de eventos passados a partir do que alguns passam a chamar de "santuário" do núcleo. De muitas maneiras, as pessoas se tornam mais amáveis e mais compassivas em relação à angústia e ao sofrimento interiores, mesmo sem as frases específicas de gentileza que serão acrescentadas mais tarde.

Intenção é um processo mental que define o tom ou a direção do desdobramento de energia e informações dentro da mente. A intenção de gentileza facilita o surgimento de processos mentais integradores – como a preocupação e a compaixão empáticas – e os torna mais propensos a serem incorporados dentro de nós e em nosso comportamento ao interagir com o mundo, em nossa inter e entre-mente. Quando treinamos um estado de intenção de gentileza, tiramos proveito de padrões particulares no cérebro que, de acordo com pesquisas, são integradores – conectam regiões amplamente separadas, permitindo a coordenação e o equilíbrio da ativação neural. Quando exercitamos essas redes neurais de bondade, fortalecemos suas conexões e fazemos com que esses estados treinados se tornem traços de intenção de gentileza em nossa vida.

Como vimos, a prática regular apoia a transição de um estado criado durante uma prática para uma característica, que se torna uma habilidade aprendida ou um modo de ser. Uma característica é essencialmente uma propensão básica ou uma forma de comportamento que acontece sem esforço ou planejamento consciente na vida de alguém. Em minha experiência pessoal, no trabalho clínico com pacientes e nas interações educacionais com participantes de workshops, e com resultados de pesquisas sobre inúmeros assuntos, em um amplo conjunto de estudos conduzidos cuidadosamente, foi observado o seguinte: *o que você cria em um instante pode ser fortalecido no longo prazo com a prática.* É assim que um estado se torna uma característica.

Se a característica que você procura é ser mais gentil e mais compassivo com seu eu interior ou com seu eu compartilhado – nas conexões com os outros –, então o estado que você pode praticar é a integração. Pesquisas apoiam esta afirmação fundamental: ser gentil e compassivo em nossas conexões intra e interpessoais cria mais integração no cérebro e mais bem-estar em nossa vida.

Dito de forma simples, *estados integradores tornam-se características saudáveis.*

A Roda da Consciência tem as origens e a estrutura fundamental impregnadas de integração, como já vimos. Como ideia e como prática, a Roda cultiva a integração em nossa vida interior e interconectada. Se você está se esforçando para ter saúde, então eu o convido a considerar fazer da Roda uma prática diária, se possível, ou com alguma regularidade – ou seja, várias vezes por semana, no mínimo. Seu cérebro precisa de prática repetida e regular para reforçar o crescimento integrador. A prática repetida aumentará os resultados positivos para sua vida à medida que você cria estados de espírito intencionais, porém breves, durante uma sessão de prática que se tornará um traço de resiliência e bem-estar em seu dia a dia.

Um estado de integração repetido pode se tornar uma característica de saúde duradoura.

Quando apresentei a prática da Roda ao grupo de pesquisa de Richard J. Davidson, que estudava o cérebro e a meditação, eles ficaram intrigados com minha abordagem e me perguntaram por que eu não havia incluído aspectos ainda mais específicos do treinamento da compaixão como parte dos passos da Roda. Eu expliquei que a Roda simplesmente havia sido construída a partir da noção científica de diferenciar o conhecer do conhecido, o aro do núcleo, e que ela precisava permanecer baseada na ciência. Eles então me falaram sobre um estudo que tinham acabado de concluir, o primeiro de muitos que seriam conduzidos e publicados, demonstrando que treinar a intenção de compaixão realmente melhora o funcionamento mental e as relações, e está até mesmo associado a um funcionamento cerebral mais integrado.

Com a prática da compaixão, por exemplo, os sinais elétricos do cérebro medidos em um eletroencefalograma revelam altos níveis de ondas gama que emergem da coordenação de regiões cerebrais amplamente separadas. E, como visto em outros estudos, mesmo as conexões funcionais e estruturais no cérebro podem melhorar com o treinamento de compaixão, revelando um cérebro mais integrado a partir da prática. O Projeto Conectoma Humano, independente dos estudos de meditação, revelou que o bem-estar geral estava associado a um conectoma mais "interconectado", ou seja, as regiões diferenciadas do cérebro estavam conectadas umas às outras. Pesquisas sobre meditação também revelam como tais práticas aumentam as interconexões do conectoma. A essência dessas descobertas para o treinamento formal da compaixão e para a saúde em geral é que elas envolvem a integração no cérebro.

No campo em que trabalho, a neurobiologia interpessoal, vemos a compaixão e a gentileza como os resultados da integração. Por exemplo, quando percebemos as diferenças entre nós e os outros, estamos nos diferenciando interpessoalmente. Quando sentimos o sofrimento de outra pessoa, imaginamos como ajudá-la e então agimos para reduzir esse sofrimento – quando somos compassivos –, estamos nos ligando à pessoa diferenciada que está sofrendo. Quando sentimos a alegria e a realização do outro e nos sentimos felizes com seu sucesso, quando lhe desejamos o bem, temos uma alegria empática, outro aspecto da integração. A gentileza também pode ser vista como um resultado da integração: ela pode ser definida como nossa forma de notar e apoiar a vulnerabilidade uns dos outros. Desse modo, a gentileza inclui respeitar os riscos e as feridas que surgem com necessidades não satisfeitas – com a vulnerabilidade. Embora para alguns a conotação de gentileza transmita a sensação de fraqueza, e não de força, a intenção de gentileza, na verdade, cria uma postura mental que reforça as relações pró-sociais e as fontes internas de bem-estar. A gentileza e o amor são fontes profundas de resiliência e coragem, de força tanto interior quanto interconectada. As ações de gentileza também podem ser vistas como aquelas oferecidas sem a expectativa de recompensa. Podemos entender essa forma de gentileza ao vermos a outra pessoa como um aspecto diferenciado de quem somos; assim, conectar-se com a gentileza pode ser visto como algo que emerge quando sentimos "nosso eu" como simplesmente parte de um todo maior – somos, sim, um eu interior, mas também somos um eu interpessoal.

Dessa forma, podemos ver o fundamento científico da afirmação: gentileza e compaixão são a integração tornada visível.

O foco no quarto segmento do aro, chamando a atenção para os vários indivíduos diferenciados e sentindo nossa conexão com eles, pode ser visto como uma forma de integração interpessoal. Quando expandimos esse senso de conexão, abrindo a consciência para nossas interconexões com todos os seres vivos, estendemos essa diferenciação e conexão a uma esfera maior do que compreende nosso eu interpessoal. Embora as palavras específicas usadas nesse aspecto da prática sejam apenas relativas à conexão, os relatos subjetivos daqueles que fazem a prática básica da Roda – mesmo sem as frases de gentileza – sustentam a noção de que essa revisão do quarto segmento, esse foco em nosso oitavo sentido, o sentido relacional de nossa interconexão, é preenchida com um sentimento de gentileza, compaixão e de ser parte de um todo maior do que aquilo que antes poderia ser sentido como um eu isolado e privado fazendo uma meditação. Quando adicionamos frases e desejos específicos de gentileza a todos os seres vivos, ao nosso senso interior de "Eu" e ao nosso senso integrado de "Eu-Nós", ampliamos e aprofundamos essa consciência da nossa forma integrada de viver no mundo.

Os estudos de longevidade e felicidade e sobre nossa saúde física e mental, que revelam que um dos melhores indicadores desses fatores positivos na vida é nossa conexão dentro de uma rede de apoio social, destacam a importância dessas conexões interpessoais. Relacionamentos não são a cereja do bolo; eles *são* o bolo. Na verdade, eles são o prato principal e também a sobremesa.

Integração, espiritualidade, saúde

Uma experiência humana relacionada a uma sensação de estar conectado a um todo maior, às vezes, é chamada de "espiritualidade". Entrevistas informais de pessoas interessadas no que chamam de "crescimento espiritual" identificam duas facetas de sua jornada que definem o que, para elas, é ser espiritual: conexão com algo maior do que um eu privado e um sentido para além de sua sobrevivência individual. Fascinante. Se ser espiritual significa experimentar nossas conexões para além da pele e o sentido para além da sobrevivência, então essa parte comovente de nossa experiência humana poderia estar relacionada à integração? Em outras palavras, se a conexão de um eu interno diferenciado com um eu interpessoal maior emerge como o aspecto interconectado de nossa realidade, e se essa identidade diferenciada e conectada der origem a um sentido vibrante de significado na vida, será que esse sentido do espiritual pode estar fundamentalmente relacionado ao processo de integração em nossa vida? Muitos indivíduos descreveram que um senso de sentido e conexão emerge para eles ao experimentarem a prática da Roda, como vimos no caso de Zachary, que sentiu esse maior senso de conexão e propósito depois de fazer a prática que levou à transformação em sua vida pessoal e profissional.

A integração é uma estrutura conceitual poderosa e cientificamente fundamentada que nos permite compreender uma série de experiências humanas, da espiritualidade à saúde. O vislumbre dos obstáculos à integração ajuda até mesmo a esclarecer a natureza do sofrimento humano e o que podemos fazer para aliviá-lo. Uma ampla gama de estudos de pessoas com desafios de bem-estar mental revela uma integração deficiente no cérebro, com uma sensação de isolamento pessoal e de falta de sentido na vida. Também para aqueles que estão nas profissões de cuidado humano, a experiência de esgotamento, ou burnout, o oposto de se sentirem espiritualmente enriquecidos, pode ser vista quando se perde a vitalidade do sentido e da conexão com o trabalho e com a vida. Essa perda de sentido e de conexão pode ser vista como proveniente de impedimentos à integração. Se não distinguirmos a experiência do eu interior da experiência de dor do outro, e em vez disso nos identificarmos demais com a pessoa que sofre, como se fosse simplesmente o mesmo que nosso eu interior, corremos o risco da angústia empática e do burnout. Tal ressonância emocional – um aspecto da empatia, como já discutimos –, que surge sem a diferenciação necessária para que a integração se desenvolva, pode levar à ativação excessiva do cérebro, à exaustão e ao esgotamento. O sofrimento humano pode ser visto como estados caóticos ou rígidos que surgem de prejuízos na diferenciação e na conexão, de bloqueios à integração. A empatia por si só, e mesmo a ressonância emocional como parte da empatia, precisa fazer parte da integração, e não uma diferenciação excessiva de modo alheio ou uma conexão excessiva com excesso de identificação. Ressoar com o outro *sem* diferenciação não é integração – é um aspecto da empatia sem a tranquilidade de espírito que a integração disponibiliza. A integração nos permite ser emocionalmente ágeis, sentindo plenamente a experiência dos outros, mas sem perder a capacidade de se importar e viver com tranquilidade de espírito. A vida é cheia de desafios e sofrimento; o impacto da integração no coração do crescimento espiritual pode existir para nos permitir sentir alegria e gratidão não só apesar da dor do mundo, mas como uma responsabilidade de manter vivos esses estados positivos e um senso de esperança e possibilidade para todos nós em nossas vidas profundamente interconectadas.

Nosso eu interior e compartilhado

Se nós sentirmos que, como indivíduos, temos um eu interno, bem como um eu compartilhado e relacional, então poderemos ver como a fusão de dois eus interiores – o nosso e o de outra pessoa – significa uma ausência de diferenciação. Nossa vida interior é real em cada um de nós, e é importante identificá-la para que possamos nos conectar completamente um com o outro por meio de nosso eu compartilhado, que muitas vezes é chamado de "outro", mas na verdade é uma parte de quem realmente somos. Não estou lhe oferecendo essa visão para ser poético, mas sim como uma afirmação científica sobre a natureza de uma identidade integrada. Isolamento demais, muito foco no eu interior como nossa única fonte de identidade sem reconhecer nosso eu interconectado, e teremos uma diferenciação excessiva, sem conexão. O resultado de tal isolamento pode ser o desespero e uma sensação de falta de sentido. Já se demonstrou que viver uma vida "eu e nada mais" é insalubre. Essa é uma forma desintegrada de viver em nosso mundo.

Do outro lado do espectro da integração, o excesso de conexão sem a diferenciação necessária também cria uma integração prejudicada. Esse é o caso quando nos esgotamos em nossa profissão como cuidadores ou entramos em relações enredadas, fundindo-nos e perdendo-nos na confusão, pois nossa vida interior e diferenciada não é reconhecida e respeitada pelos outros ou mesmo cultivada por nós mesmos.

Ao percebermos tanto o interior quanto o interconectado, podemos nos tornar plenamente presentes para ambos os aspectos de nosso senso do eu. Esse termo, *eu*, pode ser bastante desafiador, pois vivemos em uma cultura moderna que iguala o eu com o corpo restringido pela pele ou, mesmo em uma anatomia mais restrita, com o cérebro restringido pelo crânio. Como veremos, essa associação linguística do termo *eu* com a *pele* ou com o *crânio* cria uma sensação de identidade que, infelizmente, pode impedir que vivamos uma vida integrada. As pesquisas são bem claras: estar conectado aos outros, encontrar maneiras de estar a serviço do bem-estar no mundo além de um eu definido por pele ou crânio é um caminho em direção a uma vida bem vivida, comprovado ao longo do tempo. Compaixão, gentileza e empatia são fundamentais para viver uma vida integrada.

As emoções "autotranscendentes" de admiração, gratidão e compaixão estudadas por Dacher Keltner, pesquisador de psicologia da Universidade da Califórnia em Berkeley, e seus colegas do Greater Good Science Center (GGSC), podem surgir desse estado integrado de fluxo de energia e informação. Quando experimentamos *admiração*, temos a sensação de estarmos diante de algo além do que podemos compreender inicialmente, e o que emerge é uma sensação de ser parte de um todo maior, parte de algo maior do que o corpo em que residimos. Com *gratidão*, sentimos um profundo senso de apreciação. Como diz Emiliana Simon-Thomas, colega de Keltner no GGSC:

> Experiências que aumentam as conexões significativas com os outros – como notar que outra pessoa o ajudou, reconhecendo o esforço necessário e se alegrando por ter se beneficiado disso – engajam os sistemas biológicos de confiança e afeto, ao lado de circuitos de prazer e recompensa. Isso proporciona um impulso sinérgico e duradouro para a experiência positiva. Quando você diz "obrigado" a uma pessoa, seu cérebro

registra que algo de bom aconteceu e que você está completamente envolvido em uma comunidade social significativa.[5]

Na Universidade do Sul da Califórnia, Mary Helen Immordino-Yang descobriu que estados emocionais similares ativam regiões profundas no tronco encefálico associadas aos nossos processos corporais vitais. Ela sugere que parte da sensação de estar vivo, de estar cheio de vitalidade, vem das maneiras como as emoções sociais ativam nossos circuitos neurais mais fundamentais da vida. A gratidão é impressionante. E a *compaixão* também é considerada um sentimento moral, ou uma emoção social autotranscendente, na medida em que nos conecta de forma significativa a esse todo maior. Tornamo-nos mais vivos quando abraçamos a realidade de nossa interconectividade.

A compaixão se baseia na empatia e na gentileza, apoiando nossa capacidade de manter a saúde e de alcançar e apoiar o bem-estar do que normalmente chamamos apenas de "outros". Como já discutimos, o que às vezes é chamado de "autocompaixão" pode ser mais bem representado pelo termo "intracompaixão" para que a compaixão dirigida aos "outros" possa então ser chamada de "intercompaixão". Quando apoiamos essa visão de quem realmente somos, de quem somos verdadeiramente capazes de ser quando vivemos plenamente, e que nosso *eu é de fato tanto interior quanto interconectado*, podemos então cultivar uma forma mais integrada e vital de estar no mundo. O treinamento da compaixão é uma maneira de cultivar essa integração, tanto em nossas inter-relações quanto em nosso corpo sob a pele e em nosso cérebro no crânio.

Inspirado nas sugestões de neurocientistas para acrescentar à prática da Roda elementos específicos empiricamente comprovados de treinamento de compaixão, decidi incluir um componente mais profundo do quarto segmento de nossas conexões relacionais para elaborar esse aspecto de construção da intenção de gentileza. Como a compaixão e a gentileza surgem da integração e a reforçam, pareceu apropriado e útil incorporar essa adição à Roda – que tem se resumido, desde o início, à integração.

---

[5] Jeremy Adam Smith, "Six Habits of Highly Grateful People". Greater Good Science Center, 20 nov. 2013. Disponível em: https://greatergood.berkeley.edu/article/item/six_habits_of_highly_grateful_people. Acesso em: 3 out. 2021.

Construindo compaixão com frases de intenção

Você deve estar se perguntando como pesquisas podem demonstrar o impacto da compaixão em nossa vida, inclusive a forma como o cérebro funciona. Lembre-se de que meditação significa simplesmente uma prática que treina a mente. O que as pesquisas mostraram é que, quando se cria uma intenção interior imbuída de uma postura positiva em relação ao bem-estar dos outros e de nós mesmos – desejando o aumento do bem-estar e o alívio do sofrimento –, o cérebro se torna integrado em seu funcionamento. Como já mencionei, várias maneiras de medir a atividade cerebral têm sido usadas para demonstrar que amplas regiões do cérebro se tornam coordenadas e equilibradas com a criação de tais estados internos de compaixão. O cérebro parece prosperar nesse estado de cuidado e preocupação que eu chamo simplesmente de intenção de gentileza, seja ele direcionado a pessoas específicas ou um senso não direcionado, amplo e generalizado de compaixão e amor. A gentileza inclui a compaixão e a alegria empática – sentir-se bem com a prosperidade dos outros. A intenção é simplesmente estabelecer um estado mental que molda a direção e a qualidade dos padrões de energia e de informação que têm maior probabilidade de emergir. A intenção de gentileza prepara a mente de modos pró-sociais e interconectados.

Além do aumento da integração funcional e estrutural no cérebro, outros estudos demonstraram diminuição dos níveis de inflamação e de estresse e melhorias na atividade cardíaca, de modo que todo o nosso corpo é acalmado pela compaixão. Até fiz um miniestudo com membros da minha família, no qual medimos o equilíbrio das funções de aceleração e frenagem do sistema nervoso autônomo, medindo a variabilidade da frequência cardíaca. Quando eles desejavam mal aos outros – o contrário de uma intenção de gentileza –, o sistema ficava desregulado; quando eles desejavam bem-estar aos outros, o sistema ficava equilibrado à medida que se diferenciava e depois conectava esses aspectos ativadores e desativadores de nossa regulação fisiológica. Essas descobertas sugerem que, quando geramos pensamentos bondosos de forma intencional e significativa, com autenticidade e honestidade, criamos integração em nosso corpo e em nosso cérebro.

Como temos visto repetidamente, o que você faz com sua mente muda seu corpo, incluindo o cérebro. É como se seu corpo estivesse ouvindo os sentimentos, pensamentos e intenções que a sua mente cria – e a evidência empírica sustenta essa noção de que as células do corpo, os reguladores epigenéticos e os sistemas fisiológicos respondem a isso. A intenção prepara a mente para a malícia ou para a gentileza, e molda tanto a vida interior de nosso corpo quanto a de nossas inter-relações.

Se a intenção de gentileza, a alegria empática e um estado mental compassivo são tão úteis em nossa vida interior do corpo e ajudam em nossa relação com os outros, tornando-nos mais abertos e cuidadosos, como podemos desenvolver tais estados em nossa vida?

A resposta é simples: cultivando a intenção. A intenção age como um vetor mental, uma espécie de funil, conforme estabelece uma direção específica para o fluxo de energia e informação. Lembre-se de nossa equação simples: aonde vai a atenção, flui a ativação e cresce a conexão. Agora podemos expandir isso um pouco:

O modo como brilha a intenção determina aonde vai a atenção, flui a ativação e cresce a conexão.

Sua intenção define a direção da atenção e da conexão neural e interpessoal.

Quando estabelecemos a intenção na consciência com um esforço inicial cheio de propósito, influenciamos o que também se tornará intenção até mesmo fora da consciência. Isso cria um estado mental que pode estar presente sem nosso esforço consciente. É assim que um estado mental repetido e criado propositalmente durante uma prática se torna um traço, uma característica automática em nossa vida.

Quando esse estado é de gentileza e compaixão, esse traço é de conexão.

Moldura mental, estado mental, mentalidade e postura mental referem-se a um estado mental que pode ser visto como um conjunto de características da mente, incluindo intenção, atenção, consciência, emoção, memória e padrões de comportamento. Esses aspectos comportamentais da mente envolveriam a *preparação* para agir de certa maneira e, em seguida, adotar esses comportamentos.

Práticas antigas e estudos científicos modernos têm demonstrado que esse estado de intenção compassiva pode ser criado com *afirmações interiores*, sentidas como uma voz interior do indivíduo. Estudos do cérebro revelam que, quando usamos símbolos linguísticos durante essas articulações internas, fazemos muito mais do que simplesmente ativar centros linguísticos que medeiam a definição desses termos. Com palavras, também ativamos regiões cerebrais que representam os conceitos por completo, não apenas a palavra que simboliza o conceito. É assim que as novas tecnologias de imagem do cérebro podem "ler mentes", na medida em que podem tomar frases complexas construídas a partir de palavras e prever as regiões de ativação cerebral com base no significado das próprias palavras. Imagine como afirmações calcadas em palavras de gentileza ativarão circuitos de cuidado, empatia, compaixão e amor. *Gentileza* é a palavra simples que usaremos para representar essa ampla gama de sentimentos positivos que envolvem estados internos integradores do cérebro como um todo e comportamentos e atitudes interpessoais. No cérebro, veríamos a ativação de aspectos de nossos circuitos sociais, incluindo regiões na frente e atrás de nossas áreas corticais que estão envolvidas em empatia e compaixão e em um processo chamado teoria da mente. Esses circuitos sociais nos permitem fazer um mapa neural da mente dos outros, e de nós mesmos, e depois ficarmos prontos para agir em prol do bem-estar dos outros.

Essas frases de gentileza são cheias de positividade, cuidado e compaixão. Poderíamos chamá-las de frases de amor, respeito e preocupação. O ponto-chave é que uma frase verbal, tal como desejos interiores para o bem-estar próprio e dos outros, ativa os estados mentais que as simples palavras simbolizam. Quando feitas com autenticidade, intenção e cuidado, frases são mais do que apenas um monte de palavras juntas.

As afirmações internas que eu convido você a fazer são feitas com palavras que revisaremos em breve. Ao dizer as frases com sua voz interior, você poderá descobrir que surgem vários sentimentos ou imagens. Você pode se ater às frases conforme elas se desdobram e simplesmente estar presente para o que quer que surja, conforme for surgindo. Mais tarde, a criação de intenções amáveis também pode ser vivenciada como um sentimento de consideração positiva, um sentimento de amor, uma postura compassiva com os outros – e até mesmo com o próprio eu interior. O que pesquisas demonstraram é que tal treinamento de compaixão, a prática da intenção de gentileza, na verdade pode levar não apenas a sensações interiores positivas como também a uma probabilidade de estender a mão para ajudar outros.

Para uma adequação ao fluxo da prática da Roda, modifiquei as várias versões disponíveis em uma série de práticas estudadas em diversos projetos de pesquisa. Estas podem ser elaboradas para incluir processos de perdão para um determinado relacionamento ou adaptadas para atender a indivíduos específicos. Nessas modificações, oferece-se perdão por qualquer dor ou dano que alguém possa ter causado ao praticante; e depois pede-se perdão por qualquer coisa que o praticante possa ter feito para causar dor ou dano a alguém. Perdoar não é afirmar que o que aconteceu foi certo ou bom; perdoar, como sugere meu colega e amigo Jack Kornfield, é desistir de toda esperança por um passado melhor.

Para a prática da Roda, utilizar frases tão amplas e abertas quanto possível parecia se encaixar melhor e foi consistente com a pesquisa sobre o que é chamado de "compaixão não referencial", na qual os estados gerais de consideração positiva e amor são criados na prática, revelando alguns dos mais altos graus de integração cerebral já vistos. Parecia, também, que a inserção mais adequada dessas afirmações seria seguir a revisão do oitavo sentido de nossas interconexões, aprofundando nesse segmento o processo de focar nossas relações – interiores e até mesmo interpessoais.

Se você sentir vontade de experimentar isso agora, como parte da prática completa da Roda, por favor, acesse o meu site ou vá ao capítulo anterior deste livro; comece com a Roda Básica e depois adicione esta seção. Como algumas pessoas se sentem desconfortáveis desejando bem aos outros ou a si mesmas, começo esta parte da prática da Roda, no quarto segmento do aro e depois de nosso foco na interconectividade, com o lembrete a seguir, que antecede as frases de gentileza:

"Pesquisas científicas recentes revelaram o que muitas sabedorias tradicionais antigas ensinaram durante muito tempo: que a criação de um estado de gentileza e compaixão não é boa só para os outros, mas também é útil para nosso bem-estar individual. Com essa descoberta em mente, convido você a repetir estas frases com sua voz interior. Vou dizer uma frase ou parte de uma frase e fazer uma pausa, então você poderá repetir silenciosamente as palavras de gentileza e intenção compassiva em sua mente interior. Em seguida, passarei para a próxima parte da frase. Começaremos com frases muito básicas e depois passaremos a frases mais elaboradas. Pronto? Vamos começar."

Aí vão as frases:

Que todos os seres vivos sejam felizes...

Que todos os seres vivos sejam saudáveis...

Que todos os seres vivos estejam seguros...

E que todos os seres vivos consigam florescer e prosperar.

Primeiro respire profundamente, e agora vamos focar as mesmas frases de gentileza de uma forma um pouco mais elaborada, em direção a nós mesmos, usando a palavra *Eu*.

Que eu seja feliz...

E viva com sentido, conexão e tranquilidade de espírito...

E um coração leve, grato e alegre.

Que eu seja saudável...

E tenha o corpo cheio de energia e flexibilidade...

Força e estabilidade.

Que eu esteja seguro...

E protegido contra todos os tipos de danos internos e externos.

E que eu consiga florescer e prosperar...

E viver com conforto e bem-estar.

Agora, respirando um pouco mais fundo, nosso eu não é apenas o que existe na vida interior do corpo – o "eu" de quem nós somos. Somos também parte de um todo interligado, parte de um "nós". Mas como podemos integrar esse eu fisicamente diferenciado com um "nós" relacional? A integração é valorizar as diferenças e depois fazer sua conexão compassiva e respeitosa. Se integrarmos "eu" e "nós", chegaremos a uma identidade integrada que podemos representar com um novo termo: "Eu-Nós".

Vamos enviar essas mesmas frases e desejos de gentileza e compaixão em relação ao Eu-Nós.

Que Eu-Nós sejamos felizes...

E vivamos com sentido, conexão e tranquilidade de espírito...

E um coração leve, grato e alegre.

Que Eu-Nós sejamos saudáveis...

E tenhamos o corpo cheio de energia e flexibilidade...

Força e estabilidade.

Que Eu-Nós estejamos seguros...

E protegidos contra todos os tipos de danos internos e externos.

E que Eu-Nós consigamos florescer e prosperar...

E viver com conforto e bem-estar.

E agora convido você mais uma vez a acompanhar a respiração, seguindo seu ritmo, para dentro e para fora...

E, agora, se seus olhos estiverem fechados, você pode se preparar para deixá-los abrir. Respirando de forma mais intencional e talvez mais profunda, vamos encerrar, por enquanto, esta prática da Roda da Consciência.

Refletindo sobre gentileza e compaixão

Parece simples, não é? Começando com a intenção de cuidar do bem-estar dos outros, você faz declarações internas de gentileza e compaixão. Como você se sentiu? Alguns acham um pouco embaraçoso dizer essas palavras, algo que nunca fizeram. Outros sentem um pouco de ansiedade no momento de direcionar ao eu interior esses desejos positivos de cuidado e preocupação. "Será que eu mereço realmente essa gentileza?" é uma pergunta que algumas pessoas se fazem. Para muitos, especialmente depois que a novidade dessas frases se desgasta, a prática de oferecer frases positivas para o bem-estar dos outros e do eu interior é na verdade bastante revigorante. Quando adicionamos a parte sobre o eu integrado, sobre o Eu-Nós, então obtemos o impulso extra de perceber como todos nós estamos interconectados. De muitas maneiras, adicionar essas frases positivas de intenção compassiva é uma forma natural de expandir o oitavo sentido relacional de nossa interconectividade e concluir a prática da Roda.

O que esses estudos e práticas sugerem é que estabelecer uma intencionalidade dentro da consciência tem efeitos poderosos na criação de estados positivos em nossa vida. Nossa fisiologia responde com um funcionamento mais equilibrado e saudável. Nossas interações com os outros, incluindo a diminuição de vieses raciais implícitos, melhoram. Até mesmo a conexão com nosso eu interior é aprimorada quando a gentileza emerge em nossa experiência interior.

Pesquisas de Kristin Neff sobre autocompaixão incluem as noções de ter atenção plena, de ser gentil consigo e de perceber que somos parte de uma humanidade maior. Como já exploramos, esse termo pode ser grafado como "intracompaixão" para reduzir nosso foco no eu *versus* o outro, reconhecendo nas palavras escolhidas a natureza profundamente interligada de quem somos, de quem o eu é, de onde a mente emerge – de dentro e entre.

A intracompaixão é uma parte importante da intenção de gentileza. Se eu bato o dedinho do pé, posso ficar ciente da dor e gritar comigo por ser tão estabanado. Nesse caso, eu não estaria demonstrando autocompaixão. Em vez disso, posso estar ciente da dor e me tratar como se eu estivesse interagindo com meu melhor amigo. Eu seria gentil. Eu seria amável. Eu seria carinhoso. Em vez de resistir à dor e criar sofrimento, eu a receberia e deixaria que ela se tornasse simplesmente uma sensação e uma parte das inevitáveis colisões da vida que não antecipamos. E eu perceberia que se distrair e bater o dedo do pé é algo humano. É exatamente isso que fazemos de vez em quando.

A gentileza traz uma sensação de que algo está sendo feito com cuidado e preocupação. Algumas definições de gentileza, como vimos, afirmam que é uma forma de interagir com os outros sem esperar nada em troca. Gosto da noção de gentileza como uma forma de perceber e apoiar as vulnerabilidades uns dos outros, reconhecendo que precisamos dos outros e que temos fragilidades humanas. Todos nós possivelmente carregamos feridas e já tivemos o coração partido de diversas maneiras. Ser amáveis conosco e com os outros significa cuidar dos modos mais vulneráveis de nossa existência.

Podemos agir com gentileza e ter a intenção de gentileza que estabelece o estado mental para tais ações. Com compaixão, também podemos obter um estado de intenção compassiva, além da ação compassiva. Como já discutimos, a *preocupação empática* é uma porta de entrada para essa postura compassiva que nos prepara para sentir o sofrimento dos outros e pensar em como assisti-los efetivamente a reduzir esse sofrimento, ajudando-os a se sentir melhor. *Gentileza, compaixão* e *empatia* são três termos que refletem como todos nós estamos profundamente interligados. Quando nos concentramos na alegria empática, em como compartilhar a emoção das realizações e da felicidade do outro, podemos ver como há elementos de empatia, gentileza e compaixão que são todos únicos e importantes.

Quando estabelecemos uma intenção interior com relação a estas três coisas – gentileza, compaixão e empatia –, estamos de fato criando uma mentalidade de integração. Por quê? Porque com esses três estados intencionais integradores, podemos respeitar e até mesmo desfrutar as diferenças, criando ao mesmo tempo conexões significativas com os outros. A gentileza prepara a mente para ser aberta e cuidadosa; a empatia estabelece a mente para sentir, compartilhar e compreender profundamente; a compaixão prepara a mente para se conectar em sentimento, pensamento e ação em torno do sofrimento e de seu alívio. Gentileza, empatia e compaixão são três ingredientes fundamentais de uma mente integradora.

A psicóloga e pesquisadora Barbara Fredrickson escreveu sobre o amor como "ressonância de positividade", uma forma de nos conectarmos uns com os outros e reforçar emoções positivas de alegria, respeito e conexão. Nós também escrevemos juntos sobre a noção de que o amor pode ser um estado no qual a integração aumenta – não apenas ao compartilhar estados positivos como também quando nos conectamos com outros que estão sofrendo. Quando nos unimos a outros, mesmo em estados dolorosos, dois indivíduos antes separados se tornam parte de um todo maior. Esse testemunho da dor do outro é uma forma de aumentar o estado de integração de cada pessoa, a que sofre e a que testemunha. O amor nos conecta e expande quem somos.

Cientistas no passado raramente escreviam sobre o amor, então eu naturalmente sinto os ecos desse desconforto profissional ao falar diretamente sobre esse aspecto essencial de nossa vida. No entanto, como pesquisador da área afetiva, sei que a saúde de nossa vida depende do amor em nossas relações. E, como cientista familiarizado com o cérebro, sei também que o amor em uma relação sustenta o crescimento ótimo da integração do cérebro, permitindo que ele funcione de forma coordenada e equilibrada à medida que regiões amplamente separadas se conectam umas às outras. Quando amamos alguém, nos diferenciamos e nos conectamos em uma relação integradora. O amor é a integração interpessoal que estimula o crescimento da integração neural interior, cada um reforçando o outro, cada um criando bem-estar na sua vida e na do outro.

Se você reunir tudo o que exploramos até aqui sobre a Roda da Consciência (focar nossas interconexões, perceber nossas vulnerabilidades, respeitar os caminhos profundos que nos diferenciam e nos conectam, aceitar que necessitamos uns dos outros), é cientificamente razoável afirmar que empatia, compaixão e gentileza são certamente aspectos fundamentais de um estado mental amoroso. O treinamento da intenção de gentileza cria um estado integrador que, com a prática, pode reforçar a característica do amor em nossa vida. Os estados integradores tornam-se características saudáveis. A gentileza e a compaixão são a integração tornada visível; o amor é uma característica de uma vida saudável.

Aprofundando a prática da Roda da Consciência

Posso sugerir que você experimente pelos próximos dias a prática da Roda que agora inclui esses tipos de frase de intenção? Com o quarto segmento de nosso sentido relacional expandido para incluir essa forma de cultivar gentileza, empatia e compaixão, a Roda pode agora se tornar uma prática de reforço que continua a se expandir a partir desses estados internos positivos.

Você pode descobrir que, à medida que aumentam os dias de prática, sua experiência interior de eventos interpessoais assumirá uma nova tonalidade. Por exemplo, alguns dias antes de escrever este capítulo, eu estava passando de carro por uma pequena cidade ao longo de uma rodovia costeira. Tinha chovido muito e havia pouquíssimos carros na estrada. Ao me aproximar de uma pequena cidade, vi que o limite de velocidade havia mudado de repente, e, quando comecei a reduzir a velocidade, um policial apareceu em meu espelho retrovisor. Suas luzes vermelhas e azuis se acenderam e ele ordenou que eu parasse para me multar por excesso de velocidade. Eu sabia que não adiantava argumentar para que ele mudasse de ideia. Esperei que ele aparecesse à minha porta e, ao entregar-lhe minha carteira de motorista, senti uma sensação calma e clara enquanto olhava nos olhos dele. Percebi que ele provavelmente tinha algum tipo de cota de multas que precisava emitir. Percebi também que era uma armadilha de velocidade – não havia como diminuir a velocidade tão rápido. E lá estava ele esperando a próxima vítima.

Enquanto eu estava frustrado com o desenrolar desses eventos, sabendo que teria que pagar uma multa e frequentar a autoescola, de alguma forma eu me senti profundamente preocupado com esse oficial. Imaginei que a pequena cidade precisava da verba que logo receberia com a minha multa; senti que ele estava me tratando com respeito e senti que combater a situação não traria nada de positivo para a experiência. Achei que me irritaria com ele ou comigo mesmo, mas tive uma surpresa agradável ao perceber que quase me imaginei em seu lugar. Olhei para o mar e senti que aquela multa era um pequeno preço a se pagar em comparação com os problemas maiores que o nosso planeta enfrentava. Sorri para o policial e na verdade agradeci a ele pela multa. Ele olhou para mim, intrigado, e eu senti a gentileza, o amor, o cuidado dentro de mim. Talvez ele tratasse bem a próxima pessoa por causa da gentileza que eu demonstrei. Quem sabe? Mas, enquanto ele ia embora, eu me sentia fortalecido por toda a experiência. Se alguma injustiça precisasse ser corrigida, algo em que valesse a pena colocar energia e tempo, eu sentia que esse estado interior de clareza e calma seria o melhor ponto para começar, em vez de estar cheio de ansiedade, medo ou irritação. Naquela manhã, como sempre, eu tinha praticado a Roda e podia sentir sua capacidade de criar e sustentar essa sensação de interconexão e cuidado.

Foi um belo passeio pela costa, e agora, enquanto escrevo para você olhando para as ondas turbulentas do Pacífico, parece que essa intenção de gentileza, empatia e compaixão é uma forma de contextualizar nossa vida. Alcançamos resiliência com essa perspectiva mais ampla, percebendo que ondas de energia e informação fluem para e através de nós, e que somos mais do que as ondas. Somos talvez mais como o oceano, e as ondas são simplesmente a expressão da paixão do mar, momento a momento, onda a onda.

O que é esse mar maior que somos Eu-Nós?

Quando comecei a explorar a Roda com meus pacientes, havia uma experiência da lacuna entre as atividades mentais na revisão do terceiro segmento que preenchia o sentido de vida com uma nova visão da natureza da realidade. Aquele espaço entre pensamentos, a pausa mental entre sentimentos ou memórias, parecia a própria experiência da consciência.

Assim, inspirado nas reflexões deles, acrescidas de nossa curiosidade mútua sobre o que poderia *ser* aquele espaço entre as atividades mentais, optei por acrescentar mais um passo para completar a prática da Roda da Consciência. Vamos mergulhar nela na próxima seção.

A consciência aberta

Explorando o núcleo

A Roda da Consciência nos ajuda a distinguir os conhecimentos (pensamentos, sentimentos, sensações e percepções no aro) do conhecer, presente no núcleo. Uma vez adquirido esse conhecimento empírico, podemos então passar a experimentar o conhecimento do conhecimento e do eu. Nesta seção, vamos explorar especificamente o núcleo, focando o conhecer como algo distinto dos conhecimentos. Em outras palavras, exploraremos o que realmente *é* estar ciente.

Ao voltarmos nossa atenção para o núcleo em si, também mergulharemos mais a fundo em algumas questões fundamentais sobre a natureza da mente, e então talvez possamos compreender com mais clareza como integrar e fortalecer a mente para criar mais saúde e bem-estar em nossa vida.

Como podemos explorar diretamente o conhecimento da consciência? Em uma antiga história sobre um assaltante de bancos chamado Willie, quando os policiais perguntaram a ele por que tinha roubado o banco, esta foi sua resposta: "Era lá que estava o dinheiro". Da mesma forma, para explorar o conhecimento da consciência, por que não explorar o próprio núcleo? No ponto da prática da Roda em que convido meus pacientes ou participantes de workshops a voltar sua atenção para o núcleo, em geral sugiro que eles dobrem o raio de atenção em 180 graus para focalizá-lo.

RODA DA CONSCIÊNCIA

(CONHECER consciência)

CONHECIMENTOS (objetos da consciência)

    Para alguns, dobrar o raio parecia estranho e, em vez disso, eles sugeriam que poderiam apenas retrair o raio para dentro do núcleo. Outros sentiram que poderiam explorar melhor o núcleo diretamente, sem enviar raio algum, apenas deixando a atenção ficar por ali. Raio dobrado, raio retraído, raio nenhum – todos os caminhos levam à experiência direta do núcleo. Alguns sentem uma distinção entre focar a atenção na consciência com um raio dobrado ou retraído e simplesmente focar a consciência pura. Quaisquer que sejam as formas de conceituar e utilizar a metáfora da Roda, a intenção é a mesma: ter acesso direto ao conhecimento da consciência por si só – tornar-se ciente da consciência.

    No princípio, eu ofereceria essa nova parte da prática de exploração no final de toda a experiência, após as frases de gentileza. O pensamento naquela época era que a consciência abrange tudo isso, então por que não terminar com um mergulho profundo no conhecimento da própria consciência? Mas essa abordagem não funcionava tão bem, pois as pessoas em práticas mais curtas sentiam que faltava alguma coisa e não queriam terminar naquele estado em aberto. Eu mudei o momento dessa exploração do núcleo para logo após a revisão do sétimo sentido, das atividades mentais, entre o terceiro e quarto

RODA DA CONSCIÊNCIA

CONHECER consciência

CONHECIMENTOS (objetos da consciência)

RODA DA CONSCIÊNCIA

CONHECER consciência

CONHECIMENTOS (objetos da consciência)

RODA DA CONSCIÊNCIA

CONHECER consciência

CONHECIMENTOS (objetos da consciência)

segmentos do aro; pareceu um lugar natural para posicionar esse novo passo, e as pessoas responderam bem. Durante a prática, você também pode tentar entre esses dois segmentos do aro, mas fique à vontade para mover esses passos de acordo com suas próprias necessidades e sua disposição.

5. (Esse passo costuma ser feito após a prática da Roda completar a revisão do terceiro segmento, das atividades mentais, antes de passar à revisão do quarto segmento, das conexões relacionais e frases de gentileza.)

Respire fundo. *Aqui está a nova parte*: antes de mover o raio da atenção para o quarto e último segmento de nosso sentido relacional, vamos explorar o próprio núcleo. Alguns acham útil imaginar que estão dobrando o raio metafórico da atenção em 180 graus, direcionando a atenção para o próprio núcleo. Outros acham mais útil imaginar que estão enviando o raio da atenção um pouco para fora e depois retraindo-o para dentro do núcleo. Outros preferem simplesmente deixar o raio da atenção dentro do núcleo, ou não ter nenhum raio, e focar ali, no conhecimento do núcleo da Roda. Escolha a maneira que funcionar melhor para você, lembrando que a ideia é a mesma: abrir o núcleo da Roda para a experiência de se tornar ciente da consciência. Vamos começar essa prática agora mesmo. (Muitas vezes eu dedico cerca de dois a três minutos para essa experiência. Quando esse tempo tiver passado, continue com o seguinte.) Agora, convido você a acompanhar a respiração e seguir seu ritmo, para dentro e para fora... Agora, respirando mais fundo, endireite o raio e envie-o para o quarto e último segmento do aro, nosso sentido relacional de conexão.

Refletindo sobre o conhecer

Como foi para você essa experiência de núcleo-sobre-núcleo? Muitos de meus pacientes e participantes dos workshops acham estranho, ao menos no início. Sentiu-se desorientado ou confuso? Para alguns, existe simplesmente uma sensação de se perder, de ficar confuso, de não saber o que fazer. Não se preocupe. De muitas maneiras, esse passo de descansar a consciência na consciência, de estar ciente da consciência, é bem avançado. Uma vez ensinei isso ao diretor de um centro de meditação; ele disse que, em seus quarenta anos de ensino, aquele foi, para ele, o estágio mais avançado de sua prática.

No entanto, após ensinar a Roda da Consciência pessoalmente a muito mais de 30 mil pessoas e registrar sistematicamente as respostas de cerca de 10 mil indivíduos que participaram de pequenos workshops ou seminários, ficou claro que, embora as respostas sejam diferentes, há uma consistência notável nas experiências que as pessoas descrevem. Não importa o histórico educacional, de meditação (pode ser uma longa experiência ou nenhuma), afiliação religiosa, idade, sexo, nacionalidade ou qualquer outra característica demográfica, as respostas são bastante únicas, porém muito semelhantes.

Seja qual for a *sua* experiência, é ela que você está vivenciando. Ao analisar as conclusões do estudo com 10 mil pessoas, ficou claro que uma experiência comum é compartilhada em todo o mundo. Com essa descoberta, podemos então reunir algumas visões científicas relevantes em relação ao que a prática da Roda pode estar revelando sobre a natureza da própria mente, uma jornada na qual mergulharemos a fundo quando nos movermos em breve para a parte II.

Energia em torno da Roda

No primeiro segmento do aro, vimos que você pode aumentar sua consciência dos primeiros cinco sentidos: ouvir com mais acuidade, ver com mais nitidez, cheirar com mais sensibilidade, saborear com mais intensidade, tocar com mais discernimento tátil. O que pode estar acontecendo aqui é que a diferenciação entre os cinco sentidos e outros fluxos de energia permite que o espaço mental limitado da atenção focal tenha mais clareza. Com um sentido de cada vez, menos se torna mais – mais vivo em foco, profundidade e detalhe. Isso é uma grande habilidade a se ter agora, pois você pode usar essa técnica de diferenciação sensorial para aumentar sua experiência de estar vivo nesse mundo sensorialmente rico.

Da próxima vez em que você fizer uma refeição, tente apenas saborear, cheirar, tocar e ver os alimentos, um fluxo sensorial de cada vez. Eu já tentei até ouvir minha comida! Eu nunca entendi por que usamos o momento das refeições para socializar e conversar em vez de mergulhar no fluxo sensorial compartilhado da alimentação, pelo menos por alguns instantes. Por outro lado, estarmos juntos de forma segura e solidária com a conexão social e nos unirmos durante as refeições é, por si só, uma experiência sensorial de estarmos interligados, e dessa forma há um equilíbrio entre as oportunidades de nos conectarmos tanto com a mente e as sensações interiores quanto com a mente interpessoal e as conexões relacionais. Uma abordagem integrada nos convidaria a encontrar uma forma natural de trazer tanto as experiências interiores quanto as interpessoais para o processo de maneira sinérgica, de modo que respeite e reforce mutuamente a importância e a natureza diferenciada de cada uma. Quando sentimos o alimento, estamos em modo de condução; quando usamos palavras para comunicar, estamos em modo de construção. Encontrar uma forma de perceber nossa experiência como condutor e construtor seria um modo de vislumbrar uma maior integração em nossa experiência na hora da refeição. Experimente isso em algum momento e veja como você diferencia a condução sensorial e a construção social, e como é conectá-las em uma refeição compartilhada.

No segundo segmento do aro, as pessoas muitas vezes experimentam uma gama de respostas, desde dormência e confusão até uma rica sensação de conexão interior e plenitude, à medida que se abrem para as sensações do corpo. Se houver questões remanescentes de experiências difíceis do passado, certas áreas do corpo podem se inundar de reações ou memórias emocionais ou sensoriais, como medo, pânico e tristeza, ou mesmo dor e imagens desafiadoras do passado. Como em toda a prática da Roda, estar aberto para o que está acontecendo à medida que acontece pode lhe dar a força para simplesmente ficar com o que está ali, explorando as sensações corporais que podem lhe convidar a explorar ainda mais o possível significado delas em suas experiências de vida passadas ou atuais.

Lembre-se: a Roda reforça o que aprendemos na prática da respiração consciente, para cultivar o tripé da visão mental – abertura, observação e objetividade da mente (veja a figura na página 41). Deixar as coisas simplesmente surgirem é estar *aberto* ao que elas são. Permitir-se a amplitude de às vezes *observar*, não apenas sentir, pode lhe dar a liberdade de não se perder nos pensamentos ou nas memórias, e até mesmo de redirecionar a atenção usando essa postura observacional. Lembre-se: observar não é o mesmo que sentir; ambos são bons, mas são coisas diferentes. A *objetividade* lhe dá a capacidade de estar ciente de que o que surgir será o surgimento transitório de um objeto da atenção – não é a totalidade de sua identidade ou necessariamente uma realidade verdadeira. É um processo mental, um objeto da mente. Dessa forma, ser aberto, observador e objetivo estabiliza a capacidade da mente de absorver a ampla faixa de experiência, por dentro e por fora.

No terceiro segmento do aro, os participantes do estudo descreviam com frequência uma descoberta estranha e surpreendente. Ao convidar qualquer coisa a entrar na consciência desse sétimo sentido de atividades mentais, muitas vezes nada chegava. Esse vazio, essa clareza, como já discutimos, era não apenas surpreendente como também muitas vezes relaxante. Embora digamos que a prática de treinamento mental não é o mesmo que o treinamento de relaxamento, ter acesso a essa mente calma e esclarecedora, a essa amplitude de consciência sem atividades mentais, pode criar uma sensação de paz.

As pessoas muitas vezes descrevem as atividades mentais como a experiência de estar "borbulhando de repente". De fato, em um recente retiro de meditação, perguntei a um professor de meditação científica o que é a mente. Ele disse: "A mente é experiência". E, quando lhe perguntei o que é experiência, ele disse: "A experiência é simplesmente experiência". Então tentei levá-lo um pouco mais longe e perguntei como é a experiência. E ele disse o seguinte: "A mente é o borbulhar da experiência; ela borbulha e depois desaparece".

Para muitas pessoas, explorar a dinâmica de como as atividades mentais vêm e vão é bastante desafiador. Você deve ter descoberto que isso também vale para você, e, quando as pessoas são capazes de articular isso, elas costumam afirmar que ficaram surpresas ao descobrir que cada atividade mental – cada pensamento, sentimento, memória ou crença – tinha uma qualidade instável e transitória da qual até então elas não estavam cientes. Nada podia ser apreendido. Tudo parecia ir e vir, muitas vezes sem uma conexão clara com coisas que tinham vindo antes ou coisas que vieram depois. Era de fato como bolhas que acabavam de sair de uma bebida gasosa, borbulhando e estourando à medida que desapareciam na superfície da consciência.

Em seguida, temos o passo de curvar o raio da atenção de volta para o núcleo, nossa prática de núcleo-sobre-núcleo. Quer o raio seja dobrado, retraído ou simplesmente não estendido em direção ao aro, os resultados são semelhantes. Alguns acham que estar atento à consciência é bastante novo. Alguns acham confuso, desorientador, difícil de manter a atenção. Alguns acham bizarro.

Em um workshop, por exemplo, um participante chamou essa experiência de estar ciente da consciência de "bem bizarra". Quando perguntei "bizarra" em que sentido, ele disse: "Quero dizer, foi bem esquisito". Então perguntei como era se sentir "esquisito", e ele falou: "Muito estranho". Depois senti a necessidade de dizer algo assim: "As palavras que usamos são símbolos linguísticos que muitas vezes não captam exatamente o que queremos dizer ou o que vivenciamos. E às vezes essas palavras simbolizam nossa comparação do que vivenciamos no passado e do que esperamos agora, com o que está acontecendo no momento presente. Se você deixar as comparações e os símbolos de *bizarro*, *esquisito* e *estranho* partirem e apenas se deixar sentar por um momento com o sentimento da experiência, basta ver se você pode sentir como é, qual foi a sensação de estar ciente da consciência". Ele ficou em silêncio enquanto o grupo esperava sua resposta. Então ele sorriu e, com um brilho no olhar, disse: "Foi incrivelmente pacífico. Era tudo muito claro, tão vazio, mas mesmo assim tão pleno. Foi incrível".

Ele não estava sozinho. Outros nesse mesmo grupo vieram dizer coisas semelhantes, e o mesmo aconteceu em workshops ao redor do mundo. Aqui estão algumas das frases usadas na tentativa de expressar o que é para eles a ciência da consciência: "Tão ampla quanto o céu", "Tão profunda quanto o oceano", "Paz completa", "Alegria", "Tranquilidade", "Segurança", "Conexão com o mundo", "Deus", "Amor", "Em casa no universo", "Atemporal", "Expansivo", "Infinito".

O que está acontecendo aqui? Por que essas frases, embora não expressas por todos, seriam oferecidas por um grupo tão díspar de pessoas em todo o mundo? Para esclarecer, alguns participantes têm grande dificuldade com esse passo e não conseguem descrever ou simplesmente dizem que sua mente vagueou, que se sentiram confusos ou que apenas focaram a respiração. Mas muitos outros, em todos os workshops que ofereci, com diferentes históricos de meditação, disseram essas mesmas frases. Recentemente apliquei a prática da Roda com 3 mil pessoas em um salão, e centenas levantaram a mão quando perguntei se sentiam uma sensação de expansividade ou de perda da noção de tempo. Os alunos que viajaram comigo para vários eventos comentaram: "Ninguém vai acreditar que essas frases se repetem várias vezes". Felizmente, registrei as frases na pesquisa sistemática que fiz com 10 mil pessoas, portanto temos os dados. E o padrão continua a surgir à medida que as pessoas mergulham na prática. Uma participante até me entregou um bilhete após a parte de compartilhar as experiências do workshop; ela disse que não podia dizer abertamente o que acontecera naquela etapa, vivenciada por ela como "um incrível sentimento de expansividade e paz, um sentimento de totalidade que nunca tive antes", porque imaginou que outros pensariam que ela estava se gabando. Um rapaz até disse que sentiu tanto amor que não pôde compartilhar essa experiência por medo de que seus colegas profissionais no seminário o considerassem fraco. Embora cada uma dessas descrições seja única, elas compartilham sentimentos muito semelhantes de amor, alegria e uma ampla extensão atemporal. Sei que, para mim, cada vez que faço a prática regular da Roda, a experiência do núcleo-sobre-núcleo é sutilmente diferente. Às vezes, a mudança de foco nem parece acontecer e eu fico preso no aro, penso em coisas que espero que aconteçam ou sou varrido por lembranças de práticas passadas de núcleo-sobre-núcleo e desejo que elas ocorram novamente. Se eu espero que as coisas sigam um certo caminho, elas geralmente não seguem. Parte do desafio de uma prática repetida é deixar de lado as experiências anteriores e simplesmente cair no fluxo – nesse caso, ficar no núcleo da consciência.

Para responder de modo mais completo às questões sobre o que tudo isso pode significar, precisaremos fazer na parte II algumas perguntas fundamentais sobre a prática da Roda da Consciência e o que a consciência pode envolver, enquanto mergulhamos nas implicações relativas aos mecanismos da mente que ampliam nossa compreensão de como aplicar a Roda da Consciência como ideia e como prática. Explorar essas experiências abre uma janela para a natureza da mente e de como você pode vir a utilizar a prática da Roda da Consciência de forma mais profunda em sua vida. Aqui, ao concluirmos a primeira parte do livro, vamos experimentar mais uma vez a prática da Roda, desta vez como uma prática condensada da Roda Completa, alinhada ao ritmo da sua respiração.

Prática condensada da Roda

Para integrar a Roda em sua vida, como ideia e como prática, é útil refletir sobre esses conceitos e imersões da experiência. Às vezes estamos ocupados demais para a prática, que, quando feita em um período de descanso ou a partir da minha gravação, geralmente leva pouco menos de meia hora. Mesmo que você esteja sem tempo em sua vida, encontrar espaço para se concentrar na respiração é uma boa maneira de garantir pelo menos um pouco da prática básica de atenção focada, que pode ser feita até na fila do banco. Outra maneira de garantir um pouco de prática de reflexão todo dia é fazer segmentos do aro em qualquer intervalo de cinco minutos que você tiver. Portanto, há muitas maneiras de manter a prática – aliás, dividir uma prática de reflexão diária de vinte minutos em quatro seções de cinco minutos talvez seja tão benéfico quanto uma sessão contínua de vinte minutos, embora ainda não haja pesquisas definitivas a respeito. Um pouco é melhor do que nada; regular é melhor do que aleatório. Você pode descobrir que a prática reflexiva diária é uma maneira útil de fazer desse treinamento mental integrador e saudável uma parte regular de sua vida.

Como um todo, a Roda tem um certo ritmo e uma plenitude que muitos gostariam de preservar, e ainda assim encontraram uma maneira de fazer a prática da Roda Completa em sessões mais curtas. Por isso, convidei a mim mesmo, e depois a outros, a tentar a seguinte prática, que simplesmente chamo de Roda Condensada, pois é feita em um ritmo diferente, mas também ajuda a incorporar a Roda completa, como ideia e como prática, em sua vida. Dessa forma, integramos as ideias e a prática da Roda como uma entidade completa. A que você encontrará em meu website tem sete minutos de duração!

A ideia básica é esta: a cada movimento do raio de atenção, estamos tirando proveito das habilidades de atenção focada para nos centrarmos no raio da atenção, recebendo os elementos do aro e então movendo o raio enquanto redirecionamos a atenção. No primeiro segmento, os primeiros cinco sentidos – audição, visão, olfato, paladar e tato – são notados a cada ciclo de respiração, para dentro e para fora. Naturalmente, o tempo desse movimento é coordenado com seu ritmo específico de respiração, portanto, embora tenhamos essa versão condensada disponível em nosso site, pode funcionar melhor para você pareá-la com sua própria respiração, não com a minha respiração ou a minha voz à medida que estas determinam as transições. O que isso pode implicar, então, é que você aprenda de cor, puxando da memória as diferentes etapas. Elas estão delineadas em uma seção anterior, como referência (ver página 67), e a abordagem-chave aqui é mover o raio enquanto inspira, mergulhando no ponto do aro com um ciclo de inspiração e expiração, e então mudar o foco na próxima inspiração.

Para o segundo segmento do aro, pode ser um adicional imaginar a sensação da respiração entrando por aquela parte do corpo e, somando-se ou em oposição a isso, indo para aquela parte do corpo. Tente ambas as maneiras e veja o que funciona melhor para você. Ao começarmos, por exemplo, com as sensações dos músculos e ossos do rosto, na inspiração você pode imaginar o ar entrando através do rosto ou na expiração o ar saindo através dele. Depois imagine a inspiração entrando através do couro cabeludo ou saindo através dele. Para mim, o melhor parece ser mudar para as sensações de uma nova parte do corpo com a inspiração e então enviar a expiração para essa parte do corpo antes de mudar para a próxima inspiração. Para você, a mudança pode ser melhor assim ou durante a expiração. E, se há uma parte do corpo que precisa de um pouco mais de fôlego, vá em frente. Leve o tempo de que precisar, e o tempo que tiver.

No terceiro segmento do aro, cultivando a consciência aberta, me parece que alguns ciclos de respiração funcionam bem para as duas partes dessa revisão do aro de atividades mentais. E então, para a curvatura ou retração do raio, para o passo do núcleo-sobre-núcleo, eu me dou o número de respirações de que precisar. Às vezes, para essa parte do núcleo-sobre-núcleo, eu perco completamente a noção da respiração, por isso é útil programar um alarme se eu estiver com o tempo contado para não me atrasar para meu próximo compromisso. Posso definir um alarme para tocar em três minutos para que eu possa fazer a revisão do quarto segmento, sem me apressar no final dessa prática condensada da Roda.

No quarto segmento, torna-se novamente muito natural marcar o tempo de cada mudança de foco, indo daqueles mais próximos de nós para todos os seres vivos, coordenando com os ciclos de respiração, inspirando e expirando. E então, para as frases de intenções de gentileza, você pode tentar muitas maneiras de encaixar cada conjunto de frases na respiração. Uma maneira que eu acho muito relaxante é começar a primeira frase com a inspiração e depois, com a expiração, dizer os detalhes. E então, no final da expiração, eu repito a frase básica – por exemplo, "Que todos os seres vivos sejam felizes". Algo assim:

(inspira): Que Eu-Nós sejamos felizes
(expira): e vivamos com sentido, conexão e tranquilidade de espírito.
(inspira): e um coração leve, grato e alegre.
(expira): Que Eu-Nós sejamos felizes.

Dessa forma, você pode brincar controlando o ritmo das frases para encontrar algo que se adapte tanto a você quanto à divisão das frases.

Respirar durante a prática da Roda da Consciência Condensada é uma maneira maravilhosa de reservar esses poucos minutos para fazer uma Roda completa e coordená-la com o ritmo natural de sua respiração.

Vá no seu tempo, sinta sua vida e respire com a Roda. Enquanto exploramos as implicações e mais aplicações dessas ideias e práticas nos próximos capítulos, convido você a continuar a mergulhar na prática regular, deixando a integração da Roda tornar-se parte de sua vida como você achar melhor. Essa prática contínua à medida que avançamos pode capacitá-lo a expandir sua experiência e integrar os próximos conceitos com a oportunidade de fortalecer ainda mais sua mente e melhorar o bem-estar em sua vida.

PARTE II

A Roda da Consciência e os mecanismos da mente

A mente e o fluxo de energia do corpo

Ao mergulharmos na prática da Roda da Consciência, obtemos uma experiência subjetiva do aro, do raio e do núcleo. Essa imagem visual da Roda é uma metáfora que nos ajuda a diferenciar o conhecer dos conhecimentos e a conectá-los usando a atenção. Aqui, na parte II da nossa jornada, vamos avançar a partir de sua imersão direta na prática da Roda e explorar mais a fundo alguns dos potenciais mecanismos da mente, a essência dessas experiências.

Aqui exploraremos os pontos principais desses mecanismos – no corpo e no cérebro, assim como outras noções da conexão da mente com o fluxo de energia em si – para que possamos ter uma compreensão mais profunda e mais acessível da Roda da Consciência. Por que precisamos construir uma estrutura dos potenciais mecanismos por trás da metáfora da Roda? Ao aprofundarmos nossa compreensão dos processos que podem estar de fato se desenrolando, seremos mais capazes de cultivar o poder da consciência na vida diária. Louis Pasteur disse certa vez: "O acaso favorece a mente preparada". Experimentar a Roda da Consciência e compreender seus possíveis mecanismos preparará sua mente para os encontros ocasionais que a vida inevitavelmente colocar em seu caminho.

No primeiro segmento do aro, focalizamos o fluxo de energia na direção do corpo sob a forma de som, luz, interações químicas como olfato e gosto e pressão cinética com o toque. Nascemos com receptores para detectar essas formas de energia em nosso mundo, e é por meio de nossos primeiros cinco sentidos que levamos esse fluxo de energia para dentro de nosso corpo. Essa entrada de energia pode influenciar o corpo sem que saibamos e também pode ser sentida como experiência subjetiva dentro da consciência. A energia que afeta os receptores de nosso corpo é transformada em fluxo de energia para dentro de nosso corpo, moldando a ativação neural, e nossa fisiologia se modifica, de forma que passamos a sentir, perceber e interagir com o mundo exterior – o mundo fora do corpo.

Para muitos cientistas, a maneira exata como esses estados corporais são sentidos como experiência subjetiva dentro da consciência continua sendo um quebra-cabeça desafiador, ainda a ser montado. Sim, os processos corporais podem ser essenciais para a consciência da mente, como muitos cientistas propõem. Mas ninguém tem a palavra final sobre o modo *como* isso acontece – a transformação de moléculas e do fluxo de energia em uma experiência consciente. Temos muitas perguntas sobre essa etapa; muitos processos, da matéria à mente, têm sido propostos, e muitas teorias são debatidas no mundo acadêmico, mas o resultado final é que simplesmente não sabemos como nos tornamos conscientes.

Há 2.500 anos, Hipócrates proclamou o cérebro como a origem única de nossas alegrias e tristezas, a única fonte da mente. Essa visão médica tradicional, embora ainda muito defendida, na verdade pode não ser a história completa. Embora não seja muito comum ir do cérebro para o corpo inteiro em neurociência, vamos ver o que o médico e neurocientista António Damásio tem a dizer sobre essa visão na seguinte transcrição de uma palestra pública que ele ministrou a 1.200 profissionais em Londres, que resume alguns argumentos importantes de seu livro *A estranha ordem das coisas: as origens biológicas dos sentimentos e da cultura*.

> A maior parte da vida na Terra tem sido vivida sem sistemas nervosos. Os sistemas nervosos são desenvolvimentos evolutivos recentes. Uma vez que os sistemas nervosos começaram, eles deram origem, eventualmente, ao aparecimento de mentes com faculdades nas quais nossas culturas estão baseadas. Mas, até esse ponto, a vida prosseguiu muito bem sem os sistemas nervosos.

Aqui Damásio nos lembra de considerar o corpo como algo que precedeu a existência do cérebro.

> Outro ponto interessante é que muitas vezes, quando as pessoas pensam na mente, pensam apenas no cérebro... Elas têm a ideia de que a mente sai

do cérebro *apenas*, como se o cérebro fosse o *único* gerador da mente. Isso é falso. A mente é feita pelo sistema nervoso em cooperação com o corpo.

Temos um momento importante na neurociência dominante, no qual um pesquisador consagrado no campo sugere que olhemos além da afirmação comum de que "mente é o que o cérebro faz". E Damásio continua a explicar por que essa visão é falsa: "Pela razão básica de que, antes de haver cérebros, antes de haver sistemas nervosos, havia corpos que faziam coisas extremamente complexas, e que os sistemas nervosos são subprodutos de corpos que precisam ter um regulador para sua complexidade".

Seguiremos essa noção da necessidade de regular a complexidade e acompanharemos essa ideia quando considerarmos os mecanismos por trás do aspecto da mente que mencionamos antes, o de uma propriedade emergente auto-organizadora de um sistema complexo. Damásio prossegue: "Ao contrário da ideia usual que pensa no cérebro como a realeza dos sistemas de órgãos que comandam as coisas e produzem mentes, pense em vez disso em corpos, com toda sua biologia complexa, evoluindo até se tornarem tão complexos que requerem coordenadores. Esses coordenadores são, de fato, sistemas nervosos. Temos que perceber que não temos cérebros servidos pelo corpo; é o contrário. Temos corpos que são servidos pelo sistema nervoso. Quando vemos o sistema nervoso como servo da vida e não o contrário, as coisas começam a fazer um pouco mais de sentido".

Fazer sentido, nós podemos propor, significa mover-se além da visão tradicional de que a mente é um mero resultado da atividade do cérebro. Com a perspectiva de Damásio, podemos ver que nossa vida mental é, ao menos, algo totalmente corporificado. Focando por enquanto dentro do corpo restringido pela pele, o que está de fato sendo regulado? De que realmente se trata esse sistema de complexidade?

Vamos usar como exemplo a natureza dos sentimentos, pois eles conectam nossa experiência mental subjetiva com a fisiologia de nosso corpo. Na prática da Roda, durante a revisão do segundo segmento do aro, você foi convidado a tomar consciência do estado do corpo. Essa atividade do aro – esse sexto sentido – é uma noção visual do fluxo de energia do corpo – o estado atual do corpo. Esses estados corporais são a base de nossos sentimentos.

Então, no terceiro segmento do aro, você foi convidado a estar aberto a quaisquer emoções, pensamentos, memórias, intenções, crenças ou outras atividades mentais que pudessem surgir. Você teve a chance de explorar como a experiência subjetiva de conhecer, de estar ciente, poderia permitir que você conhecesse o surgimento, a permanência e o desaparecimento dessas atividades da vida mental. É possível que essas atividades mentais mais construídas sejam também padrões incorporados de fluxo de energia, que podem ser moldados principalmente por ativações neurais complexas nas várias regiões do cérebro. Isso sugere que, enquanto o segundo segmento do aro pode ser formado por estados corporais, o terceiro segmento pode surgir predominantemente de ativações neurais na cabeça.

Mas o que poderiam ser de fato essas atividades mentais? O que poderiam ser de fato essas sensações corporais? Poderiam esses elementos do segundo e do terceiro segmentos do aro compartilhar algo um com o outro e possivelmente com o primeiro segmento das sensações de visão, audição, olfato, paladar e tato do mundo exterior? E quanto ao quarto segmento, nossa relação com as coisas fora desse corpo que habitamos? Elas poderiam também compartilhar algum elemento fundamental, um mecanismo comum por trás da metáfora e da experiência da Roda?

Em outras palavras, de que são realmente feitos esses pontos da Roda? O que são esses *conhecimentos* da mente?

Voltemos por um momento às ideias de Damásio, focando a centralidade dos sentimentos em nossa vida. Muitos sentimentos podem ter surgido durante a prática da Roda, e a partir do núcleo você ficou ciente deles. Mas o que *é* de fato um sentimento?

Damásio sugere que os sinais do corpo são o meio pelo qual um estado emocional entra na consciência, com o nome de "sentimento". Dessa forma, um sentimento é nossa experiência consciente de emoção. Ok, tudo bem. Mas o que são as emoções? Esses estados corporais são sinais transmitidos ao sistema nervoso central de muitas maneiras, incluindo a corrente sanguínea, os ramos periféricos de nosso sistema nervoso e o sistema nervoso dentro dos órgãos, chamado "sistema nervoso entérico". Como diz Damásio, "o sistema nervoso entérico é na verdade o primeiro cérebro... é onde o sistema nervoso começou".

Dentro do próprio cérebro da cabeça, ao contrário do cérebro visceral ou do cérebro do coração – os sistemas neurais interconectados ao redor desses órgãos –, o tronco encefálico, a parte mais profunda e evolutivamente mais antiga do cérebro, recebe a primeira informação desses sinais corporais. Como Damásio observa, grupos de neurônios no tronco encefálico, chamados de núcleos, "fornecem [ao sistema nervoso central] a primeira integração completa dos estados corporais disponíveis do organismo". Esses núcleos do tronco encefálico existem até mesmo em insetos – o que significa que os sentimentos têm sido uma parte da existência dos organismos vivos por centenas de milhões de anos. Um sentimento, portanto, é essencialmente algum tipo de representação do estado do corpo.

Como mamíferos, temos um conjunto extensamente desenvolvido de regiões acima do tronco encefálico que nos oferece uma passagem neural de sinais mais complexa que a de um inseto. Isso não torna esse conjunto melhor, apenas diferente em muitos aspectos, inclusive na complexidade.

Podemos trabalhar a partir desse sentido de uma mente corporificada que vai além do cérebro, composta de padrões de fluxo de energia corporificada. O que nossos três primeiros segmentos de aro representam são várias formas de fluxo de energia – do mundo exterior, do corpo e das complexas construções neurais que criam atividades mentais. Nosso quarto segmento de conexões relacionais, como já discutimos, pode ser uma forma de compartilhamento do fluxo de energia, um padrão de interações entre nosso eu interior, corporificado, e as conexões inter-relacionais que temos com outros eus e com o mundo em que vivemos.

Em suma, os pontos do aro da Roda podem ser uma metáfora visual para várias formas e locais de fluxo de energia – o duto do mundo externo, no primeiro segmento; o duto de sentidos somáticos no segundo segmento; as construções neurais das atividades mentais do terceiro segmento; e a interconexão, como condutor e construtor, de nossa vida relacional. Nossa proposta básica é que os conhecimentos do aro representam padrões de fluxo de energia e o raio significa o direcionamento desse fluxo a partir da atenção. A questão permanece: então, o que poderia ser o núcleo do conhecer? Para abordar essa questão fundamental sobre a origem da consciência, precisaremos explorar algumas das ideias básicas sobre a mente e sobre estratégias de pesquisa para estudar a consciência.

Mind your brain

Lembre-se de que discutimos na parte I como a mente tem quatro facetas: experiência subjetiva, consciência, processamento de informações e auto-organização. Estamos explorando como a prática da Roda pode envolver cada uma dessas facetas – e o mecanismo potencial que cada uma delas compartilha. Esse mecanismo essencial pode ser o fluxo de energia.

Sua mente é capaz de sentir e direcionar o fluxo de energia. A experiência subjetiva pode ser simplesmente o sentimento desse fluxo – esteja ele vindo de dentro ou de fora do corpo.

Sua mente direciona o fluxo de energia ao longo da substância física de neurônios interconectados à medida que íons entram e saem de suas membranas e liberam neurotransmissores; esse fluxo neural, por sua vez, ativa o DNA, levando à síntese de proteínas e à modificação ou novo desenvolvimento de conexões chamadas sinapses, esculpindo circuitos e permitindo que os sinais passem entre neurônios conectados, e até mesmo estimulando o crescimento da bainha de mielina que fortalece as conexões funcionais e melhora a comunicação neural. A mielina, quando colocada entre neurônios interconectados por sinapses, torna o potencial de ação (o fluxo de íons) cem vezes mais rápido e o período de repouso, ou o período refratário entre ativações, trinta vezes mais breve. Cem vezes trinta é igual a 3 mil. Assim, com o foco de atenção – com o que você pode fazer com sua *mente* –, você pode estabelecer novas conexões sinápticas ou modificar as já existentes, pondo a mielina para fazer o fluxo de energia acontecer 3 mil vezes mais rápido e de forma mais coordenada para possibilitar padrões de ativação neural mais complexos, formando os mapas de informação no corpo e no cérebro.

Acrescente a isso o fato de que a ativação de padrões neurais pela mente ou outras experiências pode mudar os reguladores químicos administrados pelos genes, os reguladores epigenéticos, que incluem as histonas e grupos de metila, como as moléculas não DNA que definem como os genes serão expressos e as proteínas serão produzidas, e temos uma terceira maneira como a mente pode mudar o cérebro. As modificações epigenéticas alteram a forma como o cérebro crescerá em resposta à experiência futura.

É surpreendente, como podemos ver: sua mente pode influenciar a ativação neural, moldando o crescimento sináptico, a formação de mielina e a modificação epigenética. Cada uma dessas descobertas cientificamente documentadas significa que sua mente molda a experiência – o fluxo de energia e informação –, o que muda a função e a estrutura do cérebro. Como a mente faz isso? *Direcionando* o fluxo de energia e de informação. Parabéns para a mente!

Essa sequência é uma das razões pelas quais, em nosso Instituto Mindsight, temos os chistes "mind your brain"[6] e "inspire to rewire",[7] significando que sua mente pode ser usada para integrar seu cérebro e reconfigurar sua vida para ser mais plena, livre e cheia de sentido e bem-estar. O centro dessa visão é que a mente e o cérebro não são o mesmo – às vezes, o cérebro demanda a experiência da mente para certas direções enquanto ficamos em piloto automático; outras vezes, podemos usar a mente para cultivar o poder da atenção, direcionando o fluxo de energia e informação com intenção e consciência para que o cérebro se torne ativo de maneiras que ele talvez não se ative naturalmente. É assim que praticar a Roda pode mudar seu cérebro. Quando pratica repetidamente o treinamento de atenção focada, consciência aberta e intenção de gentileza da Roda, você promove certo padrão de ativação ou de estado neural – um estado integrado – que, pesquisas sugerem, permitirá que um conjunto integrado de características se torne parte de sua vida a partir de um crescimento cerebral integrado.

Dessa forma, podemos nos inspirar a reconectar o cérebro de maneiras específicas. Quando estamos cuidando de nosso bem-estar, podemos cuidar do cérebro para criar uma maior integração neural à medida que nos reconectamos em direção à saúde.

Seu cérebro na palma da mão

Para visualizar como sua prática da Roda pode ajudar a cultivar um cérebro mais integrado, pode ser útil ter um modelo prático do cérebro disponível a qualquer momento. Se você pegar sua mão, colocar o polegar no meio da palma e dobrar os outros dedos sobre o polegar, terá um modelo prático do cérebro humano na palma da mão, que eu frequentemente uso para ajudar a visualizar de forma acessível esse órgão complexo e o modo como ele se torna integrado.

Nesse cérebro na palma da sua mão, os olhos e o rosto estariam na frente dos nós dos dedos, com seu pulso representando sua medula espinal em seu pescoço. Se você levantar os dedos e depois o polegar, você verá sua palma, que representa a região do tronco encefálico.

---

[6] Em tradução literal, "cuide do cérebro". Trata-se de um trocadilho com "mind", que pode significar tanto "mente" quanto "cuidar". (N. T.)
[7] Em tradução literal, "inspirar para reconectar". (N. T.)

Seu cérebro na palma da mão

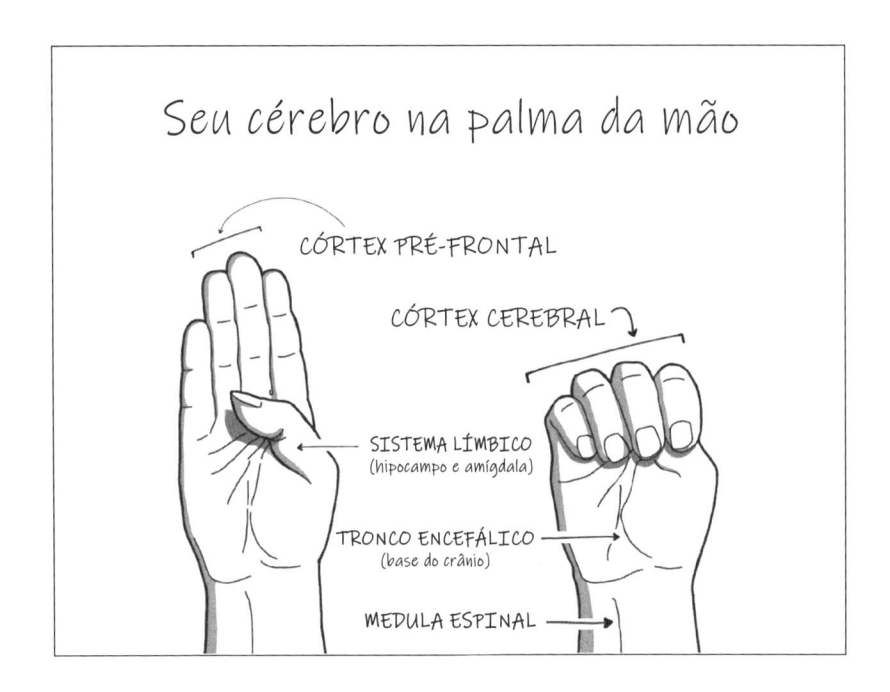

- CÓRTEX PRÉ-FRONTAL
- CÓRTEX CEREBRAL
- SISTEMA LÍMBICO (hipocampo e amígdala)
- TRONCO ENCEFÁLICO (base do crânio)
- MEDULA ESPINAL

Essa é a parte do cérebro, profunda tanto em seu crânio quanto na história de seus ancestrais, que foi a primeira a fazer um conjunto integrado de padrões de ativação neural que simbolizam ou estão presentes no que António Damásio denomina "integração total do organismo".

Em seguida, acrescentamos o que tradicionalmente tem sido chamado de sistema límbico, representado por seu polegar, que na realidade é um conjunto de áreas também amplamente interligadas a outras regiões de todo o cérebro. Essa região estará conectada com o tronco encefálico logo abaixo e com o córtex, acima, uma grande área representada por seus dedos dobrados por cima da área do polegar límbico. Embora os limites dessas áreas possam ser menos distintos do que seus nomes separados implicam, ver como elas estão posicionadas em seu modelo do cérebro na mão pode ser... bem, uma "mão na roda". Vamos explorar alguns aspectos de cada uma dessas áreas em breve, a fim de entender possíveis mecanismos internos da mente, mas aqui vamos simplesmente examinar uma área que liga corpo, sistema límbico e córtex, um importante circuito de interconexão que, como discutimos, cresce com a prática da meditação, o *córtex insular* anterior, ou simplesmente a ínsula.

Damásio estudou esse complexo circuito neural e descobriu que "os córtices insulares fornecem (a) um mapa dos estados de sentimento mais explícito do que o tronco encefálico; e (b) um mapa adequado para interconexão com outros mapas corticais relacionados à memória, ao raciocínio e à linguagem (homeostase sociocultural)".

Aqui vemos uma ligação entre algo acontecendo no corpo propriamente dito e a passagem desse estado corporal pelo tronco encefálico e pela ínsula. Esse "algo" é transmitido como um sinal e depois reapresentado dentro do cérebro como o que em geral é chamado de "mapa" pelos cientistas. Essa representação neural, ou mapa do cérebro, é considerada um padrão de ativação neural, um conjunto de neurônios que são ativados de um modo ou padrão específico que representa, ou mapeia, a informação neural. A ativação neural é um padrão de energia de disparos neurais. Nesse caso, a ativação da ínsula está representando o estado do corpo. E, ao contrário dos mapeamentos do tronco encefálico, a ínsula alcança as outras regiões do cérebro, que podem então fazer associações de mapeamento e conexão muito mais complexas, que moldam nossa imaginação, autoconsciência, linguagem e formas socioculturais de equilibrar nosso funcionamento. Cada um desses processos contribui para nossa homeostase – a forma como sobrevivemos e prosperamos.

A regulação do nosso sistema, segundo Damásio, envolve o sistema nervoso e como ele cria o que o autor chama de "programas de ação", que permitem ao organismo sobreviver e à espécie prosperar – ou, a nós, alcançarmos a homeostase. Esses programas envolvem "comandos" neurais que levam à ação:

> O comando pode resultar de condições *internas* do organismo ou de eventos no mundo externo... Os sistemas sensoriais do cérebro pesquisam continuamente o estado interno do organismo, o ambiente que o envolve e o processo imaginativo. *A experiência mental dos programas de ação e de seus resultados é conhecida como sentimentos.* Os sentimentos são conscientes e possuem valência... São relatórios naturais sobre o estado de vida dentro do organismo.

O estado de vida é o estado do nosso corpo. Isso apoia a noção de que nós, nossa mente, estamos plenamente corporificados. O corpo não é simplesmente um veículo de transporte que carrega a cabeça por aí – é uma importante fonte interna da essência de quem somos.

Portanto, enquanto estamos explorando um modelo do cérebro na palma da mão, esse mapa é apenas um aspecto de um eu corporal mais completo que molda quem somos.

Conforme Damásio elabora ainda mais,

> a formação das mentes – e dos sentimentos em particular – se baseia nas *interações* do sistema nervoso e de seu organismo. *O sistema nervoso forma mentes não por conta própria, mas em cooperação com o resto de seu organismo.* Isso se afasta da visão tradicional do cérebro como única fonte da mente".[8]

É algo que apoia nossa proposta básica de que a mente é totalmente encarnada e também relacional.

Ao abordar, inicialmente, a questão de por que temos sentimentos, esta é a resposta de Damásio:

> Este é o cerne da questão: quando você tem sentimentos, você pode orientar sua vida, sua vida mental, e o que você planeja fazer, a partir dos sentimentos que você tem... O sistema de sentimentos é uma forma de fazer seu corpo, sua fisiologia, seu estado homeostático influenciarem seu comportamento.

Para Damásio, os sentimentos são cruciais na organização do comportamento; eles evocam o movimento [*motion*] como o que chamamos de "e-moções" [*e-motions*]. E como máquina preditiva, ele sugere também que precisamos de nossos sentimentos para guiar o comportamento de forma organizada. Aprendemos com o passado e antecipamos o futuro, tudo incorporado nos sentimentos do presente. Os sentimentos não são um componente secundário de uma vida bem vivida; eles são formas essenciais de vivermos como seres completos, encarnados.

Uma parte de nosso corpo, o cérebro, desempenha um papel particularmente proeminente ao moldar quem pensamos que somos e, antes de tudo, como pensamos. Isso surge do primeiro mapeamento que o tronco encefálico faz dos sinais do corpo, e então o sistema límbico tece um senso conjunto de emoção, motivação, avaliação, memória e afeto, chegando então ao córtex. O novo córtex, neomamífero ou neocórtex, cresceu em nossa evolução como mamíferos.

---

[8] António Damásio, *The Strange Order of Things*. New York: Pantheon, p. 28.

Essa região se tornou bastante ampliada em primatas, e então, ao emergirmos como humanos, a parte da frente, a região pré-frontal, se tornou interconectada de forma mais complexa com outras regiões. Esse córtex pré-frontal é um importante núcleo integrador do cérebro, ligando uns aos outros o córtex, sistema límbico, tronco encefálico, somático e até mesmo os fluxos sociais de energia e informação.

É correto dizer que temos certeza de que a consciência surge apenas do córtex? A resposta é não. Aqui está o que diz Damásio sobre a consciência e o cérebro:

> Não há nenhuma região ou sistema específico do cérebro que satisfaça todas as exigências da consciência, de perspectiva e sentimento, que compõem a subjetividade, e a integração das experiências. Não surpreende que as tentativas de encontrar um local no cérebro para a consciência não tenham sido bem-sucedidas.

Ao observar a gama de áreas que contribuem para esses aspectos da consciência, ele afirma, ainda: "Essas regiões e sistemas participam do processo em conjunto, entrando e saindo da linha de montagem de forma ordenada. Mais uma vez, essas regiões do cérebro não estão fazendo isso sozinhas; elas trabalham em intensa cooperação com o corpo propriamente dito".[9] Dessa forma, a consciência é plenamente corporificada.

As representações neurais ou mapas gerados pelas regiões corticais contribuem claramente para as imagens e ideias que experimentamos na consciência. Uma área desse córtex racional, reflexivo e criador de mapas nos permite ter uma noção da mente dos outros – e da nossa própria. A capacidade para essa meta-mente – ou o que também tem sido chamado de teoria da mente, mentalização ou função reflexiva – envolve uma série de áreas, incluindo o córtex pré-frontal. Quando a linha média dessa área pré-frontal se liga a uma área da linha média posterior – o córtex cingulado posterior –, elas formam dois nodos de um sistema que, com outras áreas corticais, está ativo mesmo quando estamos em repouso. Devido a essa atividade em segundo plano, esse modo padrão de funcionar mesmo quando não nos é atribuída uma tarefa, os cientistas rotularam esse conjunto de estruturas interconectadas, em sua maior parte posicionadas na linha média do cérebro, de *rede em modo padrão* (RMP).

---
[9] Ibid., p. 154.

O processo relacionado à integração de experiências requer uma ordenação das imagens como uma narrativa, e a coordenação dessas imagens com o processo de subjetividade. Isso é conseguido por meio de córtices de associação de ambos os hemisférios cerebrais, dispostos em grandes redes de conexão, das quais a rede em modo padrão é o exemplo mais conhecido. As redes em grande escala conseguem interconectar regiões cerebrais não contínuas por caminhos bidirecionais bastante longos.[10]

Vamos ver como essa interligação da RMP pode se relacionar com a experiência de prática da Roda da Consciência.

A rede em modo padrão

Resultados novos e animadores de pesquisas sobre o cérebro levantam algumas questões fascinantes sobre quem somos, como chegamos a ser desta forma e o que as práticas de treinamento mental, como a Roda, podem fazer para moldar nosso senso de identidade no mundo. Explorações sobre a mente e o cérebro naturalmente dão origem a perguntas sobre o eu e a consciência – investigações que nos ajudam a concentrar nossa exploração dos mecanismos potenciais da Roda.

Dê uma olhada em seu modelo de cérebro na palma da mão, com seus dedos corticais agora dobrados sobre seu polegar límbico assentado sobre a palma de seu tronco encefálico. O lobo frontal do córtex, que fica logo atrás da testa, é representado pelos dedos, desde seus segundos nós até as unhas dos dedos das mãos. Do meio do lobo frontal, que se estende pelo meio do cérebro nesse eixo da linha média, voltando para as regiões posteriores, estão as áreas interconectadas que formam os nós da linha média da RMP.

Os circuitos da RMP podem ser visualizados como uma série de áreas interconectadas, em sua maioria de linha média, que atravessam o centro do cérebro, da frente para trás. Vamos nos concentrar apenas nas áreas da linha média para facilitar a referência.

Aqui está uma maneira de considerar como a RMP desempenha um papel em nossa vida. Em muitas pessoas, essas áreas de linha média estão muito ligadas umas às outras, de uma forma que cria um circuito altamente diferenciado que pode dominar a atividade de

---

[10] Ibid., p. 155.

Áreas de linha média da rede em modo padrão

CÓRTEX PRÉ-FRONTAL MÉDIO

CÓRTEX CINGULADO POSTERIOR

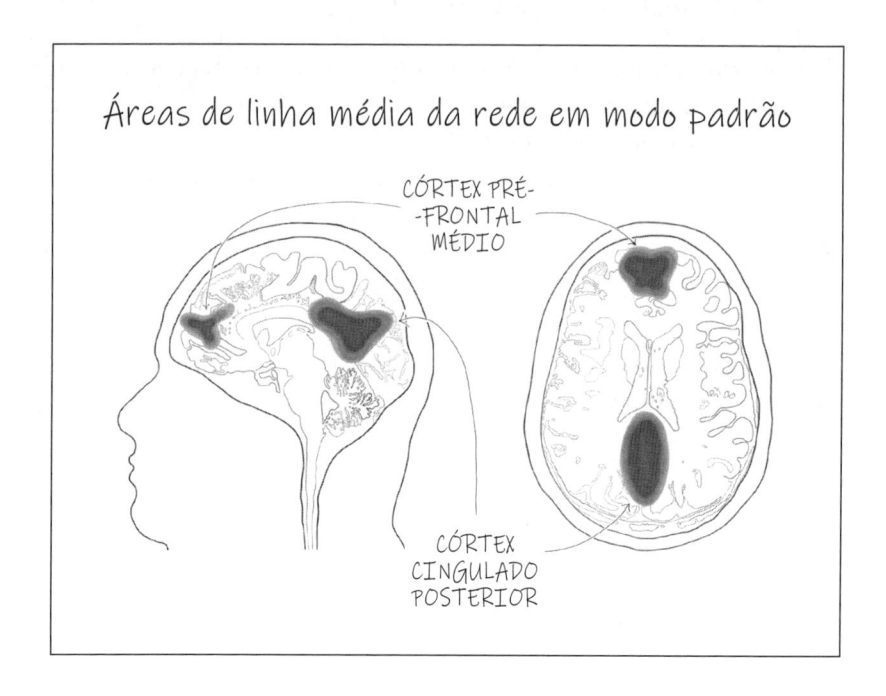

outras áreas do cérebro. Imagine um grupo muito apegado de amigos de escola que não estão abertos a incluir outros. Esse é o sentido das várias regiões interconectadas como seu estado inicial, seu modo padrão. Essa ligação estreita entre os amigos pode levar à exclusão de outras crianças na sala de aula; a ligação estreita dessas áreas da linha média pode excluir o envolvimento de outras regiões do cérebro e do corpo.

Um dos principais componentes dessa rede de linha média é uma área chamada *córtex cingulado posterior*, ou CCP. Em termos anatômicos e funcionais, o CCP pode ser considerado um nó coordenador da RMP, uma espécie de líder do grupo de crianças na escola. Trabalhando estreitamente com o CCP, há uma área da linha média frontal chamada *córtex pré-frontal ventromedial*, que desempenha um papel crucial na cognição social e na teoria da mente – no pensamento sobre a mente dos outros e a de si próprio (com outras áreas fora da linha média da RMP, que discutiremos mais tarde). Quando o CCP é ativado com outras áreas em modo padrão, tendemos a ter a experiência subjetiva de pensar em nós mesmos ou no que os outros estão pensando de nós. Soa familiar? É como o refrão de muitas canções de amor: "Você ainda vai me amar amanhã?". Isso é a RMP atuando como vocalista. Essa região desempenha um papel importante ao nos situar mentalmente no mundo social e até mesmo no mundo da definição de nosso senso interior de identidade.

A RMP pode proporcionar uma sensação de vida mental interior e também um foco nos estados mentais dos outros. Como criaturas sociais, compreender o foco de atenção, as intenções e a consciência do outro – compreender seu estado mental – é essencial para nossa sobrevivência e prosperidade. Dessa forma, a consciência social e a autoconsciência podem ser tramas do mesmo tecido. E cada uma dessas formas nas quais estamos cientes não só da própria mente como também da experiência subjetiva de si mesmo e dos outros, nos ajuda a alcançar a homeostase.

Se a RMP ficar isolada, o senso do eu também poderá se sentir assim. Nesse caso, podemos propor que, quando a RMP não está integrada ao resto do cérebro e do corpo, sua capacidade de se concentrar em estados mentais pode construir uma sensação de um eu solitário, e nos tornamos especialmente preocupados com os estados mentais dos outros e com o modo como esses estados se referem a nós. Em Hollywood, a piada muitas vezes é contada desta maneira: "Bom, chega de falar de mim. Me diz, o que *você* acha de mim?". Essa autopreocupação é naturalmente parte da preocupação de nosso cérebro social com o modo como nos encaixamos, mas pode ir além disso, às vezes definindo um eu particular que pode ficar obcecado com o próprio status, preocupado com o lugar onde um eu consternado consigo se encaixa no mundo. Há potencialmente muitos eus solitários aqui, e menos interconexão e um senso mais amplo de quem somos. Essa auto-obsessão, podemos imaginar, pode vir de uma RMP excessivamente conectada dentro dos próprios circuitos, não se conectando aos sistemas neurais mais amplos do cérebro, do corpo como um todo ou mesmo do fluxo de outros e do mundo maior. Isso é o que queremos dizer ao sugerir que uma RMP excessivamente diferenciada é como um grupo que exclui as outras crianças na escola. Em vez disso, uma RMP mais integrada envolveria processos de empatia e compaixão, bem como uma forma flexível de autoconsciência, tirando proveito do poder de nosso cérebro social para focar além da preocupação com o eu isolado. Como a RMP tem a ver com a mente – a nossa e a dos outros –, minha cabeça viciada em siglas apelidou essa rede de "circuito OEOE", pois ela foca a atenção de nossa mente nas preocupações sobre o status dos outros e do eu.

Outros
E
O
Eu
= OEOE

Se essa RMP estiver bem integrada com outras áreas neurais e com o mundo social, isso pode significar que a empatia e a percepção emergem à medida que essas áreas em modo padrão facilitam a cognição social e a autoconsciência, a forma como vemos a mente dos outros e o eu. Mas, se a RMP estiver muito diferenciada e não bem conectada às outras regiões, então essa atividade do OEOE pode criar angústias a respeito da exclusão, obsessão com as respostas dos outros e preocupações que se associam à ansiedade e à depressão. Por si só, a RMP não é boa ou ruim; simplesmente, a falta de integração, como já assinalamos, pode levar a estados internos rígidos ou caóticos de atividades mentais e a comportamentos extremos. Estamos propondo que, com uma RMP mais integrada, podemos dar sentido à vida e aliviar essas preocupações com sentimentos de inadequação e de exclusão conforme nos afundamos em questões excessivas de autopreocupação.

Como integrar a RMP

Quando chegamos ao terceiro segmento do aro, pode haver muita atividade do OEOE a partir do modo padrão, uma espécie de mente de macaco, cheia de tagarelice e diálogos internos discursivos, pensamentos e preocupações com o status do eu e sua relação com os outros. Pesquisas dos psicólogos Zindel Segal, Norman Farb e seus colegas revelam que, sem treinamento mental, muitas pessoas têm um CCP muito robusto e uma consequente atividade RMP difícil de acalmar, mesmo que recebam a tarefa de simplesmente estarem atentas às sensações. Em vez de começar com o fluxo condutor dos dados sensoriais recebidos do mundo exterior ou do corpo – o primeiro e segundo segmentos da Roda –, muitas pessoas não treinadas respondem com autopreocupação e oferecem respostas construídas do significado da própria experiência. Se isso se desse em nossa prática da Roda, veríamos muitas atividades mentais construídas do terceiro segmento em vez do fluxo de correntes de sensação, conduzidas desde o primeiro e o segundo segmentos da Roda.

Essa pesquisa demonstrou de um modo poderoso uma descoberta simples, que tem uma forma visualmente concreta de ser lembrada. A RMP é, na maioria das vezes, de linha média e, quando não está bem integrada, gera uma série de preocupações e pensamentos autorreferenciais. As áreas laterais, chamadas de *circuitos lateralizados*, incluindo a ínsula anterior, que controla nossa percepção do estado do corpo, permitem que nosso processamento sensorial flua e entre na consciência. É assim que sentimos os elementos do aro de nossos dois primeiros segmentos da Roda. Quando estamos conscientes dos primeiros cinco sentidos ou do interior do corpo, o sexto sentido de interocepção, estamos ativando nossos circuitos laterais.

Esses circuitos laterais são os correlatos neurais do mecanismo para a função de duto sensorial da mente – os padrões de fluxo de energia do mundo exterior e do mundo somático dos nossos dois primeiros segmentos de aro. Em contraste, podemos construir padrões complexos de energia, gerando informações que representam ideias intrincadas, incluindo visões construídas do eu e preocupações sobre nosso lugar no mundo. Na mente, a construção tem um correlato neural na atividade no sistema límbico e nas áreas corticais, incluindo, por exemplo, a RMP, quase sempre de linha média. Nosso senso do eu no mundo social pode surgir como padrões energéticos a partir das construções corticais da RMP. O quanto esses nós diferenciados estão fortemente ligados entre si dentro da RMP, de modo a excluir outras áreas, como o circuito sensorial lateralizado, é algo que moldará a natureza e a intensidade da construção do eu que experimentamos na consciência. Esse senso do eu é uma construção da mente formatada, em parte, pelos circuitos cerebrais moldados pela experiência.

A construção não precisa ser autopreocupada, mas, com a diferenciação excessiva da rede e sua conexão subdesenvolvida com outras áreas, essa RMP não integrada pode ser o mecanismo por trás de uma preocupação dominante apenas com o eu dos OEOE em nossas construções-padrão nossa conversa mental de base. Durante a prática da Roda, você pode ter um vislumbre disso na forma de distrações que desviam sua atenção do foco da sensação; ou você pode experimentar esse modo padrão de processamento de informações durante a consciência aberta da revisão do terceiro segmento. Esses circuitos são formados no desenrolar de nossas experiências – com pais, colegas, professores e a cultura maior em que vivemos. E, como veremos, eles podem ser moldados diretamente pela prática meditativa, pelo treinamento mental que, segundo pesquisas, pode criar uma RMP mais integrada. Isso significa uma RMP menos isolada e mais conectada a outras funções do próprio cérebro, de modo a criar uma menor preocupação com o eu dos OEOE.

Os circuitos sensoriais laterais que controlam a condução e os circuitos de RMP de linha média – aqueles que constroem nossa preocupação com OEOE – se inibem mutuamente. Em outras palavras, a condução retarda a construção e, da mesma forma, a construção retarda a condução. Envolva-se em autopreocupação da RMP de linha média e o fluxo sensorial lateralizado será minimizado. Foque o fluxo sensorial dos dois primeiros segmentos do aro e a RMP de linha média será temporariamente aquietada. Treine essa diferenciação entre a condução de sensações e o pensamento construtor, e com o tempo você provavelmente alterará seu modo padrão de existência no mundo.

Aqui está a poderosa descoberta dessa pesquisa, que você pode achar coerente com sua própria experiência subjetiva: quando você entra no fluxo condutor de sensações, o trovão discursivo construído nas tempestades do pensamento se acalma. As sensações das regiões laterais e a tagarelice mental da linha média inibem umas às outras.

Perdido em pensamentos, pobre de sensações; fluindo em sensações, calmo em pensamentos.

Com o treinamento mental, os circuitos sensoriais lateralizados do cérebro se tornam mais diferenciados e capazes de se manter ativos, de modo que, quando encarregados da experiência sensorial, a consciência pode ser preenchida mais prontamente pela sensação do que por pensamentos construídos. Uma vez estabelecida essa diferenciação, a condução da sensação pode se tornar conectada ao funcionamento geral do cérebro. Com essa diferenciação e, em seguida, a conexão da sensação, o indivíduo atinge estados mais elevados de integração do cérebro como um todo. É assim que as regiões sensoriais laterais mediadoras dos sentidos são fortalecidas durante a prática, em contraste com a ruminação (pensamentos repetitivos) das áreas-padrão de linha média excessivamente diferenciadas que, para a maioria de nós, dominam a "tagarelice" da mente. O simples ato de se ater às sensações acalma a preocupação. Essa é uma descoberta incrivelmente útil, advinda de pesquisas rigorosas que esclarecem um mecanismo útil da mente.

Como sugerem Elizabeth Blackburn, ganhadora do Prêmio Nobel, e sua colega Elissa Epel:

> Somos em grande parte inconscientes da tagarelice mental em nossa mente e de como ela nos afeta. Certos padrões de pensamento parecem ser pouco saudáveis para os telômeros. Isso inclui a supressão e a ruminação do pensamento, bem como o pensamento negativo que caracteriza a hostilidade e o pessimismo. Não podemos mudar totalmente nossos pensamentos automáticos – alguns de nós nascem ruminantes ou pessimistas –, mas podemos aprender a evitar que esses padrões automáticos nos prejudiquem e até mesmo encontrar humor neles. Aqui convidamos você a se tornar mais consciente de seus hábitos mentais. Aprender sobre seus estilos de pensamento pode ser surpreendente e fortalecedor.[11]

Elas continuam:

> A autoconsciência das tendências que nos tornam mais vulneráveis à reatividade do estresse (e possivelmente, de acordo com vários estudos, ao encurtamento de telômero) é valiosa! A consciência pode nos ajudar a perceber padrões de pensamento pouco saudáveis e a escolher respostas diferentes. Também pode nos ajudar a conhecer e aceitar nossas tendências. Como disse Aristóteles, "conhecer a si mesmo é o começo de toda sabedoria".[12]

Uma rede em modo padrão excessivamente ativa é considerada por alguns cientistas como um correlato neural de preocupação excessiva com o eu, um possível mecanismo para ruminações negativas. Para alguns indivíduos, essa atividade RMP isolada pode revelar de que maneiras a experiência dentro das famílias e da cultura como um todo reforçaram a sensação de um eu separado e individual. De modo ideal, em conexão, cresceríamos em direção a um eu mais integrado, que tenha diferenciação e autonomia, assim como conexão e formas de pertencer a um grupo sem perder a identidade individual. Essa seria uma experiência integrada do eu no mundo, que provavelmente seria associada a um sentido mais profundo de conexão e significado na vida. Viver uma vida com um senso de propósito pode até mesmo

---

[11] Elizabeth Blackburn e Elissa Epel, *The Telomere Effect*. New York: Grand Central Publishing, 2017, p. 100.
[12] Ibid., p. 133.

melhorar o estado do corpo, otimizando os telômeros, como sugerem Blackburn e Epel:

> Quanto mais os especialistas em meditação aumentam seus níveis de propósito na vida, mais alta é a telomerase. A meditação, se for do seu interesse, é obviamente uma forma importante de melhorar seu propósito na vida. Há inúmeras maneiras, depende do que é significativo para você.[13]

Ironicamente, sem um senso integrado do eu com diferenciação e conexão, a construção de uma identidade separada pode ser uma tentativa de evitar a experiência de obliteração temida por meio da união a um todo maior. Por várias razões, podemos mirar na construção de uma definição rígida do eu para evitar o caos da fusão e a perda de qualquer senso do eu. O resultado de tais manifestações rígidas e caóticas desses sentidos não integrados do eu pode vir de uma RMP excessivamente autônoma e diferenciada, tornando-a mais ativada e menos integrada, e dando ao indivíduo um sentimento de desconexão e uma potencial falta de sentido ou de propósito na vida.

Considere a seguinte noção: nosso senso de identidade no mundo pode se sentir tão frágil que construímos uma noção do eu análoga a um substantivo. Esse rígido senso de identidade está tentando nos ajudar a criar homeostase, o que é compreensível, mas sua inflexibilidade simplesmente reforça sua própria natureza excessivamente diferenciada. Sem abraçar a natureza mais fluida do eu como um processo emergente e desdobrável, análogo a um verbo, ficamos com a diferenciação sem conexão de um eu isolado. Essa postura, quando levada ao extremo, pode tornar o indivíduo propenso a uma série de problemas que pesquisadores e médicos chamam de dificuldades de autorregulação, condições que vão desde ansiedade e depressão até vícios e isolamento social.

Afrouxando as amarras de um eu separado

Pesquisas revelaram que, com treinamento mental, a conexão excessivamente diferenciada e rígida do CCP com outros nodos em modo

---

[13] Ibid., p. 116.

padrão, como o córtex pré-frontal medial, na verdade se torna menos dominante em sua atividade isolada e passa a ser uma parte integrada do agora mais acessível espectro completo da atividade do cérebro. O que essa descoberta pode revelar é como um senso mais integrado do eu emerge à medida que a própria atividade do cérebro se torna mais integrada como resultado do treinamento mental, uma experiência que você pode estar tendo agora, como outros relataram, com a prática contínua da Roda.

Por si só, a construção na mente não é um problema. Um equilíbrio da construção do pensamento com a condução sensorial pode ser a integração da mente que queremos buscar. Formas excessivas e isoladas de construção, que surgem como autopreocupação, podem revelar bloqueios para uma forma mais integradora de funcionamento da mente. O pesquisador clínico e neurocientista Judson Brewer demonstrou o poder do treinamento mental para combater o vício e a ansiedade, transformando um modo de CCP dominante em parte de um todo integrado. Em outras palavras, sua pesquisa apoia a visão de que o excesso de diferenciação do modo padrão, sem conexão com outras regiões, pode ser visto como um sinal neural de impedimentos à integração e à saúde. Essa integração prejudicada resulta em caos e na rigidez de depressão, ansiedade e vícios como fontes de sofrimento humano.

Em termos simples, muitas pessoas podem viver com circuitos RMP excessivamente diferenciados, cuja ativação as torna propensas a ruminações de autopreocupação, comparando-se com outras pessoas, sentindo-se inadequadas e se enchendo de uma série de outras causas de angústia emocional.

Imagine o círculo de autorreforço que pode ser criado com tal situação. É como exercitar demais um conjunto de músculos, deixando de lado os outros em seu corpo e levando a um desequilíbrio físico. Lembre-se do axioma de que aonde vai a atenção, flui a ativação e cresce a conexão. A preocupação reincidente mediada por uma RMP hiperativa e isolada pode aumentar a força dessas conexões internas, fechando os nodos da rede de um modo mais rígido e isolado.

É útil ter em mente que a atenção não precisa ser direcionada por você nem mesmo envolver a consciência para que ela fortaleça as conexões neurais. A atenção apenas direciona o fluxo de energia e informação. Quando essa atenção está dentro de nós, os padrões de ativação neural são repetidamente ativados. Mensagens culturais de separação também podem direcionar nossa atenção, mesmo sem estarmos cientes, e essas mensagens de um eu separado e inadequado podem permanecer no cérebro. Como? Nossos sistemas de avaliação límbica e outros aspectos de nosso cérebro social monitoram de perto nosso lugar no mundo e fazem uma associação entre a inclusão social e a avaliação de significado. É importante ser membro de um grupo. Se recebermos mensagens das mídias sociais ou de outros aspectos de nossa sociedade de que não somos suficientemente bons, que há algo errado com nosso gênero, nossa raça, nossa orientação sexual ou até mesmo, de modo mais geral, que estamos separados e somos insuficientes, esses pacotes de informação podem entrar no sistema nervoso e moldar o direcionamento da atenção, quer estejamos conscientes deles, quer não.

Infelizmente, uma vida reforçada por nossa sociedade atual, que às vezes tende a isolar e desumanizar as pessoas, fazendo com que se sintam desrespeitadas, impotentes e descartadas da comunidade como um todo, pode enviar repetidamente nossa atenção não focal, bem como nossa atenção focal, para um círculo neuroplástico que enfatiza continuamente a sensação de que somos separados e inadequados. Caminhamos pela vida desacompanhados, sem um senso de pertencimento ou apoio. Por sua vez, essa experiência repetida de isolamento reforça as conexões neurais que afirmam esse status de separação do eu.

Encontrar uma maneira de tornar as comunidades mais acolhedoras e inclusivas é naturalmente um passo importante a ser dado para ajudar a mudar esse foco social em um eu separado. Pertencer é uma necessidade humana básica. Além disso, pesquisas demonstraram que a prática meditativa – os três pilares de atenção focada, consciência aberta e intenção de gentileza – afrouxa a atividade altamente rígida da RMP e pode ajudar no cultivo de um senso mais integrado do eu e de um modo mais receptivo de encontrar conexão na comunidade. Dessa forma, práticas reflexivas como a Roda da Consciência, que inclui esses três pilares, podem levar à mudança dessa característica de base, criando um estado mais integrador que, com a repetição da prática, se torna uma nova base, com as características integradoras de um indivíduo mais gentil e compassivo. O treinamento mental pode mudar nosso modo padrão e torná-lo mais integrado em nossa vida.

Apego *versus* vínculo

Como já discutimos, descobriu-se que as práticas de treinamento mental afrouxam o funcionamento neurológico altamente rígido da RMP. Outros estudos sugeriram que as práticas meditativas também podem diminuir a intensidade de nosso sistema de recompensa verticalmente distribuído – estendendo-se para cima, do tronco encefálico (sua palma da mão), passando pela área límbica (seu polegar) e subindo até o córtex (seus dedos dobrados). Essa mudança no sistema de recompensa pode diminuir a predominância dos desejos em nosso comportamento, uma mudança que certamente pode melhorar nossas chances de ter saúde e felicidade na vida. Essas regiões neurais compartilham o neurotransmissor chamado dopamina. Quando ela é liberada por e nesse sistema, nós nos sentimos recompensados. As coisas que nos recompensam são moldadas por esse sistema mediado pela dopamina, de modo que uma atividade que leva a um esguicho do neurotransmissor nos faz sentir assim: "Que sensação gratificante – vou fazer isso de novo para ter mais". Com certeza, eu recebo uma grande dose de dopamina com chocolate amargo. Se conseguirmos fazer algo para diminuir a intensidade dessa liberação – não para remover completamente a dopamina de nossa vida, mas para diminuir, por exemplo, a rápida velocidade de sua descarga em nosso cérebro –, podemos nos tornar menos apegados e menos compulsivos com as coisas, sejam elas substâncias ou atividades, que de certa forma podem nos tornar viciados. Essa mudança na liberação de dopamina pode nos livrar de apegos muito intensos a coisas que, de fato, podem não ser boas para nós.

De forma importante, a mudança no funcionamento do sistema de recompensa, com um senso expandido de consciência no núcleo, pode nos proporcionar o espaço mental e as funções neurais para diferenciar a sensação de *gostar* de algo, podendo escolhê-lo (ou não), da sensação de *querer* ou *precisar* de algo, o que pode levar ao desejo e ao apego. Mesmo nas regiões do sistema de recompensa, esses dois processos de *gostar* versus *querer* parecem ser mediados por regiões ligeiramente distintas. Quando eu vejo o chocolate e me sinto consciente de que gosto dele, posso pegá-lo ou não. Estou plenamente consciente de que gosto de algo, mesmo que eu não tenha essa coisa. Eu posso escolher meu comportamento. Por outro lado, se eu não for capaz de distinguir o gostar do querer, se isso se mistura em minha mente com um sistema de recompensa intensamente ativado e acesso limitado ao meu núcleo de consciência, então o objeto de que eu gosto – a barra de chocolate – resulta em algo que eu quero e meu comportamento não está mais sob meu controle consciente.

Em alguns círculos, o termo usado para tal desejo é "vincular-se" a algo; no entanto, eu não costumo usá-lo porque a palavra *vínculo* no meu campo de pesquisa se refere ao amor entre pais e filhos. Portanto, vamos usar o termo "apegar-se" para essa sensação de ser atraído por algo e se tornar incapaz de deixá-lo ir, mesmo que isso não seja bom para você. Quando não distinguimos a sensação de gostar de algo (e a gratidão que podemos ter por esse prazer advindo do sentimento de querer algo) da sensação de desejar e se apegar a ele, ficamos vulneráveis ao vício e a uma sensação de inadequação. Sem a coisa, estamos incompletos. Como revelado em estudos preliminares, ao diminuir a intensidade do circuito de recompensa da liberação de dopamina com o treinamento mental, podemos ver que uma sensação de *uma mente mais aberta surge com um sentimento de bem-estar à medida que o apego diminui naturalmente*. Você pode pegar ou não; a decisão cabe a você, não ao seu circuito de recompensa. Imagine caminhar por aí com uma sensação de plenitude e integridade, em vez de insuficiência e urgência de se apegar. Você pode ser grato por aquilo de que gosta em vez de ansiar por aquilo de que está sentindo falta. Essa é uma diferença que faz diferença.

Acho importante ressaltar aqui que as coisas às quais podemos nos apegar – do meu chocolate a uma relação tóxica de apego com alguém que, em última análise, não é bom para nós – incluem nossa maneira de pensar e de nos relacionar com nosso senso interior do eu. Pode haver aí um "apego" a um "eu" separado, cheio de autopreocupação, que pode se tornar uma forma de vício. Assim como todas essas formas de se consumir por alguma coisa e ser incapaz de quebrar o ciclo de preocupação com ela, o desejo e o vício parecem ser mediados pelo circuito de recompensa da dopamina no cérebro. Colocando em termos simples, pesquisas demonstram que a obsessão pelo eu pode ser tão viciante quanto qualquer substância – de fato, ela ativa nosso sistema de recompensa. Um olhar sobre nossa obsessão atual com as mídias sociais pode fornecer um vislumbre útil para entender isso. Podemos pensar em alguns aspectos delas e a intensa quantidade de tempo e energia que vem sendo investida na apresentação de imagens do eu para os outros, tanto que, de fato, elas poderiam se chamar plataformas de mídia RMP. Nosso circuito de base OEOE torna-se ativado pelas mídias sociais, mesmo quando nos sentimos inseguros e incompletos, como se faltasse algo se não nos retratássemos como seres plenos, bons e reconhecidos em uma plataforma de mídia social. O medo de ficar de fora tem até o próprio acrônimo, FOMO (do inglês, *Fear Of Missing Out*). Infelizmente, as imagens apresentadas nesses sites costumam retratar a vida com um viés positivo que raramente é real. O público dessas imagens muitas vezes está inconsciente dessa miragem, sentindo-se inadequado em sua implacável comparação com a realidade da própria vida.

Os circuitos OEOE enlouqueceram em nosso mundo digital. Dentro dessa estrutura, nossos sistemas de recompensa nos proporcionam uma estrutura na qual a liberação de dopamina, junto à autopreocupação do eu, nos dá uma dose temporária de "Que sensação gratificante" cada vez que postamos uma imagem fantasiosa de nós mesmos, e o vício da autopreocupação é reforçado. Não é à toa que as pessoas usam o celular ao dirigir. Podemos imaginar como essa sensação de nunca ser bom o bastante, nunca estar completo, nunca ser suficiente aumenta massivamente a intensidade de uma preocupação mediada pela RMP com a inadequação do eu em comparação com outros. Esses sentimentos, como António Damásio sugere em alto e bom som, têm a ver com a homeostase – com sobrevivência e prosperidade. Demandando os aspectos mais básicos de nossa existência como seres sociais, as preocupações com os outros e o eu, típicas da rede em modo padrão, sentem-se em casa no mundo das mídias sociais, com seu senso de urgência vital. Esse pode ser o processo do OEOE, que se tornou digitalmente selvagem ao ser colocado em modo turbo. Ao menos como resposta à forma como as mídias sociais mudaram nossa vida – embora haja muito mais razões, para ser justo – precisamos, mais do que nunca, de práticas para cultivar uma forma mais integradora de ser, de caminhar no mundo com um senso de integridade e conexão verdadeira e significativa.

Se um senso do eu é definido como um jogador sozinho, uma mente isolada, então a triste realidade é que esse modo de vida não integrado, com apenas uma mente interior e sem a plenitude de uma entre-mente, torna o indivíduo propenso a se sentir inquieto, incompleto, como se algo estivesse faltando em sua vida, mesmo antes da atração do viés positivo das mídias sociais.

Parte dos processos neurais de relaxar o modo padrão altamente rígido seria afrouxar o modo da autopreocupação do eu solitário, o que envolveria a diminuição da resposta do sistema de recompensa, bem como a diminuição dos componentes da RMP estreitamente interconectados. Esses podem ser os mecanismos para mudar a característica de base em modo padrão de um indivíduo, frequentemente descritos como prática meditativa, o afrouxamento de um eu separado e a sensação de uma forma mais conectada de estar no mundo – de se tornar mais à vontade na própria pele.

Conforme você experimenta o terceiro e o quarto segmentos do aro, pode descobrir com o tempo que esse afrouxamento de um eu separado pode começar a dar frutos. Não se trata de algo que você precisa fazer acontecer ou com o qual se preocupar caso sinta que não está acontecendo. Não é que o eu desaparece; as descrições que ouvi, de muitas pessoas que praticaram a Roda, vão mais no sentido de que o eu se torna conectado, estendido, expandido, parte de algo que está além da interioridade da mente restringida por pele.

Aqui nos lembramos de uma interface poderosa entre o subjetivo e o objetivo. De modo subjetivo, os indivíduos descrevem repetidamente um sentido ampliado de pertencerem a um todo maior, de se tornarem conscientes de sua afiliação a uma forma interligada de ser. Esse sentido mais amplo do eu traz um profundo sentimento de significado e conexão. Observar esse padrão de um sentido subjetivo expandido do eu é um importante achado empírico, correlacionado às descobertas objetivas de mudanças no cérebro a partir da prática de treinamento mental.

O mecanismo por trás dessa experiência mental subjetiva de um senso do eu ampliado e conectado pode ser o afrouxamento das conexões anteriormente rígidas da RMP, que poderiam ser o mecanismo neural de um senso excessivamente diferenciado de um eu individual. A boa notícia sobre esse afrouxamento do eu solitário é que a depressão e a ansiedade, como vimos, parecem estar correlacionadas com o isolamento excessivo do modo padrão. Até mesmo estudos com ratos que recebem substâncias indutoras de dopamina, como a cocaína, revelam que, quando vivem em isolamento, eles escolhem a cocaína em vez de água ou comida – e depois morrem. Mas os ratos socialmente conectados escolhem a água e a comida e evitam a cocaína. Incrível. Lembre-se: nós, mamíferos, somos criaturas profundamente sociais. Assim, para um ser social complexo como nós, humanos, é muito importante ter um circuito cerebral – a RMP – que pode, ao menos na cultura contemporânea, se tornar excessivamente diferenciado dentro de nosso crânio e criar uma sensação de não pertencimento. A vulnerabilidade de nosso cérebro humano para criar uma experiência mental de identidade como um eu solitário, que vive em um isolamento dos outros mentalmente construído e mediado neurologicamente, pode ser uma enorme fonte de sofrimento na vida contemporânea.

Nós somos seres sociais. Como logo veremos, mesmo nossa experiência de ser consciente pode ter sua origem em nossa atenção focal sobre estados internos e mentais dos outros. Dessa forma, a consciência da mente dos outros pode ser a precursora da consciência de nossos próprios estados internos e mentais. Quando nosso cérebro capta a mensagem de nossa separação do mundo social maior, as próprias raízes da identidade e de ser consciente se tornam estreitas. Essa condição seria o oposto do que pesquisas sobre os padrões elétricos de energia durante a prática da compaixão revelam: um alto grau de ondas gama ativadas quando engajamos nossa mente no cuidado e na conexão com os outros. Esse padrão elétrico neural de ondas gama ocorre quando áreas amplamente distribuídas do cérebro equilibram e coordenam seus funcionamentos em conjunto – quando o cérebro está em estado de integração. Essas ondas gama têm seu pico com o senso não referencial de compaixão, bondade e amor. Esse pode ser um aspecto do mecanismo pelo qual o desenvolvimento da intenção de gentileza, com a atenção focada e a consciência aberta, apoia as maneiras pelas quais podemos criar mais integração e cultivar mais significado e conexão em nossa vida. Sendo assim, a prática da Roda pode ampliar nosso senso do eu à medida que faz com que nosso cérebro – e nosso eu social – se integre.

O quarto segmento do aro e a mente relacional

Ao nos voltarmos para o quarto segmento do aro, podemos perguntar novamente o que pode ser de fato o mecanismo de se sentir conectado aos outros *versus* sentir-se separado e sozinho. O que significa um afrouxamento de um eu separado? O que significa a experiência, tantas vezes descrita como "ser parte de um todo maior", como um sentido subjetivo em termos do funcionamento real da mente, do cérebro e de nossos mundos relacionais? E o que os convites para tomar consciência da conexão e ter uma intenção de gentileza implicam em termos de mecanismos fundamentais da mente?

Como já discutimos, quando nos convidamos a sentir a conexão com família e amigos durante o quarto segmento do aro, podemos nos tornar conscientes de um fluxo sensorial de energia ou estar ativando uma memória construída ou uma conexão relacional imaginada.

O cientista britânico Michael Faraday propôs no século XIX que os campos eletromagnéticos, embora não visíveis a olho nu, existiam de verdade. Meu velho e querido amigo John O'Donohue costumava se chamar de místico, o que ele definiu como alguém que acredita na realidade do invisível. John, como um ex-padre irlandês, filósofo e poeta, sentia que o mundo estava cheio de interconexões que simplesmente não podíamos perceber diretamente com os olhos, mas que eram bem reais. O livro que ele lançou, pouco antes de sua morte repentina, é chamado *To Bless the Space Between Us* [Para abençoar o espaço entre nós]. Esse espaço entre nós pode ser o aspecto interconectado da mente que estamos explorando.

Se eu sinto uma conexão com John agora, isso é apenas uma memória de nossa relação e de nossas experiências conjuntas – algo que eu estou construindo por meio dos mecanismos dos padrões de ativação neural do meu cérebro? Ou poderia ser algo mais – algo que estou sentindo agora, não construído, mas uma forma de condução sensorial? Quando sinto minhas conexões agora com pessoas que conheço e amo, ou mesmo com pessoas que nunca conheci, ou com todos os seres vivos deste planeta que compartilhamos, isso é apenas uma construção do meu cérebro ou do meu corpo, algo construído pela minha mente interior? Ou estou sentindo algum tipo de campo, como propôs Faraday, que não consigo ver com os olhos, mas que é bem real? É um senso de conexão decorrente da condução de estímulos ocorrendo aqui e agora, uma condução do fluxo de algo que está acontecendo no momento, ou é uma construção sendo montada talvez a partir de ativações neurais de memória e imaginação?

Embora muitos não acreditassem em Michael Faraday naquela época, agora a maioria de nossos aparelhos eletrônicos funciona explorando os campos que ele afirmou serem reais, mesmo que tantos na época duvidassem de sua existência. A energia pode ser estudada em forma de ondas, e essas manifestações de energia podem ser transmitidas por longas distâncias. Uma vez eu me maravilhei com Neil Welch, meu sogro fazendeiro, falecido já há anos, enquanto ele falava com seu neto Alex por meio de uma imagem visual no meu celular. Como ele poderia estar falando e vendo seu neto em uma pequena caixa? Ele poderia estar na sala ao lado ou do outro lado do mundo (onde ele estava na época), e isso maravilhou a mim e a Neil. Se isso tivesse acontecido há quatrocentos anos, Neil e eu teríamos sido queimados na fogueira por praticar magia perigosa para o mundo. Hoje só temos que pagar uma taxa mensal pelo serviço telefônico.

A energia vem de muitas formas e de locais que estão bastante próximos ou a uma longa distância, transformando-se em suas características CLIFF. E a energia pode fluir de longe, bem de longe. A luz do sol é um exemplo, e a luz das estrelas é outro. Quando sentimos a luz com os fotorreceptores de nossos olhos, não ficamos agitados nem dizemos "Ah, essa energia que você está sentindo como luz é apenas sua imaginação; ela vem de uma memória em sua cabeça!". Acabamos aceitando que nossos órgãos sensoriais são uma medida confiável da realidade. Mas Neil e eu poderíamos falar com Alex, vê-lo e nos conectarmos com ele usando nossos sistemas sensoriais de visão e audição, e ainda assim os mecanismos mais profundos daquele celular traduziriam ondas eletromagnéticas invisíveis em formas acessíveis de luz e som, tudo em segundo plano. Será que o mesmo valeria para nossa mente? Existe algum tipo de condução que permita que algo flua e nós simplesmente tomemos consciência, como uma sensação de conexão com um mundo maior, além dos limites da pele?

Quando eu estava assistindo à transmissão ao vivo de uma reunião da Organização das Nações Unidas (ONU) que abordava o planejamento estratégico para promover o bem-estar em todo o planeta no ano de 2030, pude sentir a conexão de muitos dos palestrantes entre si e com a saúde futura do mundo. Minha filha foi estagiária em um dos encontros daquela reunião, e eu conseguia imaginar o que ela poderia estar sentindo ao trabalhar em um ambiente tão global. Será que foi só imaginação ou será que eu também senti algo de sua experiência enquanto ela estava lá? Exploraremos mais tarde as maneiras pelas quais a energia pode fluir pelo espaço como uma força, seja ela luz, som ou eletricidade. Também sabemos agora que, qualquer que seja a localização, a energia também pode ser acoplada de uma forma que os físicos quânticos chamam de *emaranhamento*. A separação espacial não diminui a interconectividade das formas acopladas de energia. Esse acoplamento de energia, ou emaranhamento, é hoje um aspecto comprovado do universo em que vivemos. Não é uma força que flui; é uma relação entre estados de energia que não se altera com a distância espacial. Não estou sugerindo que essa é uma forma comprovada de nossa conexão uns com outros, nem que nossa mente está detectando esse impacto não local de uma mente para outra, pois simplesmente ainda não sabemos isso a partir de visões cientificamente estabelecidas sobre a natureza de nossa vida mental. Qualquer que seja a forma como sentimos essa interconectividade, estou convidando você a pensar nos modos como você pode ter sentido algo em suas relações com os outros, ou com a natureza, que pode refletir o modo como você está recebendo a sensação de ondas de energia distantes ou talvez – apenas talvez – até mesmo seus próprios emaranhamentos com os outros ou com o mundo em geral.

Certa vez, em um *think tank* de física quântica, o primeiro palestrante colocou a seguinte afirmação no primeiro slide de sua apresentação: "Nós demonstramos por meio da ciência que o mundo está profundamente interligado; a questão é: o que há de errado com o cérebro humano que as pessoas pensam que não é assim?". Eu concordo plenamente. Por que nosso cérebro nos diz que não estamos profundamente interconectados quando na verdade estamos?

Como sugere o físico Carlo Rovelli,

> a física abre janelas através das quais se enxerga longe. O que vemos não deixa de nos surpreender. Percebemos que estamos cheios de preconceitos e que nossa imagem intuitiva do mundo é parcial, paroquial, inadequada. A Terra não é plana; não é imóvel. O mundo continua a mudar diante de nossos olhos à medida que o vemos de forma cada vez mais ampla e mais clara.[14]

Talvez a mente, existindo dentro do mesmo mundo que a física estuda, também tenha muitas características que não levamos em conta em nossas estruturas atuais de compreensão. Se abrirmos a mente para novas possibilidades, que hoje talvez nem possamos imaginar,

---

[14] Carlo Rovelli, *Seven Brief Lessons on Physics*. New York: Riverhead Books, 2014, p. 49.

podemos ser capazes de considerar mais plenamente os mecanismos da mente por trás de nossas experiências subjetivas de vida, nossa interconectividade e até mesmo a natureza de como nos tornamos conscientes.

Rovelli continua:

> Aqui na vanguarda, além das fronteiras do conhecimento, a ciência se torna ainda mais bela – uma forja incandescente de ideias novas, de intuições, de tentativas. De estradas não percorridas e depois abandonadas, de entusiasmos, no esforço de imaginar o que ainda não foi imaginado.[15]

Podemos sentir a conexão, o foco do quarto segmento, provavelmente por meio de uma variedade de mecanismos por trás dessa sensação subjetiva. Vamos manter a mente aberta em relação às formas como a ciência da energia pode ou não se aplicar à nossa visão da mente como uma propriedade emergente da energia e os mecanismos por trás de nossa capacidade de sentir nossas interconexões. A resposta neste momento, do ponto de vista científico, é que na verdade não sabemos exatamente quais podem ser esses mecanismos do nosso quarto segmento do aro, nosso senso de interconexão.

Uma postura científica nos lembra que vivemos em um corpo, e esse corpo que habitamos tem um conjunto limitado de padrões neurais que nos permitem sentir a realidade, ter consciência dessas sensações e até mesmo conceber a natureza da própria realidade. Isso significa que o que sentimos e pensamos, pela própria natureza com que emergem do nosso corpo, é bastante limitado. A realidade não se importa se podemos compreender seus mecanismos fundamentais ou não – esses mecanismos existem mesmo que não estejamos cientes deles. Porém, com uma postura científica, quando assumimos que existe uma realidade além de nossa percepção ou compreensão inicial, podemos ficar abertos a perceber aspectos dessa realidade que, com a mente aberta e receptiva, podemos vir a apreciar mais plenamente. Ser científico não significa saber tudo; significa ser humilde e reconhecer nossas limitações enquanto seguimos nossa curiosidade para que possamos aprender mais à medida que crescemos, aprofundamos e ampliamos nossas habilidades de percepção e conhecimento.

---

[15] Ibid., p. 41-42.

Durante anos, meus colegas Peter Senge e Otto Scharmer, que trabalham na área de ciência de sistemas no Instituto de Tecnologia de Massachusetts (MIT), têm explorado a natureza dos *campos relacionais* e como esses sistemas sociais influenciam as formas como interagimos uns com os outros. Quando os campos relacionais apoiam conexões compassivas e inspiram colaboração e criatividade, eles são chamados de *campos sociais generativos*. No trabalho que estamos fazendo juntos, nossa esperança é de estudar essas formas pelas quais nossas interconexões apoiam um mundo mais saudável e integrado. Quais mecanismos estão por trás desses campos relacionais, nós simplesmente não sabemos neste momento. Se forem relevantes nossas explorações da natureza interna e interconectada da mente com a prática da Roda, pode haver uma aplicação útil da noção de energia, incluindo seus campos invisíveis, bem como o processo fundamental de integração no esclarecimento de um caminho para cultivar campos sociais mais generativos em nosso mundo.

Desenvolvendo um cérebro integrado com o treinamento mental

Com o treinamento de atenção focal ao longo do primeiro e do segundo segmentos do aro, podemos ativar a energia em regiões do corpo e os "cérebros" da cabeça, das vísceras e do coração, envolvidos no fluxo de energia e informação para a consciência. Os correlatos neurais dessa prática de atenção dentro do cérebro envolvem regiões pré-frontais logo atrás da testa; em seu modelo de cérebro na palma da mão, correspondem às partes próximas das unhas até os primeiros nós dos dedos. Essas regiões pré-frontais trabalham em conjunto com o cingulado anterior – na região do polegar "límbico" – e, com a prática, provavelmente aumentam as conexões à medida que desenvolvemos a capacidade de sustentar a atenção; perceber distrações com nosso circuito de saliência, que também inclui a ínsula; e então redirecionar a atenção.

Têm sido reveladas várias áreas de mudança neural a partir das práticas de treinamento mental em geral. Uma delas é o aumento de aspectos desse córtex pré-frontal, apoiando a descoberta de que a regulação energética e informativa é aprimorada em termos de atenção reforçada e regulação emocional. A região pré-frontal liga amplamente o córtex, a área límbica, o tronco encefálico, o corpo propriamente dito e o mundo social em um todo interligado. A regulação que surge dessa integração neural ajuda a moldar a emoção e o humor, a atenção e o pensamento, as relações e a moralidade. Tudo isso faz parte das chamadas funções executivas, e elas surgem da integração.

Outra região que muda com a prática de treinamento mental é a área límbica. O hipocampo aumenta com a prática e serve como um nodo neural, ligando áreas amplamente separadas e apoiando o processamento de memória; e também está relacionado à regulação emocional. Em alguns estudos, ainda, uma amígdala ampliada, provavelmente por estar envolvida em intensa reatividade emocional quando é excessivamente diferenciada, torna-se menor com a prática de meditação.

Uma terceira região que cresce com a prática de treinamento mental é o corpo caloso, construindo conexões entre os lados direito e esquerdo diferenciados do cérebro. Além dessas formas específicas com que o cérebro parece se tornar mais integrado, uma quarta descoberta emerge em estudos que utilizam novas formas de olhar o estado integrador do cérebro. Como já mencionado, ao utilizarem tecnologia avançada para mostrar como áreas distintas se conectam por todo o cérebro, os estudos sobre conectomas humanos revelam que a prática de treinamento mental torna as regiões diferenciadas do cérebro mais interconectadas. Parte desse crescimento mais integrado do sistema neural também é revelado na descoberta já discutida sobre a rede em modo padrão, afrouxando as ligações rígidas dentro de um sistema de modo padrão excessivamente diferenciado e isolado. Mesmo estudos sobre a conexão dos "cérebros" da cabeça e cardíaco (a rede neural que circunda o coração) mostram ligações mais funcionais, especialmente com os programas de treinamento de compaixão que sustentam o aumento da intenção de gentileza, como já vimos.

Estudos sobre compaixão com especialistas em meditação revelam que o funcionamento do cérebro tem altos graus de sinais elétricos de integração durante a prática – no estado de base, enquanto estamos acordados e até mesmo enquanto dormimos. Como mencionei, essas ondas gama que emergem como áreas diferenciadas do cérebro se tornam coordenadas e conectadas umas às outras. A descoberta das ondas gama relacionadas à compaixão apoia a noção de que um possível mecanismo subjacente às frases de gentileza permite que elas promovam estados de integração neural.

Como a integração parece ser a base para uma regulação saudável, podemos ver que a prática meditativa pode funcionar no nível cerebral, promovendo o aumento da integração. A Roda da Consciência, como vimos desde o início, trabalha cada um dos três pilares do treinamento mental, cultivando atenção focada, consciência aberta e intenção de gentileza, e assim anteciparíamos, em pesquisas futuras com diversos sujeitos, que encontraríamos esses mesmos correlatos neurais de crescimento e integração.

Chegamos agora à experiência da consciência aberta. Embora estar ciente do conteúdo da consciência nos ajude a eliminar distrações durante o treinamento de atenção focada, redirecionando nossa atenção quando ela se torna dispersa, o estado de pura consciência receptiva com monitoramento aberto pode envolver algo um pouco diferente do monitoramento e redirecionamento de saliências. Em um nível, permitir que qualquer coisa do aro possa surgir, apenas ficando ciente disso a partir do núcleo, é claramente uma forma de integração metafórica, diferenciando e conectando os conhecimentos e o conhecer. Mas qual poderia ser o mecanismo aqui, para além da metáfora? Embora não haja uma assinatura neural para "estar atento" (porque muitos disparos neurais subjacentes à consciência de pontos no aro podem surgir com qualquer foco), podemos perguntar o que pode estar envolvido em simplesmente se abrir para o que vier – qual é o mecanismo da consciência pura?

Se os pontos no aro da Roda são, em termos de mecanismo, formas de fluxo de energia e informação, como estamos explorando, o que poderia *ser*, de fato, o próprio núcleo? Como o núcleo se conecta ao aro quando centramos a atenção focal do raio e nos tornamos cientes de um ponto do aro? Até agora, a noção de energia tem se encaixado bem em nossa exploração de possíveis mecanismos por trás do aro da Roda, e até mesmo do seu raio. Mas qual é o mecanismo do núcleo? Se a consciência pura está relacionada ao fluxo de energia, o que pode ser o núcleo do conhecer da Roda – a experiência de estar ciente – e de onde pode emergir o raio da atenção focal que leva a energia para dentro do núcleo, se é que *emergir* é mesmo a palavra certa?

Para tentar abordar essas questões práticas e fascinantes sobre o que poderiam ser os mecanismos da mente subjacentes à consciência, vamos continuar em nossas próximas seções mergulhando mais a fundo nas descobertas da pesquisa cerebral e, em seguida, nos concentrar na natureza da energia em si.

A integração no cérebro e o raio da atenção focal

Como e onde surge a consciência?

Chegamos agora à questão de como nos tornamos conscientes desses padrões de energia e informação, esses conhecimentos de consciência. Como é que o raio metafórico da atenção – da atenção focal – realmente faz o padrão de energia do raio entrar no conhecer do núcleo? Quais poderiam ser os mecanismos da mente subjacentes à nossa experiência subjetiva de atenção focal e de estar ciente? Se a experiência subjetiva é a textura da vida vivida que sentimos dentro da consciência, o que poderia ser de fato essa consciência? Qual é o mecanismo simbolizado pela metáfora do raio e do núcleo?

Como vimos, a resposta mais simples a essas perguntas fundamentais sobre os mecanismos da mente por trás da consciência é que por enquanto não temos uma resposta absoluta. Temos ideias, sim, mas não uma resposta final.

Estar consciente parece envolver uma ligação de partes diferenciadas no cérebro. A perspectiva geral derivada desse tipo de padrão, como discutiremos em breve, é chamada de *teoria da informação integrada* da consciência e propõe que algum grau de integração – a ligação entre diferentes partes do cérebro – é necessário para que emerja a consciência de algo. Por exemplo, quando ouvimos um som e tomamos consciência da sensação da sua textura sonora, o cérebro atinge certo nível de coordenação de uma série de áreas no momento em que sabemos que estamos ouvindo o som. Como e por que esse grau de integração determinaria a experiência subjetiva de estar consciente, nós simplesmente não sabemos.

Na verdade, não sabemos de fato se a seta causal vai em uma direção, como muitos acreditam – que o cérebro cria a experiência mental. Essa é uma suposição que precisamos questionar... bem, com a mente aberta.

Mesmo que a mente precise de um cérebro para existir, ainda podemos imaginar como a mente faz o cérebro funcionar, de modos iniciados pela mente e aos quais o cérebro dá seguimento.

Essas práticas nos ensinam que, com intenção, usando nossa atenção, podemos desenvolver nossa consciência – cada aspecto da mente – para que, de fato, o cérebro se torne ativo de maneiras novas, que mudam e fortalecem sua estrutura física. Essa capacidade de usar a mente para treinar o cérebro é a base para a noção de que aonde vai a atenção, flui a ativação e cresce a conexão. *Atenção e consciência são processos mentais que permitem que a mente molde o cérebro de formas integradoras que fortalecem a mente em si.*

Usando a consciência, podemos cultivar a estrutura do cérebro de forma útil. Podemos compreender os passos – comprovados por pesquisas – com os quais a mente pode mudar o cérebro se atentarmos a um fato muitas vezes esquecido: mente e cérebro, embora relacionados um com o outro, não são de fato a mesma coisa. Será que a mente precisa de um corpo? De uma perspectiva científica, muitos diriam que sim. Mas isso significa que a mente é a mesma coisa que o cérebro? De modo algum. Isso sequer significa que a mente está limitada ao cérebro, ou talvez até mesmo ao corpo, como vimos em nossa discussão sobre uma entre-mente.

Não estamos dizendo que a mente é independente do cérebro ou do corpo; estamos apenas apontando que a mente não é uma passageira pegando carona nos padrões de ativação cerebral. A experiência subjetiva da mente não é o mesmo que ativação neural, mesmo que se revele completamente dependente dela. A mente pode direcionar as ativações por conta própria.

Mas qual é exatamente o mecanismo dessa consciência, a experiência mental de estar ciente, nossa capacidade de conhecer a experiência subjetiva, e como ela pode se relacionar com o cérebro?

Uma visão ampla das perspectivas da consciência engloba um espectro de pontos de vista que inclui ver a mente e a consciência apenas como algo preso no crânio, uma função do cérebro; pensar nelas como plenamente encarnadas, não apenas na cabeça; imaginá-las estendidas para nossa cultura e embutidas em nossas conexões sociais; e ver a consciência como um processo mais universal, relacionado a todos os objetos ou à força maior de um deus, como no teísmo. Não vamos resolver aqui esse amplo espectro de crenças intensamente defendidas, mas simplesmente convido você a perceber que os estudiosos continuam a debater a natureza da mente e da consciência com uma ampla gama de perspectivas.

Alguns escritores e pensadores da ciência contemporânea, como os médicos Neil Theise, Larry Dossey e Deepak Chopra, o neurocientista Rudy Tanzi e o físico Menas Kafatos, sugeriram que a consciência não se limita ao cérebro ou ao corpo. Kafatos, Theise e outros discutem a noção de *pampsiquismo*, a proposta de que a mente está em todas as coisas. Nessas visões, a consciência surge no universo, e não no cérebro ou no corpo. O budismo propõe uma consciência universal, em segundo plano, que subjaz a tudo e molda como vivemos e repetimos nossas vidas, com a reencarnação. Essa consciência maior é uma trama inerente da realidade. Em algumas das outras visões compartilhadas pelas antigas sabedorias tradicionais e por muitas religiões do mundo, como o cristianismo, o judaísmo, o hinduísmo e a fé islâmica, uma noção relacionada de um deus ou deuses onipresentes e oniscientes está também no coração das crenças.

Carl Jung escreveu sobre um inconsciente coletivo que nos une de formas que não podemos ver. Como mencionei, a visão do ex-padre irlandês John O'Donohue, que também estava enraizada no misticismo celta, abraçou a perspectiva de que o mundo está repleto de forças invisíveis que moldam nossa vida a cada glorioso e misterioso dia. A natureza invisível da realidade alimentou a proposta oitocentista de Michael Faraday, a de ondas eletromagnéticas invisíveis, uma visão que parecia inacreditável e que agora é um aspecto aceito do universo, mesmo que não possamos ver essas ondas de energia. John e eu nos maravilhamos e divagamos juntos em nossas várias viagens e aulas nos Estados Unidos e na Irlanda, refletindo sobre o que estaria incluído na conciliação entre um ponto de vista espiritual e uma visão neurocientífica da consciência. Infelizmente, ele faleceu antes que eu pudesse articular com ele muito do que você e eu vamos explorar em breve, uma visão que sugere uma maneira possível de fazer a ponte entre os campos da ciência e da espiritualidade. Se John ainda estivesse vivo, acho que ele teria adorado juntar-se a nós nessa jornada, e nós teríamos nos divertido loucamente, rindo e passando bons momentos juntos.

Não vamos resolver aqui a questão de onde exatamente fica a consciência ou de *onde* surge a mente – esteja ela na cabeça, no corpo, entre as pessoas, no universo –, dado que essa importante questão ainda não foi respondida. Ficar tranquilo mesmo com a incerteza de onde a mente surge pode, por si só, ser parte da compreensão da verdadeira natureza da mente. Afinal, estamos usando a mente para compreender a mente, um empreendimento que vale uma vida, mas que provavelmente não pode ser resolvido mesmo que a jornada seja frutífera. O nome de nossa espécie, afinal de contas, é *Homo sapiens sapiens* – aqueles que sabem que sabem. Explorar a verdadeira natureza da mente, que vivenciamos a cada vez que praticamos a Roda da Consciência, é algo que pode ajudar nossa vida de forma poderosa, mesmo sem respostas finais sobre suas origens e mesmo que a jornada nos leve a cada vez mais perguntas sobre a natureza de quem somos e por que estamos aqui.

Ao passarmos à próxima seção, na qual exploraremos a natureza dos possíveis mecanismos do núcleo, vamos manter na frente de nossa mente aberta que você terá sua própria experiência direta, tanto na leitura dessas ideias quanto na prática contínua da Roda. Você e eu podemos manejar as ideias de um lado para o outro – eu, nestas páginas; você, das páginas para sua mente e de volta, para leituras posteriores. Como a Roda se desdobra para você agora, à medida que você acolhe esses conceitos e deixa que eles o atravessem enquanto pratica regularmente, é algo que lhe permitirá sentir, pressentir e experimentar qual deles pode ser de ajuda ou não para esclarecer a natureza da sua mente e trazer uma consciência aberta à sua vida.

Um de meus alunos na Irlanda, durante sua formação em filosofia da mente, foi recentemente aconselhado por seu orientador a restringir o foco: do tópico que eu e ele estávamos pesquisando – o que é a mente – para uma "discussão mais acessível", e eles escolheram como novo tópico de dissertação "o significado da vida". Ambos rimos daquela sugestão encorajadora de que investigar o que é, de fato, a mente era muito mais difícil do que definir o sentido da vida!

Embora ainda não compreendamos completamente o que os cientistas chamam de "correlatos neurais da consciência", explorar o que sabemos ou mesmo o que foi teorizado pode ser útil para termos uma noção dos mecanismos neurais por trás de nossa prática da Roda. O filósofo David Chalmers chamou a questão sobre a subjetividade mental e a objetividade neural de "problema difícil", o problema de realmente não compreender como a experiência material da ativação neural poderia ser a experiência subjetiva mental de estar consciente. Alguns cientistas acham essa visão improdutiva, pois eles veem os correlatos neurais como a única maneira pela qual a experiência mental surge – para eles não há nenhum problema, muito menos um difícil. De alguma forma, a consciência simplesmente surge a partir da atividade cerebral. Por exemplo, António Damásio vê nossa textura básica de sensações de consciência – nossos sentimentos – como simples estados corporais dos quais nos tornamos conscientes. Não há nenhum problema difícil; há apenas a realidade de viver em um corpo que tem um impulso em direção à homeostase.

Como disse Oliver Wendell Holmes na epígrafe deste livro, "Uma mente que se amplia com uma nova ideia nunca retorna ao seu tamanho original". Algo a se considerar é que a consciência da mente pode levar o cérebro a mudar sua função e estrutura. Saber como o cérebro e a mente interagem é uma forma de preparar nossa mente para pegar essa nova ideia e aplicá-la de modo prático. Com essa citação como inspiração para ampliar nossa mente e nossa consciência – para tornar maior aquele recipiente de água que mencionei no início deste livro –, exploraremos algumas das teorias sobre as correlações entre as ativações neurais do cérebro e nossa experiência mental da consciência de modo a usar melhor essas ideias para trazer bem-estar à nossa vida. Mas, mesmo se encontrássemos todas as correlações, todos os padrões neurais ativados durante a experiência de se estar atento, será que realmente entenderíamos como a ativação neural "se transforma em consciência" ou ainda não teríamos a resposta? Essa é uma enorme e fascinante lacuna no campo do conhecimento sobre nossa vida. Por essa razão, depois de explorarmos algumas das noções do cérebro e da consciência, pode ser útil recorrer a outra forma de ciência para abordar essa questão sobre o mecanismo da consciência – a própria ciência da energia.

A pergunta direta "Como o cérebro cria a consciência?" pode nem mesmo ser a pergunta certa a ser feita. Por quê? Porque, por um lado, a experiência da consciência pode ser simplesmente uma propriedade emergente do processamento do fluxo de energia e informação *de todo o corpo* e, dessa forma, não pode ser reduzida a uma ativação neural na cabeça. Mesmo se escanearmos apenas a atividade neural dentro do crânio, esses estudos compreensivelmente focados podem estar deixando de considerar o modo como o resto do corpo, fora do escaneamento, está participando de forma crucial em uma consciência baseada no corpo como um todo. Isso seria deixar de lado o sistema corporal maior de onde surgiu a consciência. E, para os cientistas e outros que consideram sistemas ainda mais amplos envolvidos na consciência, o próprio corpo pode não estar fornecendo todos os conhecimentos de que precisamos para compreender seus mecanismos.

À medida que avançamos, tentaremos manter a mente aberta a respeito de tudo isso.

Tentemos também ser coerentes com a ciência, sem ser restringidos por ela. O que quero dizer é que, em nosso entendimento, o fato de a ciência hoje dizer isso ou aquilo não dita a palavra final nem a verdade absoluta sobre determinado assunto. Tenhamos também em mente que correlação não é causação. Só porque a ciência revela alguma observação não significa que essa é a origem de algo – como a consciência, por exemplo, estar correlacionada a vários aspectos da atividade do cérebro. Lembremos que nossas crenças, como modelos mentais, podem também selecionar aquilo de que ficamos cientes, seja em nossa interpretação do significado da experiência, seja em como fazemos sentido das descobertas empíricas. Esses modelos mentais podem ser construídos a partir de um senso do eu no mundo que se orgulha de saber o que é o mundo, o que é o eu, o que antecipar e como sobreviver com essa visão do eu-no-mundo. Só por esse motivo já podemos nos apegar aos nossos pontos de vista com um sentimento implícito de estar com a vida em risco – e pode ser por isso que, para alguns indivíduos, se não muitos, essas propostas sobre a natureza da mente, e da consciência em particular, despertam tanta controvérsia. Vamos deixar a chama de nossas paixões iluminar o caminho, mas sem queimar nossa capacidade de colaboração e de busca de conciliação – uma base comum que perpassa buscas geralmente independentes.

A consciência e a integração da informação

Há muitas hipóteses fascinantes sobre a correlação entre o funcionamento do cérebro e a experiência da consciência. Aqui revisaremos conceitos relevantes para nossa exploração e nossa prática da Roda da Consciência e continuaremos a conectar essas propostas à nossa própria imersão na prática.

Uma visão, sustentada pelos trabalhos de cientistas como Giulio Tononi, Gerald Edelman e Christof Koch, é que existe algum grau de atividade neural simultânea entre a ativação de regiões distintas do cérebro e como elas se conectam umas com as outras na cabeça, resultando na experiência de estar consciente. Essa é a teoria da informação integrada da consciência. Coerentes com essa teoria, Judson Brewer e colegas, por exemplo, estudaram algo chamado "consciência sem esforço", semelhante à consciência aberta e ao processo de monitoramento aberto, e descobriram que esta surge com estados de integração neural.

Existem várias formas de consciência, com uma gama de nomes, que têm correlações distintas com a atividade de redes neurais específicas. Por exemplo, se alguém tem um acidente vascular cerebral que afeta a região do tronco encefálico, é provável que entre em coma. No cérebro, correlacionaríamos aspectos *básicos* da consciência com a área do tronco encefálico, uma parte profunda do seu cérebro (ou do modelo da palma da mão). A consciência básica – estar desperto – equivale à integridade do tronco encefálico. Outro exemplo seria a *consciência interoceptiva*, aqueles "sentimentos instintivos" e "sensações do coração" que todos nós temos, em que o "conhecer" é acompanhado por sensações peculiares do corpo. Cientistas têm monitorado as experiências de sujeitos sobre essa forma de consciência e medido a atividade neural nas regiões específicas do cérebro, incluindo a ínsula anterior, que já discutimos. Ao subir pelo modelo cerebral na palma da mão, do tronco encefálico básico em direção ao polegar límbico e, acima dele, às regiões pré-frontais dos outros dedos, você encontrará as regiões neurais que se correlacionam com essa consciência interoceptiva dos estados corporais. Como vimos, os mapas neurais que são criados pela ínsula límbico-pré-frontal dão suporte a essa representação do corpo em consciência. Chamamos esse processo de sentimento. E, ainda assim, a consciência tem tantos tons e cores que não é possível medir todos eles como ocorrências reais no cérebro – e por isso procuramos padrões amplos que ajudem a dar uma sensação do aspecto fundamental da atividade neural associada à experiência subjetiva de estar ciente. Um desses padrões amplos é o processo de integração neural – a conexão entre áreas diferenciadas.

Várias propostas sugerem que, mais acima no cérebro, um grau maior de complexidade é alcançado no córtex (os quatro dedos, em seu modelo de mão). Trabalhando com uma gama de regiões, como o córtex pré-frontal dorsolateral (o topo lateral da região pré-frontal, correlata às extremidades dos dedos) e o córtex cingulado anterior, que faz uma ponte entre as regiões límbicas e corticais (aquela onde o polegar encontra os dedos), a atividade cerebral se correlaciona com a "lousa da mente", ou memória de trabalho, na qual os itens podem ser ponderados, ordenados e depois processados consciência adentro. Mais áreas de linha média envolvendo a área pré-frontal medial (no seu modelo de mão, as unhas dos dedos médio e anelar) e outros aspectos da rede em modo padrão, como o córtex cingulado posterior, já discutido, participam da consciência dos próprios estados mentais internos, nossos ou dos outros, algo que envolve uma metaconsciência, permitindo nossa consciência da consciência, introspecção e teoria da mente. Quando direcionamos esse foco ao nosso próprio estado interior, os cientistas chamam essa experiência de autoconhecimento de "consciência autonoética". Essa *consciência*

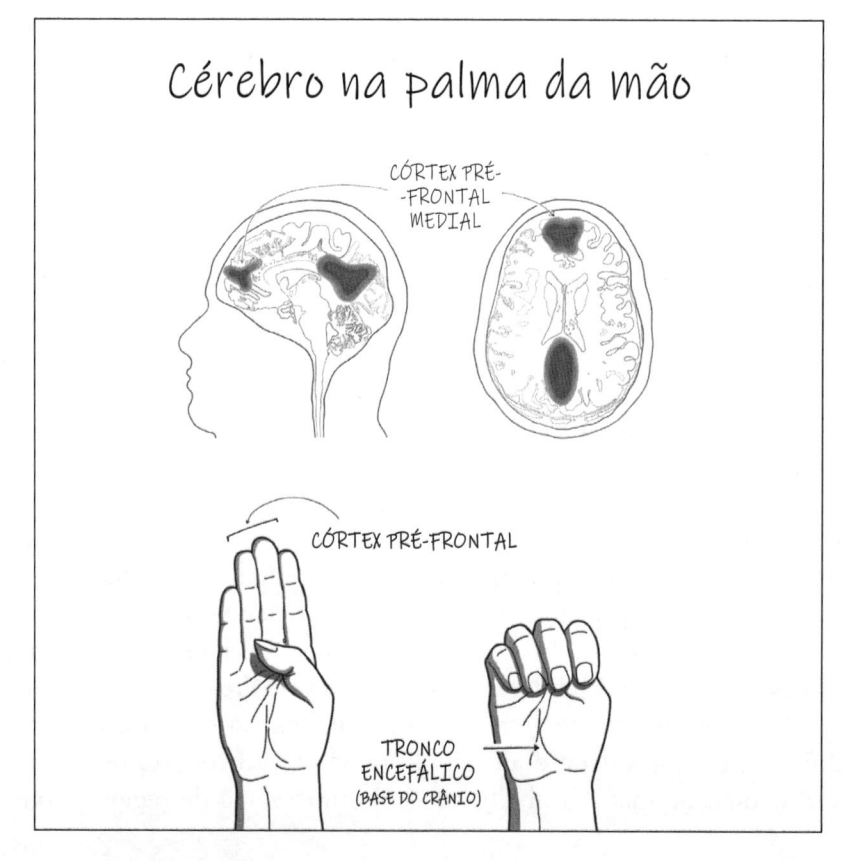

Cérebro na palma da mão

CÓRTEX PRÉ-FRONTAL MEDIAL

CÓRTEX PRÉ-FRONTAL

TRONCO ENCEFÁLICO (BASE DO CRÂNIO)

do autoconhecimento envolve o *insight*, ou viagem mental no tempo – conectando o passado, o presente e o futuro. É assim que a atividade de linha média da RMP se correlaciona com um "senso do eu" e está envolvida na narrativa autobiográfica de nossa vida.

Baseada no cérebro, essa visão da complexidade integradora da informação, que dá origem, de alguma forma, à consciência, se encaixa bem em nossa experiência com a Roda. Movemos a atenção ao longo do raio, direcionando sistematicamente o raio da atenção focal, ao integrarmos o que chamaríamos de padrões de energia – o mecanismo subjacente à integração de informações que essas visões propõem. Somos coerentes com as descobertas científicas, ampliando-as ao falar diretamente o que é informação, um padrão de energia. Como vimos, alguns matemáticos e físicos podem sugerir que é o contrário, que o universo abrange informações que então dão origem à energia. Se ficarmos próximos do conceito de *energia e informação*, podemos ver que ambos os grupos, os proponentes da energia-como-início e os da informação-como-início, terão seus pontos de vista atendidos. E todos eles concordam que as coisas mudam, que é exatamente o que o termo *fluxo* indica.

Ok, então continuamos a ser coerentes com a ciência ao sugerir que o fluxo de energia e informação é o mecanismo fundamental da Roda. Agora é possível acrescentar a noção de que a integração pode ser fundamental para ser consciente.

Atenção, consciência e o cérebro social

Essa perspectiva de integração do fluxo de energia e informação também é apoiada por outra proposta baseada no cérebro, a qual se desenvolve a partir do ponto de vista de integração da informação e o estende ao âmbito social. É assim que essa perspectiva ampliada pode ser compreendida. Nossa evolução como seres humanos é dominada por nossa natureza social. Sarah Hrdy escreve em suas explorações antropológicas da *aloparentalidade* que nós, como mamíferos humanos, temos a característica incomum de compartilhar o cuidado de nossos jovens (*parentalidade*) com outros (*alo*). O que isso significou em nossa evolução é que nossa capacidade de sobreviver e prosperar como espécie nos fez olhar para os outros para descobrir onde estava sendo focada sua atenção, quais eram suas intenções e se poderíamos confiar a eles o cuidado de nosso recurso mais precioso, nossos filhos. No nível comportamental, isso nos fez colaborativos em nossa natureza fundamental. Também nos fez "telepatas" na medida em que tivemos que receber os sinais dos outros, perceber expressões, gestos e comportamentos e interpretar seus estados mentais de intenção, atenção e motivação. Para proteger nossos filhos e garantir que eles seriam bem cuidados por nossos aloparentes escolhidos, precisávamos ser capazes de perguntar e tentar responder a algumas perguntas básicas. Nesse momento, como está a mente desse potencial provedor de cuidados? Posso confiar nessa pessoa ou não? Para responder a essas perguntas, essenciais para a transmissão de nossos genes, precisávamos de uma máquina neural capaz de sentir os estados mentais de atenção, intenção e até mesmo de consciência de outra pessoa. Essa visão sugere que nossa capacidade de sentir a mente começou como uma atividade dirigida a outra pessoa – não ao nosso eu interior. Teoria da mente, mentalização, metamente, mente psicológica e até mesmo visão mental são todos conceitos que indicam nossa capacidade de fazer um mapa da mente – do outro e do eu.

As descobertas sobre visão mental e empatia da mente, então, podem ter sua origem na necessidade de primeiro conhecer a mente de outro, de ter habilidades empáticas e depois aprender a focar essa habilidade de mapear a mente na nossa própria vida interior. O terceiro aspecto da integração da visão mental pode ser fundamental para a consciência, e até mesmo para a gentileza e compaixão, de modo que podemos ver que nossa natureza social e nossa experiência da consciência podem ser tramas de um tecido semelhante, como revelado nestes três aspectos das habilidades de visão mental – visão, empatia e integração.

Em nosso desenvolvimento como espécie, essa perspectiva sobre o cérebro social sugere que a empatia veio primeiro, e depois o *insight* se seguiu. Essa ordem parece se encaixar também em nossa visão do desenvolvimento de um indivíduo dentro das relações de afeto, um padrão no qual vemos a comunicação com o cuidador como o espelho com que uma criança aprende primeiro o próprio estado interior. Aprendemos a nos ver primeiro nas respostas da pessoa que cuida de nós. Essa origem interpessoal de quem sentimos que somos e como chegamos a conhecer nosso "eu" é a chave para imaginar como o mundo social pode se tornar embutido na estrutura do cérebro e, talvez, como se desenvolve, desde os nossos primeiros dias, o circuito de trabalho em rede em modo padrão, o nosso mediador do senso do eu. Em outras palavras, nossa vida social – em família e provavelmente dentro das culturas – molda diretamente o crescimento neuroplástico das estruturas neurais do eu.

Quando dizemos que nossas experiências de afeto moldam nosso senso do eu, o correlato neural disso é a maneira como o compartilhamento de nosso fluxo de energia e informação – nossos relacionamentos – estimula a atividade e o crescimento de nossos circuitos mentais, incluindo nossa RMP, que molda nosso senso do eu e dos outros.

O neurocientista Michael Graziano construiu um modelo baseado em uma visão social do cérebro. Sua proposta sobre o cérebro social e a origem da consciência é relevante para nossa exploração da Roda e pode ser resumida como se segue. Em nossa evolução, como vimos, precisávamos saber como outra pessoa estava *focando sua atenção*, a fim de confiar em seu estado mental: estaria ela direcionada a nosso bebê, para protegê-lo? À medida que fomos nos construindo a partir dessa natureza colaborativa, nossas estruturas sociais se tornaram mais complexas e nossa necessidade de colaboração para além do cuidado com crianças foi crucial para nossa sobrevivência. Comunicar nossas necessidades aos outros e ler seus sinais para descobrir seu estado mental poderia se tornar uma questão de vida ou morte. A homeostase como uma espécie social exigia o mapeamento da mente. Estaria outro aldeão focado nos tigres-dentes-de-sabre ao nosso redor para que nossa caça colaborativa nos ajudasse a sobreviver? Poderíamos ler os sinais dos outros e saber o momento certo de correr para nos abrigar? Fazer um mapa do foco de atenção de outra pessoa tinha profundo valor de sobrevivência.

Que parte do cérebro usamos para mapear o foco da atenção do outro? O cérebro usa uma área chamada *junção temporoparietal* (JTP), região que conecta os lobos temporal e parietal do córtex. Comunicando-se com a JTP, há outra área importante para a teoria da mente, chamada de *sulco temporal superior* (STS), um sulco no lobo temporal do córtex, logo ao lado das têmporas. Em seu modelo na palma da mão, essas áreas seriam representadas entre o segundo e o terceiro nós dos dedos dobrados (o córtex). A JTP e partes do lobo temporal são consideradas algumas das regiões da RMP que não são de linha média – e estão diretamente envolvidas em nosso senso do estado mental do eu e dos outros.

Enquanto os neurocientistas geralmente consideram essas áreas componentes importantes dos circuitos do cérebro social, médicos descobriram que, quando elas são danificadas, aspectos da consciência são perturbados. Isso sugere que a JTP e o STS são componentes essenciais dos correlatos neurais da consciência. Outras regiões do cérebro também são importantes na mediação da consciência, como já vimos.

Os nomes dessas regiões não precisam ser guardados na memória de trabalho ou mesmo no armazenamento de longo prazo (a menos que você queira usar uma linguagem mais *geek*), mas aqui vão eles: o *córtex pré-frontal dorsolateral* (CPFDL), como parte da "diretoria" dessa rede, e o *córtex cingulado anterior* (CCA), que com a ínsula anterior faz parte da rede de saliências. Essas áreas são geralmente mais estudadas quando se explora a natureza da atenção focal – como temos um foco dentro da consciência – e são adjacentes às partes mais frontais da RMP. Essas duas zonas mais distantes do cérebro social, a JTP e o STS, trabalham estreitamente com uma região cortical frontal de linha média, o córtex pré-frontal medial (CPFM), na criação de mapas da mente dos outros como parte do circuito em modo padrão. (Essa área pré-frontal medial é representada no meio das unhas centrais do modelo na palma da mão.) Lembre-se de que o CPFM é uma parte fundamental da RMP – seu nodo mais avançado na linha média –, que se conecta com o *córtex cingulado posterior* (CCP) como o nodo posterior de nosso circuito em modo padrão.

Todos esses termos e abreviações podem deixar você atordoado, mas as ideias que estamos prestes a explorar são bem elegantes, então, embora os dados neurais sejam complexos, vamos ver como eles são usados para criar uma teoria fascinante. Michael Graziano usa essas descobertas para propor uma *teoria do esquema da atenção* para as origens da consciência. No cerne dessa proposta está a noção de que a consciência em si é uma informação. Construímos uma representação simbólica da atenção, um reapresentar do processo de prestar atenção – o objeto em que focamos nossa atenção e a consciência presumida desse objeto – conforme criamos uma representação da consciência. Em outras palavras, a informação sobre a consciência – sobre o foco da atenção e aquilo que está recebendo a atenção – é simplesmente uma inferência; é inferir como pode ser para o outro estar consciente. Nunca conheceremos a experiência real do outro; podemos apenas construir um senso imaginário de sua consciência. Essa capacidade de ter uma representação simbólica do foco de atenção e da consciência inferida do outro é então usada por nosso cérebro para criar a mesma inferência sobre nossa própria experiência mental de estar atento. Dessa forma direta, a proposta sugere, a consciência é simplesmente uma informação: não existe uma consciência real, exceto a inferência de que a consciência está ocorrendo. Eu sei que pode parecer estranho que não exista uma consciência real, então vou oferecer minha própria compreensão dessa proposta incomum.

Quando olhamos para outra pessoa, fazemos um mapa em nossa própria máquina neural – uma reapresentação em nosso cérebro – para o que imaginamos que está acontecendo no estado mental dessa pessoa, em sua mente. Dessa forma, podemos ter a sensação construída de que outra pessoa tem uma experiência consciente, conforme o mapeamento em nossas regiões JTP e STS, entre outras áreas, incluindo o córtex pré-frontal medial. Tudo isso faz parte do que chamo de *circuito de ressonância* – um conjunto de áreas interconectadas que nos permite sentir os sentimentos do outro e mapear seu estado de mente para ter uma visão mental. Curiosamente, esses mesmos circuitos de ressonância tornam-se ativados durante a meditação de atenção plena e revelam que estar sintonizado tanto de forma interna quanto interpessoal parece envolver os circuitos sociais do cérebro que, como podemos ver agora, também fazem parte dos circuitos subjacentes à consciência.

O cerne da questão é que utilizamos uma máquina neural semelhante à do cérebro social para um *insight* que usaríamos para sermos empáticos ao estado mental dos outros.

Talvez você tenha tomado conhecimento de uma descoberta interessante. Tanto a informação integrada quanto a visão da consciência baseada no cérebro têm a ver com a atenção focal – com um objeto de atenção que se torna parte da consciência. Essas visões são propostas fascinantes que se relacionam com a experiência da Roda, talvez até diretamente, em um possível mecanismo subjacente à forma como o raio se conecta com o aro – como focamos a atenção *em algo* e depois, de algum modo, este algo está em nossa consciência. Dessa forma, nosso raio metafórico pode fazer o mecanismo do grau de integração do fluxo de energia chegar até o interior dos circuitos sociais do cérebro e de outras regiões envolvidas no foco de atenção e na consciência. São mecanismos potenciais, úteis para oferecer um *insight* do raio.

Mas o que é exatamente essa consciência "para onde" a atenção faz fluir energia e informação? Existe de fato um "para onde" no processo de estar consciente? Será que essa metáfora do núcleo da Roda nos engana quando consideramos os mecanismos da própria consciência como um recipiente, algo que pode ser estreito ou largo, que recebe elementos do aro através do funil de um raio metafórico de atenção focal? Vamos mergulhar mais a fundo na ciência da consciência e ver aonde vamos em nossa jornada para esclarecer a natureza do núcleo, de estarmos conscientes.

O núcleo do conhecer e os possíveis mecanismos cerebrais por trás da consciência pura

Vamos partir destas duas teorias básicas baseadas no cérebro, a de integração da informação e da consciência do cérebro social, e ver como elas se encaixam em nossas próprias reflexões e discussões a respeito da experiência da Roda. Em sua prática, passamos da absorção do fluxo sensorial em nosso corpo às sensações corporais internas, às atividades mentais e, em seguida, às nossas conexões relacionais. Esse fluxo – de fora para dentro e para o entre – é paralelo a essas visões da consciência baseadas no cérebro. As visões de informação integrada apoiam a noção de diferenciação e conexão – a base da integração – no surgimento da experiência consciente. E podemos ver a natureza profundamente entrelaçada de nosso senso *social* de realidade e nosso senso *interno* de identidade nas formas como a visão da consciência do cérebro social enxerga as origens da consciência.

Ironicamente, por ser profundamente enraizada nos mecanismos de modelagem do cérebro, essa visão do papel do cérebro social na consciência esclarece as formas profundas em que a mente é relacional e encarnada. A visão de Michael Graziano tem algumas implicações fascinantes sobre como até mesmo nossas relações podem impactar a experiência da consciência. Por exemplo, veja o que ele diz sobre a noção de que a consciência sobrevive à morte do cérebro:

Se a consciência é informação, se é um vasto modelo informativo instanciado no dispositivo do cérebro, então ela pode realmente sobreviver à morte do corpo. A informação pode, em princípio, passar de um dispositivo para outro. A ironia é que a visão materialista torna a sobrevivência da mente muito mais provável do que sua morte, em vez de menos provável. Longe de fechar as portas para a perspectiva de existência após a morte, a teoria do esquema de atenção, uma teoria inteiramente materialista, sugere que a sobrevivência da mente após a morte do corpo já acontece de forma perfeitamente banal. Nós conhecemos uns aos outros. Construímos modelos um do outro. A informação é transferida de cérebro para cérebro por meio da linguagem e da observação.[16]

Quando sentimos outra pessoa dentro de nós, quando sentimos essa conexão com alguém que conhecemos bem, podemos estar sentindo a modelagem neural da mente dessa pessoa em nossa própria máquina neural. Esses podem ser outros mecanismos de nosso senso de conexão com aqueles de quem somos mais próximos.

Até agora, podemos ver que mesmo a prática "privada" e "interior" da Roda da Consciência pode cultivar os circuitos neurais de aspectos "sociais" e "compartilhados" de nossa vida. A consciência pode ser construída a partir de processos profundamente sociais, mesmo se pensarmos que se trata de uma experiência puramente privada.

Na prática da Roda, quando chegamos ao terceiro segmento do aro, estamos abertos para o que quer que surja. Na revisão desse segmento, você pode ter sentido o bombardeio de muitas coisas surgindo ou, em contraste, a amplitude gerada pela entrada de poucas coisas no núcleo da consciência. O espaço entre as atividades mentais pode ter oferecido um vislumbre da natureza da consciência "pura" metaforicamente representada como o núcleo.

Quando exploramos a prática de curvar o raio de atenção para focar o núcleo, retrair o raio ou simplesmente deixá-lo no núcleo para focar a própria consciência, temos uma série de movimentos metafóricos visuais que podemos tentar para experimentar a consciência da própria consciência. Referimo-nos a esse passo como "núcleo-sobre-núcleo" e revisamos as muitas declarações comuns feitas sobre essa experiência, abrindo o indivíduo a uma sensação de expansividade na qual o tempo desaparece e a uma sensação de estar conectado a um

---

[16] Michael Graziano. *Consciousness and the Social Brain*. Oxford: Oxford University Press, 2013, p. 222.

todo maior, que surge com frequência. Como podem ser compreendidas as muitas descrições desse aspecto da prática da Roda?

O que poderia significar a experiência de uma consciência amplamente aberta e expansiva, em termos de um mecanismo potencial subjacente a essa experiência de núcleo-sobre-núcleo? O que poderia estar por trás da mudança na mente, causando uma sensação de atemporalidade? Muitos me disseram que tinham um senso de conexão com as pessoas e as coisas além do limite do próprio corpo. Outros disseram simplesmente que sentiam alegria e amor. O que esses relatórios universais podem realmente significar? Se essas afirmações, tão consistentes por todo o planeta, surgiram durante a parte do núcleo-sobre-núcleo da prática, o que a metáfora do núcleo poderia estar esclarecendo em termos de como a consciência surge em nossa vida? Qual poderia ser realmente o mecanismo da consciência em si?

Na abordagem de informação integrada, podemos dizer que o que está sendo integrado quando nada no aro está em foco é, estranhamente, uma possibilidade vasta, em vez de a particularidade de uma única coisa ser focada com atenção. Em outras palavras, se for necessário conectar elementos diferenciados – a integração – para se tomar consciência de algo, então a experiência de núcleo-sobre-núcleo pode simplesmente estar conectando as infinitas possibilidades quando não há um foco específico de atenção, e é daí que pode surgir a sensação de vasta abertura e atemporalidade.

A consciência da perspectiva do cérebro social, que propõe o mapeamento da atenção em si, pode ter uma maneira similar de ver a parte de núcleo-sobre-núcleo da prática da Roda. Desse ponto de vista, podemos propor que modelar a atenção sobre uma atenção a nada em particular, a nenhum padrão específico de ativação daquilo de que você está ciente, a nenhum ponto do aro, pode ser uma espécie de *mapeamento do infinito*. Em outras palavras, se um determinado padrão de ativação neural – um ponto do aro – fosse o foco de atenção, como na maior parte da prática da Roda, teríamos uma experiência subjetiva muito específica que entraria na consciência ao mapearmos essa atenção. Para essa consciência de *algo*, estamos focando o raio no aro para a experiência de atenção focal. Mas, quando dobramos o raio, quando iniciamos a experiência do núcleo-sobre-núcleo, temos então uma modelagem da atenção no não objeto, prestando *atenção às possibilidades* que ainda não se manifestaram nesse estado de consciência aberta. A consciência dessa consciência – tentativa de utilizar o ponto de vista do esquema de atenção do cérebro social – pode ser uma modelagem do mapeamento de um foco em não objetos, algo sentido como vastidão. Em outras palavras, mapear a atenção apenas sobre o que é potencial *versus* o que é real dá a esse modelo de informação-sobre-atenção um senso de infinito.

O trabalho do neurocientista Richard Davidson sobre prática de meditação e ativação cerebral pode conter algumas pistas adicionais sobre como essas perspectivas – a da informação integradora e a dos pontos de vista do esquema de atenção, na consciência a partir do cérebro social – podem ser apoiadas na exploração de estudos de consciência aberta e da natureza do núcleo e da consciência. Em seu resumo desse trabalho com seu colega Daniel Goleman, aqui está o que esses dois líderes no campo da contemplação dizem sobre o que poderia estar no cerne do treinamento de consciência aberta e de intenção de gentileza, e talvez do próprio correlato neural da consciência receptiva em si, como vista em praticantes de longa data chamados "iogues":

> Todos os iogues tinham elevadas oscilações gama, não apenas durante os períodos de prática de meditação para presença aberta e compaixão, mas também durante a primeira medição, antes de qualquer meditação. Esse padrão eletrizante estava na frequência de eletroencefalograma conhecida como gama de "alta amplitude", a forma mais forte, mais intensa. Essas ondas duravam o minuto inteiro da medição de base, feita antes do início da meditação.[17]

Para você ter uma ideia do papel das ondas gama na nossa vida de consciência, Goleman e Davidson oferecem este exercício:

> Gama, a onda mais rápida do cérebro, ocorre durante momentos em que regiões distintas do cérebro se ativam em harmonia, como momentos de *insight* quando diferentes elementos de um quebra-cabeça mental se encaixam. Para ter uma noção desse encaixe, tente isto: que única palavra pode se unir a "sauce", "pine" e "crab" para formar palavras compostas?

---

[17] Daniel Goleman and Richard J. Davidson. *Altered Traits*. New York: Penguin Random House, 2017, p. 232.

No instante em que sua mente apresenta a resposta, seu sinal cerebral produz momentaneamente essa chama gama específica.[18]

Esse momento de percepção é a experiência subjetiva de alguma coisa emergindo na consciência, associada à "chama gama" do conhecer que se correlaciona a altos graus de integração neural. Podemos propor que esse estado de integração é o mecanismo neural de algo do aro que está sendo conectado ao núcleo da Roda. Ondas gama podem emergir em momentos em que o cérebro é ativado de forma coordenada – quando atinge um certo nível de complexidade – e então surge a sensação subjetiva de estar consciente, de estar ciente de algo –, assim como quando você percebe que "apple" [maçã] é a palavra do exemplo acima.[19] Goleman e Davidson oferecem mais este exemplo:

> Você também provoca uma onda gama de vida curta quando, por exemplo, se imagina mordendo um pêssego maduro e suculento e seu cérebro reúne memórias armazenadas em diferentes regiões dos córtices occipital, temporal, somatossensorial, insular e olfativo para, de repente, mesclar a visão, o cheiro, o paladar, o tato e o som em uma única experiência. Naquele breve momento, as ondas gama de cada uma dessas regiões corticais oscilam em perfeita sincronia.[20]

Isso é coerente com a visão da informação integradora e pode também se correlacionar a uma maneira como a atenção está sendo modelada pelos processos focados de vários padrões de ativação neural envolvidos naquele momento de lembrança do pêssego dentro da consciência.

Isso nos ajuda a ver a sincronia neural de estar ciente de alguma coisa, de como o raio da atenção conecta o aro ao núcleo. Mais uma vez, *o raio da atenção focal provavelmente representa um estado de integração neural*. Mas o que dizer da consciência pura, a experiência de núcleo-sobre-núcleo? Qual poderia ser o correlato no cérebro da própria consciência aberta e receptiva?

---

[18] Ibid.
[19] As palavras são "applesauce", "pineapple" e "crabapple" – purê de maçã, abacaxi e macieira, em português. (N. T.)
[20] Ibid., p. 232.

Aqui apresento descobertas únicas e potencialmente relevantes do estudo experimental de Davidson sobre vários iogues, incluindo o Mingyur Rinpoche:

> O contraste entre os iogues e o grupo de controle na intensidade das ondas gama era imenso: em média, os iogues tinham oscilações gama de amplitude 25 vezes maior durante a linha de base em comparação com o grupo de controle. Podemos apenas fazer conjecturas sobre qual estado de consciência isso reflete: iogues como Mingyur parecem experimentar um estado contínuo de consciência aberta e rica durante sua vida cotidiana, não apenas quando meditam. Os próprios iogues têm descrito isso como uma amplitude e vastidão em sua experiência, como se todos os seus sentidos estivessem abertos para o panorama completo e rico da experiência.[21]

Tais descrições de "amplitude e vastidão" nessas experiências são bastante semelhantes ao que mesmo os recém-chegados às práticas reflexivas descrevem sobre sua experiência subjetiva, mesmo que breve, como uma consciência da consciência, núcleo-sobre-núcleo, durante a prática da Roda. Essas descrições dos participantes do workshop correspondem ao que Goleman e Davidson perceberam estar documentado há mais de quinhentos anos: "Como um texto tibetano do século XIV descreve... um estado de consciência nua e transparente; simples e brilhantemente vívido, um estado de sabedoria relaxada e desenraizada; livre de fixações, cristalino, um estado sem o menor ponto de referência; claridade ampla e vazia, um estado aberto, não confinado; sentidos desimpedidos"...[22]

Essa vastidão de consciência pode ter um correlato neural com os altos graus de integração no cérebro, que Goleman e Davidson definiram desta forma: "O padrão de oscilação gama dos iogues contrasta com a forma como, normalmente, essas ondas ocorrem apenas de modo breve, e em uma localização neural isolada. Os adeptos tinham um nível acentuadamente elevado de ondas gama oscilando em

---

[21] Ibid., p. 233.
[22] Ibid., p. 234, citando Third Dzogchen Rinpoche, trad. Cortland Dahl. *Great Perfection, Volume II: Separation and Breakthrough*. Ithaca, NY: Snow Lion Publications, 2008, p. 181.

sincronia através de seu cérebro, independente de qualquer ato mental específico. Algo inédito".[23]

Como já discutimos, o pesquisador neuropsiquiátrico Judson Brewer e colegas também encontraram padrões elétricos similares em uma gama de práticas meditativas que são amplamente rotuladas como "consciência sem esforço" – um estado de estar ciente de tudo que emergir, à medida que emerge.

Em uma revisão das práticas meditativas, os pesquisadores Jonathan Nash e Andrew Newberg sugerem que essa consciência aberta pode ser descrita das maneiras a seguir.

> Esse estado aperfeiçoado é muito mais desafiador de definir, pois infere a ausência de afeto e cognição – um estado vazio, sem conteúdo fenomenológico. Essa noção de vacuidade tem se manifestado em uma série de construções semânticas derivadas de diversas tradições espirituais e religiosas, ou seja, nirodha-samāpatti (páli), samadhi (sânscrito), satori (japonês), dzogchen (tibetano). Entretanto, tentativas de traduzir esses termos têm dificuldade de capturar a essência desse estado de consciência inefável e não conceitual. Como tal, muitos termos diferentes evoluíram dependendo dos sistemas de crenças culturais ou religiosas, perspectivas linguísticas e percepções da ontologia subjacentes à prática meditativa. Os exemplos são numerosos e incluem ideias como: Consciência de Deus, Consciência de Cristo, Consciência de Buda, consciência cósmica, consciência pura, verdadeiro-eu, não eu, CND [Consciência Não Dual], ser unitário absoluto; e outros termos como Sem Forma, Vazio, vacuidade, e "essência" ou "talidade" indiferenciadas.[24]

Estudar "experts em meditação" que têm feito práticas reflexivas de atenção focada, consciência aberta e intenção de gentileza por mais de 10 mil horas é interessante e útil para revelar de que maneiras o cérebro pode ser treinado com prática intensiva. Mas mesmo práticas iniciantes podem criar estados similares de ativação se forem brevemente acessadas durante a prática propriamente dita. Esses estudos ajudam a esclarecer a natureza da mente e sua relação com o funcionamento integrador do cérebro. Embora a maioria de nós não

---

[23] Ibid., p. 234.
[24] Jonathan D. Nash e Andrew Newberg. "Toward a Unifying Taxonomy and Definition of Meditation", *Frontiers in Psychology*, n. 20, 20 nov. 2013, p. 806. Disponível em: https://doi.org/10.3389/fpsyg.2013.00806. Acesso em: 5 out. 2021.

possa dedicar dezenas de milhares de horas à prática formal, podemos aprender sobre os potenciais mecanismos fundamentais que conseguimos de fato treinar para um estado de consciência mais aberto. Esse é um direcionamento que a prática da Roda pode oferecer a você em sua vida cotidiana.

Pode ser possível, por exemplo, acessar a consciência pura enquanto você pratica a Roda e diferencia o núcleo. E, quando você aprender a diferenciar o núcleo do aro e tiver a habilidade de acessar a experiência do núcleo-sobre-núcleo, um novo tipo de liberdade e clareza pode estar à sua disposição mais cedo do que você imaginava ser possível. Será que com a prática contínua poderemos obter mais acesso ao que todos nós naturalmente temos por trás de nossos padrões de pontos recorrentes no aro, uma vasta e espaçosa consciência pronta para ser experimentada?

Uma afirmação geral sobre os correlatos neurais de consciência que podemos fazer aqui é esta: a consciência parece ter algo a ver com a integração no cérebro. Essa visão é coerente com as empolgantes descobertas na vanguarda da neurociência contemplativa, que estuda o impacto da meditação na função neural, assim como as perspectivas de informação integrada e a consciência do cérebro social.

O que vamos explorar na próxima seção são algumas noções que se baseiam nessas visões de consciência, mas que não são restringidas por elas. Vamos considerar alguns possíveis mecanismos da Roda que nos levam à noção de fluxo de energia e informação em si. Você pode descobrir que o que explorarmos a seguir será surpreendente e reconfortante.

A natureza da energia, a energia da mente

Ciência, energia e experiência

Se a mente emerge do fluxo de energia, compreender o máximo possível sobre energia nos ajudaria a entender a mente e a consciência. Mas o que *é*, de fato, a energia?

Um dos principais campos científicos que estudam a energia é a física. Imagine a emoção que surgiu quando recebi um convite para participar de um encontro de uma semana com 150 cientistas, na maioria físicos e matemáticos, em um workshop com o tema "Ciência e espiritualidade". Formado como pesquisador, eu tinha pouca experiência direta com a educação espiritual formal. Nessa época, meu colega John O'Donohue já havia morrido, e eu tinha interrompido o ensino direto sobre coisas relacionadas a espiritualidade e religião e sua conexão com a ciência que eu vinha fazendo com John. Rodeado por esses físicos, encontrei todas as oportunidades para explorar meus questionamentos sobre as noções a respeito da consciência, da Roda da Consciência e da mente, fazendo repetidamente uma pergunta básica: o que é a energia? Devo ter parecido para esses cientistas ou um disco arranhado ou uma criança em uma loja de doces, tão energizado e concentrado foi meu entusiasmo em seguir essa linha de investigação.

Fiquei fascinado com as respostas, e resumirei nas páginas a seguir as ideias relevantes e suas implicações que surgiram durante nossas conversas em refeições, caminhadas e reuniões informais. Embora esses cientistas fossem físicos, e não psicólogos, para mim, o que discutimos esclareceu os possíveis mecanismos da mente e abriu uma nova maneira de pensar nas experiências com a Roda da Consciência que as pessoas estavam descrevendo. As perguntas que levei àquela conferência, sobre a natureza do estar consciente, da consciência, do que era o núcleo, começaram a ser esclarecidas com descobertas inspiradas na física que eu não poderia ter imaginado antes.

Por favor, tenha em mente que a estrutura que estou prestes a propor a você, que surgiu nessas discussões com os físicos e os matemáticos, é coerente com a ciência, mas não é restringida por ela. Em outras palavras, essa proposta sobre a natureza da consciência se baseia em e é coerente com o que os físicos, matemáticos e outros – enquanto especialistas em suas áreas – me disseram "conhecer" sobre a realidade, mesmo que eles não tenham aplicado essas noções para compreender a mente. Não quero deturpar o que a física ou qualquer outra área relacionada pode dizer, ou implicar que essas ideias são aceitas ou declaradas pelas áreas tradicionais da ciência neste momento. Elas não são. O que estamos prestes a explorar é como a ciência da energia, um foco da física, *pode* esclarecer os mecanismos da mente, aplicando isso ao que temos explorado sobre a Roda da Consciência e suas imersões diretas, em primeira pessoa, em sua própria experiência subjetiva da mente. A palavra-chave nessa última frase é "pode".

Desde que formulei essa visão, anos atrás, e depois a ensinei em workshops, cursos e livros e a apliquei em minha prática clínica e em minha própria vida, descobri que a estrutura se encaixa em uma ampla gama de experiências que todos nós parecemos ter. Ela pode ser precisa; e pode não ser. Vários físicos que dedicaram tempo para ouvir a proposta ficaram entusiasmados com suas possibilidades, inclusive aqueles que são especialistas tanto em física quântica quanto em meditação.

Como também veremos, uma variedade de praticantes contemplativos e espirituais de uma série de tradições acharam a estrutura bastante ressonante com seus próprios pontos de vista. Aqui, estou usando o termo *contemplativo* para uma prática interior profunda e reflexiva. *Espiritual* é um termo que pode ser usado de várias maneiras, muitas vezes se referindo ao impulso humano básico para viver uma vida com sentido e conexão, como já discutimos. O "sentido" aqui se refere ao senso daquilo que tem propósito e significado. "Conexão" refere-se à experiência de pertencer, de ser parte de algo maior do que o senso de um eu restringido pela pele. O sentido e a conexão podem ser esclarecidos de maneiras fascinantes com as ideias que estamos prestes a explorar.

Curiosamente, a estrutura também parece ser consistente com a forma como amigos, família e pacientes com quem trabalho de perto discutem sua vida interior e mental. Adoro ler relatos autobiográficos, e essas reflexões, também, muitas vezes se encaixam na estrutura. Inspirado na poesia de John O'Donohue, também descobri que, utilizando essas ideias, as reflexões poéticas de muitos escritores a respeito da natureza de nossa vida mental podem ser sentidas sob uma nova perspectiva.

Agora, essas observações do modelo que se encaixam nas várias descrições da experiência humana poderiam ser apenas uma coincidência, ou talvez até mesmo um exemplo de viés de confirmação, a justificativa de minha própria mente para suas crenças, deixando em minha consciência apenas interpretações de descobertas que afirmam o que eu quero acreditar, distorcendo o que eu percebo para confirmar que o que eu quero pensar é realmente verdade. Em outras palavras, o quadro pode não ser exato. Você precisará ver por si mesmo como ele se encaixa em sua própria experiência.

No entanto, continuo voltando às reflexões compartilhadas que ouço de pessoas com quem discuti essas ideias, e de que maneiras essa estrutura expande e aprofunda a compreensão da prática da Roda e de suas vidas. Essa perspectiva parece se ajustar à ciência, à subjetividade e à espiritualidade, talvez ajudando a construir uma ponte para ligar essas três formas de vivenciar e compreender a realidade, ajudando-as a encontrar uma base compartilhada em nossa vida.

Experimente essas ideias com uma mente aberta e questionadora, descartando o que não funciona para você, mantendo e se aperfeiçoando a partir do que funciona. É uma estrutura que você pode ou não considerar útil. Vejamos como ela funciona à medida que você a adota e tenta aplicá-la à sua vida.

Tenho uma mente muito cética – questiono até meus próprios questionamentos. À medida que avançamos, pode ser útil ter em mente que qualquer dúvida que você possa ter, eu provavelmente duvido muito mais – e, ainda assim, ambos podemos assumir uma suspensão voluntária e momentânea da descrença para ver se pode haver alguma verdade e aplicações práticas nessas novas maneiras de visualizar a mente que estamos prestes a explorar. Há sempre uma parte da minha mente que, por mais entusiasmo que eu tenha – com essa estrutura, por exemplo –, abriga minha própria cota de ceticismo. Manter vivo esse questionamento é uma abordagem saudável que podemos adotar, sem deixar que a incerteza impeça nosso progresso. Como um sábio professor uma vez me aconselhou, a percepção e a compreensão só avançam quando temos a coragem de estar errados.

Então, o que é esse modelo? Como essa estrutura se encaixa em suas próprias experiências da Roda, como ideia e como prática? Cada uma dessas questões será abordada à medida que avançamos em nossa jornada. Pronto para partir? Vamos mergulhar.

A energia da natureza

Vivemos em pelo menos dois níveis de realidade. Em um nível – o dos objetos grandes – vivenciamos a energia na forma de forças, como a gravidade, a pressão e a aceleração. Quando você anda de bicicleta, está usando a energia em seu corpo para pedalar, sentindo a força da gravidade puxá-lo em direção ao chão, a força da aceleração conforme você segue pedalando, a sensação de pressão ao descer da bicicleta e encostar os pés no pavimento. Momento a momento, você vive em um mundo de energia que lhe é familiar.

Você também vive em outro nível de realidade – o nível de entidades muito pequenas, como elétrons e fótons. Ao contrário da sua bicicleta ou do pavimento, você não pode ver um único elétron ou fóton, mas está cercado por um mundo de energia elétrica e luminosa.

Nascemos em corpos grandes, no sentido de que são muito maiores do que um elétron ou um fóton. Estamos acostumados a pensar na energia em termos de corpos grandes, como as forças e o poder que nos permitem fazer coisas como trabalhar e caminhar. Mesmo a forma como nosso corpo funciona consome energia, conforme ingerimos alimentos e respiramos o ar rico em oxigênio para utilizar a energia desses alimentos. A energia, como já vimos, está em toda parte.

Mas *o que* é a energia?

Essa é a pergunta que eu repetia aos meus colegas cientistas naquele evento. A energia não é realmente uma coisa, eles diziam; é um nome para um aspecto geral de nossa realidade.

Muito bem, eu dizia, o que é esse aspecto geral? Qual é a realidade comum entre todas as manifestações de energia que depois se expressam de várias formas, frequências, intensidades, localizações e contornos? O *que* está se manifestando por meio das características CLIFF da energia? *Que coisa é essa de energia?*

Você pode imaginar que havia muita energia nas perguntas que lhes fiz.

Ah, vários deles acabariam dizendo que, de uma forma ou de outra, *energia é o movimento da possibilidade para a atualidade*.[25] É isso.

Como?

A energia é o movimento de um potencial para *esse potencial sendo realizado*. É o que eles querem dizer com a afirmação básica de que energia é o movimento da possibilidade para a atualidade. A energia é a realização da possibilidade.

Minha cabeça estava girando com essa simples afirmação, e talvez a sua também esteja.

Vamos fazer uma pausa breve para refletir sobre essa ampla declaração de possibilidade transformando-se em atualidade.

Uma visão, de um ramo da física chamado mecânica quântica, é que, sob o universo, existe um "vácuo quântico" ou "mar de potencial" – um espaço matemático da realidade que representa toda a gama de possibilidades que podem emergir na existência. Em outras palavras, existe um aspecto da realidade – chamado "espaço matemático" – que é uma forma de descrever onde estão todas as coisas potencialmente capazes de se realizar no mundo; é onde elas residem. Esse espaço é chamado de mar de potencial, pois pode ser visto como um vasto mar no qual flutuam todas as realidades potencialmente realizáveis. É desse mar, desse vácuo quântico, que emerge qualquer coisa que possa se tornar realidade.

Para os iniciantes em física quântica, isso pode soar simplesmente estranho. E, para aqueles que têm aversão à matemática, pode parecer intimidante. Depois de anos indo além dessa trepidação inicial com meus colegas e companheiros de viagem mental, posso garantir a você que o que de início parece estranho pode vir a ser bastante empolgante, familiar e até mesmo útil com apenas um pouco de paciência.

Neste nível de análise de nosso mundo, e neste momento de nossa jornada, chegamos a uma visão que para muitos é difícil de compreender no início, ou até mesmo de ter uma noção. Isso porque

---

[25] Nesse contexto, "atualidade" possui o sentido de "realidade", remetendo à teoria filosófica do ato e da potência de Aristóteles. (N. E.)

vivemos em objetos relativamente grandes – nosso corpo, que interage com objetos em grande escala, como outros corpos, carros e construções – e estamos acostumados a pensar nas coisas, inclusive na energia, como absolutas, e não como probabilidades. Se você se sente assim, não está sozinho de maneira alguma. Na verdade, objetos grandes operam, pelo ao menos na superfície, por um conjunto de princípios da física que são mais facilmente visíveis do que as leis que regem a interação de coisas pequenas. As coisas grandes no mundo são às vezes chamadas de "macroestados", e as coisas pequenas, de "microestados". Os microestados incluem elétrons e fótons. Os macroestados são como o corpo, os carros e as construções.

A forma como o mundo dos objetos grandes funciona é o foco do que é chamado "física clássica", o que sir Isaac Newton propôs há 350 anos, e por isso esses princípios que regem os objetos grandes são às vezes também chamados de "física newtoniana". Com objetos grandes – que são na verdade grandes conjuntos de microestados que chamamos de "macroestados", como planetas e aviões –, as regras que os regem, como as leis de aceleração e gravidade, têm sido bastante úteis para a vida de objetos grandes que levamos, e assim podemos voar em um avião ou dirigir um carro e ter engenheiros mecânicos construindo os sistemas de asas, rodas e freios para pilotar o avião ou parar nosso automóvel, além de prender nosso corpo com cinto de segurança para nos manter o mais seguros possível. Isso é tudo engenharia baseada na física clássica newtoniana. Meu pai foi um engenheiro mecânico que projetou helicópteros e automóveis e baseou toda a sua carreira nesse mundo aceito da física clássica newtoniana. Há um conjunto de regras sobre essas manifestações de energia nas interações dos macroestados, as quais determinam uma certeza em seu funcionamento para que, assim esperamos, o avião ou helicóptero permaneça no ar mesmo durante uma tempestade, e para que nosso carro pare quando pisamos no freio. Newton estabeleceu essas leis em fórmulas matemáticas que se mantêm até hoje, permitindo que permaneçamos flutuando no ar ou parados em um sinal vermelho. Essa é uma sensação maravilhosa e geralmente uma experiência confiável de certeza no mundo do macroestado.

Mas a mecânica quântica lida com um nível de análise menor e mais profundo do que é prontamente visto nos grandes objetos do macroestado. (Acontece que as leis quânticas também se aplicam até mesmo aos macroestados; elas só são muito, muito mais difíceis de detectar nesses tamanhos maiores.) Formulada inicialmente há cerca de um século, a física quântica explora a natureza da probabilidade no universo, em vez das certezas aparentes na superfície do macroestado estudado por uma visão de mundo newtoniana ou clássica. Um *quantum* é uma unidade de experiência que é a base para as interações – assim, do ponto de vista quântico, a vida e a realidade são uma questão de desdobramentos de interações baseadas em um conjunto de descobertas ousadas, mas empiricamente estabelecidas, que se moldam e se alteram com base em *mudanças de probabilidade*. Como afirma o físico Art Hobson, um *quantum* é "uma quantidade específica ou um feixe de energia altamente unificado, estendido no espaço. A palavra deriva de 'quantidade'. Cada *quantum* é uma onda – uma perturbação – em um campo. Exemplos incluem fótons, elétrons, prótons, átomos e moléculas".[26]

Simplificando, descobertas quânticas revelam a natureza da realidade análoga a um verbo, uma natureza com base em potenciais ou probabilidades; a física clássica se concentra em uma certeza, análoga a um substantivo, de objetos interagindo no mundo. Tive alguns encontros com colegas que me perguntaram por que me voltaria para a física quântica para entender a mente – por que não ficar apenas com o cérebro? Suas preocupações são muitas vezes alimentadas por terem ouvido conferencistas usarem termos quânticos sem muita referência às descobertas científicas empiricamente fundamentadas. Coisas malucas podem ser afirmadas, eles diziam, em nome do mistério quântico. Até mesmo os próprios físicos têm debates acalorados sobre certos aspectos da área. Eis o ponto de vista de Hobson: "Pelo menos desde os tempos dos primeiros gregos, o povo da filosofia queria conhecer os constituintes finais do universo. Qual é o material da realidade e como ela se comporta? [...] Os átomos e tudo o mais são feitos de coisas mais fundamentais e ainda mais intrigantes que os átomos, ou seja, 'campos' que são agrupados nos *quanta*'.". Ele continua e cita uma interação entre dois dos líderes da área, a resposta do fundador Niels Bohr à apresentação do colega Wolfgang Pauli:

> "Todos concordamos que sua teoria é louca. A questão que nos divide é se é louca o suficiente para ter uma chance de estar correta." A natureza é muito mais inventiva do que a imaginação humana, e o mundo microscópico não é o que Niels Bohr ou qualquer outra pessoa poderia ter

---

[26] Art Hobson. *Tales of the Quantum*. New York: Oxford University Press, 2017, p. xi.

adivinhado. A física quântica é de fato estranha, e alguns têm rejeitado alguns aspectos dela com base nessa estranheza, mas a estranheza por si só não é uma razão convincente para rejeitar uma teoria científica.[27]

Várias ideias quânticas estabelecidas por estudos empíricos minuciosos e repetidos podem ser úteis em nossa exploração dos mecanismos da mente e da Roda da Consciência. Tentaremos usar essas ideias do modo mais próximo possível da ciência, mas às vezes, por necessidade, deixaremos nossa imaginação trabalhar a partir dessa ciência para criar uma ponte com a nossa própria experiência com a Roda da Consciência. Em outras palavras, pode haver percepções úteis sobre a natureza da energia – um processo de microestados em nosso universo – que ajudarão a esclarecer aspectos de nossa vida mental.

Não estamos nos voltando para uma visão quântica para afirmar algum tipo de conhecimento ensandecido que possa tornar as coisas mais complicadas do que precisam ser. Como sugere o filósofo Jagdish Hattiangadi, "A mecânica quântica não está sendo invocada como argumento de autoridade. Isso não é um apelo à autoridade de Bohr. É relevante estudá-la porque ela investiga os fundamentos mais profundos que a própria física aborda".[28]

Deixe-me destacar quatro princípios da ciência empírica da energia que iremos explorar e aplicar durante o resto de nossa jornada. A física quântica nos convida a examinar:

1. a natureza probabilística da realidade;
2. a potencial influência da medição e da observação sobre as probabilidades;
3. a natureza relacional da realidade, o emaranhado de *quanta* e suas influências não locais; e
4. a seta do tempo ou a direcionalidade da mudança, que pode se manifestar apenas no nível do macroestado da realidade.

Caso você se sinta preocupado com o rumo que tudo isso pode tomar, deixe-me começar com um ponto muito controverso, que suscita

---

[27] Hobson, *Tales of the Quantum*, p. xiii.
[28] Jagdish Hattiangadi. "The Emergence of Minds in Space and Time," em *The Mind as a Scientific Object*. C. E. Erneling e D. M. Johnson (Orgs.). New York: Oxford University Press, 2005, p. 86.

muitas reações emocionais. Desses quatro tópicos, este será o primeiro que revisaremos brevemente aqui – as questões relativas à influência da observação na probabilidade de energia.

O ponto preocupante é quando indivíduos fazem uma afirmação definitiva de que a física quântica "provou" que a consciência *cria* a realidade. Entre os físicos, parece que essa é uma inferência altamente debatida sobre como interpretar uma descoberta aceita e não controversa na ciência – que o ato da observação de um elétron passando por uma barreira metálica de fenda dupla altera o resultado do que é detectado. Alguns sugerem que o ato de observação "colapsa a função de onda", ou seja, faz o elétron agir como uma partícula – uma certeza –, e não como uma onda, um conjunto de probabilidades. Você deve se lembrar dessa descoberta da física do ensino médio. O que é polêmico não é a descoberta de um resultado diferente com a medição, mas o que fazer com isso – o que significa o ato de observação estar associado a algo que mudaria de uma gama de probabilidades para uma certeza singular.

Uma perspectiva chamada "interpretação ortodoxa de Copenhague" propõe que o ato de observar muda essa função probabilística, mas essa é apenas uma de muitas interpretações; visões alternativas sugerem que a observação apenas faz uma seleção a partir de uma vasta gama de realidades dentro do multiverso ou que de fato não há ondas e partículas, mas alguma outra forma de imaginar a natureza dos *quanta*. Não está claro como essa seleção pode ocorrer, o que exatamente podem ser essas unidades básicas de realidade e como a observação as influencia. Outros sugerem que essa é uma questão de medição, não de impacto da consciência. O físico quântico Henry Stapp, estudioso dos fundadores da teoria quântica, aprofunda a interpretação ortodoxa de Copenhague, que propõe a noção geral da influência da atividade mental sobre o que observamos na realidade física, sugerindo que, além da observação criada pela consciência, o estado mental de intenção também pode influenciar as funções probabilísticas. Em um *think tank* de física quântica com Stapp, fiquei impressionado com a clareza de seu pensamento e a paixão de sua convicção. Você deve imaginar como pode ser bastante atraente (talvez até exata) uma potencial interpretação que coloca a consciência humana no centro da organização do desdobramento de probabilidades em atualidades no universo. Mas a comunidade científica ainda está em um debate intenso sobre essa importante questão. Faremos jus à controvérsia e exploraremos possibilidades em vez de afirmações absolutas.

Mesmo que a interpretação ortodoxa de Copenhague seja verdadeira, ou a fascinante extensão de Stapp, que inclui a intenção e a consciência nos fatores de influência, a descoberta me parece revelar que a observação altera uma função de probabilidade – não *cria* aquele elétron; ela apenas "demanda" que a distribuição de probabilidades da onda daquele elétron emerja como uma certeza a partir de um espectro de possibilidades. Em outras palavras, a consciência pode mudar a probabilidade de um microestado, mas ela não criará os *quanta* em si. Mas, mesmo que *esse* fosse o caso, é fascinante. Alerta de *spoiler*: de forma alguma resolveremos aqui o debate sobre a interpretação do experimento de dupla fenda; vamos apenas abraçar a controvérsia e respeitar o raciocínio científico em torno desses diferentes pontos de vista em nossas discussões, abertos a pelo menos considerar como a mente, incluindo a atenção, a consciência e a intenção, *podem* moldar o desdobramento da possibilidade em realidade.

Você deve estar percebendo por que esse mergulho em visões quânticas pode ser bastante relevante para entender nossa experiência com a Roda. Treinamos os três pilares da atenção focada, da consciência aberta e da intenção de gentileza. Essas habilidades mentais podem ter algum impacto direto no modo como uma possibilidade se torna real – o que o próprio fluxo de energia realmente é.

Em nossa jornada, manteremos essa noção controversa em mente, considerando que *pode ser* que a atenção, a consciência e a intenção da mente alterem as probabilidades – ou talvez não. Mais uma vez, vamos tentar manter a mente aberta, respeitando dúvidas e discernindo como cuidadosamente interpretar e aplicar a ciência à compreensão da experiência subjetiva, à medida que construímos uma ponte entre essas visões científicas mirabolantes (advindas de estudos empiricamente verificados do mundo dos microestados) e o que experimentamos com a prática da Roda.

Esse é um dos grandes desafios que temos como seres que habitam grandes corpos do macroestado. Vivemos em um *corpo*, sim. Maravilhoso. Nosso corpo é algo que merece carinho e cuidado. E nós temos uma *mente*. Pode ser que apenas alguns aspectos do fluxo de energia da mente tenham propriedades que são determinadas às vezes pelo macroestado, pelo corpo – como quando sentimos a brisa no rosto ou nos maravilhamos com a glória do pôr do sol – e *também* dominadas às vezes pelos fundamentos do microestado, os *quanta* de campos de energia, como elétrons e fótons (quando mergulhamos em emoções, pensamentos, memórias ou imaginação – ou até mesmo na própria consciência). Sem restrições de uma existência dominada pela certeza, de nível corporal e de macroestado, nossa mente pode se libertar para experimentar uma faixa mais ampla e mais flexível de realidade dentro do mundo do microestado das probabilidades. Como veremos, abraçar esse potencial de possibilidades e probabilidades, que se transformam em realidade como um aspecto da natureza de nossa vida mental, pode nos ajudar a ter uma visão mais direta dos mecanismos da mente por trás da experiência de estar consciente.

Outra noção fundamental e desafiadora da física quântica é a natureza relacional da realidade. Como explica o físico, filósofo e médico Michel Bitbol:

> A ciência deu um passo importante assim que entendemos que certas explicações devem ser dadas em termos de relações, e não em termos de propriedades absolutas. [...] Bohr disse que é verdade que todos esses conceitos quânticos parecem muito estranhos, mas talvez para transformá-los em algo menos estranho, tenhamos que mudar nosso próprio conceito de compreensão. A ideia de Bohr era que devemos mudar nossa ideia de compreensão do mundo em uma ideia de compreensão de nossa relação com o mundo.[29]

A prática da Roda da Consciência nos convida a experimentar diretamente esses diferentes aspectos do fluxo de energia em nossas imersões subjetivas. Alguém que praticou a Roda da Consciência e experimentou essas distinções entre um sentimento de certeza do macroestado e o mundo de probabilidade do microestado, especialmente na parte de núcleo-sobre-núcleo da prática, me convidou a ir à Inglaterra e aplicar a Roda da Consciência no local de nascimento de sir Isaac Newton. Ficamos reunidos em torno da macieira original que inspirou suas propostas sobre a natureza da gravidade. Nenhuma maçã caiu em nós naquela tarde nebulosa de junho. Na parede da casa em que ele nasceu, para a qual ele havia retornado durante a peste quando era aluno da Universidade de Cambridge, havia a seguinte citação: "Eu posso calcular o movimento dos corpos celestes,

---

[29] Hasenkamp and White (Orgs.). *The Monastery and the Microscope*, p. 54-55.

mas não a loucura dos homens". Será que a mente opera, em parte, por funções quânticas de probabilidade que Newton simplesmente desconhecia antes de nossas visões contemporâneas? Conforme fazíamos a Roda e depois discutíamos de que modos os praticantes haviam experimentado uma mudança subjetiva do aro para o núcleo, oferecemos uma conexão através do tempo para agradecer a sir Isaac por suas poderosas contribuições e convidá-lo a se juntar a nós nesse novo nível de exploração da natureza da realidade. Precisaremos abraçar esses dois "níveis" de realidade aparente, o clássico e o quântico, enquanto tentamos compreender os mecanismos profundos da energia que podem estar no cerne de nossa experiência da mente e da consciência.

Como sugere o físico Jacob Biamonte em seu trabalho sobre uma teoria de redes quânticas complexas, o estrato mais alto de complexidade – o nível clássico – deve ser visto como um fenômeno emergente dos componentes do estrato mais baixo, o nível quântico. Portanto, esses dois níveis não são independentes; eles são interdependentes. Mesmo se os sentimos como distintos um do outro, e muitas vezes estamos mais conscientes do nível clássico em nossa vida cotidiana, ambos os níveis estão disponíveis para nós e influenciam um ao outro. Biamonte afirma: "Um dos exemplos emergentes mais antigos, e sem dúvida o mais importante, é a questão sobre por que o mundo ao nosso redor quase sempre parece bem descrito pela física clássica, enquanto o mundo em que vivemos é, na verdade, quântico".[30]

Tendo em mente essa perspectiva científica fascinante de que temos esses aparentes níveis duplos de realidade, clássica e quântica, ou macro e microestado, podemos então abrir nossa discussão à realidade de que a experiência subjetiva de nossa mente sempre emergindo pode refletir essa macro e microposição de nosso emergir, momento a momento. Esse primeiro princípio quântico da natureza da probabilidade da energia e da maneira como podemos tomar consciência dela, e o segundo princípio de como nossa mente pode influenciá-la, será um foco principal de como mergulhamos na natureza do núcleo.

Uma terceira descoberta da física quântica é que o emaranhamento, como já mencionado, foi estabelecido como um aspecto real

---

[30] Carinne Piekema. "Six Degrees to the Emergence of Reality", *Fqxi.org*, 1º jan. 2015. Disponível em: https://fqxi.org/community/articles/display/197. Acesso em: 5 out. 2021.

e *empiricamente comprovado* de nosso mundo. Isso significa que os microestados podem ser acoplados um com o outro – como dois elétrons emparelhados –, e seu emparelhamento leva a influências relacionais um sobre o outro que não são impedidas pela separação espacial. Por exemplo, se um elétron gira no sentido horário e o outro no sentido anti-horário complementar, então, quando um elétron do par é obrigado a girar em uma nova direção, como resposta, seu parceiro emaranhado gira no sentido complementar e oposto. Essa mudança no giro pode ocorrer quando os elétrons estão em proximidade física direta ou então quando eles estão separados por longas distâncias. A separação espacial não altera o acoplamento relacional, a relação emaranhada – nesse caso, a complementaridade da direção de seus giros. É assim que a propriedade estranha, mas real, do emaranhamento tem a característica conhecida como *não localidade*.

Na visão clássica newtoniana, os macroestados que são separados espacialmente – como o seu corpo e o de um amigo a milhares de quilômetros de você – têm naturalmente um senso de espaço apartando as influências desses grandes objetos. Mas pesquisas sobre emaranhamento revelam que a separação espacial para os microestados emaranhados não impede suas influências relacionais uns sobre os outros. Sim, é claro, amigos próximos não são o mesmo que elétrons emaranhados, e o emaranhamento pode não se aplicar à mente desses amigos; ou pode, se essas mentes tiverem características com propriedades energéticas de microestado de *quanta*.

Elétrons emparelhados podem influenciar uns aos outros, não importando a distância entre si. Estranho, eu sei, mas comprovado como real neste universo em que vivemos. O físico Abner Shimony até chamou isso de "paixão a distância", e Albert Einstein, de "ação assustadora a distância", quando pensou que o emaranhado significava que deveria haver uma viagem incrivelmente rápida de energia. O emaranhamento acontece praticamente ao mesmo tempo, não importa a separação espacial, viajando mais rápido do que a velocidade da luz e, portanto, *se fosse* energia em movimento, ela teria violado uma das noções essenciais de Einstein – de que nada no universo viaja mais rápido do que a luz. Essa velocidade máxima continua sendo um aspecto aceito em nosso universo. Com essa propriedade quântica, não se trata de energia *viajando*; trata-se de uma relação emaranhada que não é afetada pela distância física. Eu sei, eu sei – estranho, e de uma perspectiva clássica dos corpos grandes, esquisito demais e aparentemente impossível. O emaranhamento, por mais desafiador que seja classicamente, requer que abramos nossa mente para a própria noção de espaço e para o que essa dimensão da realidade pode significar, tanto em nível de macro como de microestado. Por mais que isso nos convide a considerar coisas que talvez nunca tenhamos observado, o emaranhamento está agora estabelecido como parte real de nosso mundo, mesmo para a matéria – que, afinal, é energia condensada, pacotes de microestados de energia que formam as densas acumulações de macroestado chamadas massa, como vimos na famosa fórmula de Einstein: energia é igual à massa multiplicada pela velocidade da luz ao quadrado ($E = mc^2$).

Se esse aspecto comprovado de emaranhamento de microestados faz parte dos estados mentais, simplesmente não sabemos – e também não responderemos a essa pergunta nesta etapa de nossa jornada juntos. Como sugere o físico quântico Arthur Zajonc:

> Em um nível muito sutil, há também uma conexão oculta, um emaranhamento ou holismo quântico, como o chamamos. As coisas são aparentemente discretas, e em certo nível isso é verdade, mas em um nível mais sutil elas têm interconexões umas com as outras. [...] Pode-se começar a pensar que cada partícula que interagiu com outra partícula tem uma conexão que se propaga e vai cada vez mais longe; ela se ramifica. De um ponto de vista lógico, faria sentido pensar que muitas, muitas partes do universo estão conectadas de maneiras que são difíceis de imaginar. Em casos simples, podemos até fazer os experimentos para mostrar a conectividade.[31]

Como já discutimos, as pessoas às vezes descrevem experiências de sentir com exatidão a vida mental de alguém de quem estão próximas, mas estão fisicamente distantes, e pode ser (*pode*, mais uma vez, é o termo operacional que usaremos em nossa jornada de questionamento e exploração) que nossa mente, de fato, às vezes revele a propriedade da energia quântica do emaranhamento em alguns relacionamentos. Dado que o emaranhamento e a não localidade são agora aspectos comprovados de nosso mundo, se a energia é de onde a mente emerge, então não seria muito estranho se o emaranhamento *não* fosse uma experiência de certas relações próximas, mente a mente?

---

[31] Hasenkamp and White (Orgs.). *The Monastery and the Microscope*, p. 35.

Uma quarta questão que vamos explorar é a forma como percebemos o tempo. Para alguns, adentrar a prática de núcleo-sobre-núcleo simplesmente parece diferente, em termos de uma sensação de atemporalidade, do que sentem quando se concentram no aro, com sua sensação de idas e vindas em uma sequência de tempo de antes e depois. Esse contraste é descrito tantas vezes na Roda da Consciência que naturalmente suscita a pergunta: o que estaria acontecendo no núcleo, em contraposição ao aro, que poderia oferecer uma visão do mecanismo por trás dessa experiência subjetiva comum? Qual poderia ser a explicação dessa mudança em nosso sentido subjetivo do tempo? As visões da física quântica sobre a direcionalidade da mudança podem nos oferecer descobertas que nos ajudam a juntar o panorama geral da mente e o tempo de maneiras novas e úteis que poderiam aprofundar nossa compreensão da experiência da Roda.

Alguns físicos têm sugerido que o tempo, como algo que flui, pode não existir. Entretanto, o que existe é uma *seta do tempo*, um termo para a direcionalidade da mudança. Em nosso corpo grande, vivemos com um conjunto de leis newtonianas de certeza, um nível de macroestados de fato atados a uma seta, ou seja, uma qualidade de como experimentamos o desdobramento de eventos. Se quebrarmos um ovo, não poderemos consertá-lo. Essa é a seta do tempo. Mas, se você girar um elétron de uma forma ou de outra, ele é livre para se mover em qualquer direção, não importa o que ocorreu antes, dado que antes e depois – uma direcionalidade da mudança – pode não existir no nível do microestado da realidade.

Pode ser que, enquanto nos centramos na consciência, quando entramos na experiência de núcleo-sobre-núcleo da Roda, estamos experimentando um nível quântico de condições de microestado livre de setas, *sem* uma direcionalidade de mudança. Se nossa experiência mental de tempo, que muitas vezes chamamos de "tempo fluindo", for na verdade nossa consciência de mudança, então o nível newtoniano – ou seja, o nível da seta – *terá* uma sensação de tempo, e nosso nível quântico, livre da seta, será sentido como atemporal. Dessa forma, os vários aspectos do núcleo ou do aro podem revelar algumas configurações de energia de micro ou de macroestado que poderiam explicar por que alguns aspectos da experiência mental são sentidos como livres da seta enquanto outros nos parecem atados a ela, uma experiência subjetiva de um presente atemporal ou um movimento temporal, criando uma ponte entre o que chamamos de passado, presente e futuro.

Finalmente, a descoberta quântica fundamental que vamos explorar em grande profundidade nas próximas páginas tem a ver com a propriedade geral de probabilidade da energia. A energia, como vimos, pode ser descrita amplamente como envolvendo o movimento da possibilidade à atualidade. Essa noção da física quântica basicamente afirma que a energia emerge de um mar de potencial, o espaço matemático chamado de vácuo quântico. Não precisaremos fazer nenhuma equação matemática ou nos perder em números para conseguir um sentido visual de como a energia pode ser vista como movendo-se ao longo de um espectro de probabilidades, ao longo do que alguns chamam de curva de distribuição de probabilidade: aberta e vasta como potencial, e específica e estreita como atualidade.

Para criar uma atualidade a partir do mar de potencial, a energia deve fluir a partir do vácuo quântico.

Para destacar um detalhe específico que surgiu das discussões com meus colegas físicos, é importante afirmar que a própria energia, de acordo com alguns desses cientistas, pode não existir nesse conjunto de possibilidades, o vácuo quântico. *Transformar* uma possibilidade daquele mar de potencial em uma realidade requer energia, que assim "emerge" desse espaço matemático, por assim dizer. Às vezes, esse fluxo de energia pode conter um significado simbólico; chamamos isso de fluxo de informação. Outros veem o universo consistindo em informação, e a energia emerge a partir disso. Podemos imaginar essa visão como um mar de potencial contendo todas as configurações simbólicas possíveis que estamos chamando de informações. Esse gerador de diversidade, esse vácuo quântico, é então a fonte de todas as informações que poderiam eventualmente existir. A energia, nessa visão, surge desse mar de informações potenciais, e seus padrões desdobráveis de energia permitem que as informações potenciais se tornem atualizadas no mundo. Como vimos, o termo "energia e informação" respeita ambas as abordagens de pressentir a primazia da energia ou da informação e seu entrelaçamento último em nossa experiência da realidade.

Como a realidade de nosso mundo parece ter mais a ver com interações do que com entidades fixas, sendo o universo mais como um verbo do que como um substantivo, essa energia e essa informação *fluem* – mudam sem parar; desdobram-se; movem-se; são um conjunto sempre volúvel de campos de energia interativos que compõem o mundo emergente que chamamos de realidade.

Neste momento, você e eu podemos respirar fundo com nosso corpo de macroestado. Sim, vivemos em um corpo, e a energia flui no macroestado da realidade. É real, e de fato importante. Quando você aperta os freios de sua bicicleta, você quer que ela pare. A energia também flui como microestados; assim, examinar a natureza quântica de nossa realidade – que explora essas propriedades do microestado mais diretamente – pode ser um importante acréscimo à visão clássica mais familiar da realidade do macroestado de grandes objetos. Eu andei de bicicleta hoje pensando em como você e eu discutiríamos essas questões, e sou grato tanto ao mundo clássico do macroestado (que me levou através do espaço e do tempo) quanto à imaginação e à consciência que podem surgir de nosso mundo no microestado quântico. Estou abraçando dois níveis de realidade, e convido você a fazer o mesmo neste momento, deixando que o mundo clássico macro e o mundo quântico micro sejam respeitados e bem acolhidos em nosso senso de descoberta na jornada que se aproxima.

Para alguns, o foco em algo tão elusivo quanto a energia ou essas propriedades quânticas da realidade pode parecer peculiar e nada científico. Posso garantir, entretanto, que, além da magnífica energia de segurar a mão de alguém ou olhar em seus olhos em nosso romântico corpo de macroestado, além da energia de ver ou ouvir essas palavras com seus sistemas sensoriais macro, há um outro aspecto da energia que não é tão concreto ou familiar como aquele que você toca, vê ou ouve. Portanto, abrir sua mente para esse nível novo e micro de realidade pode parecer um pouco estranho, com certeza. E, para algumas pessoas, falar de energia como o movimento do possível para o real é simplesmente demais – elas não aguentam essa ideia, não podem vê-la, nem prová-la ou tocá-la, e parece... bem, estranho demais, "fora da casinha" demais para ser útil. Talvez nem lhes pareça científica.

Aqueles que sentem que o foco em energia e nos níveis de realidade do microestado carece de uma base científica estão inferindo que a física não é ciência. Fique tranquilo, a energia é um conceito científico e uma realidade aceita de nosso universo. E o estudo da natureza quântica do universo ao longo do século passado revelou aspectos surpreendentes, mas empiricamente comprovados, de nosso mundo cheio de energia e informação. Se a mente é uma parte desse universo, uma parte da natureza, então fazer a pergunta sobre a conexão da mente com a natureza da energia é, bem, uma coisa natural a ser feita.

Contudo, para alguns, explorar a natureza da mente como parte da natureza da energia é abstrato demais, e não parece, bem, nada natural. Na verdade, isso deixa alguns de meus colegas de profissão visivelmente perturbados. Por que não ficar simplesmente com a prática meditativa da Roda ou apenas discutir os correlatos neurais da consciência e ficar satisfeito com os possíveis mecanismos por trás desses padrões neurais? As descobertas fascinantes sobre a integração neural e o poder da neuroplasticidade para mudar o cérebro com a prática da mente já não são ciência o bastante para a nossa abordagem? Por que ir além disso?

O que alimenta essa decisão de explorar a fundo essas noções científicas de energia aqui com você são as muitas experiências que tive: embora o que estamos explorando agora seja uma visão inovadora (que a maioria das pessoas não conhece direito e que, de início, causa um pouco de desconforto), no fim, com um pouco de esforço e aprendizado, as ideias se tornam bastante acessíveis, úteis e até mesmo divertidas.

Na ciência, como vimos, Louis Pasteur sugeriu que o acaso favorece a mente preparada. Esse mergulho mais profundo nos mecanismos da energia preparará sua mente para a chance de encontrar o que a vida, com toda a certeza, colocará em seu caminho. Mergulhar a fundo na probabilidade de fluxos de energia do microestado também aumentará o poder da prática da Roda para cultivar o bem-estar na sua vida.

Portanto, vamos em frente, tão lentamente quanto necessário, mas avançando de maneira progressiva nessa forma fascinante e (espero) útil de pensar a mente, a Roda, a consciência e nossa vida à medida que seguimos em direção à saúde.

A energia como probabilidade

Deixe-me oferecer um exemplo que, espero, ajude a tornar tão acessível quanto possível essa definição abstrata de energia como um movimento da possibilidade à atualidade. Neste momento, estou prestes a escrever uma palavra. Digamos, apenas como exemplo, que há cerca de 1 milhão de palavras em nosso vocabulário compartilhado. Qual é a chance de você saber a única palavra que estou prestes a escrever? Certo, é 1 em 1 milhão. Vamos ver como isso ficaria em uma ilustração.

Na imagem a seguir, você pode ver uma espécie de mapa que mostra na parte inferior uma área representando o máximo de 1 milhão de palavras possíveis. Sua chance de saber qual é a palavra certa dentro desse conjunto de todas as possibilidades, esse mar de coisas potenciais, é apenas uma dentro do número de possibilidades máximas, que, nesse exemplo, é 1 milhão.

E, assim, a probabilidade de você saber a palavra neste momento é muito próxima de 0%, e no gráfico vemos isso como uma posição ou valor "quase 0%" no eixo vertical, o que em matemática chamamos de eixo y e pode ser chamado de *curva de distribuição de probabilidade*, pois inclui a gama de probabilidades que temos em toda a distribuição de valores, desde 0% ou quase 0% até 100% de probabilidade. Observe como a parte inferior desse eixo y está próxima de zero ou no zero, e a parte superior é 100%. Chamamos esse ponto mais baixo de "quase 0%" porque, embora seja bem improvável que você saiba a única palavra que eu poderia escolher dentro desse enorme conjunto, há algo maior do que zero de probabilidade. Esse momento no tempo, esse momento particular de você não saber e eu ainda não dizer nada é onde estamos agora, ou seja, nossa medida de tempo indica a localização temporal de "agora mesmo". Esse lugar compartilhado no tempo é indicado no eixo horizontal x, que podemos rotular como "tempo do relógio" ou, para simplificar, "tempo", embora, como veremos, o próprio tempo também tenha uma história bastante fascinante e pode não ser o que pensamos que seja, algo que flui. E, ao mover-se da esquerda para a direita ao longo desse eixo, você está mapeando como as coisas "se desdobram através do tempo" – o que significa simplesmente como elas mudam, ou não, através do tempo do relógio. A posição da probabilidade de você saber a palavra neste momento no eixo x, neste momento do tempo, é quase 0% no eixo y, a correlação com seu posicionamento ou valor na curva de distribuição de probabilidade. Esse valor está próximo de zero. Observe como podemos marcar isso como um ponto no mapa ou gráfico – nesse caso, a posição A –, que neste momento corresponde à menor probabilidade, o ponto "quase 0%" (como 1 em 1 milhão, está em quase 0%, não exatamente 0%).

Nesse gráfico de duas dimensões (até o momento), uma posição na ilustração – posição do ponto em nosso diagrama – indica duas coisas: onde, no tempo, está o valor da energia (eixo x), e onde, no espectro de distribuição de probabilidade, está a energia (eixo y). Uma posição singular – neste momento, A – tem dois indicadores: probabilidade e tempo.

Agora, imagine que eu diga uma palavra dentro daquele máximo de 1 milhão de palavras possíveis, e a palavra escolhida seja *oceano*. Neste momento nos movemos um pouco para a direita no eixo x do tempo e rotulamos essa nova posição como ponto A-1, correspondendo ao lugar 100% na curva de distribuição de probabilidade – o eixo y vertical. É 100% porque agora, neste momento, o conjunto de possibilidades máximas foi aproveitado e um desses potenciais se tornou "atualizado"; neste caso, como a palavra única e 100% real *oceano*. Nessa posição, A-1, você tem 100% de certeza e sabe a palavra porque a leu: *oceano*.

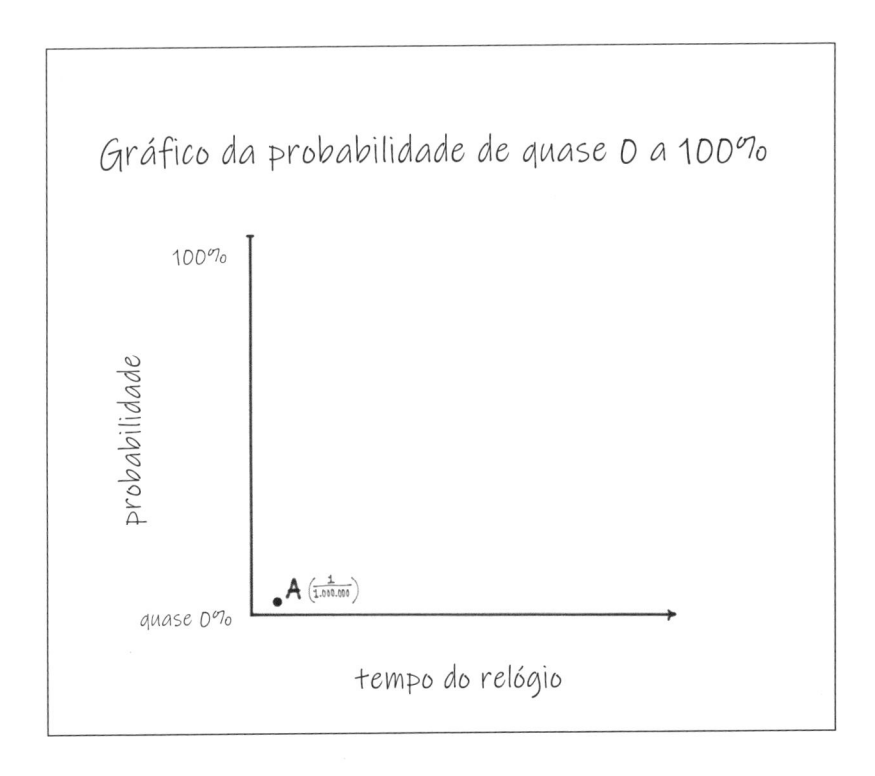

Gráfico da probabilidade de quase 0 a 100%

- Eixo y: probabilidade (de quase 0% a 100%)
- Eixo x: tempo do relógio
- Ponto A $\left(\frac{1}{1.000.000}\right)$

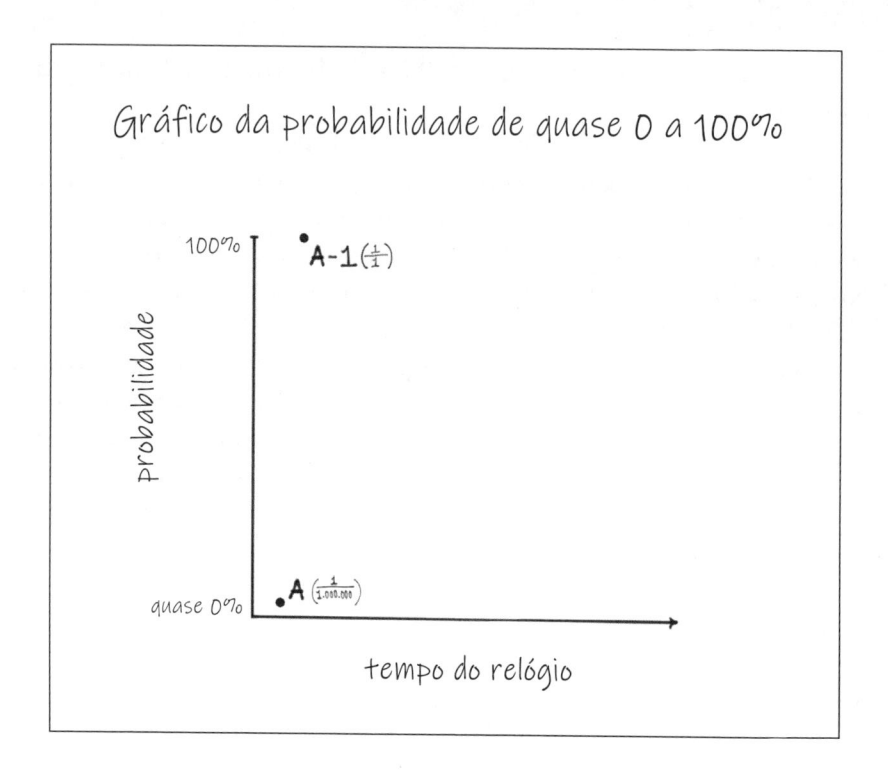

```
Gráfico da probabilidade de quase 0 a 100%

100% ┤  • A-1 (1/1)
     │
p    │
r    │
o    │
b    │
a    │
b    │
i    │
l    │
i    │
d    │
a    │
d    │
e    │
     │
quase 0%  • A (1/1.000.000)
     └─────────────────────────►
         tempo do relógio
```

Neste momento, a probabilidade de você saber a palavra certa está agora no eixo y a 100%. Você sabe qual é.

Aqui você pode ver como a probabilidade e a certeza são, de certa forma, o mesmo estado ou condição de energia. Cem por cento de probabilidade é a certeza máxima. Quase 0% de probabilidade é a certeza mínima. Se há um máximo de 1 milhão de palavras e eu ainda não falei ou não escrevi a palavra, é extremamente incerto que você saberá a palavra correta. Não é bem zero, mas 1 em 1 milhão está muito próximo de zero, por isso chamamos de quase zero. Você também deve ter notado que o mínimo de probabilidade e certeza é a mesma coisa que a possibilidade máxima. Antes de a palavra ser escolhida, há uma certeza mínima de que, ao mesmo tempo, na mesma posição no gráfico, é equivalente a um amplo potencial máximo.

Em termos energéticos, se você fosse uma mosca e observasse com a mente aberta, sentiria que algo simplesmente aconteceu no universo, na interação entre mim e você, envolvendo o movimento geral da possibilidade à atualidade. Para que eu dissesse ou escrevesse algo e você o recebesse, foi necessário um fluxo, uma mudança, um desdobramento. *Esse movimento em nosso universo, da possibilidade à atualidade, é chamado de energia.* Do seu ponto de vista de mosca, você acabou de sentir o fluxo de energia.

O que me permitiu dizer ou escrever *oceano* foi energia; o que lhe permitiu perceber a palavra *oceano* foi energia. *Energia é o movimento daquilo que é um potencial para aquilo que é realizado.* Energia, nós estamos propondo, é também a natureza fundamental da experiência subjetiva – a essência de nossa vida mental.

Nesse exemplo, você e eu compartilhamos uma linguagem comum que tem palavras, usando 1 milhão como exemplo do número daqueles símbolos linguísticos potencialmente compartilháveis. A energia flui nessa interação para passar das possibilidades máximas que compartilhamos em nosso vocabulário, dentro de nossa cultura e em nossas relações, para *algo que acontece dentro de mim* e que traz à tona o único padrão de ativação neural que simboliza o *oceano*. Eu então me manifesto a partir de padrões eletroquímicos em minha cabeça – sinais eletroquímicos do cérebro que fluem desses centros linguísticos para meus centros neurais que governam a expressão. Essas regiões então enviam a energia eletroquímica que flui dos neurônios para os músculos de minhas pregas vocais, que então têm a energia cinética da tensão e o movimento do ar, impulsionado para fora de meus pulmões pelo movimento muscular do meu diafragma. A energia cinética do movimento do ar passa por essas cordas oscilantes para dizer a palavra em frequências de moléculas de ar que vibram como som e uma palavra é falada. Quando eu estou escrevendo, a energia flui da minha cabeça/cérebro para os músculos dos meus braços, fazendo minhas mãos e meus dedos digitarem as palavras. Você então recebe as ondas sonoras do movimento do ar e cria o som da energia sonora por meio dos nervos acústicos de suas orelhas, enviando sinais de energia eletroquímica para os centros sonoros e linguísticos de sua cabeça/cérebro. Ou você recebe os padrões de fótons que saltam de uma fonte de luz de uma página ou de uma tela para os seus olhos, onde a retina, na parte de trás de seus olhos, transforma esse padrão de energia com todas as suas variáveis CLIFF em outros padrões de energia eletroquímica em sua cabeça/cérebro, passando-os para os centros de decodificação da visão, que os transmitem para as regiões linguísticas, e você *de alguma forma percebe mentalmente em sua experiência subjetiva a palavra* oceano.

Tudo isso é fluxo de energia. Juntos, passamos do possível ao atual.

Esse algo dentro de mim é minha mente interior; essa percepção da palavra em sua experiência subjetiva é sua mente interior. Esse compartilhamento de energia – o compartilhamento do possível para o atual – é a nossa entremente relacional.

Vamos agora pegar nosso diagrama emergente e elaborá-lo um pouco mais.

Se eu tivesse a intenção de pensar apenas em palavras que começassem com a letra *a*, então a probabilidade de você saber essa palavra seria maior do que 1 em 1 milhão – digamos que agora seja talvez 1 em 10 mil. Neste momento, indicaríamos esse estado como uma posição de probabilidade em um local mais alto do que o ponto próximo ao zero. Quando digo ou escrevo agora a palavra *avestruz*, passamos da maior probabilidade na posição B para os 100% atualizados da posição B-1.

Agora digamos que eu queira considerar apenas palavras relacionadas a corpos de água – *oceano, lago, lagoa, piscina, riacho, córrego, rio* e assim por diante, e que existam apenas trinta palavras desse tipo. Agora sua chance de saber é ainda maior – 1 em 30 –, e nós representaríamos esse momento em um lugar ainda mais alto no eixo y.

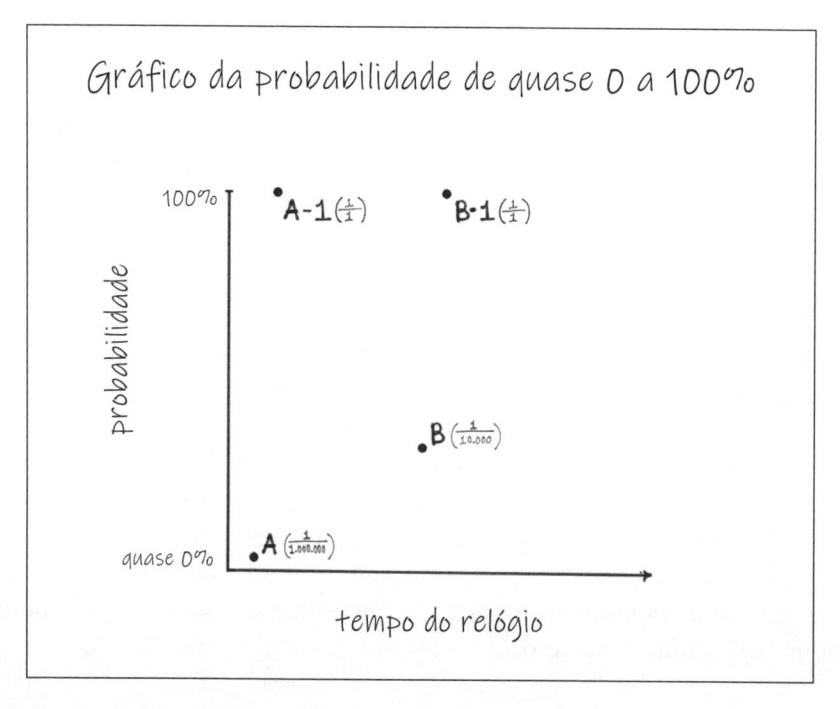

Gráfico da probabilidade de quase 0 a 100%

100% •A-1($\frac{1}{1}$) •B-1($\frac{1}{1}$)

probabilidade

•B ($\frac{1}{10.000}$)

quase 0% •A ($\frac{1}{1.000.000}$)

tempo do relógio

Nesse caso, quando eu dissesse a palavra – digamos, *mar* –, você se moveria então daquele ponto elevado ao longo do eixo y, uma posição indicando um número menor de possibilidades do que o número máximo de todas as palavras em nosso vocabulário, e assim esse subconjunto menor estaria numa posição de *probabilidade elevada* da qual surgiu a atualização. Em outras palavras, o grupo de trinta palavras relacionadas à água é simplesmente um subconjunto do máximo de palavras possíveis, e sua posição de probabilidade é mais alta no eixo y, mais próxima da atualização a 100%.

Para garantir que estamos sendo claros sobre esse movimento a partir de alguma posição de máxima possibilidade, como no exemplo A, ou de probabilidade elevada que sobe para a certeza atualizada, como no exemplo B, vamos considerar mais dois exemplos. Se eu citasse um dos quatro ou cinco oceanos do mundo, sua chance de saber seria ainda maior, uma em quatro ou cinco (depende se estamos incluindo o Oceano Sul, ao redor da Antártida, como alguns países fazem). Depois que eu dissesse o nome *Oceano Índico*, você sairia de uma *posição* de *probabilidade elevada* – neste caso, uma em cinco, indicada como posição C no diagrama, algo muito acima da posição

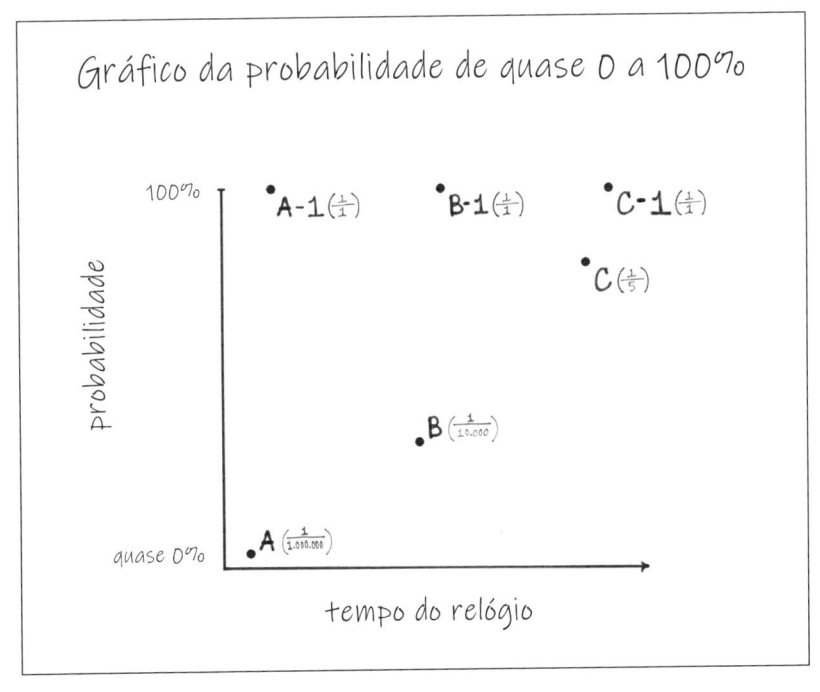

Gráfico da probabilidade de quase 0 a 100%

- 100%
- A-1 $(\frac{1}{1})$
- B-1 $(\frac{1}{1})$
- C-1 $(\frac{1}{1})$
- C $(\frac{1}{5})$
- B $(\frac{1}{10.000})$
- quase 0%
- A $(\frac{1}{1.000.000})$
- probabilidade
- tempo do relógio

quase 0% – para uma posição 100%, C-1, assim que a palavra tivesse sido dita.

Caso eu lhe perguntasse se você saberia se eu iria dizer esquerda ou direita, o agrupamento de possibilidades seria então dois, e sua probabilidade de saber seria uma em duas, ou 50% – ainda mais alto na posição da curva de probabilidade do eixo y. Essa posição de probabilidade aumentada seria maior no diagrama, mas não até a posição de 100% de certeza máxima; depois que eu dissesse ou escrevesse *esquerda*, então subiríamos novamente da posição de probabilidade elevada no gráfico para o que podemos ver agora como uma posição de probabilidade máxima, 100% de certeza.

Aqui você pode ver no diagrama como a *energia está fluindo* conforme nos movemos ao longo do eixo x para a mudança que se desdobra, e a mudança de probabilidade em sua posição se desloca ao longo do eixo y. É assim que nosso diagrama retrata visualmente o movimento, momento a momento, ao longo do eixo x do tempo, conforme a variável de probabilidade de energia muda de potencial para atual por meio de uma série de probabilidades, conforme revelado pelas coordenadas do eixo y.

Nesse diagrama, rotulamos o valor da probabilidade de cada exemplo, de modo que o ponto onde começamos em cada caso é 1 em 1 milhão para A, 1 em 10 mil para B e 1 em 5 para C. Você também pode usar a imaginação para adivinhar onde você colocaria no gráfico os exemplos no caso de palavras relacionadas à água (posição de probabilidade de 1 em 30) e à direção, esquerda ou direita (valor de probabilidade de 1 em 2). Deixei duas representações em aberto no diagrama para que sua própria mente possa criar o posicionamento visual e você possa realmente sentir como a energia pode fluir do que você lê para o que você pode realmente imaginar – e então desenhar essa imagem visual neste livro, caso queira.

Cada um desses pontos de partida de possibilidades a partir dos quais emergirá uma atualidade – do máximo em A para vários graus de subconjuntos decrescentes em B e C – pode ser visto como uma espécie de plataforma a partir da qual a energia se transforma em uma realização atualizada, como indicado por A-1, B-1 e C-1. À medida que avançamos e expandimos nosso diagrama, veremos que a plataforma de partida da qual a energia emerge de um *possível* para um *atual* pode desempenhar um papel especial em nossa vida. Esses exemplos revelam uma importante noção resumida que ajudará a esclarecer um mecanismo por trás da prática da Roda. Algumas vezes, o fluxo do possível para o atual começa de uma fonte máxima de opções, como no caso de A. Outras vezes, esse fluxo emerge de um conjunto restrito de escolhas disponíveis, como nos casos de B e C.

O fluxo de energia, agora podemos propor, pode ser visualmente representado em nosso diagrama como o movimento a partir desses conjuntos de máxima possibilidade a uma probabilidade quase 0%, ou a partir de subconjuntos restritos com suas várias faixas de probabilidade elevada para a atualização, a realização do potencial para a manifestação na realidade.

Se pegarmos agora nosso gráfico de duas dimensões e fizermos um diagrama tridimensional, adicionando um terceiro eixo que se estenda para "fora" do plano da página, teremos um diagrama tridimensional que revelará uma maneira mais completa de visualizar essas posições. A "diversidade" nesse novo eixo, chamado de eixo z, indica a variedade de coisas que podem estar presentes em um dado momento. Uma faixa estreita ao longo da diversidade indicaria poucas coisas; uma ampla faixa que se estende longamente pela dimensão do eixo z indicaria muitas.

Com esse diagrama tridimensional básico, podemos agora observar como a posição na parte inferior do eixo y (probabilidade), indicando a menor certeza, pode ser representada pela forma geométrica

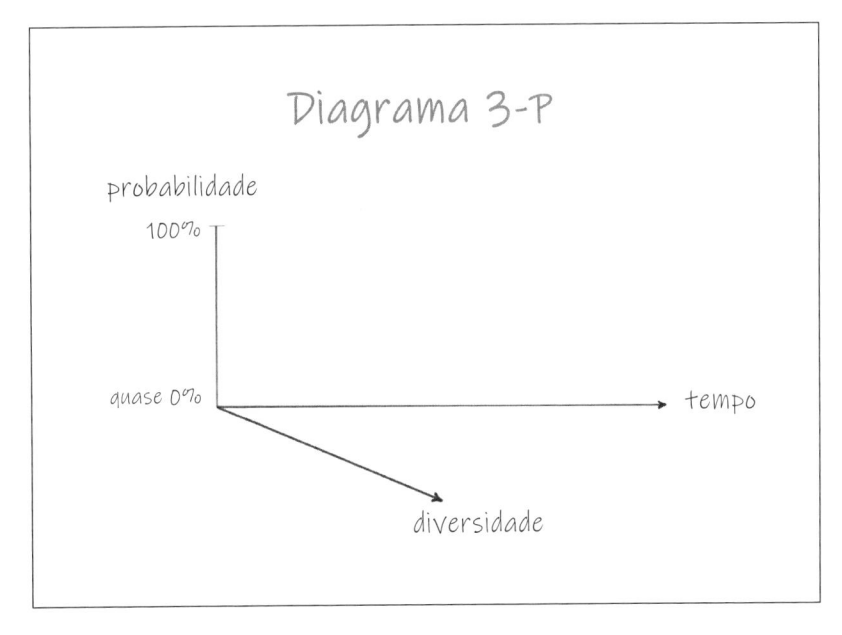

Diagrama 3-P

probabilidade
100%
quase 0% → tempo
diversidade

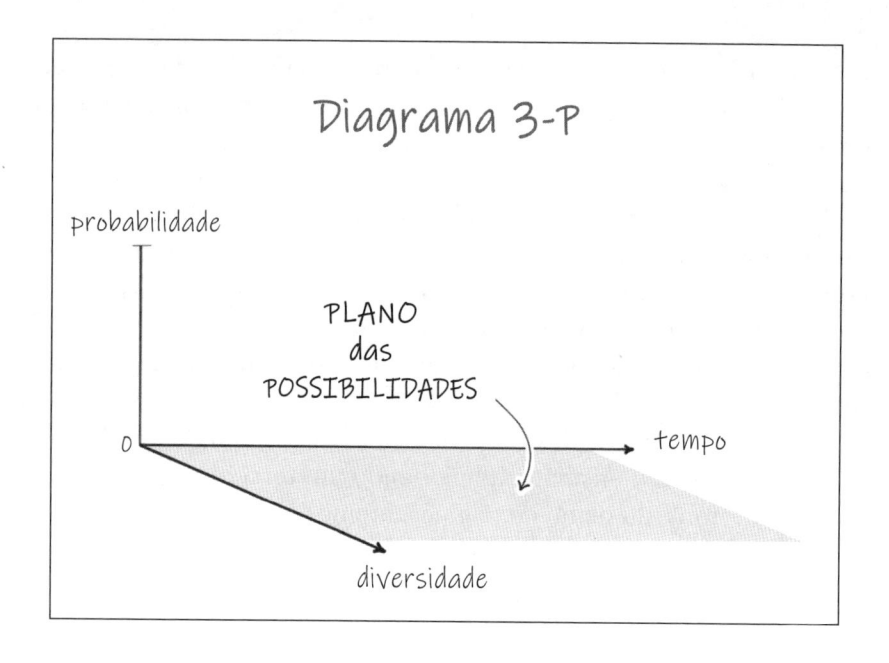

```
                    Diagrama 3-P

probabilidade
    |
    |           PLANO
    |            das
    |        POSSIBILIDADES
    |                       ↘
    0 |_____→ tempo
     ╲
      ╲
       ↘
     diversidade
```

de um plano, uma figura delimitada de um lado pelo eixo x (tempo) e do outro, pelo eixo z (diversidade). Dê uma olhada no próximo gráfico e você pode imaginar que essa disposição dos eixos de diversidade e tempo cria algo que se parece com um retângulo inclinado, um *plano* trapezoidal. Se agora desenharmos nesse plano, você verá que ele representa a posição na qual se assentam as possibilidades máximas. Seria aí que colocaríamos o milhão de palavras do nosso exemplo A. Qualquer que seja o tipo de coisa explorada, se as opções máximas estiverem disponíveis, significa que a probabilidade de saber o que algo em particular pode ser é quase 0%, a posição de menor probabilidade. Observe novamente como a posição de probabilidade mínima e menor certeza é a mesma que a de máxima possibilidade e maior potencialidade. No gráfico, podemos chamar de *plano das possibilidades* essa posição de maior potencial de todas as opções.

Na ilustração a seguir também sugerimos outros nomes para as posições básicas de probabilidade que temos discutido, além desse plano das possibilidades. Aqui está uma maneira de nomear as posições em nosso diagrama tridimensional de perfis de probabilidade de energia.

1. A posição mais alta de atualização é um *pico* de atualidade. É quando uma possibilidade se manifestou de potencial para real.

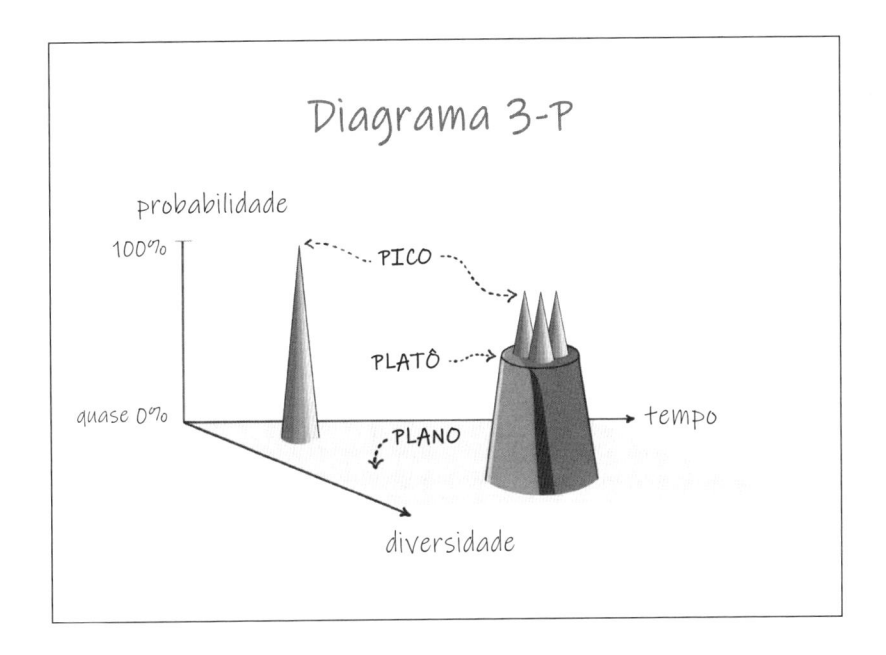

Diagrama 3-P

(eixo y: probabilidade, de quase 0% a 100%; eixo x: tempo; eixo z: diversidade. Indicações: PICO, PLATÔ, PLANO)

2. Podemos nomear os locais mais elevados, aqueles de probabilidade aumentada que ainda não se manifestaram, como *platôs* de probabilidade elevada. É quando o estado de probabilidade não está na posição 100% de um pico de atualização, nem está próximo de zero, a posição mais baixa da curva de distribuição de probabilidade representada no eixo y, no plano das possibilidades. Em outras palavras, *os platôs indicam um subconjunto de opções que são potencialmente realizadas como picos*, e assim a probabilidade a partir da posição de um platô é uma espécie de plataforma de salto livre de onde, de certo modo, podem surgir picos.
3. A posição de menor probabilidade, que tem o potencial máximo de todas as opções possíveis que poderiam ser transformadas em algo atual (real), está dentro do *plano* das possibilidades.

Em prol do nosso entendimento comum, podemos agora ver em nosso diagrama como *a energia se move do plano ou do platô para o pico* à medida que passa de possibilidade aberta ou probabilidade elevada para a atualização. Esse é um significado do termo *fluxo de energia* e é uma maneira de tentar mostrar visualmente esse movimento entre o possível e o atual. Em outras palavras, estamos nos baseando na noção de energia como o movimento do possível para o atual, com a sugestão de que a energia também pode se mover através de uma série de valores de probabilidade, conforme indicado pelos platôs. No diagrama, podemos ver que os picos às vezes surgem diretamente do plano e, às vezes, diretamente de um platô.

Plano, *platô* e *pico*, então, são nossos três termos-base e descrevem a forma como podemos visualizar o que pode estar envolvido no fluxo de energia. Por essa razão, vamos nomear esse diagrama, e essa estrutura geral, de perspectiva 3-P.

O diagrama 3-P é uma tentativa de visualizar uma conciliação ou uma base comum para uma visão física da energia e nossas descobertas emergentes da experiência subjetiva que as pessoas têm com a prática da Roda da Consciência. Quando ouvi pela primeira vez essa visão da energia, pensei que, se essa abordagem conciliadora não funcionasse, talvez fosse o momento de descartar a ideia de que a mente é uma propriedade que emerge da energia, ou de rever essa proposta de alguma forma significativa. Mas, se essa abordagem de buscar uma base comum entre várias maneiras de entender a realidade e a natureza da energia, essa abordagem conciliadora, se aplicasse, se ela pudesse ajudar a esclarecer os potenciais mecanismos por trás das descobertas vindas de observações diretas da prática da Roda da Consciência, então talvez eu estivesse ao menos no caminho certo. Vamos avançar e ver mais especificamente como podemos encontrar uma aplicação útil dessa abordagem 3-P para nossa compreensão da Roda da Consciência.

Diagrama 3-P do fluxo de energia

Temos agora um diagrama 3-P que mapeia visualmente o modo como a probabilidade muda. Vamos avaliar a visão da energia como o movimento do possível para o atual para descobrir como ela pode se correlacionar diretamente com nossa experiência da Roda – e da mente em geral.

Nosso diagrama tem três coordenadas, como um mapa tridimensional que podemos usar para indicar a localização de algo no espaço. Esse algo é uma variável particular de energia que agora estamos nomeando diretamente, a variável de probabilidade. O eixo y, vertical, pode ser chamado de curva de distribuição de probabilidade, indicando onde está o valor de probabilidade, entre quase 0% e 100%.

Podemos deixar de lado as particularidades de nosso exemplo introdutório (aquele de adivinhar a palavra) e ver agora o diagrama como um mapa mais geral da energia – e, como logo veremos, da mente e da Roda da Consciência.

Nosso mapa é um diagrama que delineia probabilidade, tempo e diversidade. A *probabilidade* varia desde a mais baixa, a de quase 0% no plano, até 100%, a mais alta, em um pico. *Tempo* na verdade significa *mudança*, como já vimos, e por isso é medido como "tempo do relógio" – as coisas se desenrolam à medida que nossos medidores de tempo, nossos relógios, avançam. *Diversidade* é quantos itens potenciais estão presentes em uma determinada posição, variando de zero a infinito. Essas coordenadas do mapa, esses três eixos, indicam os valores de cada uma dessas três variáveis ao localizarmos uma posição no diagrama tridimensional. Então, uma posição, um ponto no diagrama, corresponde ao eixo y de probabilidade, ao eixo x para um momento no tempo, e ao eixo z para a diversidade. À medida que a mudança de energia se desdobra no tempo do relógio, nós nos movemos ao longo do eixo x. Uma maneira simples de pensar na mudança de energia, que enfatizaremos em nossas discussões, pode ser mostrada no diagrama como uma posição que se move ao longo de dois dos nossos três eixos – o eixo y, à medida que muda ao longo do valor de distribuição de probabilidade, e o eixo x, representando nossa posição no tempo do relógio.

Nosso terceiro eixo representa as variações ou a diversidade que pode existir em um determinado momento, desde uma faixa estreita até uma ampla distribuição. Em qualquer momento, pode haver uma diversidade de coisas possíveis, indicada pela largura das coordenadas do eixo z, portanto, uma posição pode ser não apenas um ponto singular, mas uma ampla extensão. Esse eixo z, então, é uma indicação visual não de *quais* coisas específicas, mas de *quantas* coisas são possíveis em um determinado estado energético.

Por definição, o plano das possibilidades está no ponto quase 0% da probabilidade e é preenchido com uma gama quase infinita de potencialidades, de modo que, no plano, a diversidade é máxima. O plano tem aquela aparência bidimensional de uma enorme amplitude do eixo z – uma representação visual do infinito – que define uma borda unidimensional da figura de um plano nesse eixo z. Observe também que a outra dimensão do plano é o eixo x (tempo), que se estende sem fim, implicando a eternidade, o que significa que o espaço matemático do plano é ao mesmo tempo infinito e eterno – estendendo-se infinitamente ao longo da diversidade e das dimensões do tempo. Como notamos, esse valor mais baixo de probabilidade no plano é idêntico a ter as qualidades de maior potencial. O equivalente a uma probabilidade quase nula é uma possibilidade quase infinita. Por isso, pode ser chamado de *plano aberto da possibilidade*. Observe que, em termos matemáticos, esse plano das possibilidades representa um estado ilimitado de eternidade (tempo máximo), infinito (diversidade máxima) e de potencial aberto (possibilidade máxima).

Em nosso diagrama, podemos ver que o fluxo de energia se move entre a possibilidade máxima no plano para a probabilidade máxima em um pico.

Na terminologia da física, o plano das possibilidades seria semelhante ao que o físico quântico Arthur Zajonc, quando lhe apresentei esse modelo em um encontro, disse que gosta de chamar de "mar de potencial". E ele disse isso sem conhecer nosso exemplo do oceano! Ou, talvez ainda mais provavelmente, Arthur fez essa sugestão do mar de potencial, e minha filha está fazendo um trabalho relacionado à poluição nos oceanos, e minha família e eu acabamos de comemorar um aniversário perto do oceano – de modo que o conjunto dessas experiências relacionadas à agua, embutidas na memória (o que por si só é um processo probabilístico em nosso cérebro corporificado), tornou mais provável que eu dissesse ou escrevesse *oceano* em vez de outra coisa. Nesse caso, você poderia mapear esse estado da minha mente como tendo alguma preparação, alguma prontidão nas minhas respostas, alguma probabilidade aumentada que agora podemos nomear como um platô, inclinando-se para uma palavra mais provável de estar relacionada a mares ou oceanos. Essa probabilidade aumentada, essa maior certeza sobre a escolha de um termo em relação à água, é nosso platô de elevada probabilidade, criado por causa de cada uma dessas experiências diversas e inter-relacionadas ao longo do tempo, moldando o estado energético da minha mente no momento de escolha da palavra. Pode ser especificamente um estado energético do meu cérebro ou do meu corpo, ou também pode ser um estado energético dos dois e das minhas relações no mundo, inclusive com Arthur, e agora inclusive com você. O estado energético – seja lá como ele se manifeste, podemos propor – envolve uma posição de probabilidade, e agora temos um diagrama para ilustrar exatamente isso.

Físicos também se referem a essa noção de um local matemático feito o plano das possibilidades, um espaço de probabilidade que contém tudo o que pode surgir, esse mar de potencial, como o *vácuo quântico*. Como mencionei, para continuar sendo fiel à ciência, é importante lembrar que, para alguns cientistas, esse vácuo não é a energia em si; é *de onde ela vem*. Em outras palavras, o mar de potencial, o vácuo quântico, o que estamos chamando em nosso diagrama de plano das possibilidades, não é energia; é apenas a base do universo ou o espaço matemático de todas as possibilidades de onde surge a energia. Tentaremos ter o máximo de cuidado no uso de nossa terminologia, referindo-nos à posição de probabilidade do plano no diagrama como a fonte da energia emergente, não a energia em si. Quando flui, a energia emerge desse plano das possibilidades e surge como atualidades, visualizadas no diagrama 3-P como picos e também, estamos propondo, como platôs de probabilidades elevadas. É nesse momento de emergir desde o vácuo que a energia acontece.

Para nossa discussão aqui, vamos manter essa noção de que a energia *per se* não está no vácuo quântico ou no mar de potencial no fundo de nossa mente, mas não precisaremos nos preocupar muito com essas distinções de o plano não ser a energia em si, sendo simplesmente a fonte de energia. Nossa tentativa aqui é preparar sua mente com a ciência, estendendo-a a tentativas de compreender nossas experiências subjetivas. O plano das possibilidades está relacionado à energia, claro, mesmo que não seja a energia em si, mas a fonte – um espaço de probabilidade – de onde emerge a energia.

Pode ser que os processos neurais no corpo tirem proveito desses movimentos energéticos de probabilidade e moldem diretamente nossa experiência subjetiva da mente e os modos como vivenciamos nossas relações no mundo. O conceito fundamental que estamos explorando agora é a visão da energia como o movimento de um mar de potencial em direção à realização como atualidade.

A propósito, essas noções sobre um plano das possibilidades que só se manifestam na atualidade pelo fluxo de energia não significam que não exista um vácuo quântico *real*. Estamos usando os termos *atualização*, ou algo sendo *atualizado*, *ativado* ou *realizado*, para significar simplesmente "manifestar-se como uma forma que veio de um potencial". Mesmo o termo *realização* implica que, quando algo é uma ideia ou um potencial, não é real até que seja atualizado.

A possibilidade *é* real. Em outras palavras, *energia é o movimento na direção da forma que surge de um conjunto amorfo de potencialidades, de possibilidades, do qual todas as formas emergem* – elas tornam-se realizadas, ativadas, atualizadas. O potencial se manifesta. A possibilidade se torna atual. O amorfo toma forma.

Essa é uma pincelada na visão física de como a energia flui no mundo em que vivemos. Parece mística, espiritual, talvez até mágica. Mas na verdade são os mecanismos matemáticos por trás de uma visão da física da energia e de nosso universo. O mar amorfo de potencial, o vácuo quântico, pode não ser a energia em si, mas é o aspecto real do universo de onde imaginamos que toda energia emerge.

Mapeando a mente: picos, platôs e o plano das possibilidades

Alguma vez você já teve aquela sensação de um movimento incessante, entre o amorfo e as formas, quando deixa sua mente vagar? Na prática da Roda, quando estamos com a consciência aberta, podemos estar nos tornando conscientes de como as atualizações borbulham de um plano das possibilidades. Esse espaço do plano não é um lugar, um espaço físico em si; como já discutimos, é um espaço matemático de potencialidades de onde qualquer coisa que *possa* existir passa a existir. Sei que a noção de um espaço matemático pode parecer desconfortável ou até estranha, mas é uma forma de tentar articular os mecanismos do nosso universo com o modo como a energia, um processo real em nosso mundo, pode dele emergir. O sentimento subjetivo das atividades mentais tantas vezes descritas como "borbulhantes" pode revelar o mecanismo fundamental de como o possível se torna atual, como o amorfo toma forma – exatamente o que a ciência da física afirma ser o fluxo de energia.

A *potencialidade da possibilidade é real; ela apenas não tem forma.*

O que surge do plano das possibilidades é uma atualização. Ser potencial no plano ou provável em um platô não torna esses estados não realizados algo irreal ou sem importância; simplesmente os coloca em uma posição diferente no desdobramento da energia.

Passando do possível ao atual, essa proposta e a estrutura 3-P expandem a noção de energia para incluir uma gama de probabilidades que ficam entre os extremos do potencial máximo, na posição de probabilidade quase 0% do plano, e da atualização em um pico de 100%. Se estiverem corretas tanto as pesquisas disciplinadas sobre o universo quanto as observações minuciosas da consciência, não esperaríamos encontrar algum tipo de conciliação entre esses campos geralmente independentes? Não haveria uma base comum entre a ciência e a subjetividade? De que modo a visão da energia como uma transição da possibilidade à probabilidade e à atualidade poderia corresponder à sua experiência com a Roda da Consciência?

Se a mente é de fato um processo emergente de fluxo de energia, e a energia muda não apenas por meio de mudanças nas variáveis CLIFF de contorno, localização, intensidade, frequência e forma (variáveis com as quais estamos familiarizados no nível da experiência clássica newtoniana, dos grandes corpos de macroestado) como também em sua probabilidade e até mesmo em seus valores de diversidade – o que podemos experimentar mais no nível quântico, de microestado –, então devemos ser capazes de mapear aspectos da mente e da experiência da Roda a partir dessa perspectiva 3-P. Vamos refletir sobre sua prática da Roda da Consciência e ver como a experiência mental pode corresponder a esse diagrama 3-P.

Um *pico* pode ser um pensamento. Conforme se desdobram os muitos processos cognitivos possíveis, transformando energia em informação, é possível que um destes se manifeste e apareça para a

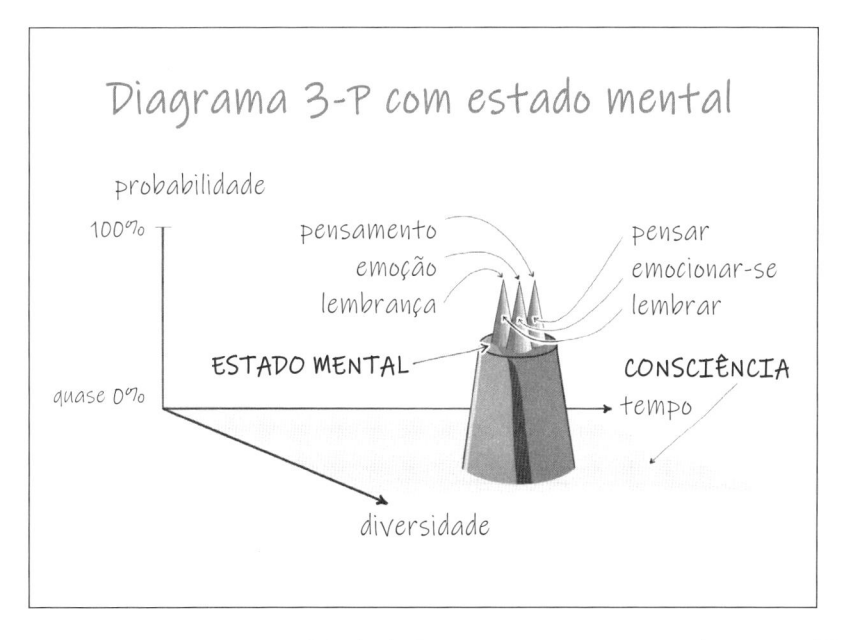

Diagrama 3-P com estado mental

probabilidade
100% — pensamento / emoção / lembrança — pensar / emocionar-se / lembrar
ESTADO MENTAL — CONSCIÊNCIA
quase 0% — tempo
diversidade

consciência como um pensamento específico. Pensamentos possíveis emergem na realidade como um pensamento em particular.

A área logo abaixo de um pico, mas acima de um platô, que podemos chamar de uma *posição subpico*, pode ser o pensar. Ela poderia ser vista como uma espécie de *cone* cognitivo, um funil funcional pelo qual o desdobramento de padrões energéticos chamados de *pensar* pode fluir e se tornar focado, estreitando-se em um único pensamento.

Da mesma forma, uma lembrança seria um pico, e o lembrar, uma posição de subpico. Aqui, mais uma vez, imaginamos o cone surgindo de subpicos em direção a valores de pico como um funil pelo qual as muitas camadas de lembranças seriam moldadas e alteradas rumo a uma lembrança única; ou, se a diversidade fosse alta, um conjunto de lembranças ativadas simultaneamente.

De maneira semelhante, uma emoção poderia ser um pico; o emocionar-se, ou os processos emocionais, seriam uma posição de subpico.

As emoções são um conjunto complexo de processos, e os sentimentos subjacentes que surgem por todo o corpo interagem com os processos neurais do pensamento e da memória para formar nosso processamento emocional naquele momento. Em outras palavras, nossos termos para essas experiências mentais implicam sua natureza separada quando, de fato, elas podem estar essencialmente entrelaçadas como emoção-pensamento-lembrança e além. Quando nos damos conta desse intrincado estado de sentimento subjetivo, podemos vê-lo como o surgimento de possíveis sentimentos em um estado atualizado, o borbulhar de um pico de emoção, pensamento, lembrança e muito mais a partir do funil de sentimento que, em nosso diagrama, é representado como um cone sob o pico.

Aqui temos a noção de que os pontos do aro, nos vários segmentos da prática da Roda, podem se correlacionar com nossos picos e subpicos que formam os cones ou funis cognitivos, que direcionam o potencial e a probabilidade a se atualizarem. Para facilitar a referência, vamos simplesmente usar o termo único *pico* para o pensamento e o pensar, a lembrança e o lembrar, a emoção e o emocionar-se, que são as formas como esses pontos do aro se tornam atualizados de maneira interligada. Em outras palavras, chegamos a uma sugestão de que as posições combinadas de pico e subpico do diagrama 3-P podem se correlacionar com o aro da Roda da Consciência.

Por baixo de um pico, estão probabilidades em nível mais alto que o plano, mas mais baixas que um pico, como um *estado mental* de

O Diagrama 3-P se junta à Roda da Consciência

probabilidade
100%

quase 0%

→ tempo

diversidade

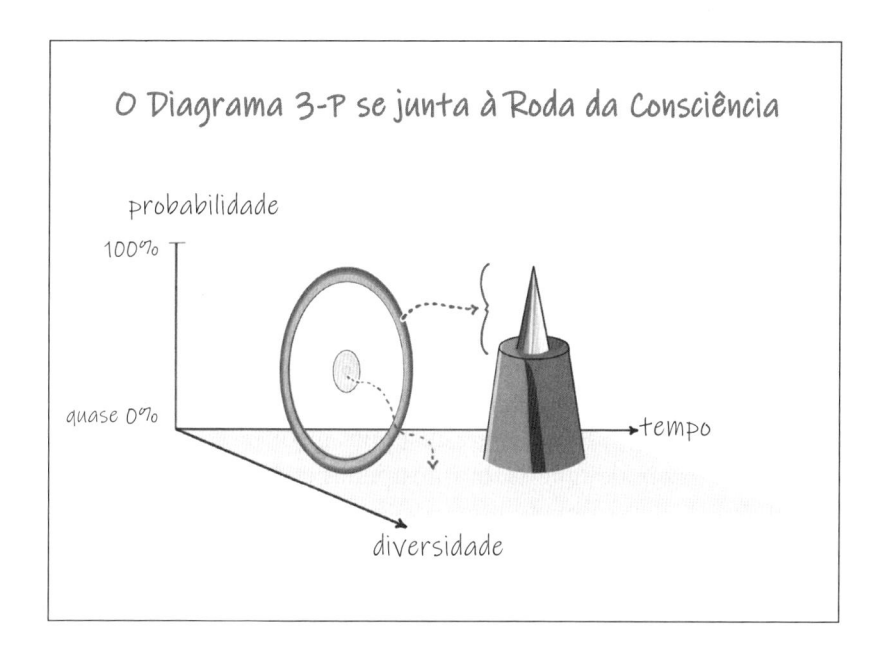

escolher apenas palavras que comecem com *a* ou um dos cinco oceanos. Esses estados mentais incluem a intenção como um processo mental já abordado, que define a direção do fluxo de energia e informação e as formas como ele ocorrerá. Agora conseguimos imaginar como esse estado mental pode correlacionar-se com um *platô*. De um determinado platô, de um determinado estado mental, cones que se movem rumo a posições de pico de atualização servem para, no fim, canalizar muitas possibilidades em algumas poucas a serem atualizadas.

Um estado mental é um padrão geral de fluxo de energia que aglutina intenção, memória, emoção e as reações comportamentais em algo que essencialmente está preparando, ou prontificando, cada uma dessas atividades mentais para que sejam ativadas e ligadas umas às outras, sendo, portanto, mais prováveis de serem ativadas juntas do que por mero acaso. É isso que entendemos por entrelaçar eventos mentais como emoções, pensamentos e lembranças. Um estado mental e suas experiências mentais associadas, como o humor ou a intenção, podem ser mapeados em nosso diagrama como um *platô* de probabilidade elevada. Posso estar disposto a falar sobre o oceano que acabei de visitar, presente agora na memória, estabelecendo a intenção de focar em corpos de água e, então, tornando mais provável que meu processo comportamental seja o de propor uma palavra como *oceano*. Nós representamos visualmente esses processos mentais em nosso diagrama como um platô que dá origem a um conjunto específico de picos, sendo que o pico que surgiu foi a atualização da palavra *oceano*.

Qual seria a correspondência de um platô em nossa prática da Roda da Consciência? Às vezes, é possível que um estado mental adentre nossa consciência e, nesse caso, o próprio platô pode se correlacionar com um elemento do aro – algo capaz de entrar na consciência quando ligado a um raio da atenção. Em outros momentos, os platôs podem ser bastante difíceis de detectar, servindo como *filtros de consciência* fora da consciência, que dão origem apenas a cones específicos e seus picos. Tais filtros podem permitir que apenas certos elementos entrem na consciência, determinando quais pontos do aro podem ser ligados ao núcleo por um raio da atenção focal. Dessa forma, os platôs servem como filtros para o que faz ou não parte dos picos de atualização que podemos experimentar como objetos na consciência.

Pode ser também que os platôs como filtros também moldem o que se torna parte de nossa vida mental inconsciente, restringindo e moldando o que se atualiza a partir de um subconjunto muito específico de potenciais ativados por nosso inconsciente que se tornam um pico – mesmo que não façam parte da consciência. Em outras palavras, possibilidades tornando-se atualidade é algo que pode ocorrer sem que estejamos cientes disso. Sabemos a partir de uma série de estudos que muitas atividades mentais – pensamentos, lembranças, emoções – desenvolvem-se principalmente fora de nossa experiência consciente. Na metáfora da Roda, é algo que pode ser retratado simplesmente como um elemento de aro que não está ligado ao núcleo pelo raio da atenção. O que isso pode significar, em termos do modo como as atividades mentais não conscientes são vistas em nosso diagrama 3-P? Abordaremos essa questão um pouco mais à frente em nossa jornada, então vamos ver o que encontraremos à medida que avançamos em nossa discussão.

Em nosso diagrama 3-P, o plano das possibilidades representa o gerador da diversidade, a fonte de qualquer coisa possível, um mar de potencial, o vácuo quântico. Emergindo da fonte dos processos e formas potenciais, nossos platôs e picos surgem do mar amorfo de potencial, nosso plano das possibilidades.

O plano das possibilidades é um espaço de probabilidade matemática real, mesmo que não do tipo de espaço físico clássico e newtoniano que nossa mente encarnada está acostumada a encontrar e até mesmo a conceber. Diz-se que a cognição, a forma de pensarmos, é *encarnada* e *encenada*, ou seja, a forma como processamos a informação é moldada por esses corpos em que vivemos e pelo modo como nos movimentamos no mundo. Dado o corpo ser uma enorme coleção de microestados reunidos em um macroestado maior, que interage por meio de nossos cinco sentidos com outros macroestados, todos nós pensamos naturalmente, assim como sir Isaac Newton, nessas noções clássicas de física do espaço e do tempo. Entretanto, no nível quântico e empiricamente comprovado dos microestados, espaço e tempo simplesmente não são as mesmas entidades que nossa mente newtoniana encarnada e encenada poderia imaginar – ou até mesmo perceber. Acrescente-se a isso a visão de que nossa cognição também *se estende* a outras formas de processamento de informações em nosso mundo clássico e *penetra* em nossos sistemas de significação cultural compartilhados, e podemos ver como nossas visões também podem ser limitadas e reforçadas por convenções de comunicação comum – por noções compartilhadas da realidade. Para mover entre esses compreensíveis padrões de cognição embutida, ampliada, encenada e encarnada, podemos dar uma boa respirada newtoniana e abrir a mente para uma perspectiva de microestados probabilísticos que advém de uma visão quântica cientificamente fundamentada da natureza do fluxo de energia. Nosso diagrama 3-P mapeia uma noção quântica de probabilidade, e agora estamos tentando encontrar correlações dessa estrutura com nossa experiência da Roda.

O valor desses três aspectos do diagrama – plano, platô e picos – é que podemos ver como sua posição de probabilidade pode explicar os mecanismos da mente subjacentes à experiência da Roda.

O plano representa uma gigantesca diversidade de possibilidades. Um platô é um conjunto mais limitado de ativações potenciais das quais pode surgir um padrão de picos mais restrito. Um platô alto e estreito indicaria um estado mental estreito; por exemplo, um filtro mental que só daria origem a um número limitado de picos de pensamento, emoção, lembranças e imagens à medida que eles se atualizam. Um platô mais baixo e largo indicaria um estado mental mais aberto, mas ainda uma estrutura mental específica, um filtro que permite um conjunto mais amplo, mas ainda assim restrito, de atividades mentais na forma de picos ou mesmo de estados mentais na forma de planos específicos que surgem a partir deles. Os platôs

Diagrama 3-P

probabilidade
100%
quase 0%
tempo
diversidade

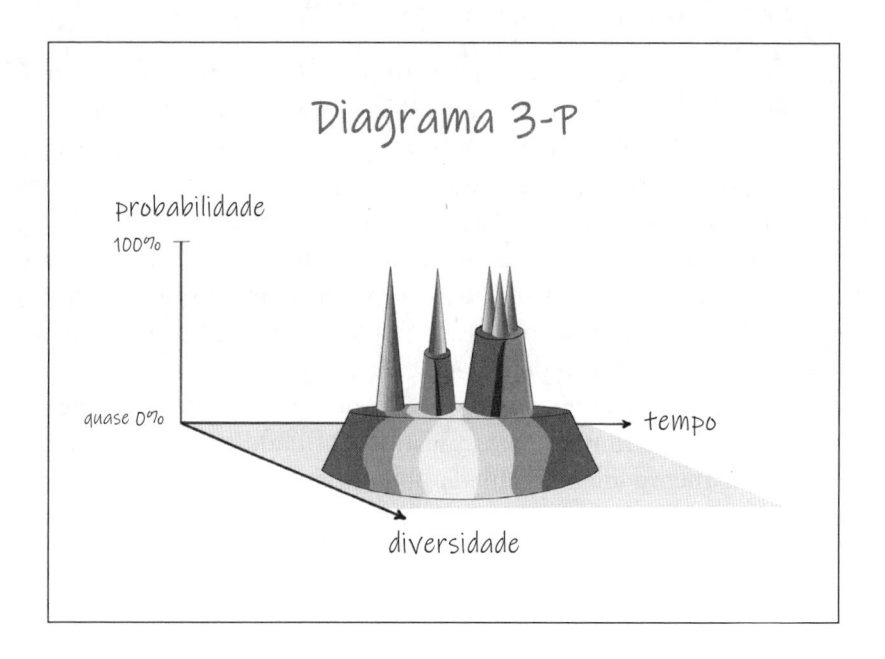

funcionam como filtros que nos ajudam a aprender com o passado e a ser eficientes no presente para que possamos nos preparar para o futuro imediato. Há um grande valor de sobrevivência em ser capaz de construir filtros – os platôs são uma função útil da mente, se puderem ser flexíveis e adaptáveis.

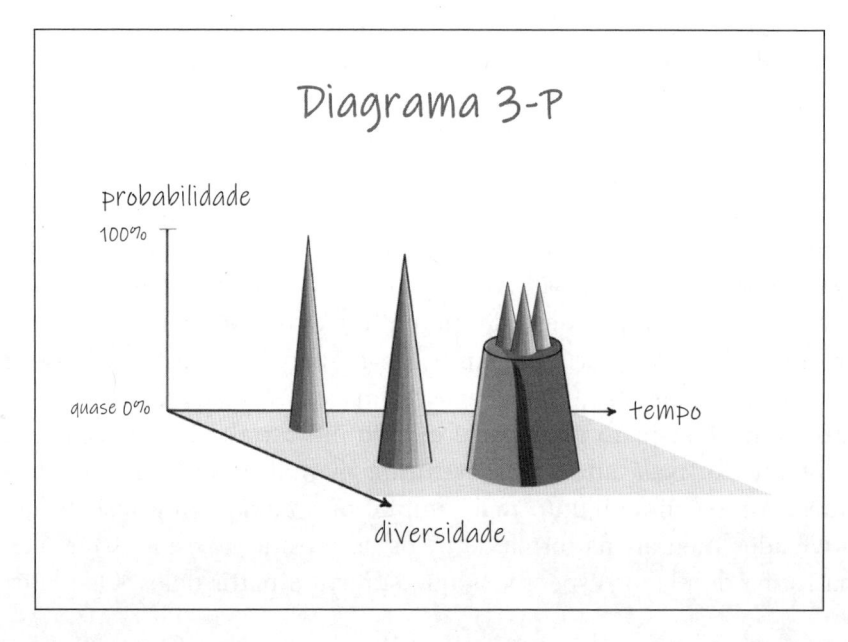

Diagrama 3-P

probabilidade
100%
quase 0%
tempo
diversidade

Um platô de baixa estatura pode ser uma forma de representar visualmente um estado mental, tal como uma mentalidade autodefinida de que quem eu sou está separado do mundo ou de minha identificação com um grupo ou outro, o que traz embutida uma postura mental com uma série específica de estados mentais vistos como platôs particulares e seus respectivos padrões de pensamento emergindo como picos.

Em nosso diagrama 3-P, conseguimos até mesmo ver como alguns picos podem emergir diretamente do plano, e talvez esta seja uma mente bem aberta, não restringida por uma estrutura mental específica e estados mentais que filtram o que é capaz de se tornar atualizável a partir do conjunto de possibilidades. Talvez essa experiência de picos subindo diretamente do plano das possibilidades seja o que se entende por "mente de principiante". Às vezes é ótimo ter esse estado de uma mente sem filtro; outras vezes precisamos de um filtro – por exemplo, quando estamos dirigindo um carro, precisamos estar preparados para acionar os freios rapidamente, filtrando bem nossas opções para que possamos parar rapidamente se necessário. Observe, também, como essa filtragem ao dirigir pode acontecer em piloto automático, sem necessidade de estarmos atentos. Às vezes, a ação rápida – o pico – precisa ser atualizada sem que haja uma reflexão consciente.

Refletindo sobre sua experiência da Roda, e agora revisando essas representações visuais em nosso diagrama 3-P, que outras correspondências entre a Roda e o diagrama surgem em sua mente? Como sua experiência mental pode corresponder a ver a mente emergindo de um fluxo de energia? Se um mecanismo da mente é realmente um processo que emerge do fluxo de energia, e a fonte potencial desse fluxo é o plano das possibilidades, você consegue, a partir de nossa perspectiva 3-P, sentir uma conexão entre sua experiência subjetiva e o que essa experiência pode ser?

Você consegue sentir como um pensamento emerge com uma certa intenção, avança como a ação de pensar e então se torna claro, de repente, dentro da consciência – como um pico de ativação? Você consegue sentir a experiência do pensar, às vezes não tão claramente demarcada – uma posição de subpico? E como você sente uma disposição ou intenção – qual é a sensação de um platô? Essas atividades mentais do terceiro segmento do aro podem ser posições acima do plano, como platôs, posições de subpicos ou os próprios picos.

As atividades da mente, os pontos do aro ao longo do terceiro segmento de nossa Roda da Consciência, podem agora ser mapeadas em nosso diagrama 3-P.

E o que dizer do primeiro e do segundo segmentos do aro? Eles também podem chegar a nós como picos de ativação. Quando nos concentramos diretamente na audição, visão, paladar, tato ou olfato, uma possibilidade está se transformando em uma atualização. Ao internalizarmos essas formas de fluxo de energia externa, elas influenciam nossos receptores sensoriais e os circuitos relacionados que, em última instância, nos ligam à consciência sensorial. Quando aglutinamos um determinado canal sensorial com outros, e combinamos isso com o processo de filtragem do conhecimento prévio que chamamos de viés perceptivo, desenvolvemos uma consciência perceptiva mais complexa, um processo capaz de ser mostrado em nosso diagrama 3-P como platôs que filtram as possibilidades na forma de picos de ativação. Essas posições de platôs e picos, acima do plano, seriam também os pontos do aro de nosso primeiro segmento da Roda.

Os sinais de segundo segmento, relativos a estados corporais, podem surgir como um movimento da possibilidade à atualidade à medida que sentimos o estado energético do corpo. De todos os modos com que os sinais do corpo podem se formar e se transformar, trata-se sempre de energia fluindo – do movimento das possibilidades às probabilidades elevadas de um estado corporal, e depois às atualidades específicas de um dado momento. Isso pode ser percebido como platôs de estados corporais gerais ou picos de sentimentos específicos, que são as manifestações do estado energético do corpo, o que seriam pontos do aro no segundo segmento da consciência interoceptiva em nossa Roda. Novamente, os pontos do aro aqui incluiriam platôs e picos, valores energéticos acima do plano e ao longo da curva de distribuição de probabilidades. Poderíamos experimentar uma sensação ampla e irrequieta em nosso corpo, como quando nossa consciência absorve os sinais de nosso coração e nossos instintos. Conforme examinamos nosso estado corporal, a sensação de nossos instintos e do coração pode se tornar mais evidente, movendo-se talvez de um platô para um pico, e conseguimos então sentir de uma forma específica que nosso coração e nossos instintos podem nos guiar em direção a um curso de comportamento a ser tomado. Nosso estado corporal pode servir como um guia útil para nossas ações gerais, abrindo-nos aos platôs de nossos estados mentais internos, de modo a utilizarmos uma bússola interna para ajustar os picos de ação de forma mais adaptativa e, por que não dizer, integrada.

Estados energéticos em geral podem ser revelados como conglomerados ou perfis de qualquer combinação das variáveis CLIFF, que podem se alterar e mudar de possíveis para atuais conforme a energia flui. Esse conjunto de perfis CLIFF é magnífico e diversificado, rico em complexidade. Agora podemos nomear probabilidade e diversidade como outras duas facetas da energia, que também podem ser identificadas como variáveis de deslocamento além das cinco iniciais (contorno, localização, intensidade, frequência e forma). Em nossas discussões futuras, vamos nos concentrar principalmente na variável de probabilidade. À medida que aprendemos a nos tornar sensíveis à posição da energia ao longo da curva de distribuição de probabilidades, podemos ter apenas um vislumbre dessa faceta da energia-como-probabilidade, de um modo reflexivo, de microestado e quântico de estarmos atentos. Indicamos a característica dessa variável de probabilidade em sua posição vertical no diagrama 3-P.

Você já teve a sensação de algo emergindo em seu corpo? Você consegue sentir uma disposição que não se manifesta como um sentimento, mas como um estado de presença generalista, vago mas real, uma inclinação, uma propensão? Você já teve alguma vez essa sensação em sua mente de algo "querendo acontecer"? Cada uma dessas sensações pode ser energia na posição de platô. Um platô é uma probabilidade aumentada, uma preparação, uma propensão. Um platô em geral serve como um filtro, tornando mais provável que surjam certos picos de ativação em vez de outros. Esse pode ser o mecanismo de como um platô serve como um *filtro de preparação*. Vamos simplesmente usar o termo *filtro* para designar em nossa estrutura 3-P o modo como um platô seleciona apenas certos aspectos da ampla gama de possibilidades do plano e os disponibiliza para a atualização. O que é atualizado? Uma sensação corporal parcial, uma emoção específica, uma ideia mental que se torna cristalina – em um dado momento, esses seriam os movimentos em direção a picos a partir de nossos platôs filtrantes de energia. Pode ser que a tomada de consciência de um padrão de energia seja alcançada mais facilmente quando ele está em uma posição de pico; quando a energia está em um estado de menor probabilidade, como um platô, ela pode ter uma qualidade menos distinta quando a sentimos diretamente. Em outras palavras, podemos ser capazes de sentir picos de consciência muito mais rapidamente do que processos de subpicos ou platôs filtrantes.

Em seu corpo e em seu cérebro, podemos imaginar o mecanismo neural que acompanha essa sexta faceta de mudanças de probabilidade de energia como decorrente do estado de energia eletroquímica de nosso sistema nervoso e de nosso próprio corpo. Por exemplo, alguns cientistas acreditam que, quando estamos vivenciando a recordação de uma memória, neurônios ativam-se em um padrão ligado ao evento passado. É assim que armazenamos uma memória criada por um evento passado que influencia *a probabilidade de uma ativação neural em algum momento futuro*. É isso que significa armazenamento e recuperação de memória – uma probabilidade alterada de ativação agora, com base no que aconteceu antes. Isso significaria que a maneira real com que armazenamos nossas memórias, e talvez até pensamos, está embutida em nosso sistema nervoso como uma função de probabilidade. Nossas emoções também influenciam a probabilidade do desdobramento do pensamento e da memória nos chamados processos "dependentes de estado" – o nosso estado emocional molda diretamente a natureza do processamento da informação que se desenvolve. A informação surge de padrões de energia, e agora podemos ver como parte desse emergir é moldada pela probabilidade – tanto no nosso cérebro quanto na sensação de nossas experiências mentais. Podemos ver que nossa estrutura 3-P focada na variável de probabilidade é, na verdade, bastante condizente com a visão neurocientífica de como as funções do cérebro e a mente emergem.

Também temos algo chamado "memória do futuro", em que antecipamos o que está por vir, preparando a maneira como provavelmente vamos agir. Pesquisadores acreditam que esses processos de preparação envolvem mudanças nas interações e interconexões entre os neurônios conectados. Isso molda nossa mente prospectiva, criando a experiência de profecias autorrealizadas, a forma como nosso senso do eu no mundo reforça seu próprio devir. Discutimos esses processos de autodefinição, e algumas vezes de autorrestrição – parte de nossa viagem mental no tempo e do pensamento prospectivo –, como funções da rede em modo padrão, a RMP.

Esses processos neurais podem ser o mecanismo corporificado de nossos platôs agindo como *filtros de consciência* – criando nosso senso de identidade e moldando nossos estados mentais. Podemos ter padrões de uma série de platôs que organizam nosso processamento de informações em vários estados, influenciando a forma como pensamentos, emoções ou lembranças ficam disponíveis para nós dentro da consciência. Às vezes, sentimos diretamente nossos platôs filtrantes, mas, com mais frequência, sentimos as sombras que eles lançam sobre os estados mentais que eles nos preparam para sentir e o conjunto específico de picos selecionados que eles permitem emergir.

Nossos filtros de consciência moldam nossa experiência mental e, dessa forma, as atualizações que podem surgir, definindo e às vezes restringindo nossa experiência da sensação de estar vivo.

Quando nossos filtros são livres e flexíveis, somos eficientes e vivemos em harmonia com o mundo, tendo uma sensação fluida de nós mesmos que surge de um conjunto dinâmico de platôs ajustando-se às necessidades sempre mutantes do mundo ao nosso redor e dentro de nós. É isso que significa viver com presença. Quando um determinado filtro é congelado e rígido, ou caótico e sem um núcleo coerente em sua estrutura, essas características podem nos tornar propensos à rigidez e ao caos que um conjunto não realizado e não integrador de platôs autodefinidores pode criar. Nessas situações, será complicado estar presente e se mostrar com plenitude para a vida.

Picos, platôs e plano – uma continuidade de valores de probabilidades que descreve como nosso corpo e nossa mente podem funcionar com base nas mudanças de energia.

Identificamos os valores de picos e platôs, acima do plano no diagrama 3-P, como correspondendo aos pontos do aro em nosso mapa mental da Roda. É uma forma útil e fundamentada de ver como o mecanismo energético dessa estrutura 3-P se correlaciona com a imagem visual de nossa metáfora da Roda – especialmente o aro. Vamos agora voltar e avançar em nossas experiências diretas com a Roda, praticando e focando diretamente o núcleo e o raio, a fim de aprofundar esse diagrama 3-P em nossa compreensão da consciência e do que significa viver com presença.

A consciência, o núcleo e o plano das possibilidades

A consciência e o plano das possibilidades

Quando pratica a Roda, como você sente o espaço entre as atividades mentais? Qual é a sensação quando você curva o raio sobre o núcleo, quando você está ciente da consciência na parte núcleo-sobre-núcleo da prática? Nesta seção, vamos explorar como os mecanismos da consciência de sua mente podem corresponder às propriedades da energia de nossa estrutura 3-P.

Quando oriento pessoas na prática da Roda e chegamos à revisão do terceiro segmento do aro, sugiro que elas permitam que qualquer atividade mental do aro entre na consciência delas. Ironicamente, muitos me relataram que surgiram poucas ou mesmo nenhuma atividade mental – e, quando surgiram, foram muito menos intensas e frequentes. Uma descrição da experiência é a de ondas se quebrando na praia da consciência. Para alguns, foi a primeira vez em muito tempo que eles sentiram paz de espírito – marolas gentis em vez de ondas grandes. Palavras usadas para descrever esse estado, no qual "quase nada estava emergindo" ou "nada estava vindo", e a sensação de que a consciência existe no "espaço entre as atividades mentais" são correlatas àquelas usadas para descrever a etapa de se tornar ciente da consciência, do "núcleo-sobre-núcleo". Como discutimos no final da parte I, essas descrições geralmente incluem termos como aberto, expansivo, vasto, pacífico, sereno, claro, infinito, desaparecimento do tempo, à vontade, Deus, amor, alegria e abertura. Outras descrições incluem a sensação de vazio e plenitude ao mesmo tempo, de se sentir completo e aberto. O que essas imersões diretas no núcleo, na própria consciência, revelam sobre possíveis mecanismos da mente e como isso poderia se correlacionar à nossa compreensão do diagrama 3-P?

Quando comecei a perceber como as descrições do núcleo eram semelhantes, pensei que poderia ser algum tipo de acaso, alguma descoberta interessante, embora estranha, e específica das pessoas com quem eu estava trabalhando. Porém, quando meus colegas começaram a relatar resultados semelhantes em si mesmos e com seus clientes, e, quando cada vez mais participantes de workshops, sem saber dessas descobertas, diziam coisas quase idênticas – a despeito de seu grau de escolaridade, cultura ou experiência com meditação –, comecei a imaginar que essas experiências universais poderiam ser reveladoras.

Você pode às vezes ter um conjunto diferente de sensações; eu também tenho. Nossas experiências com a Roda podem variar a cada sessão. No entanto, a uniformidade desses relatos em uma variedade tão grande de indivíduos – consistentes com relatos de práticas de um passado distante, como já discutimos aqui – nos convida a considerar quais mecanismos comuns podem estar conectando todos eles.

Durante práticas da Roda, quando consideramos os relatos sobre experiências subjetivas do espaço entre as atividades mentais, e também sobre o próprio núcleo, poderão as descrições dessa imensidão corresponder ao plano das possibilidades?

Talvez – sublinhado mil vezes –, *talvez* a fonte do conhecimento da consciência, a experiência subjetiva de estar ciente, surja do plano das possibilidades.

Se essa proposta for verdadeira, então aí vai o que ela pode explicar. Quando curvamos o raio e tomamos ciência da consciência pura, temos um sentimento de vastidão porque estamos experimentando uma possibilidade infinita – o mar de potencial –, que é a realidade matemática do plano.

Essa visão ajudaria a explicar o que poderia estar acontecendo na consciência, aquilo que muitos descreveriam como uma sensação de vazio e plenitude ao mesmo tempo. O que estaria acontecendo para ser vazio e cheio ao mesmo tempo, como tantos descrevem? O plano está vazio de atualidades, mas cheio de possibilidades. O plano é desprovido de formas, mas cheio do amorfismo do potencial. O plano está ao mesmo tempo vazio e cheio.

A atualidade e a forma emergem em posições acima do plano, ao longo do espectro de probabilidade. A energia flui e dá origem a probabilidades e atualidades; o plano representa tudo o que pode surgir e que ainda não surgiu. E esse plano das possibilidades pode ser exatamente a fonte da consciência. Se os conhecimentos do aro correspondem a picos e platôs, aquelas posições acima do plano no diagrama 3-P, o próprio plano pode corresponder ao núcleo – o conhecer da consciência.

Vamos fazer uma pausa por um ou vários momentos, para considerar essa proposta.

Aí vai um breve panorama para consolidar o que exploramos na seção anterior. Um pensamento, uma emoção e uma lembrança podem ser um pico. Pensar, emocionar-se e lembrar-se pode ser um valor de subpico, logo abaixo do pico. Os cones que levam a esses picos serviriam como funis que reduzem as possibilidades que surgem de platôs específicos – às vezes surgindo diretamente do próprio plano. Uma intenção, humor ou estado mental poderia ser um platô. Esses platôs então limitariam e definiriam os tipos de pensar, emocionar-se e lembrar-se que experimentamos ao dar origem a pensamentos, emoções e lembranças específicas. Esses platôs são os filtros da consciência, que moldam a maneira como os conhecimentos de nossa mente se desdobram, direcionando a natureza dos elementos do aro e moldando aquilo de que podemos estar cientes dentro do núcleo.

O novo componente de nossa proposta que estamos apresentando aqui é que a experiência de estar consciente emerge do plano das possibilidades. O conhecer do núcleo se correlacionaria ao plano. Os conhecimentos do pensamento e do pensar, da emoção e do emocionar-se, das lembranças e do lembrar-se, dos estados mentais, intenções e humores se relacionariam aos valores acima do plano, nossos picos, posições de subpico e platôs.

Correlatos cerebrais da consciência pura

Como vimos, a neurobiologia moderna – incluindo seu ramo de neurociência contemplativa, que estuda práticas reflexivas como a meditação – sugere que a descrição subjetiva de uma consciência vasta e espaçosa pode se correlacionar ao longo do tempo com a descoberta de padrões de ativação neural altamente integradores no cérebro.

Nossa sugestão a partir da perspectiva 3-P é que essa "clareza espaçosa e vazia" emerge como a consciência aberta e receptiva da mente quando a posição probabilística da energia está imersa no plano das possibilidades – uma posição de probabilidade quase 0%, como vimos, não é a energia em si, mas a fonte da qual a energia surge.

Fundindo essas três abordagens distintas de experiência subjetiva, pesquisas empíricas do cérebro e nossa estrutura mental de probabilidade de energia, o que poderíamos propor como a relação neural de nosso plano das possibilidades?

Como já exploramos nos capítulos anteriores, muitas teorias baseadas no cérebro sugerem que a consciência emerge da *integração de informações dentro da atividade neural*. Estudos de eletroencefalograma apoiam essa noção de integração entre as ativações do circuito neural no processo de tomada de consciência. Colocamos uma lente de energia para enxergar essas afirmações, vendo *a integração neural como um padrão de conexão entre estados de energia diferenciados*. Ondas gama são uma forma de avaliar tais estados de integração neural à medida que as regiões diferenciadas estão sendo ativadas em sincronia. Vamos ver como essas visões de integração podem de alguma forma corresponder à proposta da consciência baseada no plano das possibilidades.

Esse mar de potencial, representado como o plano das possibilidades em nosso diagrama 3-P, poderia ser considerado uma conexão de infinita diversidade dentro desse espaço matemático de potencialidade? Em outras palavras, se o plano representa a noção estabelecida pela física de um mar de potencial, então dentro desse vácuo quântico assenta-se um potencial infinito – exatamente como ele é definido pela ciência. Do ponto de vista da integração, esse espaço poderia ser interpretado como o nível final da diferenciação – tudo o que poderia vir a ser está ali –, bem como da conexão, pois tudo se assenta no mesmo espaço de probabilidade de interconexão. Essa interligação de potenciais diferenciados poderia então ser vista como um enorme grau de integração a partir de nossa estrutura 3-P.

No cérebro, como mediríamos essa enorme diversidade e interconexão em um único estado de energia neural? Poderia este ser algum perfil energético e eletroquímico refletindo uma forma de integração, a conexão aberta de diferenciação definitiva? Poderia esse estado de integração maciça ser o modo como o cérebro controla o processo de consciência?

Lembre-se de que as oscilações gama são padrões de eletroencefalograma (EEG) que medem a atividade elétrica altamente integrada no cérebro. Em estudos sobre contemplação com sujeitos especialistas em meditação, o neurocientista Richard J. Davidson descobriu que essas ondas gama estão associadas a uma "amplitude e vastidão em suas experiências, como se todos os seus sentidos estivessem abertos para o rico e completo panorama de experiência".[32] Lembre-se também de que outros pesquisadores que estudam a contemplação nesse novo ramo da neurociência, incluindo Judson Brewer e seus colegas, descobriram que a consciência sem esforço, criada por uma série de maneiras de se ter uma consciência receptiva para o que quer que surja, estava associada à integração em rede no cérebro de pessoas experientes em meditação.

Ao buscar uma conciliação entre as outras noções de consciência, do ponto de vista da teoria da informação integrada dos neurocientistas Tononi e Koch, mencionada anteriormente, poderia ser que, quando os estados de integração são alcançados no cérebro, a experiência subjetiva de estar ciente emerge ao entrar nessa posição do plano das possibilidades durante esse estado cerebral integrado? Em outras palavras, poderiam essas descobertas da consciência receptiva e dos padrões de ativação integrados do cérebro durante a consciência, alcançadas via EEG, revelar uma posição de probabilidade geral do estado energético do cérebro como estando no plano das possibilidades?

Da perspectiva da teoria do esquema de atenção de Graziano para discutir a consciência do cérebro social, como já vimos, poderíamos propor que a modelagem do foco de atenção – criando um mapa de atenção em si – e a experiência de prestar atenção à consciência pura poderiam criar um certo tipo de esquema espaçoso, um amplo mapeamento expansivo desse estado específico de atenção sobre a consciência. A complexidade integrada no cérebro cria a consciência. Deixando de lado um objeto particular de atenção e simplesmente focando a atenção na modelagem da atenção – o que essa visão sugere que a consciência seja, em última análise –, então amplificaria um tipo de modelagem da modelagem, aumentando um estado de integração neural em dado momento.

---

[32] Goleman e Davidson, *Altered Traits*, p. 232.

Em circunstâncias normais, o que essas duas teorias oferecem é uma visão da atenção focal – a experiência de estar ciente de *algo* –, e não, de fato, a experiência da pura consciência em si. Poderia a visão contemplativa da neurociência a respeito da integração com uma consciência receptiva vasta e espaçosa ser combinada com essas duas visões cognitivas da neurociência da integração e da atenção focal, talvez revelando a atividade do cérebro envolvida em estar ciente não apenas de algo, mas da consciência pura em si?

Permanecendo no amplo campo da ciência do cérebro, podemos nos voltar agora para o trabalho do neurocientista Rodolfo Llinás, que propõe que uma atividade elétrica de 40 ciclos por segundo, ou 40 hertz (Hz), faz uma varredura a partir de uma área profunda do cérebro, o tálamo, até as regiões corticais superiores, e dá origem à nossa experiência de estar ciente de algo. Em outras palavras, de alguma forma, essa varredura energética de 40 Hz é considerada fundamental para nos tornarmos conscientes. Vamos explorar esse processo de varredura neural em breve, mas aqui apenas observamos novamente que uma visão comum de algum tipo de conexão de diferentes regiões dentro de redes de larga escala parece estar no cerne de como o cérebro está envolvido na consciência. Até onde eu sei, nós simplesmente não entendemos como e por que a experiência subjetiva de estar ciente ocorre de fato, de acordo com essa e todas as visões sobre o cérebro. E, mesmo como e por que a experiência subjetiva de estar ciente pode surgir de nossa proposta de estrutura 3-P do plano das possibilidades – quer esse estado esteja na cabeça/cérebro, no corpo inteiro, em nossas relações, ou, como alguns têm sugerido, no cosmo –, nós tampouco sabemos.

Se essa visão do plano das possibilidades sobre as origens da consciência estiver correta, se for uma descrição precisa, embora necessariamente incompleta, de um possível mecanismo da mente e da consciência, então a jornada à nossa frente é uma tentativa de conciliação potencialmente frutífera de conectar a ciência e a experiência subjetiva, um esforço digno de nossa contínua exploração e aplicação.

Na seção seguinte, aprofundaremos nossa discussão sobre essa proposta de que o plano das possibilidades corresponda ao núcleo da Roda da Consciência, explorando a experiência subjetiva distinta de "viver desde o núcleo" *versus* "estar preso no aro". O plano pode ser experimentado mais no nível do microestado quântico do que o aro, que pode ser dominado mais pelas clássicas regras newtonianas da física do macroestado, incluindo certezas e a seta do tempo. Essa visão pode nos ajudar a compreender nossa experiência direta com a Roda e como as facetas do senso de potencial ilimitado do núcleo, bem como a presença de possibilidades desprovidas de uma seta do tempo, podem preencher nossa experiência subjetiva com uma profunda sensação de liberdade decorrente do plano das possibilidades. Essa mudança do espaçoso núcleo para as certezas do aro, do plano aos picos e platôs, pode, dessa forma, revelar os contrastes entre os níveis quânticos e clássicos da realidade em nosso dia a dia. É mais fácil compreender melhor esse contraste ao esclarecermos a natureza dos platôs que servem como nossos filtros de consciência acima do plano na próxima etapa de nossa jornada.

Filtros de consciência

Filtros de consciência e a organização da experiência

Uma questão que se coloca neste momento é como podemos tomar consciência de alguns fragmentos de energia ou informação e não de outros. Em outras palavras, por que e como apenas alguns picos e platôs entram na consciência, enquanto outros não (talvez a grande maioria deles – nossos padrões não conscientes de fluxo de energia e informação)?

Quando sonhamos, por exemplo, temos um tipo de consciência que talvez não lembremos mais tarde. No entanto, todos nós já vivenciamos momentos em que acordamos bastante cientes de um sonho que estávamos tendo. Anotar um sonho naquele momento lhe dá a chance de se lembrar do mundo dos sonhos mais tarde. O neurocientista Rodolfo Llinás escreveu sobre a noção de que todos os estados de consciência podem ser comparados a sonhar. Sigmund Freud também escreveu extensivamente sobre sonhos, sugerindo que eles servem como um "caminho real para o inconsciente". Freud se referiu aos sonhos como uma forma de "consciência primária", em contraste com nosso estado de vigília, que ele chamou de "consciência secundária", na qual a consciência de nossos verdadeiros sentimentos e motivações é prejudicada de alguma forma. Tanto Llinás quanto Freud aludem à característica do sonho na qual há um afastamento de qualquer sentido de um eu fortemente demarcado. É como se estivéssemos enxergando a ação em nossos sonhos como quem vê e como quem é visto; nesse sentido, há muito o que podemos descobrir sobre nós mesmos, e talvez sobre a realidade, examinando nossos sonhos. Se conseguirmos nos lembrar deles ao acordar, poderemos usar essas percepções de forma consciente, mas os sonhos – e a vida mental não consciente em geral – nos afetam, mesmo que não estejamos conscientes de sua existência.

Você deve ter notado que eu estou usando o termo *não consciente* em vez de *subconsciente* ou *inconsciente*. Faço isso conscientemente porque descobri que esses termos têm significados particulares em uma gama de domínios – incluindo a psicanálise, e mesmo dentro de nossa cultura popular –, que tendem a construir a concepção de que existe uma certa estrutura uniforme para o que está por trás de nossa mente. Muito pelo contrário: esses processos não conscientes são tudo, menos uniformes. *Não consciente* é um termo mais adequado em minha opinião, pois comunica que, de fato, uma vasta gama – talvez até mesmo a maioria – de diversas atividades mentais está acontecendo em um dado momento sem por fim se conectar à nossa consciência. Quando acordamos de manhã, muitas vezes não temos nenhuma lembrança da ocorrência de qualquer sonho, embora haja muitas pesquisas sobre os estados cerebrais associados ao sono que revelam que o cérebro é bastante ativo durante certas fases do sono. O que é esse "trabalho" que nosso cérebro realiza enquanto dormimos e que mais tarde nos exige "inconsciência" de tanta atividade neural e dos padrões de energia e informação que ele cria?

Uma experiência semelhante a essa realidade de sonho (na qual temos um eu mais livremente definido e que pode, de muitos ângulos, perceber a ação do sonho) pode ser sentida sob a influência de algumas drogas psicodélicas. E talvez não seja surpresa que cientistas que estudaram recentemente a atividade do cérebro sob a influência de certas drogas, como a psilocibina e o MDMA, tenham comparado esse padrão de ativação neural a certos aspectos do estado de sonho. Nesses estados cerebrais, a estreita ligação funcional de certas regiões corticais superiores com as funções integradoras das áreas límbicas inferiores, incluindo o hipocampo, afrouxa-se. Essa separação entre conjuntos de áreas pode permitir que uma gama muito mais ampla de padrões de ativação neural seja liberada durante esses estados. A possibilidade que essas descobertas empíricas nos convidam a considerar é que o habitual "estado cerebral de vigília" pode, de fato, nos limitar a um conjunto de experiências neuroconstruídas do que consideramos ser real. Dessa forma, nosso estado de vigília pode ter um conjunto definido do que estamos chamando de *filtros de consciência*, que orquestra cuidadosamente o que se passa na consciência e, portanto, parece ser a única perspectiva real.

Como William James declarou em seu texto clássico *As variedades da experiência religiosa*:

> Nossa consciência de vigília normal, ou consciência racional, como a chamamos, é apenas um tipo especial de consciência, enquanto em toda a sua volta, separadas dela pela mais fina das telas, existem formas potenciais de consciência totalmente diferentes... Podemos viver toda a vida sem suspeitar de sua existência; mas basta o estímulo necessário para que, num instante, elas surjam em toda sua plenitude, tipos definidos de mentalidade que provavelmente têm em algum lugar seu campo de aplicação e adaptação. Nenhum relato do universo em sua totalidade pode ser definitivo se desconsiderar essas outras formas de consciência.[33]

Estudos relacionados revelaram uma melhora clínica duradoura em indivíduos doentes ou com trauma, sofrendo de ansiedade e depressão, após apenas algumas sessões de tratamento com essas substâncias indutoras de consciência primária. Isso parece indicar que liberar o cérebro de seus filtros habituais de consciência pode ser terapêutico em certas condições. Essas pesquisas sugerem que as mudanças na consciência durante um momento, e depois na forma como sentimos a consciência no longo prazo, podem ter efeitos profundamente benéficos na vida de uma pessoa. Para alguém que está à beira da morte ou sofrendo de trauma severo, preso em disfunções rígidas ou caóticas, em estados de desamparo ou terror, talvez oferecer novas maneiras de ativar o cérebro para perceber uma realidade mais ampla da vida ofereça um alívio profundo, literalmente libertando a mente do sofrimento anterior. Esses estudos nos convidam a considerar os possíveis mecanismos da mente, entendendo como o cérebro participa da experiência do sofrimento e como as mudanças nos padrões de ativação neural por trás dos estados de consciência e da experiência do eu podem ser transformadas no processo de cura.

A neurocientista Selen Atasoy e colegas sugeriram uma forma de entender o papel de ampliar a experiência de consciência, explorando como os circuitos interligados de todo o cérebro, chamados de conectoma,

---

[33] William James. *Varieties of Religious Experience*. Boston: Harvard University Press, 1895; CreateSpace Independent Publishing Platform, 2013, p. 388.

podem estar funcionando, algo que eles chamam de conectoma harmônico:

> Em outras palavras, durante a perda da consciência, a atividade neural se torna restrita a uma faixa de frequência estreita, e durante a vigília uma ampla faixa de frequência do espectro harmônico do conectoma constitui a atividade neural. Uma gama mais ampla de conectoma harmônico é habilitada para ativação e um aumento da excitação que sabidamente ocorre no estado psicodélico (Glennon et al., 1984). Assim, seguindo a analogia musical, a consciência pode ser comparada a uma elaborada sinfonia tocada por uma orquestra, enquanto a perda de consciência corresponderia ao limitado repertório de uma nota musical tocada repetidamente.[34]

Para nós, a questão é: será que o acesso ao núcleo da Roda da Consciência, o acesso ao plano das possibilidades, poderia oferecer uma forma de abrir a consciência e aumentar a variedade de platôs que poderiam surgir? Sem tal acesso, é possível que o conjunto restrito de platôs potencialmente esteja servindo como filtros restritivos da consciência e limitando quais picos podemos acessar e experimentar.

Muitas pessoas com quem falei, que têm experiência na prática da Roda, descreveram uma abertura de consciência que pode ter o mecanismo de uma libertação semelhante dos filtros de consciência. Elas falam sobre uma nova sensação de libertar-se da depressão, da ansiedade e de traumas. A redução da dor crônica também é uma descoberta comum. Um conjunto anterior de filtros que mantinham alguém restrito a certos estados disfuncionais não integrados – que poderiam ser platôs aprisionando uma pessoa por meio de intrusões traumáticas de dor, ansiedade e medo, ou levando à experiência de depressão, desamparo ou desespero – pode agora ser dissolvido ao dar à pessoa mais acesso ao plano das possibilidades e libertá-la desses estados de caos ou rigidez.

Como vimos, um grande crescimento pode ocorrer se vivermos mais a partir do plano das possibilidades e perdermos ou afrouxarmos alguns dos filtros – os platôs – que surgem em nossa vida. Para fortalecer a mente e prepará-la bem para enfrentar os desafios

---

[34] Selen Atasoy, Gustavo Deco, Morten L. Kringelback e Joel Pearson, "Harmonic Brain Modes: A Unifying Framework for Linking Space and Time in Brain Dynamics", *The Neuroscientist*, 1º set. 2017, p. 1-7, doi: 10.1177/1073858417728032.

da vida, vamos explorar mais sobre essa perspectiva 3-P de crescimento. Vamos primeiro ver como os filtros de consciência que propusemos podem ser um mecanismo localizado acima do plano, geralmente não consciente, que molda a natureza de nosso estado de consciência.

Vamos supor, por enquanto, que o núcleo é o núcleo em qualquer estado de consciência que estivermos. Em nossos termos 3-P, experimentamos a consciência a partir do plano das possibilidades, e o plano é simplesmente o plano. Do ponto de vista do mecanismo cerebral, isso significa que a experiência subjetiva de estar consciente, por mais mediada que seja, *não está* realmente mudando, mesmo que nosso estado de consciência possa estar. O que a experiência comum dos sonhos pode revelar é que não há uma mudança nos mecanismos de se estar ciente, mas uma mudança no filtro da consciência que ocorre nesse estado. Um estado específico de consciência, então, seria uma mudança não na consciência em si, mas no que molda a experiência geral de estar ciente – o conteúdo daquilo de que estamos cientes e as características desse estado de consciência em si, como em breve exploraremos.

Os filtros moldam o que emergirá como conteúdo em nossa consciência, o que, por sua vez, influenciará novos fluxos de informação. Esse desdobramento às vezes flui como um riacho e outras vezes como uma cachoeira, com tal força que pode deslocar tudo em seu caminho. A qualidade de um determinado estado de consciência é moldada pela natureza dos padrões de energia que emergem acima do plano das possibilidades.

O que são esses filtros acima do plano que constroem estados de consciência e organizam nossa vida? Poderemos ter mais do que um breve vislumbre de sua estrutura e função em nossa vida para que talvez possamos nos libertar de seu incessante controle sobre a forma como experimentamos a consciência? Em vez de evitarmos esses filtros na opacidade de nossa mente não consciente, poderemos fazer amizade com eles e nos tornarmos mais livres, sabendo o que eles são e o papel que desempenham em nossa experiência consciente da vida, e depois aprender a viver mais plenamente por meio dessa amizade?

O que a ciência do cérebro pode esclarecer sobre esse processo da mente que normalmente opera sob a superfície de nossa consciência?

Os modelos que delineiam nosso senso de realidade

É possível que esses filtros de consciência estejam de alguma forma relacionados a um mecanismo fundamental que liga a consciência à auto-organização?

Vários neurocientistas estão pesquisando como aplicar princípios matemáticos para compreender o complexo funcionamento do cérebro. Karl Friston revisou algumas dessas abordagens que examinam o que é conhecido como o "princípio da energia livre" do funcionamento do cérebro. Conceitos como energia livre, homeostase e entropia são explorados em grande detalhe. A energia livre é "uma teoria da informação que prende ou limita a surpresa na amostragem de alguns dados (por ser maior que ela), dado um modelo generativo". A homeostase é "o processo pelo qual um sistema aberto ou fechado regula seu ambiente interno para manter seus estados dentro dos limites". E a entropia é definida como "a surpresa média dos resultados retirados de uma distribuição de probabilidade ou densidade. Uma densidade com baixa entropia significa que, em média, o resultado é relativamente previsível. A entropia é, portanto, uma medida de incerteza".[35] A certeza está relacionada à auto-organização.

Como exploramos anteriormente, sistemas complexos têm a propriedade emergente de auto-organização. Podemos dizer que ela é como o rio de integração que discutimos na parte I, com um fluxo harmonioso entre a ordem e o caos. Essa auto-organização é uma propriedade emergente que se reflete na aspiração poética de John O'Donohue: "Eu adoraria viver como um rio flui, carregado pela surpresa de seu próprio desdobramento". Podemos deixar que a auto-organização emerja e que o fluxo tome conta de si. Quando há liberdade dentro de um sistema complexo, a harmonia integradora surge naturalmente ao percorrer essa fronteira entre familiaridade e não familiaridade, certeza e incerteza. Uma visão sistêmica desse estado é chamada de *criticalidade* e refere-se a esse estado entre caos e rigidez. Como M. Mitchell Waldrop sugere: "A criticalidade é a zona de batalha que sempre se alterna entre estagnação e anarquia, o único lugar onde um sistema complexo pode ser espontâneo, adaptável

---

[35] Karl Friston. "The Free-Energy Principle: A Unified Brain Theory?" *Nature Reviews Neuroscience* 11, n. 2, 2010, p. 127-138.

e vivo".³⁶ A criticalidade é o espaço matemático de nosso rio de integração e seu fluxo FACES – ser flexível, adaptável, coerente, energizado e estável.

É possível que o plano das possibilidades seja a fonte desse fluxo integrador de harmonia emergindo com uma auto-organização ideal.

No entanto, às vezes a experiência constrói nossos platôs aprendidos, criadores de impedimentos à harmonia e de bloqueios à integração que levam a picos de caos e de rigidez. Um pico rígido seria aquele que permanece por grandes períodos de tempo ao longo de nosso eixo horizontal de mudança, relativo ao tempo – revelando um pico de atualização altamente previsível e imutável. Ou podemos ter estados caóticos nos quais o eixo z de diversidade é bastante cheio, com muitas coisas surgindo caoticamente em um dado momento.

No estado de consciência habitual de nossa vida adulta cotidiana, a maioria de nós aprendeu a viver no mundo da melhor forma possível, tendo os cinco aspectos FACES fluindo como parte do funcionamento de nossa mente. Permanecer no fluxo central de harmonia dentro do rio da integração nos permite ser flexíveis, adaptáveis, coerentes, energizados e estáveis. Para alcançar esse modo de existir, precisamos obter conhecimento, aprender habilidades e depois aplicar esse conhecimento e essas habilidades à experiência cotidiana. Se não adquirirmos esses padrões energéticos e as formas simbólicas de informação que eles criam como conceitos e categorias, e em vez disso vivermos eternamente como se estivéssemos chegando ao mundo, tudo será inédito e novo, sim, mas seremos extremamente ineficientes e ineficazes para fazer as coisas. Pararemos para cheirar cada rosa como se fosse a primeira vez que vemos e inalamos o perfume daquela flor magnífica – mas nunca chegaremos ao trabalho ou à escola.

Agora imagino que você esteja se perguntando: "Dan, o que há de errado nisso?". E eu concordo totalmente com você a respeito da necessidade de ter essa mente de principiante, pode ter certeza.

No entanto, há outro lado na história da vida. Outro dia, por exemplo, a caminho do trabalho, vi um cachorro na rua. Para ser eficiente e eficaz na chegada ao trabalho, eu precisava percebê-lo, talvez dedicando um momento para apreciar sua fofura; perceber seu tipo; ser cauteloso caso ele estivesse sendo agressivo; e depois seguir em

---

³⁶ M. Mitchell Waldrop. *Complexity: The Emerging Science at the Edge of Order and Chaos*. New York: Simon and Schuster, 1992, p. 12.

frente. Ter familiaridade com esse ser – o animal, o mamífero, o canídeo domesticado, o cachorro – é uma forma de usar o que aprendi no passado, como conceitos e categorias, e *filtrar* o que eu estava vivenciando naquele momento. Não há nada de errado em filtrar, ou seja, em ter platôs. A questão é: estamos servindo a eles ou eles estão nos servindo?

Um termo útil para descrever esse processo de filtragem é *top-down* (de cima para baixo) que contrasta com o *bottom-up* (de baixo para cima) da mente de um iniciante. É diferente do uso comum desses termos para a anatomia do corpo: o significado de *top-down* é o modo como a atividade do córtex (os dedos unidos no topo, no seu modelo na palma da mão) influencia as estruturas inferiores (seu polegar "límbico" e o tronco cerebral, a palma da mão). E o inverso, *bottom-up*, é usado às vezes para descrever como as estruturas que estão anatomicamente mais embaixo influenciam as que estão no topo. É um bom uso desses termos. Mas usaremos essas mesmas palavras de maneira igualmente válida, mas distinta.

De baixo para cima significa que o fluxo de energia e informação é inédito e novo, o mais irrestrito possível, já que vivemos num corpo. A *condução* de fluxo sensorial é uma experiência de baixo para cima.

Por outro lado, *de cima para baixo* significa que estamos experimentando a *construção* de representações de informação moldadas por experiências anteriores. Em termos cerebrais, o *top* em *top-down* significa que algumas conexões neurais embutidas, formadas por experiências anteriores e armazenadas na memória, estão moldando o fluxo de energia e informação no presente e nos preparando para o futuro. Uma conectividade de cima para baixo como essa faz com que o estado atual de ativação do cérebro, às vezes chamado de sua *configuração espaço-temporal*, influencie diretamente a função cerebral global naquele momento. Em termos de energia, influências de cima para baixo podem moldar o estado energético global do cérebro em qualquer experiência. A construção mental é uma experiência comum de *top-down* em nossa vida.

Há uma série de visões sobre como experiências anteriores podem condicionar os tipos de estados cerebrais que são criados em um dado momento. Quaisquer que sejam os mecanismos aplicáveis, a noção é semelhante: padrões de energia do passado são armazenados na memória, ativados por um determinado contexto ou experiência, e então esses padrões de energia reativados – o que, podemos dizer, são estados energéticos em todo o espectro das variáveis CLIFF-PD (em que *PD* significa *probabilidade e diversidade*) – influenciam diretamente os fluxos de sensação recebidos, de modo que o que é percebido, concebido e encenado pelo comportamento é moldado por um filtro *top-down*, preparando-nos automaticamente para o que vier em seguida.

É isto o que um platô faz: ele filtra o fluxo de energia e informação.

Um filtro seleciona possibilidades em um conjunto de padrões de energia específicos e as informações específicas que eles transportam. Mesmo o que *percebemos* com a visão é mais intrincado e influenciado pelo passado do que o que *sentimos* com os receptores nas retinas. Resumindo, *não existe uma percepção imaculada*. Podemos chegar o mais próximo possível da condução de baixo para cima com a sensação: assim que percebemos algo, ficamos suscetíveis às pressões de probabilidades anteriores que *filtram* a experiência presente daquilo de que estamos cientes. Os filtros são um processo de cima para baixo.

A sensação em sua forma mais pura pode ser o fluxo mais *bottom-up* que podemos sentir, dado que vivemos em um corpo; já a percepção e a concepção são influenciadas por experiências anteriores, por meio de filtros *top-down*, às vezes chamados de esquema ou modelos mentais. Isso pode significar que nós, humanos, com nosso intrincado cérebro moldado pelas experiências, temos uma vasta gama de influências *top-down* nos dados sensoriais *bottom-up*.

Talvez seja por isso que, à medida que chegamos à adolescência e à idade adulta, a vida pode se tornar entorpecida. Começamos a filtrar demais mediante os conceitos e as categorias adquiridos em aprendizados prévios e perdemos o contato com a novidade da "mente de principiante" e o frescor de ver as distinções entre as coisas. A psicóloga social Ellen Langer, em seus estudos de um tipo de "atenção plena" diferente daquele estudado nas práticas contemplativas, revelou que estar aberto a essas novas distinções é uma fonte de bem-estar e vitalidade. Segundo o trabalho de Langer, apreciar novas distinções melhora nossa saúde. Podemos ver essa descoberta como a revelação de uma forma mais vital e integrada de estar no mundo, liberta da corriqueira prisão de ser um humano cujo cérebro restringe o frescor da vida por meio de uma dominância de cima para baixo e momento a momento de nossa consciência. Assim como eu e Madeleine Siegel, minha filha e maravilhosa ilustradora deste livro, escrevemos em um capítulo para o manual sobre atenção plena de Langer e colegas, sua forma criativa (e talvez também contemplativa) de atenção plena é um modo de aprender a prosperar em meio à incerteza. Utilizamos o plano das possibilidades como a conexão entre essas duas formas de estar presente para a vida, ambas promotoras de saúde, conforme demonstrado pela ciência.

Em outras palavras, à medida que crescemos e acumulamos experiência com a idade, nossa capacidade cortical de aprender é acompanhada de filtros de consciência, que se tornam mais fortes e mais refinados. Aprender a nos libertar dessa restrição de cima para baixo de nossos circuitos de baixo para cima pode ser um resultado positivo e compartilhado de estarmos em atenção plena, tanto na visão de Langer como nas práticas contemplativas de atenção plena. Precisamos acessar o plano das possibilidades de forma mais completa, sem sermos limitados por conhecimentos prévios ou expertises que, embutidas em nossos platôs, permitem que apenas certos picos de energia e informação surjam em nosso consciente.

A visão *top-down/bottom-up* pode estar relacionada à rede em modo padrão, a RMP. Vamos explorar um pouco mais essa rede, pois ela está relacionada a um possível processo de filtragem da consciência que pode nos fornecer mais detalhes sobre os mecanismos subjacentes à experiência da Roda.

Os platôs, o eu e a rede em modo padrão

Lembre-se de que a RMP é um conjunto de circuitos de linha média que vai da frente do cérebro (com aspectos do córtex pré-frontal medial) à parte posterior, e que o córtex cingulado posterior (CCP) possui uma função principal. Vimos que uma abordagem da RMP é a de que ela desempenha um papel dominante na definição de nosso senso do eu, o senso consciente e subjetivo de quem somos ou pelo menos de quem *pensamos* que somos. Como já dissemos, quando esse conjunto de circuitos criadores de conceitos é excessivamente diferenciado, não conectado em rede a outras regiões como parte de um sistema global integrado do cérebro, podemos desenvolver uma sensação de inadequação, isolamento, excesso de autopreocupação, ansiedade e outros elementos de sofrimento, como depressão e desespero.

Uma maneira possível de ver o eu, os platôs e o cérebro é a seguinte: *conceitos* top-down *de quem somos – de quem pensamos que somos e de nosso senso do eu – podem surgir de filtros de consciência construídos a partir dos padrões de informação das interconexões da RMP.* Quando somos capazes de afrouxar esses filtros mentais autolimitantes de cima para baixo, platôs restritivos e categorizadores, quando afrouxamos as associações neurais da RMP que filtram e definem como esses padrões de fluxo de energia e informação se formam e entram na consciência, podemos mudar o sentido específico e pessoal de nossa vida para um sentido mais amplo de propósito e conexão, do modo como vivemos e definimos quem somos.

A fim de delinear todas as diferentes maneiras como a energia e a informação entram em nossa consciência e têm um senso de significado pessoal que pode emergir de nosso processo de filtragem de cima para baixo – o senso de nossa experiência individual de *sentido* –, proponho o acrônimo do ABCDE dos sentidos mentais. Ele não tem por si só o significado amplo de como viver uma vida com sentido, mas sim a relevância específica do modo como qualquer padrão de energia e informação possui um significado único, individualizado e pessoal para cada um de nós – o seu diferente do meu, mas cada um de nós com um estado mental geral em dado momento que embute um significado para nós. Estar ciente desse significado pessoal pode se tornar uma forma de viver uma vida mais *plena de sentido* no significado mais amplo, de como usamos esse termo para indicar uma vida de propósito e conexão.

O ABCDE inclui:

1. *Associações*: sensações, imagens, sentimentos e pensamentos que surgem atrelados no cérebro, tanto no tempo como no espaço. Eles moldam o que surge conforme examinamos a mente e refletimos sobre o que tem significado para nós.
2. *Base de crenças*: nossos modos mentais e perspectivas sobre o mundo que moldam o que vemos, como em "Você precisa acreditar para enxergar".
3. *Cognições*: o fluxo do processamento de informações associadas, à medida que se desdobra em cascatas de conceitos e categorias, com suas avalanches de fatos, ideias e padrões de percepção, pensamento e raciocínio que moldam nossa visão da realidade e nossas formas de resolver problemas.

4. *Desenvolvimento*: o tempo da nossa vida em que ocorreram eventos, como nossa primeira infância, a adolescência ou a juventude, que moldam as principais influências de cima para baixo.
5. *Emoções*: sentimentos que emergem do corpo, são moldados pelos relacionamentos e se espalham pelo cérebro. Representam a importância e o valor em nossa vida, muitas vezes envolvendo uma mudança em nosso estado de integração em dado momento, seja ela sutil ou intensa.

O ABCDE de como o cérebro forma e reconhece o sentido é filtrado de modos diferentes durante os estados de vigília e de sonho. Parece que, quando experimentamos uma consciência mais aberta no estado de sonho – quando as rígidas conexões do estado de vigília se afrouxam no cérebro –, podemos estar acessando mais direta e mais livremente um conjunto diferente de ABCDE. O que isso significa em relação à experiência da Roda da Consciência?

Pode ser que *os platôs construam os sentidos pessoais* em nossa vida, filtrando a natureza dessas associações, crenças e cognições, o modo como elas são influenciadas pelo período de desenvolvimento no qual surgiram pela primeira vez, e quais estados emocionais emergem sob seu afunilamento do fluxo de energia e informação em dado momento.

É possível que esses filtros autolimitantes de consciência existam porque são dedicados a organizar nossa vida mental. Os platôs incorporam o ABCDE do sentido pessoal, ajudando a moldar nossa identidade individual e a dar sentido ao mundo interior e interpessoal.

Os platôs servem como filtros de consciência, moldando o que experimentamos dentro da consciência, de forma que atendam a nossas expectativas quando antecipamos o futuro, tentando trazer previsibilidade, segurança e proteção à vida. Eles criam um estado mental específico que tem o próprio padrão de significado.

A partir do princípio da energia livre do cérebro, os platôs nos ajudam a alcançar a homeostase ao reduzirem a entropia, ou seja, a incerteza. Vimos também que nossa consciência interior pode ter suas origens evolutivas e seu desenvolvimento em nossas conexões sociais. Essa sobreposição do inter e do entre é um refrão para o cérebro, para a mente e para nossa vida relacional. A "permissão" dada por nossos filtros de consciência pode ser uma tentativa de organizar seu conteúdo de acordo com nossas expectativas. "Eu sei o que está acontecendo" seria o sentimento subjetivo desse círculo de filtros de consciência que constroem o mundo que esperamos vivenciar.

Neurocientistas normalmente chamam o cérebro de "máquina de antecipação". Dada a gigante série de padrões de fluxo de energia da vida, preparar-se para o que vai acontecer a seguir, sendo capaz de prever o desdobramento da experiência, pode ser realizado da melhor forma por meio da construção de um filtro perceptivo que, com base no que já vivenciamos, seleciona e organiza aquilo de que de fato nos tornamos cientes. Até mesmo nosso sistema perceptivo pode ser preparado para notar o que concebemos que ocorra. Em outras palavras, vemos aquilo em que acreditamos.

Pode ser que a RMP nos permita definir quem pensamos que somos. Parte desse circuito nos dá a capacidade de viajar mentalmente no tempo, dando sentido a conexões entre passado, presente e futuro. Temos uma narrativa em vigor sobre quem éramos, quem somos e quem pensamos que devemos nos tornar. Nossa capacidade de ter uma *mente prospectiva*, o modo como prevemos e planejamos o futuro, é um pouco diferente da antecipação. Projetar um futuro imaginado é também como esses filtros de cima para baixo permitem que nos preparemos para o que pensamos ser um futuro mais distante. Os processos da RMP de cima para baixo também incluem a teoria da mente, o modo pelo qual fazemos um mapa da mente dos outros e de nós mesmos. Essas representações ainda mais duradouras, que vão além da antecipação e se transformam em um planejamento repleto de autoafirmação, são como as histórias que contamos uns sobre os outros – o nosso foco nos outros e no eu que está embutido em nossas visões narrativas do mundo. Aprendemos sobre a natureza da mente a partir de experiências passadas e depois usamos esse aprendizado de cima para baixo para apoiar e restringir a forma como sentimos o que está acontecendo agora – nesse caso, na nossa mente e na dos outros. Percebemos e damos sentido à vida por meio desse seletivo processo dos filtros de cima para baixo. Estes são, também, platôs aprendidos, adquiridos em experiências passadas, que moldam nosso conteúdo da consciência no presente e nos preparam para experimentar – e construir – futuras percepções.

Filtros nos ajudam a sobreviver. Quando você dirige um carro, precisa da prontidão *top-down* de seus próprios conhecimentos e habilidades de direção e frenagem, além de percepção e comportamento focados. Os filtros moldam aquilo em que acreditamos e o modo como direcionamos o que sentimos rumo à percepção, e eles reforçam continuamente as próprias convicções sobre a precisão e a plenitude de sua perspectiva. Podemos até considerar isso a base do *viés de confirmação*: estar presente de forma seletiva apenas àquilo que confirma o que já acreditamos. Se estivéssemos sempre conscientes desses filtros onipresentes, ou cientes de suas perspectivas limitadoras, poderíamos ter uma sensação natural de que seu valor de sobrevivência estaria comprometido. Portanto, muitas vezes não estamos cientes de nossos platôs e normalmente nem sequer nos questionamos sobre sua existência ou validade.

O lado bom do *top-down* é que ele nos ajuda a dar sentido à vida e a nos sentirmos seguros e protegidos em um mundo muitas vezes confuso e imprevisível. Um termo comum usado originalmente por militares e agora por várias organizações é que vivemos em uma época VUCA – *Volatile* [volátil], *Uncertain* [incerta], *Complex* [complexa] e *Ambiguous* [ambígua]. Uma maneira de entender as estratégias não conscientes de alguns indivíduos para se adaptarem a esse momento desafiador da história humana é que eles endurecem seus filtros na tentativa de tornar o mundo percebido mais certo e previsível e menos ameaçador. Sejam eles flexíveis ou rígidos, nossos filtros de consciência de cima para baixo – nossos platôs – podem revelar a tentativa da mente de alcançar algum tipo de homeostase diante dos desafios à nossa sobrevivência.

O lado negativo de tal filtragem da realidade é que nos tornamos limitados naquilo que vivenciamos. Platôs rígidos podem tornar desafiadora a capacidade de estar presente na vida. Julgamos as pessoas e os eventos antes mesmo de nos permitirmos experimentá-los abertamente. E, se aprendemos com experiências não ideais a construir platôs que também não são ideais para nossa sobrevivência, então estamos em uma prisão de cima para baixo, criada por nossa própria mente. O *top-down* agora aprisionou nossa vida. É por isso que o equilíbrio entre esses filtros e uma consciência mais receptiva, de baixo para cima, podem ser necessários para termos uma mente integradora.

O plano das possibilidades pode ser o portal para equilibrar as influências de cima para baixo e as de baixo para cima.

O fluxo sensorial *bottom-up*, seja do mundo interno ou externo, é uma experiência de condução que nos ajuda a afrouxar os filtros construtivos *top-down* que restringem nosso modo de viver e aquilo de que estamos cientes. Talvez isso seja visualizado como picos que surgem diretamente do plano. Lembre-se: estar atento ao fluxo de sensações ativa os circuitos sensoriais laterais que inibem a tagarelice predominante da linha média da RMP, aquilo que, conforme conseguimos enxergar agora, pode ser uma repetição *top-down* de cognição construída que se autorreforça. Livrar-se de um senso do eu não é o objetivo; encontrar um equilíbrio ao cultivar uma experiência mais fluida e flexível do eu e aprender a ser mais completo a partir das sensações pode ser um caminho para a integração na vida. Queremos aprender a viver com uma série de picos que surgem dos platôs ou do plano. A ideia é a integração dos fluxos de cima para baixo e de baixo para cima – não a destruição do que for de cima para baixo, de modo a sermos apenas de baixo para cima – para nos fortalecermos tanto com os benefícios do *top-down* quanto com a liberdade do *bottom-up*.

Um conjunto pessoal de filtros

Como poderiam ser esses filtros?

Cada um de nós é único; todos temos os próprios platôs e picos acima do plano que nos tornam indivíduos. Dessa forma, diferimos ao longo do aro, nos picos e platôs, mas encontramos pontos em comum em nosso núcleo, nosso plano das possibilidades.

Deixe-me compartilhar alguns de meus próprios platôs e picos para oferecer um conjunto de exemplos que ilustrem como os filtros podem ser sentidos e como eles moldam o que entra na consciência. Alguns filtros podem ir e vir; outros podem ser persistentes e tomar conta do padrão que define nossa experiência do eu. Em minha experiência, um conjunto persistente de filtros que conheço tem quatro dimensões que eles selecionam, que aqui vamos chamar de SOCS: sensação, observação, conceituação e saber. Você pode compartilhar algumas delas como aspectos inatos de nossa humanidade em comum, como a capacidade de observar a partir de um senso de identidade ou de criar conceituações sobre o mundo ao nosso redor. Você provavelmente descobrirá também seu próprio conjunto único de filtros que são específicos para sua história e suas formas de organizar a realidade, seus padrões particulares de construção que se manifestam em sua vida como platôs de cima para baixo. Lembre-se:

cada um de nós é um indivíduo diferente, e uma maneira de criar essas diferenças é por meio de nosso conjunto particular de filtros, nossos platôs e seus picos específicos que moldam o que experimentamos na consciência. Vamos trabalhar com a sigla SOCS como um exemplo do que eu, seu companheiro nesta jornada, senti, observei, concebi e até mesmo tive como uma sensação de saber, e ver como o cérebro poderia mediar tal processo de filtragem de cima para baixo.

Sensação é como transmitimos nossos primeiros seis sentidos para a consciência. O processo fundamental de condução está nesse fluxo de filtragem. É o que percebemos com a atenção focada nos dois primeiros segmentos do aro. Como um filtro, teria a menor influência *top-down* – mas, como vivemos em um corpo, a "mangueira" condutora que direciona esse fluxo sensorial provavelmente tem modos de fazer as experiências passadas moldarem nossa capacidade neural personalizada de sentir, e então certamente de perceber o mundo ao nosso redor e dentro de nós. É um fluxo útil, como já vimos, para equilibrar a dominância de cima para baixo de uma vida mental tagarela.

Observação é o modo em que estamos um pouco distantes da sensação direta, recebendo talvez muitos dados da RMP com base em experiências anteriores, o que inicia algo que, se pudesse falar, diria algo como: "Eu sou assim, e é assim que minha experiência deveria ser". A experiência da RMP ancora a experiência no passado, estabelecendo o padrão de ativação cerebral para garantir que as associações anteriores, bases de crenças, cognições, o desenvolvimento e talvez até mesmo as emoções – o ABCDE do sentido – estejam de acordo com a expectativa anterior.

Conceituação é uma camada do filtro que restringe a experiência de nossa mente ao alterar e moldar elementos do aro para satisfazer crenças e categorizações de informações factuais. A ação desse filtro conceitual é fazer o mundo parecer compreensível e, o mais importante para nossa sobrevivência, previsível. Nós categorizamos o mundo em grupos com um senso de noções construídas de sua essência – classes de animais que são atrativos ou não, por exemplo, ou noções de quais tipos de emoções são bons ou ruins de se experimentar. Os conceitos são nossa forma de organizar a informação em categorias que fracionam o mundo. A maneira como o cérebro constrói esses filtros conceituais provavelmente envolve a intrincada separação do córtex em camadas, uma vez que afunila os padrões de energia neural dentro de uma determinada região e depois os interconecta com áreas corticais mais distantes, tudo isso enquanto é influenciado por uma gama de regiões não corticais envolvidas na avaliação e na regulação homeostática. Dessa forma, a conceituação não é meramente um processo intelectual – provavelmente envolve um estado de sensações corporais que molda a convicção e o tom de nossas crenças, e a maneira como respondemos a qualquer coisa que ameace a exatidão desses pontos de vista.

Enquanto a intenção dos conceitos, de certo modo, é nos ajudar, as formas implícitas com que eles filtram o que sabemos reforça de fato nossa crença em sua exatidão, o processo chamado "viés de confirmação" que discutimos antes. Note que isso, como em todas as camadas dos filtros, acontece fora da consciência, fora do núcleo da Roda. Esses processos próprios de cima para baixo podem ser chamados de modelos mentais implícitos, pois filtram e moldam nossa experiência subjetiva de estarmos vivos, geralmente sem sequer estarmos cientes de sua existência ou de sua influência sobre nós. Os filtros conceituais moldam diretamente a forma como pensamos a respeito do mundo e até mesmo restringem nossa imaginação de como o mundo pode ser.

Saber é mais do que simplesmente ter conhecimento conceitual; é uma profunda sensação de sentir a integridade e a autenticidade de algum estado ou interação com o mundo. Saber provavelmente envolve uma ampla gama de áreas no cérebro corporificado – o sistema nervoso ampliado e o corpo como um todo – e como elas se relacionam com um estado global de integração. Alguma coisa pode estar errada nos instintos, desencaixada no coração ou incompleta na cabeça. Essas seriam as maneiras pelas quais a camada de filtragem do saber pode se basear na sensação, observação e conceituação e ser uma espécie de filtro de estado global subjacente às nossas outras camadas.

A experiência dos momentos de descoberta, descrita anteriormente, envolve ondas gama emergentes de estados altamente integrados e pode revelar alguma correlação neural de como esse aspecto do conhecimento chega à consciência. *Saber* pode ser uma filtragem de eventos contínuos que tanto constrói um senso do que é verdade quanto serve como um duto que simplesmente nos dá acesso a uma clareza sobre o que tem sentido e coerência no estado de integração global – em nossa vida mental interior interconectada.

A consciência pura e os filtros de consciência

Os filtros de consciência revelam como o aprendizado prévio altera os tipos de elementos do aro que emergem na autoconsciência. Você terá sua própria experiência de filtros moldando o que poderá adentrar a consciência em um determinado estado de mente – seja como condutor ou como construção. Pode ser útil tentar detectar e descrever esses filtros, tentar conhecê-los conforme sua prática da Roda avança. São esses filtros, que provavelmente todos nós temos, mas que podem ser bastante distintos em sua natureza para cada um de nós, que moldam tanto aquilo de que estamos cientes quanto nosso estado atual de consciência em um dado momento. Esses filtros moldam nossos repetidos estados mentais, as partes do nosso eu ou os aspectos de nossa personalidade com possíveis padrões duradouros, que moldam e mudam nossa experiência de quem somos enquanto filtram o conteúdo da consciência, um processo regulatório que muitas vezes ocorre sem nossa ciência ou intenção consciente. Um conjunto de filtros pode dominar nossa vida, como aqueles filtros RMP que reforçam nosso senso de identidade *top-down* durante as horas de vigília.

Pode ser uma viagem importante para cada um de nós libertar a mente para estarmos mais no modo *bottom-up*, afrouxando o nó daqueles filtros que muitas vezes estão simplesmente tentando ser úteis na organização e orientação quanto ao mundo real em que vivemos – ou achamos que vivemos. Ser espirituosos, ter senso de humor sobre quem somos e cultivar o acesso ao núcleo sob os filtros do nosso aro pode ser uma parte da libertação da mente. Em nossa perspectiva 3-P, isso significa acessar o plano das possibilidades sob os platôs, que servem como filtros de consciência para que nos tornemos cientes com mais abertura e aprendamos a viver com mais liberdade. Por que simplesmente não fazemos isso mais rápido? A mudança para um estado diferente de ser, aquela vasta extensão aberta do plano das possibilidades, aquele lugar onde a espontaneidade pode surgir, pode ser tão pouco familiar e tão diferente do que vivenciamos como um conjunto preditivo e *top-down* de picos filtrados que evitamos o plano mesmo sem conhecê-lo. Se estivéssemos procurando certeza, certamente não cairíamos do nada na imensidão do plano. Em um mundo incerto, podemos compreender o impulso para reter as categorias, os conceitos e as tendências perceptivas preditivas e autoafirmativas de nossos platôs filtrantes. O problema é que os platôs rígidos nos impedem de estar presentes para a vida, uma presença que surge do plano.

Ironicamente, o papel auto-organizador dos filtros de consciência pode estar nos ajudando a sobreviver, mas inadvertidamente criando restrições no movimento em direção à integração que exige que tenhamos acesso mais livre ao plano. Isso pode ser especialmente evidente em casos de traumas não resolvidos, ansiedade ou depressão – o que também pode impedir que qualquer um de nós entregue sentido e conexão na vida. O que pode ser necessário em cada uma dessas situações é algum tipo de intervenção que ajude a relaxar esses filtros restritivos para que eles possam se soltar e permitir uma guinada rumo à integração – uma guinada que, naturalmente, se origina no plano.

Quando estamos vivendo no plano, estamos presentes para a vida. Da liberdade e da amplitude do plano das possibilidades emerge a integração natural. Em resumo, a *presença é o portal através do qual emerge a integração.*

Aqui estamos destacando um foco de atenção no paradoxo de que podem existir filtros em nossa vida para ajudar na auto-organização, mas, em muitas situações de nossa jornada humana, eles podem se tornar rígidos ou caóticos demais para facilitar o livre fluxo da integração. Esse efeito disfuncional de nossos platôs filtrantes pode ser resultado de uma série de fatores de impacto, como história pessoal, herança genética e exclusão social, que levam a uma experiência de não pertencimento e à dor do isolamento.

Nossa própria jornada humana pode ser vulnerável ao desenvolvimento de filtros rígidos. Assim que nos tornamos adultos – e talvez até antes, durante a adolescência ou no final da infância –, nossos filtros de vigília, autolimitantes e construídos, ganham força à medida que nos encaixamos em qualquer que seja o mundo social em que vivemos e quaisquer experiências pessoais às quais temos tentado nos adaptar enquanto damos sentido à vida e nos esforçamos para sobreviver. Nossos filtros de cima para baixo nos dizem quem somos, às vezes em padrões habituais que os reforçam e constroem aquele sentido familiar de um "eu" com experiência de vida. Esses filtros aprendidos de um eu moldam nossa consciência enquanto estamos despertos. *Estarmos abertos para quem podemos ser* é um despertar da mente para que possamos conhecer mais completa e livremente a natureza ampla das nossas possibilidades.

A varredura oscilatória da atenção: um *loop* 3-P, um raio sobre a Roda

Se a informação emerge dos processos neurais, mas pode permanecer fora da consciência, por qual mecanismo essa informação entra na consciência? Pesquisas sobre o cérebro podem ser usadas para imaginar o que pode estar acontecendo de uma perspectiva neurocientífica, e embora, como já dissemos, ninguém saiba o que realmente está ocorrendo na criação da consciência, podemos sugerir o seguinte processo, construído a partir dessas propostas.

Estar ciente de algo significa, como mencionamos brevemente, ter uma parte de uma varredura de quarenta ciclos por segundo (ou 40 Hz) conectando várias atividades neurais. Isso se encaixa na teoria da integração da informação e é apoiado por muitos estudos cerebrais que examinam os padrões oscilatórios envolvidos na atenção, na consciência e no pensamento. As oscilações são ciclos de um processo, um *loop* de reforço da atividade. No caso da proposta de que a consciência envolve uma varredura oscilatória de 40 Hz através de porções do cérebro, uma vez que ela conecta atividades em várias regiões distintas, podemos postular que algum processo semelhante é construído em nossa perspectiva de 3-P. Isso significaria que uma posição acima do plano – platô, subpico ou pico – de que estamos cientes é varrida durante o ciclo de oscilação, conectando aquela energia acima do plano à atividade no próprio plano. Isso seria uma proposta de como nos tornamos conscientes não apenas a partir do plano, mas *conscientes de algo* por meio da conexão do plano a esse algo. Nossa ilustração demonstra essa imagem de um processo de *looping* que simbolizaria essa varredura de atenção oscilatória.

Se esse algo é um pensamento, uma emoção ou uma lembrança, haveria um *loop* conectando o plano com o pico. Se houvesse consciência de um humor, intenção ou estado mental, aspectos de nossos mecanismos de filtragem que estamos discutindo, veríamos um *loop* conectando o plano a esses platôs. Um *loop* no diagrama corresponderia a uma varredura neural no cérebro. Pesquisas sobre o cérebro demonstraram que a varredura tem uma frequência de 40 Hz; nossa

Diagrama 3-P com varredura de atenção

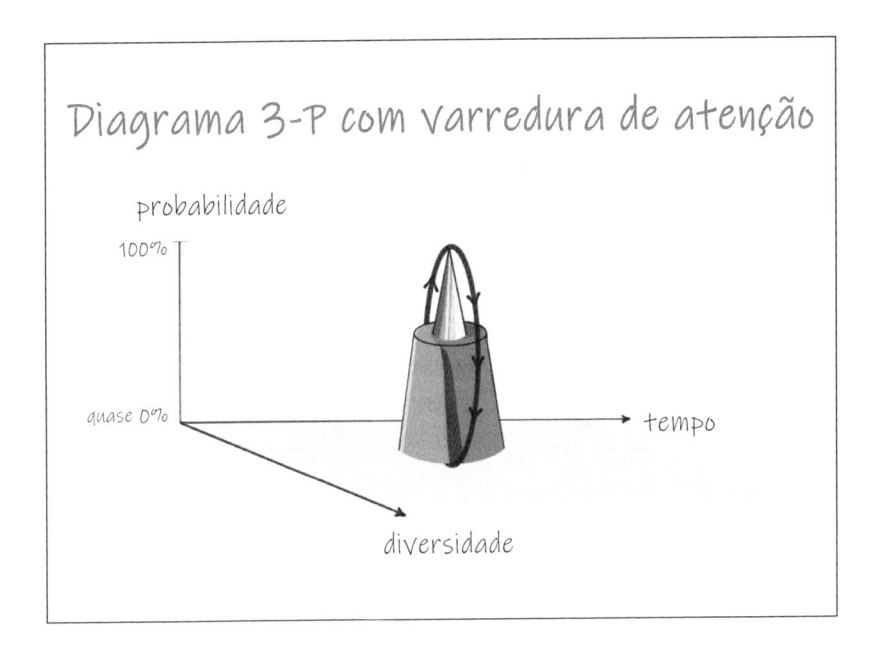

probabilidade
100%
quase 0%
tempo
diversidade

proposta é que essa varredura teria um processo de *looping* correspondente que conectaria o plano com o plano, na experiência de núcleo-sobre-núcleo, ou o plano com posições acima do plano, para experiências do núcleo ao aro. Às vezes nossa experiência de núcleo-sobre-núcleo pode simplesmente não ter nenhum foco de atenção – como quando essa etapa da prática da Roda é realizada não dobrando o raio ou o retraindo, mas não enviando o raio a lugar algum, apenas o assentando no plano.

O raio da nossa Roda corresponderia ao *loop* do nosso diagrama 3-P. A ilustração mostra um esquema dessa varredura como um *loop* ligando o plano às posições acima do plano e correspondendo ao raio da Roda.

Sem a participação do plano nessa varredura de atenção, a atividade mental pode existir, mas não entrará na consciência. Isso apareceria em nosso desenho da Roda como um ponto ativo do aro sem um raio, e em nosso diagrama 3-P como uma posição acima do plano, um platô ou um pico, sem um *loop* de conexão. Essas visualizações do aro ou de picos e platôs sem raio ou *loop* retratam a mente não consciente em ação.

Esse padrão geral de um processo de varredura composto de oscilações neurais pode ser comum no funcionamento do cérebro. Recentemente tive a oportunidade de falar com Morten Kringelbach,

Diagrama 3-P se junta à Roda da Consciência

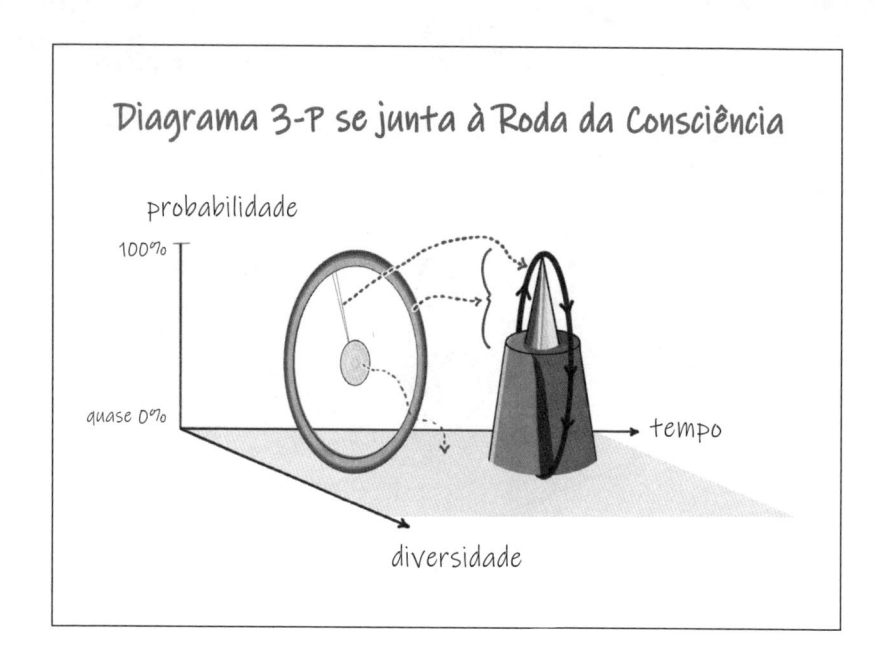

probabilidade
100%
quase 0%
tempo
diversidade

professor da Universidade de Oxford, cientista da computação e atualmente pesquisador sobre o cérebro, após uma palestra que ele ministrou na UCLA sobre traumas e a mente. Morten e eu discutimos como a terminologia científica e matemática de segregação e integração que ele mesmo havia usado eram paralelas aos nossos termos interpessoais de neurobiologia, diferenciação e conexão. Logo ficou claro que um estado integrado, que para nós significa um equilíbrio entre diferenciação e conexão, para a visão de um matemático e cientista da computação sobre a função cerebral pode corresponder a uma condição que eles discutem, chamada "metaestabilidade", e que pode possivelmente se sobrepor ao estado de "criticalidade" que mencionamos anteriormente. Essa propriedade cerebral de sistemas complexos pode ser entendida desta forma: "sistemas dinâmicos como o cérebro maximizam seu repertório de estados quando se aproximam da criticalidade; ou seja, a transição entre a ordem e o caos, que também foi proposta como sendo o mecanismo neural por trás da vigília consciente...".[37]

Enquanto Morten e eu caminhávamos pelos jardins da UCLA, chegamos a um ponto próximo a um bambuzal, onde, décadas atrás, vários de meus pacientes psiquiátricos que eu levava para um passeio terapêutico faziam uma pausa e muitas vezes tinham algumas

---

[37] Atasoy et al., "Harmonic Brain Modes", p. 7.

novas ideias ao cruzarmos o riacho, o pequeno córrego que ainda gorgoleja depois de todos esses anos. Parecia-me que nossa mente consciente pode, em "momentos especiais de criticalidade", surgir com algum novo acesso, algum senso mais livre de quem somos, com novas ideias ou lembranças do passado. Talvez aquela fosse uma mente cujas revelações dentro da consciência pudessem surgir em um novo "estado metaestável", que Morten sugeriu ser como o fundo de um vale de probabilidades, um "estado de atração" para o fluxo de um sistema complexo que sugava padrões de energia em direção a ele. Discutimos que uma possível visão pode ser a de que, quando essa condição metaestável se sobrepõe ao estado de criticalidade – o equilíbrio da diferenciação e da conexão que flui entre a rigidez e o caos –, a consciência emerge. Talvez, pensei enquanto passeávamos, tais mudanças poderiam ser inspiradas na admiração com o jardim, já que esse estado mental de abertura e conexão com a natureza relaxou aqueles filtros da consciência e permitiu que novas combinações surgissem dentro da autoconsciência. Talvez fosse assim (e por isso) que novas perspectivas emergiam no jardim de bambu tantos anos atrás. Esses estados de percepção, como vimos, podem ser momentos de nova integração; aqueles que podem surgir à medida que enxergamos o sentido da vida. E, mesmo quando compartilho essas ideias aqui com vocês, em nossa jornada, parece que essas visões alcançam uma nova clareza à medida que assentam na consciência. A criticalidade entre caos e rigidez, com o estado metaestável que mantém os padrões energéticos em um estado prolongado, mas temporário de ativação, pode nos permitir sentir a clareza de novas maneiras de enxergar o mundo dentro de nós e ao nosso redor, dentro da consciência. Essa manutenção de novos padrões de energia na consciência nos dá a capacidade de chegar a novas percepções e fazer novas escolhas. O mesmo vale para refletir sobre as possíveis sobreposições dessas características de harmonia nos conectomas e seus estados de metaestabilidade e criticalidade com nossas discussões sobre a Roda e a estrutura 3-P. Foi um passeio maravilhoso; e está sendo uma viagem maravilhosa com você e ao longo da vida.

Com novas tecnologias, como a magnetoencefalografia (MEG), que nos permitem enxergar nos mínimos detalhes as ativações neurais do cérebro, o papel central das oscilações está se tornando mais evidente em nossa compreensão da mente e do cérebro. Eis o que Morten e seus colegas Selen Atasoy, Gustavo Deco e Joel Pearson têm a dizer sobre o papel central não apenas da importância dessas oscilações no cérebro mas também sobre como todo o cérebro tem varreduras oscilatórias que conectam as regiões amplamente diferenciadas em um conectoma harmônico, que é o núcleo de como a atividade cerebral e os estados mentais podem coexistir:

> A estrutura dos modos harmônicos elementares do cérebro oferece uma perspectiva unificadora e uma estrutura explicativa que revela a ligação entre várias descobertas aparentemente não relacionadas e os correlatos neurais da consciência. A estrutura proposta liga os padrões espaciais da atividade neural correlacionada, não apenas às oscilações temporais características da atividade cerebral dos mamíferos mas também à anatomia e neurofisiologia do cérebro. Portanto, essa estrutura vai além de proporcionar uma nova dimensão de ferramentas para decompor padrões complexos de atividade neural em seus blocos elementares de construção: fornece também um princípio fundamental que liga espaço e tempo na dinâmica neural através de ondas harmônicas – fenômenos onipresentes na natureza.[38]

A partir de nossa perspectiva de planos, platôs e picos e de como essas ondas oscilatórias no cérebro podem ajudar a criar vários estados de consciência, podemos imaginar uma varredura como uma forma de expressar em termos simples o que alguns dos conectomas harmônicos do cérebro podem estar revelando em qualquer estado mental em um dado momento e a consequente experiência de estar ciente. Quando o estado metaestável dos harmônicos – aquele estado de atração profunda dos sistemas neurais complexos – se sobrepõe à criticalidade – o estado oscilatório que emerge no limite da ativação entre o caos e a rigidez –, talvez, como Morten e eu discutimos, isso possa ter sido uma convergência facilitadora do surgimento da consciência. E talvez você e eu possamos sugerir que esse processo neural oscilatório seja o correlato neural subjacente ao que estamos propondo como a visão quântica de um plano das possibilidades – o mar de potencial, o vácuo quântico. Nesse estado metaestável, os padrões energéticos podem ser mantidos na consciência por um tempo mais prolongado; nesse estado integrado de criticalidade, novas possibilidades podem ser acessadas. Assim, os padrões emergentes do fluxo de

---

[38] Ibid., p. 14.

energia e informação podem ser experimentados conscientemente e transformados dentro da consciência. Essas duas perspectivas podem ser bastante compatíveis, uma no nível de sistemas complexos e seus estados metaestáveis e de criticalidade, e outra no nível de probabilidade de dinâmica quântica. A energia se manifesta tanto no nível macro quanto no nível micro da realidade. Sistemas complexos como o cérebro podem operar em nível de macroestado, enquanto as propriedades quânticas são mais facilmente aparentes em nível de microestado. Em ambos os níveis de análise da realidade, mergulhar no plano das possibilidades pode ser como visualizar formas de abrir a consciência para permitir a criação de uma gama mais ampla de conectomas harmônicos e liberar um surgimento mais desenfreado das probabilidades de filtragem dos platôs e da atualidade dos picos. Tirar proveito do núcleo, abaixando-se até o plano, pode libertar a mente. Os conectomas harmônicos podem ser uma forma empolgante de visualizar os correlatos neurais dos perfis de energia subjacentes ao plano das possibilidades. Como a Roda da Consciência nos permite tirar proveito do núcleo para acessar o plano, essa prática pode nos ajudar a nos tornarmos mais presentes à medida que despertamos a mente para as vastas possibilidades que a vida tem a oferecer e que raramente podemos explorar em nosso dia a dia.

Proporções de varredura, estados mentais

Para a mente consciente, esse modelo 3-P nos permite também ilustrar a grande variedade do que às vezes é chamado de *estados de consciência*. Em um dado momento, é possível ver o estado de probabilidade geral como envolvendo uma combinação criada pela varredura oscilatória de conexão, que podemos simplesmente representar como um *loop* conectando o plano a valores acima dele. Em outras palavras, quem você é em um dado momento pode combinar a consciência da posição de probabilidade do plano – o conhecer – com um *loop* que o conecta a uma posição de probabilidade acima do plano, como um platô ou um pico – os conhecimentos possíveis. Essa visão de um *loop* de atenção nos ajuda a resolver um aspecto confuso da estrutura 3-P que você deve ter notado, um aspecto embutido nesta pergunta: como podemos estar conscientes e também cientes de algo se esse algo é uma posição de probabilidade acima do plano das possibilidades, mas a consciência em si surge do plano? Com base nas descobertas neurocientíficas relativas à oscilação, podemos ver, em termos cerebrais, a uniformidade de tal *looping* na varredura de 40 Hz e nos conectomas harmônicos. Uma oscilação semelhante pode ser vista na noção dos campos de energia da física, nos quais podemos enxergar, por exemplo, que a luz tem uma forma de onda em sua distribuição de probabilidade como um espectro de valores. Quando a luz é uma onda, seu espectro está presente. Quando os fótons emergem como partículas, um valor específico foi manifestado a partir de uma gama de possibilidades. A luz pode ser tanto um valor único – uma partícula – quanto uma faixa de valores, uma onda.

Podemos sugerir que, dentro dessa varredura oscilatória que estamos simplesmente chamando de *loop*, podemos ter uma série de níveis de envolvimento ao longo das distribuições de probabilidade 3-P. Em uma extremidade, podemos ter praticamente toda a varredura no plano, e isso pode ser um estado de consciência receptiva, muito aberta, vasta e espaçosa, porque grande parte desse estado está no plano das possibilidades. De uma perspectiva da Roda, poderíamos dizer que se trata de um estado de dominância do núcleo, descrevendo-o como uma alta proporção do *loop* em nosso diagrama 3-P, o que significa que a porcentagem do *looping* no plano é dominante.

Estar ciente de algo além da própria consciência significa ter alguma porção do estado energético, esse espectro de valores de probabilidade de 100% a quase 0%, incluindo as posições acima do plano, uma vez que elas estão conectadas ao plano das possibilidades via *looping* oscilatório. Parte desse estado de probabilidade em um dado momento está no plano; parte está acima do plano – é assim que ficamos *conscientes* (plano) de *algo* (acima do plano).

Digamos, por exemplo, que você está focando intencionalmente a respiração. Em um momento você pode ter 50% das ativações neurais da varredura de 40 Hz *no plano* (qualquer que seja a forma como o cérebro é capaz de manifestar esse estado de probabilidade), então você está ciente; e 50% da varredura está acima do plano, no pico da respiração – o duto sensorial daquela sensação corporal –, de modo que a respiração é a *coisa* da qual você está ciente. Nessa combinação 50/50 de estados de probabilidade, há um equilíbrio entre o núcleo e o aro. É assim que você conhece (plano ou núcleo) o conhecimento (acima do plano ou aro).

Aqui estão alguns termos talvez equivalentes: 1) *varredura* oscilatória equilibrada de estado de energia neural; 2) *atenção plena consciente* da respiração; 3) *raio* conectando o núcleo e o aro; e 4) *loop* conectando o plano e o pico. A tabela no final desta parte revela esses vários termos e como eles podem corresponder uns aos outros. Vamos chamar essa proporção ou equilíbrio entre a consciência e a coisa da qual você está ciente de *proporção da varredura* – ou simplesmente *varredura*. Você pode ter uma varredura plano-dominante ou uma varredura pico-dominante, cada termo indicando a proporção de conhecer via plano e de conhecimentos via acima do plano, o que molda o estado de consciência.

Vamos experimentar outro estado de energia oscilatória. Digamos que uma distração tome conta da consciência, e agora você está colocando atenção focal em uma reunião da próxima semana. Você pode dizer que "se atolou no aro" ao perder a noção de sua intenção de se concentrar na respiração e ficou absorvido em sua preocupação e nos aborrecimentos com a reunião. Em vez de um núcleo bem aberto ou de acessar livremente o plano, permitindo acesso mental à sua intenção de se concentrar no exercício da respiração consciente, você agora tem 99% da varredura no pico das preocupações com a reunião e 1% no plano. Essa preocupação com a reunião tomou conta da consciência de tal forma que você perdeu a noção de suas intenções – ou se perdeu nas preocupações, consciente apenas delas e perdendo a noção de outras questões, como o fato de você estar fazendo uma prática de respiração nesse momento. Parece familiar? Antes que isso ocorresse, você provavelmente tinha uma atenção não focal na reunião, aplicando valor e preocupação não conscientes sobre o próximo evento *fora da consciência*. Essas preocupações poderiam ser vistas como pontos ativados no aro, tendo os padrões de energia dos platôs e picos ativados, mas não conectados com o plano (ao menos não ainda). Portanto, é com isso que a atenção não focal se pareceria: com ativações *não* varridas com o plano.

Na metáfora da Roda, você se perdeu no aro, pois aquela preocupação altamente valorizada com a reunião chamou a atenção *focal* para si. Esse é o raio da atenção focal. Em termos do mecanismo, a varredura oscilou com os valores da reunião, acima do plano, e agora você é varrido ao pico à medida que sua atenção focal é puxada para as preocupações com a reunião. Você perdeu temporariamente a amplidão do equilíbrio, conforme sua proporção de varredura foi se tornando muito picodominante. Mas logo a parte de seu cérebro que monitora a relevância do que está acontecendo – seu circuito de saliência, o que inclui sua ínsula – se torna ativa e lhe dá uma sensação do tipo: "Ei, o conteúdo de sua consciência não está no foco pretendido. Você se distraiu!". Lembre-se: isso significa apenas que você é um ser humano com uma mente. Você não está fazendo nada de errado; você está apenas sendo humano. Felizmente, sua rede de saliências pode fazer um monitoramento sem que você saiba, pois ela, como grande parte de nossa mente, funciona fora da consciência. E quanto mais você treinar esse sistema de saliência, especialmente com o pilar de atenção do treinamento, mais forte ele se tornará. O que você pratica com intenção cria um estado repetido, que então se tornará uma característica que pode funcionar em segundo plano sem seu esforço ou energia consciente.

A consciência usa energia, e manter as coisas nela, com atenção focal, não só requer recursos preciosos como também tem limite do número de itens que geralmente podem ser bem focados em um determinado momento. Quando as preocupações assumem a atenção focal e preenchem a consciência, a respiração sai daquele holofote de atenção focal.

Portanto, agora você tem um circuito de saliência forte, conforme vem treinando com a Roda, um circuito que "está ali para nos defender", por assim dizer, e que cria um pico de "vamos nos concentrar na respiração" que compete com o pico das preocupações com a reunião. Esse pico pode, a princípio, não estar conectado ao plano, trabalhando em um segundo plano não consciente. Mas logo se torna uma parte da varredura, também, ligando o pico de saliência ao plano de consciência. Agora você pode até ouvir isso como duas vozes interiores dentro da consciência, em última análise – uma preocupada com a reunião, a outra dizendo para voltar à respiração. Esses dois picos, esses dois pensamentos, poderiam ser vistos como dois pontos do aro, a reunião e o *input* de monitoramento da saliência. E assim você lembra seu próprio eu – traz o assunto de volta à mente – de que está fazendo uma prática de respiração. Agora é hora de redirecionar, e assim, com um aspecto de mudança de rumo da atenção, você também está treinando um pouco mais a importante *habilidade de modificação* que fortalece as habilidades gerais de regulação da sua mente, o pico da respiração agora volta ao foco, você abandona o pico da reunião, e talvez volte para um equilíbrio de 50% da varredura na respiração e 50% no plano.

Você pode até entrar "no fluxo da respiração", e agora tem 99% da varredura no pico da respiração e 1% no plano. *Você escolheu se perder no fluxo* da *sensação da respiração*, pois é isso que essa tarefa está convidando você a fazer – você não está se distraindo ou se perdendo em um pico irrelevante, um ponto de distração no aro. *Você está escolhendo como ajustar a sua proporção de varredura*. Direcionando sua atenção focada, você volta a consciência à respiração e agora se deixa levar pelo fluxo sensorial do duto da respiração. O monitoramento da saliência percebe que você está no caminho certo e não se intromete na consciência, observando por trás dos bastidores da consciência um platô talvez capaz de filtrar o que surge e o que não surge, que nesse momento não está envolvendo o plano das possibilidades em suas atividades ou interferindo na experiência de estar consciente. Aproveite o fluxo!

Dessa forma, a atenção pode estar relacionada de maneira fundamental à filtragem dos platôs. Quando o platô direciona o fluxo de energia, é a atenção que o faz. Quando o platô determina como o *loop* se conectará com o plano, quando essa filtragem está ativando e organizando certas possibilidades e conectando-as à consciência no plano, ela já não é apenas atenção; ela se torna atenção focal. Dessa forma, o *loop* do nosso diagrama 3-P pode corresponder às oscilações de 40 Hz no cérebro, que estão correlacionadas com a *consciência de algo* – a atenção focal. Nesses termos, então, um platô seria a nossa visão 3-P de como um estado mental pode usar a atenção para direcionar seletivamente o fluxo de energia e informação, nesse caso, moldando aquilo de que nos tornamos conscientes. Quando esse fluxo entra na consciência, ele agora tem um *loop* conectando o plano aos valores acima do plano. Em nossa imagem da Roda, colocaríamos um raio conectando o núcleo ao aro.

Logo algo se altera. Digamos que sua mente vagueie novamente para outro ponto no aro – pensamentos sobre o jantar de hoje à noite. Esse jantar também pode ser um valor máximo, reivindicando o precioso e limitado território da varredura de 40 Hz do plano para o platô. Mas o exercício respiratório ainda está em vigor, como algo ao qual você pode até não estar se atentando focalmente – afinal de contas, você não para de respirar. Você percebe a distração, deixa as preocupações com o jantar de lado e volta a respirar. A prática continua, fortalecendo sua capacidade de direcionar a atenção e acessar a consciência. Sua intenção de fazer a prática de respiração é vista como parte do platô que ajuda a redirecionar seu foco de atenção para a respiração.

Com um equilíbrio entre o plano e o objeto de consciência acima do plano, com esse *looping* entre o conhecer e o conhecimento, podemos visualizá-lo como uma designação 50/50 no *loop*. Ser absorvido principalmente pelos conhecimentos seria 1/99, enquanto estar principalmente no conhecer e apenas um pouco no conhecido seria 99/1. Se a varredura estivesse apenas acima do plano, seríamos capazes de extrair isso como uma proporção de 0/100, o que seria nenhuma consciência, consciência zero. Essa é a nossa vida mental não consciente. Em termos estritamente de varredura neural, essa poderia ser uma forma de indicar atenção não focal. Mas, se deixássemos o *loop* para nos dedicarmos à atenção focal, tal valor zero não faria muito sentido em um delineamento, pois basicamente significaria nenhuma varredura – então, se esse é o caso, por que se preocupar com o delineamento de algum *loop*? Por uma questão de conveniência, se quiséssemos delinear um processo particular não consciente que estávamos destacando, esse indicador 0/100 em um *loop* seria ao menos uma forma útil de representar visualmente essa atividade mental fora da consciência.

Estar consciente em uma grande extensão pode envolver uma alta porcentagem do plano, mesmo excluindo qualquer coisa em particular que possamos ter como "algo" de que estamos conscientes naquele momento. Essa é a experiência que muitos descrevem no núcleo-sobre-núcleo, e podemos entendê-la como um *loop* que permanece apenas no próprio plano, talvez um *loop* com um valor de 100/0, se quisermos representar a proporção de varredura. Cem por cento no plano, zero acima do plano. E 100/0 é igual a infinito – o que corresponde exatamente à maneira como muitos dizem sentir, de fato, essa parte da prática da Roda e de se assentar no núcleo, pousando no plano das possibilidades. O que as pessoas descrevem sobre esse estado é um sentimento de alegria, paz e clareza.

Com o *loop* revelando uma proporção de 100/0, núcleo-sobre-núcleo, sentimos uma vastidão e amplitude de consciência, uma imersão que estamos sugerindo acontecer quando aprendemos como acessar o plano das possibilidades e desfrutar da capacidade que temos de experimentar a consciência pura e aberta.

Em minha própria vida, às vezes vou querer me perder em algo, como no aroma das rosas ao longo de um passeio que costumo fazer perto de nosso Instituto Mindsight. Vou fazer uma pausa, respirar fundo e depois me curvo sobre uma rosa. Depois deixo o ar sair, visualizando como na próxima inspiração vou deixar o aroma da rosa preencher minha experiência, e então permito que aquele duto de aromas preencha minha proporção de varredura e domine a consciência naquele momento. Eu escolho fazer isso de forma consciente, intencional, e o fluxo da fragrância das flores é fabuloso. Há um sentimento de que não há espaço naquele momento para quaisquer outros pensamentos, outros sentidos, outras preocupações. Eu estou apenas com a rosa. Se eu abrir meus olhos, posso mudar intencionalmente para o canal visual e deixar a visão se tornar a condução dominante, mergulhando nas cores vibrantes e nas texturas sutis das pétalas e dos caules. Neste momento, você pode usar o termo *fluxo*, ou *flow*, como o pesquisador Mihaly Csikszentmihalyi o usa, pois eu me permito desaparecer e começo, tão completamente quanto posso neste corpo em que vivo, a fluir com a rosa. Não é um exagero dizer que, naquele momento, a energia que é a rosa e a minha energia do eu estão essencialmente – em sua essência – entrelaçadas dentro de minha consciência. E talvez agora eu esteja simplesmente abrindo a consciência para essa realidade fundamental de nossa interconectividade. É possível, como muitos já experimentaram após a prática da Roda, que de fato não haja separação entre nós e as rosas ao nosso redor? É nesses momentos de pouso no plano das possibilidades que podemos tomar consciência da realidade, nesse estado de presença que surge do plano, de que a rosa e esse corpo são partes de um fluxo de padrão de energia. Não é que eu precise construir essa ideia – é mais que eu possa deixar para lá a ideia de mim e a ideia da rosa e se abrir para esse oitavo sentido, permitindo-me sentir nossa natureza profundamente interconectada. Essa realidade pode, naquele momento, se tornar parte de como eu vivo e, mesmo em momentos além daquele fluxo, da minha maneira de viver.

Em outros momentos, imagino como eu poderia criar uma proporção mais equilibrada da varredura, e eu crio um *loop* entre o plano com um pico particular com muito espaço para mais diversidade nesse estado de consciência – para considerar outras ideias, trazer outros fatos, deixar minha mente vagar em território desconhecido. Não estou perdido na experiência; "eu" estou lá como um ser totalmente presente, mas amplamente aberto, equilibrado na imensidão do estado de consciência que inclui a coisa em si – a rosa – e a consciência. Estou em um *loop* de 50/50 entre o núcleo e o aro, entre o plano e o pico, com muita amplitude dentro da consciência, para acolher tudo, e também para refletir sobre as coisas. Você se lembra de como começamos nossa jornada refletindo sobre aquele copo d'água? Enquanto faço minha caminhada cheirando aquelas rosas, estou expandindo meu copo de água, e, qualquer que seja o sal que a vida me proporcione, ou qualquer que sejam os doces saborosos que surjam, estou pronto para beber.

Diz-se que a atenção focada tem uma capacidade limitada – podemos nos concentrar em apenas uma atividade de cada vez. Pode ser que aprender a regular nossa proporção de varredura nos permita colocar intencionalmente nossos preciosos recursos de atenção exatamente no que escolhemos focar, preenchendo a consciência em qualquer momento ou ambiente. Você mesmo pode tentar esse simples exercício da próxima vez que estiver fazendo uma refeição com amigos ou familiares. As refeições, como discutimos na parte I, são um excelente momento para praticar a presença e exercitar sua nova capacidade de explorar a consciência. Deixe que você e seus companheiros saibam que você está prestes a tentar uma mudança na proporção de varredura. Deixe a experiência continuar com sua conversa social por um tempo. Sugira então que você altere a relação, deixando que a comida que você está provando passe de sua baixa posição na varredura, não mais que um segundo plano, para uma posição majoritária. Deixe as correntes sensoriais de sabor, cheiro, visão e textura do alimento encherem a consciência para que se tornem 99% da proporção – 1% no plano, 99% na sensação do alimento. Tal enfoque sobre o alimento excluirá outros elementos da consciência, portanto não será possível continuar uma conversa durante essa proporção de varredura. Fique no fluxo dos alimentos e da absorção deles por seu corpo. Depois de alguns minutos estando com a comida, volte à sua conversa social. O que você notou? Para muitos, quando colocamos a capacidade limitada da atenção focal em uma conversa, simplesmente não há espaço para apreciar as qualidades sensoriais do alimento. Não nos engasgamos com a comida, geralmente, nem enfiamos um garfo na bochecha. Podemos colocar uma pequena quantidade da proporção de varredura no processo de mastigar e engolir e no uso dos utensílios, mas pouco estará disponível para sentir completamente o alimento em si. Em geral, podemos atender de forma focada apenas um processo de cada vez – e agora você pode ver como mudar isso à vontade em sua vida. Isso é uma mudança na sua proporção de varredura. À medida que pratica a Roda, você pode vir a descobrir que essa capacidade de moldar intencionalmente a proporção de varredura e alterar seu estado de consciência e o conteúdo escolhido de sua atenção focada continuará a fortalecer e a avivar suas experiências. Há um tempo para muitos tipos de proporção de varredura, diferentes estados de consciência, e agora você pode abraçar essa habilidade para integrá-los ainda mais à sua vida.

Quando aprendemos a acessar o plano das possibilidades mais prontamente, sua vastidão nos dá a capacidade de ter uma atenção focal mais sustentada e de nos agarrarmos a um senso de liberdade e flexibilidade para assumirmos uma ampla extensão de experiências emergentes. Talvez isso corresponda ao que Richard J. Davidson encontrou em sua pesquisa sobre meditação, sobre as formas de aumentar a capacidade de nos mantermos focados e conscientes, mesmo quando as coisas às quais estamos nos atentando mudam. Com a Roda da Consciência, meu próprio senso subjetivo disso é que existe uma receptividade mais ampla para experimentar e apreciar o que quer que emerja.

Parte dessa jornada para moldar intencionalmente nossos estados de consciência, alterando nossas proporções de varredura, também inclui aprender a reconhecer e liberar os filtros que organizam diretamente os conhecimentos da consciência do momento presente. Com a prática, podemos liberar esses platôs para sermos mais flexíveis e até mesmo experimentar como deixar os picos surgirem diretamente do plano. Tornar a sua vida integrada lhe permite fortalecer sua mente, tornando-se mais presente por meio dessa fonte de consciência.

Ter acesso ao plano nos enche de um senso de escolha e mudança, de tranquilidade e conexão.

Admiração e alegria

Voltando ao modo como muitos relataram sua experiência do núcleo da Roda – um senso de vastidão, de estar completamente aberto –, vamos agora considerar como pode ser que o plano das possibilidades nos permita ter acesso a tanta alegria, amor e até admiração.

O plano das possibilidades pode ser pensado como um portal para a integração. A partir de uma perspectiva probabilística, como vimos, esse plano pode ser visto como a integração máxima – a conexão inerente de todos os potenciais diferenciados que possivelmente estão disponíveis. Quando acessamos o plano, quando assentamos a posição probabilística no plano das possibilidades, deixamos os detalhes dos picos e platôs relaxarem, entrando num estado de união mais espaçoso e se conectando com a ampla gama de experiências potenciais que a vida nos oferece, sem a necessidade de controlá-las ou mesmo compreendê-las. Assentamo-nos naquilo que é e estamos abertos àquilo que pode ser. A sublimidade de simplesmente estarmos vivos torna-se a perspectiva a partir da qual experimentamos a presença em nossa vida quando vivemos a partir do plano.

A partir da *experiência subjetiva de estar no plano*, nós nos permitimos o acesso a um estado de admiração ao mesmo tempo que deixamos emergir a sensação de que há muito mais do que apenas nosso senso individual, privado – uma consideração terna, um amor por esse incrível dom de simplesmente estar aqui –, e essa alegria, essa gratidão, essa admiração preenche nossa consciência. Uma vez experimentado esse sentimento, seja por meio da prática da Roda ou fora de uma prática formal, nossa mente tem um vislumbre – mesmo que nos breves momentos em que o plano pode estar acessível – dessa vastidão, com seu sentimento de paz e bem-estar, e temos uma sensação de estar vivos, que é muito plena e natural, confortável e completa. Como mencionamos na parte I, a neurocientista social Mary Helen Immordino-Yang descobriu que esses estados são ativados por meio de ativações neurais em regiões do tronco cerebral associadas aos circuitos neurais mais profundos, envolvidos nos processos básicos da vida. Esse estado de admiração e gratidão, de alegria pela vida, é um senso interior de vitalidade e um senso integrado de conexão com o mundo mais amplo ao nosso redor. Podemos propor que o plano das possibilidades é o estado de probabilidade que, de modo natural, dá origem às experiências subjetivas de alegria, admiração e paz – uma reafirmação vital de sentido, amor e conexão.

Na próxima parte, vamos explorar como podemos acessar mais prontamente esse estado em nossa vida, retornando primeiro às histórias das pessoas que conhecemos na parte I e como elas usaram a metáfora da Roda da Consciência – como ideia e como prática – para obter mais acesso ao plano das possibilidades, aproveitando o núcleo da mente.

Expandir nossa consciência pode libertar nossa mente para experimentar o plano em si, em seu vasto e espaçoso potencial. Quando começamos a passar mais tempo no núcleo da Roda, podemos até mesmo sentir como nossos filtros estão restringindo e construindo nossa experiência de estar vivos, moldando nosso senso de identidade. Quando fortalecemos essa nova habilidade de se assentar no plano das possibilidades, acessar a consciência aberta e se tornar mais presente para a vida, novas possibilidades de escolha e mudança se tornam disponíveis à medida que nossa mente se torna mais integradora e consciente.

Por que integradora? Conforme encontramos formas mais diferenciadas de ser – formas de acessar novos potenciais que se atualizam como valores probabilísticos acima do plano –, nos conectamos a uma gama mais ampla de estados do que aquela que seria limitada por um conjunto particular de platôs que filtram e restringem nossa vida. De maneiras maravilhosas, o plano das possibilidades é tanto a fonte da consciência como a fonte de novas opções de vida. A consciência nos dá capacidade de escolha e mudança, não apenas porque nos permite fazer uma pausa e refletir, mas também porque nos dá acesso à fonte de novas opções.

Se essa estrutura 3-P se encaixar na sua própria experiência, você pode vir a descobrir que se tornar mais consciente também o torna mais livre. A consciência e a conexão a um amplo e muito aberto plano de possíveis novas formas de estar no mundo podem vir exatamente da mesma posição de probabilidade na jornada do fluxo de energia da mente. À medida que deixamos surgir e se conectar por si própria a auto-organização natural desses potenciais diferenciados recém-disponibilizados, ao "sairmos da nossa frente" e nos assentarmos na consciência do plano, aproveitando a experiência de simplesmente estar presentes e confiando no processo de estar cientes, podemos liberar o impulso mental inato para cultivar estados muito mais integradores. O acesso ao plano das possibilidades é o portal natural para o surgimento de estados mais integrados.

Uma tabela de correlações entre experiência mental, metáfora e mecanismo

Chegamos agora à conclusão da parte II e podemos oferecer uma exibição visual de algumas das ideias exploradas ao longo de nossa jornada. A tabela a seguir lista os termos e sua estrutura conceitual. Na primeira coluna, você verá nosso uso diário e comum de palavras, com o rótulo "Mente como experiência subjetiva". Na segunda coluna estão os termos da metáfora da Roda da Consciência – como ideia e como prática. Na terceira coluna, você encontrará as ideias da perspectiva 3-P, incluindo plano, platôs e picos. Na quarta coluna estão as ideias relacionadas aos correlatos neurais da consciência, e na quinta coluna está a terminologia relacionada com nossas discussões mais gerais sobre a mente.

Mente como experiência subjetiva	Metáfora da Roda da Consciência	Mecanismo e Diagrama 3-P	Correlação neural/ Atividade cerebral	Outros termos relacionados à vida mental
Consciência	Núcleo	Plano	Alta integração	Consciência
Atenção focal	Raio da atenção	*Loop* de varredura	Varredura de 40 Hz, do tálamo ao córtex	Concentração
Sensação (primeiros cinco sentidos do mundo externo e sexto sentido do corpo)	Primeiros dois segmentos do aro	Picos de ativação com filtragem mínima	Ativação de regiões cerebrais lateralizadas, incluindo córtices sensoriais e ínsula	Condução
Atividades mentais (sétimo sentido)	Terceiro segmento do aro	Picos que costumam emergir dos platôs	Regiões corticais, incluindo a rede em modo padrão (RMP) de linha média	Construção
Sentido de interconexão relacional: conexões sentidas como condução e construção (oitavo sentido)	Quarto segmento do aro	Picos que emergem diretamente do plano e/ ou dos platôs	Memória, sensação e/ou ressonância com os estados energéticos de outras pessoas e do planeta – nossos relacionamentos; energia recebida do ambiente	Conexão

PARTE III

A transformação com a aplicação da Roda: tirando proveito do núcleo e vivendo a partir do plano das possibilidades

Na parte III de nossa jornada, mergulharemos mais a fundo em como a Roda da Consciência pode ser usada em nossa vida – como uma metáfora que ilustra uma ideia e como uma prática que podemos usar para integrar a consciência.

Voltaremos ao exemplo dos indivíduos que lhe apresentei na parte I para que possamos explorar as formas pelas quais a Roda da Consciência apoia o crescimento e a cura reais em nosso dia a dia. Em resumo, vamos discutir: Billy, o menino de 5 anos que aprendeu a não bater; Jonathan, o adolescente de 16 anos com mudanças bruscas de humor; Teresa, a jovem de 25 anos que sofreu um trauma no começo da vida; Mona, a mulher de 40 anos, mãe de três filhos, que estava com a "corda no pescoço" e perdendo a paciência com os filhos; e Zachary, o empresário de 55 anos que aprendeu uma nova maneira de estar no mundo, que possibilitou que ele desse um novo rumo para sua vida.

Depois de explorar suas experiências, ilustraremos melhor a perspectiva 3-P apresentada na parte II e prepararemos você para tirar proveito dessas ideias e práticas em sua própria vida ao chegarmos à nossa quarta e última parte do livro.

A Roda como uma ideia para crianças: Billy e a liberdade do núcleo, a vastidão do plano

Ensinar as crianças sobre a Roda da Consciência, seja na sala de aula ou em casa, no treinamento de equipes esportivas ou de formação musical, é uma forma maravilhosa de apoiar seu crescimento. Como um guia visual do modo como a mente funciona, pode ajudar as crianças a entenderem mais claramente que elas têm o poder de fazer escolhas sobre como vivem sua vida. Com as ideias de atenção focada, consciência aberta e intenção de gentileza incorporadas na metáfora visual da Roda, são oferecidas às crianças as principais maneiras, sugeridas por pesquisas, com que podemos criar mais saúde e felicidade em nossa vida. Uma das ideias mais básicas do desenho da Roda é que ela demonstra visualmente como aquilo de que estamos cientes – o aro – é distinto do núcleo, nossa experiência de estarmos conscientes. Essa é uma ideia que pode ter profundos efeitos de fortalecimento nas crianças, como aconteceu com Billy.

Em meu livro *A mente em desenvolvimento*, você encontrará uma extensa revisão científica revelando quantos dos circuitos reguladores do cérebro se desenvolvem durante os primeiros doze anos de vida, moldados tanto por nossos genes quanto por nossas experiências especialmente em nossa relação com os outros. Uma relação é um padrão de comunicação – entre duas pessoas, por exemplo – que pode envolver uma sensação de ser visto e compreendido, cuidado e conectado. A comunicação também pode envolver a transferência de ideias, as quais podem mudar a forma como a mente se desenvolve.

A história de Billy é um exemplo de como uma mente jovem pode ser ampliada por uma nova ideia, mudando o curso da vida.

Lembre-se de que Billy, 5 anos de idade, tinha sido transferido para outra escola depois de bater em um colega durante o intervalo. A sra. Smith, a nova professora de Billy no ensino fundamental, ensinou-lhe a Roda da Consciência como uma ideia que ele podia desenhar em um pedaço de papel e depois aplicar em sua vida interior e em suas ações interpessoais. Um dia, Billy procurou a sra. Smith e pediu que ela lhe desse um minuto para que ele pudesse colocar os freios em seu comportamento e não bater em uma criança que, no pátio, havia pegado seus brinquedos. Billy expressou isso à sua professora, dizendo que estava perdido em seu aro e precisava voltar ao seu núcleo.

Do *ponto de vista de um mecanismo*, o que você acha que pode ter acontecido com Billy?

Uma provável explicação que agora podemos sugerir é que a metáfora da Roda permitiu a Billy perceber que sua inclinação para bater em Joey era apenas um ponto no aro de uma Roda que lhe oferecia muitas outras escolhas em termos de resposta emocional ao comportamento negativo de seu colega. Em outras palavras, Billy não precisou seguir esse único impulso, mas pôde voltar ao núcleo de sua consciência e dedicar tempo para considerar qual curso de ação ele realmente queria tomar. Ele encontrou liberdade ao se voltar para o núcleo para acessar outros pontos do aro; em termos 3-P, ele poderia se assentar no plano das possibilidades, fazendo uma pausa e descansando no espaço mental que ofereceria outras opções. A partir dessa poderosa pausa no plano, ele poderia agora escolher outras opções além daquelas em platôs de raiva ou das habituais reações antissociais aprendidas, onde ele estaria em piloto automático.

A consciência é o que nos permite forjar espaços entre nossos impulsos e nossas reações reais. Ela nos permite ser mais flexíveis na forma como respondemos, em vez de simplesmente agirmos de forma automática. O núcleo não só permite a consciência como também é a fonte de opções que nos capacitam a explorar o leque de escolhas comportamentais que agora temos à nossa disposição.

Definimos a mente como um processo regulatório emergente, auto-organizador, corporificado e relacional. Energia e informação, nós propusemos, é o material da mente – e assim Billy estava aprendendo uma nova maneira de regular esse fluxo. A regulamentação depende de um monitoramento com mais estabilidade para que possamos ver com mais foco, clareza, profundidade e detalhe. Dado que a mente é um processo de auto-organização, lembre-se: ela facilita o desdobramento da integração, conforme sua emergência liberada cria o fluxo FACES – flexível, adaptável, coerente, energizado e estável. Essa nova ideia da Roda permitiu a um menino de 5 anos diferenciar entre o conhecer no núcleo e os conhecimentos no aro. O que isso significa? Que a ideia e a imagem visual da Roda poderiam libertar a mente de Billy e permitir que ele integrasse sua consciência e fizesse novas escolhas.

Ao revermos essa história de uma criança pequena percebendo que poderia substituir um impulso violento por uma resposta mais gentil e compassiva, é importante considerar o quanto a gentileza e a compaixão são, de fato, os resultados emergentes da integração. Quando o espaço entre uma interação negativa com outra pessoa e a nossa resposta é literalmente ampliado por uma consciência maior, nossas interações com os outros se tornam muito mais amáveis e compassivas – elas se tornam mais integradas. No entanto, às vezes as coisas ficam pelo caminho – momentos em que sentimos que nossas necessidades não são atendidas ou em condições sociais complicadas no lar ou na comunidade em que vivemos, por exemplo. Mesmo que a integração possa ser um impulso inato de todas as mentes, vários eventos, internos ou interpessoais, podem impor obstáculos a esse impulso natural em direção à integração – em direção à gentileza e à compaixão. Bloqueios à integração podem resultar de experiências ocorridas durante o desenvolvimento, e esses bloqueios podem nos afastar do fluxo flexível do tipo FACES da integração, rumo às fileiras do caos e da rigidez. São as fileiras onde Billy estava antes de mudar para a sala de aula da sra. Smith, e esse fluxo central parece estar agora onde Billy está, capaz de escolher aonde ir.

A mente está tanto dentro de nós quanto entre nós; é tanto inter quanto entre. A sra. Smith criou um ambiente escolar emocional e socialmente inteligente para que tanto a mente interna quanto a en-tremente de seus alunos estivessem engajadas. A aula dela incentivou a reflexão e promoveu a integração. Poderíamos dizer que a sra. Smith cultivou um campo social generativo. A mente interior de Billy estava então preparada por uma ideia, uma metáfora e uma entremente que encontrou conexão e aceitação para que a plenitude de quem ele era, de quem ele era capaz de se tornar, fosse reforçada com essas novas experiências integradoras.

Inter ou entre, somos todos moldados pela forma como nossa mente é corporificada e relacional.

Poderíamos dizer que, tendo a imagem e a ideia da Roda e estando naquele novo ambiente, Billy poderia agora acessar mais possibilidades do que os padrões de comportamento aprendidos que experimentou em seu passado. O caminho para tal mudança envolve reflexão, a abertura da mente para a liberdade do plano. O que essa consciência receptiva faz é oferecer a ele uma nova e mais espaçosa maneira de refletir sobre o que a sua inter e entremente estão fazendo naquele momento, e abri-las, também, para acessar um conjunto de possibilidades antes não disponíveis. Quem sabe, pode até mesmo estar mudando sua rede em modo padrão – autodefinidora e autolimitadora de atividades neurais – em direção a um conjunto mais flexível e adaptável de filtros que permitem uma nova sensação do eu e do modo de estar no mundo. Vá em frente, Billy. E a senhora também, sra. Smith!

Aqui vemos o poder de conhecer esses mecanismos potenciais além da metáfora para a compreensão de nós mesmos. Naturalmente, foi oferecida a Billy a imagem da Roda, uma metáfora, ou seja, a imagem do plano das possibilidades, nosso mecanismo proposto. Ele poderia usar a ideia em forma de metáfora, e, provavelmente nessa idade, esses mecanismos seriam muito abstratos. Mesmo com a metáfora, Billy poderia ser capacitado a ter uma transformação interior e relacional profunda, promissora e duradoura em sua vida. Você pode estar preparando sua mente para uma coisa que meu filho e minha filha dizem que eu não sou capaz de fazer: contar piadas – que as metáforas estejam com você, Billy.

À medida que passamos por infância, adolescência e além, conhecer o plano das possibilidades como um mecanismo da mente pode ser uma forma útil de entender nossa vida mental interior. Mas, para alguns, esse mecanismo não é necessário; basta a metáfora da Roda para ajudá-los a integrar a consciência. No meu caso, acho que os conceitos de "amplitude do espaço da consciência" e "a consciência cria escolha e mudança" certamente se aplicam à imagem da Roda e à noção de "tirar proveito do núcleo" em nossa vida. A Roda é uma imagem cristalina, uma visualização metafórica de aspectos-chave da mente.

No entanto, detalhes ainda mais sutis são esclarecidos por nossa estrutura 3-P e por enxergar o diagrama 3-P e o mecanismo do plano das possibilidades como a fonte dessa amplitude e liberdade. Por exemplo, essa estrutura nos permite ver, e dizer, por que a consciência permite a escolha e a mudança – a consciência de mudança nos deixa no próprio espaço matemático em que outras opções se encontram. Como afirma o estudioso Michel Bitbol, "o vácuo quântico está esperando que a ativação dê origem a 'partículas' da mesma forma que o ar, quando o sol e a água estão lá, está esperando que um observador ou uma câmera deem origem a um arco-íris".[39] Apesar de isso não ter sido confirmado pela física, nossa proposta é que a própria consciência possa emergir do plano das possibilidades, que pode muito bem ser o vácuo quântico, o mar de potencial do qual os padrões energéticos básicos – os *quanta*, chamados de "partículas" – emergem em nosso mundo. A estrutura 3-P nos ajuda a entender como novos padrões de energia – e de informação – podem ser escolhidos a partir desse plano das possibilidades. Você e eu podemos nos dar conta de que existem abordagens diferentes para cada um de nós, e perceber que o que funciona melhor para você (ou para as pessoas de diferentes idades com quem você está trabalhando ou conversando em um jantar) nos convida a fazer ajustes importantes nos níveis em que nos envolvemos – só na metáfora ou a metáfora junto ao mecanismo – durante uma discussão sobre a natureza da mente e da consciência.

Temos proposto que a consciência – conhecer a consciência – emerge de um plano das possibilidades, um mar de potencial, o gerador da diversidade, o vácuo quântico. Com essa proposta de um mecanismo 3-P além da metáfora, torna-se claro como a ciência de consciência é trama indissolúvel da amplitude das possibilidades. Como vimos, dar a Billy acesso a uma consciência ampliada não é apenas dar-lhe tempo para refletir; é dar-lhe novas formas de responder em vez de reagir automaticamente. A consciência permite escolhas e mudanças porque a *reflexão* sobre escolhas e as *fontes* de respostas alternativas emergem da mesma posição de probabilidade – o plano das possibilidades. Essa é uma visão que só a discussão sobre mecanismos possibilita – e agora podemos aplicar essa visão à nossa ideia metafórica e à prática da Roda da Consciência.

Se você achar úteis essas discussões mais profundas sobre mecanismos, perfeito. Espero que você esteja ao menos achando-as interessantes. À medida que seguimos para as discussões sobre outras experiências nas narrativas a seguir, naturalmente você poderá refletir sobre como as experiências delas se relacionam com sua própria

---

[39] Hasenkamp e White (Orgs.). *The Monastery and the Microscope*, p. 67.

prática e como você tira proveito do núcleo ou acessa o plano das possibilidades.

Essas mudanças que emergiram a partir do crescente acesso de Billy ao seu plano criaram um novo conjunto de probabilidades aprendidas desde acima do plano. Esse novo aprendizado em seu cérebro provavelmente alterou as probabilidades de ativação neural em novos padrões; como vimos, é disso que se trata a memória e o aprendizado – mudanças na probabilidade. Em nosso diagrama 3-P, veríamos esse conjunto de padrões de probabilidade alterados como seus platôs recém-configurados, subpicos e picos. O pico de atualização de suas ações passou a ser bem diferente, com seu "voltar ao seu núcleo" e suas novas escolhas a partir de seu plano das possibilidades, que lhe permitiam não ativar o pico de bater no outro garoto.

Até mesmo os filtros de consciência autolimitantes de Billy, seu senso de identidade via platôs da rede em modo padrão, provavelmente serão modificados devido a essa nova forma de estar no mundo. Outros agora responderão às respostas de Billy de maneira diferente, e o sistema reforçará seu caráter de pessoa diferenciada, agora conectada à classe da sra. Smith. Oferecer a Roda ao Billy proporcionou-lhe a oportunidade de se integrar mais em sua mente interior e em sua mente relacional, sua entremente. Com o contínuo reforço positivo e a capacitação que acompanha sua mudança de uma propensão para ser reativo a uma característica de ser reflexivo, receptivo e responsivo, Billy terá apoio para seu crescimento em direção a uma forma mais integrada de estar no mundo. Ele está aprendendo a viver desde seu núcleo, a acessar seu plano por dentro e por fora.

A Roda para adolescentes: Jonathan acalma a montanha-russa de platôs e picos

A adolescência é um período de grandes mudanças físicas, fisiológicas, neurológicas e sociais. No livro *Brainstorm: The Power and Purpose of the Teenage Brain* [Tempestade cerebral: o poder e o propósito do cérebro adolescente], ofereço tanto aos adolescentes quanto aos adultos que cuidam deles uma exploração da essência desse período da vida. Descrevo isso com o acrônimo ESSENCE, que significa essência.

ES representa a centelha emocional [*Emotional Spark*] desse período da vida em que o cérebro está se remodelando. Durante esse período, a área límbica do cérebro está passando por grandes mudanças que criam emoções mais intensas e estados de humor menos previsíveis. De uma perspectiva 3-P, isso se parece com picos e platôs que se deslocam rapidamente e dão origem a pensamentos, emoções e memórias turbulentas. O lado negativo dessa centelha emocional é o humor e a irritabilidade; o lado positivo é a paixão e a vitalidade.

SE significa engajamento social [*Social Engagement*]. Os adolescentes são feitos para a conexão e a colaboração, mas nossa moderna escolarização de adolescentes muitas vezes gera competição e um sentimento de escassez e inadequação. O triste resultado disso é muitas vezes uma sensação de pressão e isolamento, que causa um estresse inútil e às vezes uma sensação de desespero. Nossas relações sociais estão entre os ingredientes mais importantes para uma vida saudável, feliz e duradoura, e aprendemos habilidades sociais em grande parte durante a adolescência. No entanto, com a privação do sono e a tensão que muitos adolescentes experimentam na cultura contemporânea, o tempo para a conexão durante a adolescência é muitas vezes encurtado, em detrimento de muitos outros. Podemos imaginar como tais experiências moldam a RMP e reforçam a sensação de um eu separado, em vez de interconectado. O lado negativo do engajamento social é ceder à pressão dos colegas e talvez perder uma bússola moral para ganhar o pertencimento ao grupo; o lado positivo é a conexão e a colaboração.

O N em ESSENCE é de busca por novidades [*Novelty seeking*]. As mudanças no circuito límbico avaliativo do cérebro e seu sistema de recompensa levam um jovem adolescente a comportamentos que podem envolver a busca pelo desconhecido, incerto e, às vezes, perigoso. Uma mudança na avaliação do sistema límbico pode criar algo chamado "pensamento hiper-racional", no qual apenas os aspectos positivos de uma escolha são considerados importantes – tornando os perigos de uma decisão menos relevantes do que os prazeres. Essa situação centraria a atenção, tanto a focal quanto a não focal, nesses aspectos emocionantes de uma escolha, platôs de um estado mental criando giros positivos específicos nos picos que vierem a emergir. O lado negativo de buscar novidades e correr riscos é a lesão e a morte; o lado positivo é a coragem de viver plenamente a vida.

Por fim, CE representa a exploração criativa [*Creative Exploration*]. Embora a infância seja uma época para se embeber daquilo que os adultos sabem e entender o mundo como ele é, a adolescência é um período em que muitos começam a desafiar o conhecimento dos adultos e a imaginar não apenas como o mundo poderia ser mas também como ele deveria ser. O lado negativo da exploração criativa é uma sensação de decepção, desilusão e desespero, pois os adultos que até há pouco tempo eram reverenciados como deuses são agora vistos como "meras pessoas" ou pior; e o lado positivo é a imaginação.

Pesando os prós e os contras, a ESSENCE da adolescência oferece tanto desafios quanto oportunidades. A chave para uma abordagem que ajuda os adolescentes a crescer bem é ajudar a apoiar os lados positivos da paixão, da conexão, da coragem e da imaginação.

A forma como abordamos os adolescentes durante esse período – como pais, mentores, professores e treinadores, e como sociedade – influencia diretamente não o desenvolvimento individual deles como também o futuro de nosso mundo. A adolescência é um período de grandes oportunidades, mas muitas vezes a tratamos como um tempo que deveria passar o mais rápido possível. Muitas vezes ficamos repletos de afirmações falsas que levam a mal-entendidos sobre esse importante período da vida; mitos comuns, como o de que os hormônios em fúria são a causa inevitável do comportamento louco dos adolescentes, são encontrados por todo o mundo. A boa notícia é que a verdade sobre a remodelação do cérebro adolescente significa que podemos capacitar os adolescentes a engajar de fato sua mente e sua vida para otimizar o modo como seu cérebro cresce e muda durante esse período de rápida transformação.

Podemos imaginar, da perspectiva 3-P, como os platôs filtrantes de um adolescente são diferentes do que eram durante a infância, e até mesmo do que podem se tornar com as responsabilidades de um adulto. Os platôs são os filtros que determinam quais picos surgem, e assim podemos imaginar a ESSENCE dessas mudanças alterando não apenas o modo como os adolescentes se comportam mas também o que acontece em seu senso interior de consciência. Os platôs servem como filtros, moldando o que pode emergir como picos de atualização a partir de seu subconjunto selecionado de possibilidades. Esses filtros podem moldar nosso processamento de informações não conscientes e influenciar o que entra na consciência, pois servem também como filtros de consciência que constroem nosso senso de identidade no mundo. Você pode imaginar como tais mudanças nos platôs durante a adolescência nos ajudariam a entender a rápida mudança no senso de identidade que esse importante período da vida frequentemente envolve.

O objetivo geral da remodelação do cérebro adolescente é a poda de conexões neurais para criar circuitos mais diferenciados e a formação posterior da mielina para estabelecer mais conexões. Sim, você deve ter previsto isto: o cérebro adolescente se torna uma zona de construção por algum tempo para poder criar definitivamente um cérebro mais integrado.

Eu ofereço a Roda da Consciência como uma ideia e uma prática no livro que escrevi para os próprios adolescentes. Essa ferramenta de visão mental, que constrói autopercepção, empatia e integração, é parte de um kit de ferramentas maior que ajuda a construir uma bússola interna para ajudar os jovens dessa idade a navegar pela vida durante esse período desafiador e os prepara para emergir na idade adulta com o cérebro mais integrado e a mente mais forte.

Jonathan, citado no primeiro capítulo e também descrito no livro *Mindsight*, era um adolescente de 16 anos que sofria de um poderoso conjunto de tempestades emocionais que quase arruinavam sua vida. Além das paixões de uma centelha emocional como parte de sua ESSENCE, essas instabilidades de humor revelaram-se os primeiros sinais de uma doença psiquiátrica grave, que eu e dois outros psiquiatras de crianças e adolescentes diagnosticamos como transtorno bipolar. Estudos posteriores na UCLA e em Stanford começariam a explorar o que alguns colegas, assim como eu, haviam encontrado em casos individuais: oferecer uma forma de treinamento mental, como a atenção plena e a Roda da Consciência, poderia alterar o curso da doença.

A remodelação do cérebro adolescente envolve a poda de regiões importantes envolvidas na regulação do humor. Essa descoberta, combinada com a possibilidade muito real de que o estresse pode descontrolar o processo de poda e levar a uma maior desregulação – especialmente em uma pessoa geneticamente vulnerável, que experimenta mais estresse, mais poda, e assim por diante –, significa que a capacidade de integração do cérebro é comprometida. A integração, lembre-se, parece ser a base de uma regulação saudável – regulando o humor e a emoção, a atenção, o pensamento e a ação. Esse estado comprometido de integração, de não ter a conexão de áreas diferenciadas, pode estar no centro de distúrbios psiquiátricos, como o distúrbio maníaco-depressivo ou transtorno bipolar. Os genes podem muitas vezes desempenhar algum papel, assim como os eventos do acaso, em tornar o cérebro vulnerável à integração prejudicada, e os resultados disso podem se tornar aparentes apenas durante o período de remodelação da adolescência. De fato, a maioria dos distúrbios psiquiátricos, incluindo vícios e distúrbios de ansiedade, humor e pensamento, é mais propensa a aparecer clinicamente pela primeira vez durante esse importante período de poda cerebral e mielinização. Jonathan parecia estar nos estágios iniciais, em que a remodelação do cérebro estava sendo controlada por uma vulnerabilidade genética. No fim das contas, a Roda se tornou uma importante prática de treinamento mental para ele, provavelmente integrando o cérebro.

A prática da Roda de Jonathan acabou permitindo que, por fim, ele permanecesse mais firme em seu núcleo e sentisse seu aro com mais clareza. Com o desenvolvimento da consciência aberta, ele aprendeu a acessar a vasta amplitude do plano das possibilidades. Assentar-se na receptividade do núcleo, acessando a clareza e a tranquilidade do plano, era exatamente o que Jonathan precisava, como um santuário, a salvo das tempestades de mudança de humor e estados mentais. Essa nova capacidade aprendida de viver mais em seu plano das possibilidades permitiu que os platôs de Jonathan, aqueles estados mentais intensos e os picos caóticos e rígidos que eles criariam, se tornassem menos dominantes em sua vida. A partir do plano recém-acessado – que Jonathan chamaria de *poder de seu núcleo* –, ele poderia, durante suas oscilações de humor, sentir com mais distanciamento os pontos do aro e aprender a acalmar a tempestade com mais firmeza. Ele havia dominado a Roda da Consciência e sentiu uma nova esperança em sua vida. De muitas maneiras, aprender a viver mais no plano das possibilidades lhe deu opções para escolher o quanto de varredura de atenção ele acionaria para suas reações emocionais. A amplitude de sua consciência, agora disponível para ele, era seu recipiente ampliado, e o sal antes avassalador de suas emoções tempestuosas se acalmou e se diluiu nessa vasta e agora acessível fonte de consciência. Aprender a viver com a presença do plano, tirando proveito do núcleo, capacitou Jonathan a estabilizar sua mente e, por sua vez, ter a experiência de seu próprio domínio pessoal dessas tempestades emocionais, sentindo que podia confiar em si, diminuindo sua sensação de impotência e depois ensinando--lhe que, por fim, podia contar com sua própria mente.

No quarto segmento do aro durante a prática da Roda, Jonathan começou a cultivar ainda mais as intenções de gentileza. Dizemos "ainda mais" porque a própria prática da atenção focada, como vimos, começa esse processo de ser gentil conosco à medida que a mente se distrai e voltamos o foco da atenção, quantas vezes forem necessárias, para o conhecimento pretendido. O quarto segmento se constrói sobre essa base de intenção de gentileza. A decepção que Jonathan expressou consigo, o sentimento de que não podia confiar nem mesmo na própria mente para funcionar bem, e as formas tempestuosas que suas relações com os colegas e familiares naturalmente se desdobrariam com suas agitações e "surtos" emocionais deixaram-no bastante hostil consigo e também com aqueles próximos a ele. Ele estava em um ponto de ruptura quando nos conhecemos.

Podemos imaginar de uma perspectiva 3-P como esses padrões de estar fora de controle e a atitude negativa que ele desenvolveu para consigo mesmo durante aqueles meses tempestuosos construíram um conjunto de platôs que criaram um padrão de diálogos internos hostis sobre si, conversas internas que provavelmente só pioraram sua maneira de lidar com a chegada de uma tempestade emocional e aumentaram a intensidade de seus efeitos. Reforçando tais filtros de consciência com essas expectativas repetidas de estar fora de controle, a própria mente de Jonathan teria agora uma estrutura de platôs rígidos de onde só poderiam surgir picos de pensamentos, sentimentos e memórias negativos, desesperados e indefesos. Quando veio me ver pela primeira vez, Jonathan sentiu-se aprisionado por essas experiências e em desespero sobre o que poderia fazer para escapar. Não havia platôs de esperança, nem picos de pensamentos ou sentimentos que lhe dessem confiança de que as coisas funcionariam para ele.

Embora o tratamento padrão para alguém com essas experiências e esse diagnóstico quase sempre envolvesse medicamentos, por razões compreensíveis de histórico médico familiar, os pais de Jonathan recusaram a sugestão de uma prescrição e, em vez disso, optaram por se preocupar com o que naquela época era considerado uma abordagem alternativa. Isso felizmente funcionou, tanto no curto prazo, com ele se tornando mais estável, quanto no longo prazo. Agora, mais de quinze anos depois, ele está estável, livre de medicamentos, e prosperando.

Para um cérebro correndo riscos genéticos e em luta pelo crescimento integrador, uma prática integradora como a Roda da

Consciência é uma sugestão natural. Mas tais estratégias de treinamento mental podem não funcionar para todos os indivíduos com desafios de integração e, se usadas, devem ser feitas com avaliação clínica e monitoramento cuidadoso. Práticas de treinamento mental em geral levam a uma maior integração no cérebro e, portanto, pode fazer sentido usar tais abordagens com indivíduos com integração neural comprometida como o centro de suas dificuldades. Pesquisas demonstraram que, na população em geral, o treinamento mental aumentou a integração neural de muitas maneiras, com o aumento da conexão entre os hemisférios esquerdo e direito pelo corpo caloso, o hipocampo conectando sistemas de memória e o córtex pré-frontal conectando regiões amplamente separadas umas das outras. Além disso, a prática meditativa aumenta a interconectividade do conectoma, ou seja, a ligação das áreas mais sutilmente diferenciadas distribuídas por todo o cérebro. Além disso, a RMP se torna menos vinculada e isolada em seu funcionamento e, portanto, mais integrada ao sistema neural geral. E, para aqueles com uma amígdala ampliada, algo relacionado ao excesso de reatividade emocional, o treinamento mental leva a uma diminuição desse nodo neural excessivamente diferenciado da vida emocional.

Quando também reconhecemos que o Projeto Human Connectome revelou que um dos melhores indicadores de bem-estar na mente e no corpo é o nível de interconexão de nosso conectoma diferenciado, podemos ver por que os treinamentos mentais que promovem a integração neural, especialmente durante esse período de remodelação cerebral, ajudariam a cultivar a saúde em nossa vida.

Se a remodelação do cérebro adolescente está acontecendo para criar um cérebro mais integrado, e se sabemos que o treinamento mental com o cultivo da atenção focal, consciência aberta e intenção de gentileza proporciona mais integração neural, por que não oferecer tais práticas integradoras a todos os adolescentes durante esse período formativo? A resposta parece simples: não há razão para não o fazer. Vamos trabalhar juntos para ajudar a apoiar o crescimento da próxima geração a cuidar uns dos outros e do planeta, apoiando a ESSENCE da adolescência para que os jovens possam se desenvolver bem, viver uma vida feliz e produtiva e fazer contribuições positivas para nossa sociedade.

Se você pudesse encontrar Jonathan agora, sentiria o poder da integração para liberar a capacidade natural de paixão, conexão, coragem e imaginação de um adolescente. Agora, em seus 30 anos, Jonathan não é mais um adolescente, mas ainda possui essas importantes qualidades. Sua ESSENCE foi claramente alimentada por sua prática da Roda da Consciência. O núcleo se tornou um santuário a partir do qual ele pôde aprender a experimentar sua mente e suas tempestades interiores de uma maneira nova e mais regulada, e essa habilidade continua a sustentá-lo à medida que ele avança na vida. A partir dessas novas experiências, um novo conjunto de platôs com picos mais otimistas e esperançosos poderia ser criado em sua vida. Além disso, o acesso ao plano das possibilidades abriu uma janela para as paixões de Jonathan, o que lhe permitiu reunir o combustível de seus interesses e canalizá-los criativamente em platôs e picos produtivos em favor de suas aspirações pessoais e profissionais. Ao fazer essa construção de resiliência em um trabalho muitas vezes pesado, Jonathan deu a si mesmo um presente que continuará a dar frutos em todas as jornadas que emergirem em sua vida.

A Roda para pais e outros provedores: Mona e a liberdade de platôs recorrentes e de picos de caos e inflexibilidade

A criação dos filhos é um dos relacionamentos mais desafiadores e gratificantes que podemos ter. A forma como nós, enquanto recém-nascidos, bebês, crianças e adolescentes, nos conectamos com nossos provedores de cuidados – nossos pais e outras pessoas em nossa vida – molda parte das trajetórias de nosso crescimento e desenvolvimento. O campo de estudo chamado *vinculação* nos oferece uma base científica dos padrões universais de conexão entre uma criança e seus pais ou outro cuidador. De acordo com essas pesquisas, existem quatro tipos de relações de vinculação: segura, esquiva, ambivalente e desorganizada. A vinculação *segura* entre um cuidador primário e uma criança está associada a resultados positivos em muitos aspectos do desenvolvimento da criança, incluindo o crescimento da capacidade de resiliência emocional, autoconsciência e o envolvimento em relações mutuamente gratificantes com os outros.

No campo da neurobiologia interpessoal, sintetizamos os resultados de estudos sobre vinculação, neurobiologia e outros campos científicos para chegar a esta perspectiva simples mas poderosa: relações de vínculo integradas que envolvam o reconhecimento de crianças por sua natureza diferenciada e a conexão com demonstrações de cuidado – relações pais-filhos seguras – levam ao crescimento da integração neural nas crianças.

Como pais, nossa capacidade de estar abertos e presentes para nossos filhos permite que eles sejam tanto *diferenciados* de nossas próprias expectativas e desejos de como devem ser quanto *conectados* a nós por meio de uma comunicação compassiva e respeitosa, permitindo que o circuito integrador de seus cérebros se desenvolva bem. Essa integração neural no cérebro é o mecanismo fundamental para uma regulação perfeita – de atenção, emoção, humor, pensamento, memória, moralidade e relação com os outros.

As formas não seguras de vinculação, os outros três tipos de vínculos – que na literatura científica são chamadas de relações *inseguras* de vinculação –, incluem padrões de uma criança aprendendo a partir de suas experiências em modos que podem comprometer as capacidades reguladoras. Vínculo é uma medida relacional que emerge da experiência de conexão interpessoal, não uma característica inata da criança. As crianças podem aprender a se desligar emocionalmente dos pais com relações de vinculação *esquivas*, podem se sentir confundidas por pais com vinculação *ambivalentes* e podem se tornar fragmentadas por terem medo dos pais em caso de vinculação *desorganizada*. Cada um desses três padrões de vinculação insegura pode ser visto como uma integração relacional bloqueada: a esquiva sendo uma diferenciação excessiva sem conexão, a ambivalente sendo uma conexão excessiva sem diferenciação e a desorganizada surgindo como uma intensa experiência de terror, um sentimento de abandono temeroso que é o exato oposto dos fundamentos da vinculação.

Dado que a integração cerebral é a base para as muitas formas de regulação – de atenção e memória a emoção e pensamento –, quando limitamos a integração relacional, comprometemos diretamente a capacidade da criança de desenvolver a integração neural e, portanto, de cultivar a regulação. Dessa forma, vários graus de impedimentos à regulação podem ser vistos em uma vinculação insegura, e aqueles com um histórico de vinculação desorganizada demonstram os maiores desafios regulatórios. Para aqueles com vinculação desorganizada, prejuízos significativos são encontrados na regulação da emoção, do pensamento, da atenção e até da consciência, em forma de um processo chamado *dissociação* – uma fragmentação da consciência na qual normalmente processos associados como emoção, pensamento e memória se tornam desconectados.

Lembre-se de que Mona, 40 anos, era mãe de três crianças pequenas e tinha frequentes experiências de desligamento e distanciamento dos filhos, em alguns casos assustando não só eles, como a si mesma, pois tivera explosões caóticas de tristeza e raiva. Tais explosões foram provavelmente um exemplo de Mona experimentando a dissociação sob estresse. Como muitos pais sobrecarregados podem vivenciar, há momentos em que "perdemos a cabeça" e o controle de nossos sentimentos, pensamentos, palavras e até mesmo do comportamento. Em seu modelo do cérebro na palma da mão, visto na parte II, podemos enxergar isso como a súbita desconexão entre as regiões pré-frontais integradoras (os dedos) e as áreas do dedão "límbico" e do cérebro (palma da mão), resultando em uma perda de equilíbrio e em maneiras rígidas ou caóticas de interagir com esse bloqueio temporário da integração de todo o sistema cerebral. Agora, fora de equilíbrio com seu corpo e com o mundo relacional, o que emerge para Mona – para qualquer um de nós – nesse estado não integrado de "perder a mão" ou "não dar conta" é uma forma aterrorizante de existir que rompe temporariamente sua conexão com os filhos. Sabendo que tais experiências assustadoras podem produzir impactos negativos significativos no crescimento dos filhos, Mona procurou ajuda com urgência. Ela não queria transferir para eles o legado de terror que veio de sua própria criação.

Vimos que, quando a integração é prejudicada, qualquer um de nós pode sair daquele fluxo de bem-estar, aquele senso FACES de harmonia e abertura, de flexibilidade, adaptabilidade, coerência (resiliência com o tempo), energia (vitalidade) e estabilidade. Em vez desse fluxo harmonioso de integração, nos deslocamos para as margens do caos ou da rigidez. Sei que em minha vida isso pode acontecer às vezes; são momentos muito coercitivos, que nos puxam para um estado ativado, mas também é cansativo e muitas vezes humilhante sentir-se tão fora de controle. É bem possível, como sei em primeira mão, estar ciente de um estado reativo de explosões caóticas ou de forte esgotamento, mas sentir-se impotente para imprimir uma mudança. Às vezes, nesses momentos, pode até "parecer certo", e você pode se sentir justificado em sua reatividade comportamental. Mas, logo depois, pode se sentir esgotado, e, em algum outro nível, em algum outro estado, você sabe que não está sendo seu eu mais prudente naquele momento. A maioria dos livros que escrevi para pais refletem sobre essa importante noção.

Foi assim que Mona se sentiu sobrecarregada pelo "fardo", conforme seu modo de vivenciar a situação, de criar seus filhos quase sem a ajuda de seu cônjuge e sem uma família ou comunidade de vizinhos por perto para apoiá-la.

Como discutimos anteriormente, Mona começou a praticar a Roda da Consciência e isso lhe permitiu construir os recursos internos que poderiam ajudá-la a se tornar mais presente e consciente, e oferecer uma vinculação segura para os filhos. Para entender como isso aconteceu, vamos olhar o processo de Mona a partir de uma perspectiva de vínculo. De acordo com pesquisas da área, uma vinculação segura entre progenitor e filho envolve padrões nos quais a criança se sente assistida, acalmada e abrigada. Quando ocorrem rupturas nesses padrões – por exemplo, quando as tensões normais da vida nos fazem ser bruscos, abruptos ou mesmo zangados com nossos filhos –, em uma vinculação segura, remediar a situação é algo que ocorrerá de forma confiável. Dessa maneira, as crianças desenvolvem uma sensação de segurança no mundo e aprendem que, mesmo quando as coisas não vão bem, elas podem ser reparadas. Quando estamos vivendo a partir do núcleo, inspiramos aqueles que nos rodeiam a viver também a partir de seu núcleo. No caso da relação entre pais e filhos, isso é essencial para uma vinculação saudável, e a Roda da Consciência pode nos ajudar a desenvolver essas habilidades parentais específicas das seguintes maneiras:

1. *Assistida*. A mente de uma criança precisa ser observada, para além de um pai ou uma mãe que apenas responda ao seu comportamento ou que a enxergue apenas pela lente de suas próprias expectativas. A visão mental é a habilidade de estar presente para a vida interior de uma criança, de estar em sintonia com seus sentimentos, pensamentos e respostas para que "se sinta percebida". Quando uma criança é assistida, ela se diferencia e se conecta – ela sente que pertence a algo maior do que seu eu interno e privado. O aproveitamento do núcleo e o acesso ao plano permitiram a Mona estar consciente de seus filhos de uma forma mais completa e livre.
2. *Acalmada*. Quando uma criança está em perigo, sentir que ela é cuidada e amada pode ajudá-la a voltar a um estado básico

> **Os quatro As da vinculação**
>
> ASSISTIDA, ABRIGADA, ACALMADA ⟶ **Autoconfiante**

mais calmo. Quando, como pais, somos capazes de estar plenamente presentes onde quer que nosso filho esteja em um dado momento, podemos acalmar nossos filhos com suavidade, ajudando-os a redirecionar sua experiência para a ampla visão do núcleo. O plano é o portal através do qual a presença dos pais surge e a integração é cultivada. Em vez de ter os filtros fixos de platôs rígidos, que restringem o que sentimos e como reagimos, acessar o plano amplia nossas percepções e nos abre para responder de forma mais conectada e suave.

3. *Abrigada*. Nosso papel como pais ou outros provedores de cuidados é proteger nossos filhos do perigo – ou mantê-los seguros, em termos muito concretos. Em uma relação segura de vinculação, também precisamos fazer com que nossos filhos se sintam abrigados – seguros. Se, em vez disso, instilamos terror neles ao nos comportarmos de forma irada ou instável, ou por nos desorientarmos (as crianças são extremamente sensíveis ao nosso estado mental; elas percebem e respondem profundamente a isso, bem como ao nosso comportamento), precisamos voltar ao núcleo e reconhecer que a ruptura deve ser reparada mais uma vez. Ao praticarmos a Roda, podemos operar de forma mais equilibrada, acessando o núcleo para ver nosso comportamento a partir de um panorama aéreo, alterando-o para proteger a atmosfera de abrigo que esperamos fornecer

para a criança. Não existe paternidade perfeita, mas, sempre com o objetivo de manter nossa conexão com nossos filhos e reparar de forma confiável as rupturas quando elas ocorrem, nós nos esforçamos para que eles se sintam assistidos, acalmados, abrigados e autoconfiantes.

O que a Roda oferecia a Mona era o aproveitamento do núcleo, o acesso ao plano das possibilidades, que se tornou um santuário, a salvo dos picos caóticos e rígidos e dos platôs de explosão de raiva em um extremo e de desligamento e burnout no outro. Esse caos e essa rigidez dificultaram muito que ela estivesse presente para seus filhos. Com a Roda, Mona aprendeu a habilidade de se desprender desses padrões caóticos ou rígidos de suas atividades não integradas, acima do plano. Ao aprender a acessar o plano, ela desenvolveu uma maior expansão da consciência, permitindo que novas opções de como reagir surgissem a partir desse mar de potencial agora acessível.

De uma perspectiva 3-P, Mona se tornou capaz de estar mais presente para seus filhos. Não é que a presença estivesse sempre ali; ela apenas se tornou mais disponível para Mona e mais familiar em sua mente, de modo que fosse possível fazer um reajuste ou reparo mais prontamente quando necessário. Essa presença paternal surge do plano das possibilidades. Imagine isso de uma perspectiva de energia e probabilidade. Antes, Mona estava repetidamente perdida em platôs rigidamente definidos e em seus picos de reatividade caóticos e rígidos. Ela era tudo, menos presente. Agora, ao acessar o plano, Mona podia se assentar em uma amplitude de tempo e escolha, uma vastidão interior que ela nunca soube que estava disponível para ela, por trás de toda a tagarelice de seus picos e a filtragem de seus platôs. O que agora podia surgir de Mona como mãe eram picos de interação vindos diretamente desse plano de presença. Ela podia sentir a diferença, e provavelmente seus filhos também.

Não existe paternidade perfeita. Em todos os meus livros para pais, eu tento marcar esse ponto observando, às vezes para a consternação de meus próprios filhos, as muitas vezes que fiz asneiras no meu relacionamento com eles. Tento também descrever como, ao estarmos presentes para nossos filhos, expressamos gentileza não só para com eles mas também para com nós mesmos. Esse tipo de consideração significa estar presente para a realidade de que nós também somos simplesmente humanos. Do plano das possibilidades, do núcleo da Roda, todos nós podemos encontrar aquele amor que nos capacita a nos tornarmos nosso melhor amigo, nossa própria equipe de apoio. Naturalmente, precisamos dos outros também, mas a Roda nos encoraja a iniciar a importante jornada de proporcionarmos aqueles quatro As para nós mesmos. Desse lugar mais integrado, conectando o núcleo a um aro mais variado, o plano a platôs e picos mais flexíveis, podemos presenciar as experiências com mais clareza, acalmar nosso estresse de forma mais eficaz e oferecer abrigo tanto para dentro como para fora. Podemos nos tornar nossa própria figura de vínculo de autoconfiança – um modo de nos tornarmos amigos de nós mesmos que nos ajuda a ter e a oferecer força e resiliência, para dentro e para fora.

A Roda na cura de traumas: Teresa e a transformação de filtros traumáticos de consciência

Às vezes, nossas experiências de vinculação na infância não fornecem uma base para sermos assistidos, acalmados ou abrigados. Como resultado, desenvolvemos uma vinculação insegura. As pessoas com essa forma de vínculo podem achar desafiador sentir-se à vontade no mundo e conectar-se com os outros.

A vinculação insegura também parece impor desafios à integração em nossa vida – tanto em nosso cérebro quanto na maneira de nos relacionarmos com os outros e conosco.

Para além de uma adaptação organizada a experiências ruins que levam às formas esquivas e ambivalentes de vinculação insegura, às vezes nossas experiências de vinculação são tão extremas, como no caso de abuso ou negligência infantil, que são chamadas de *traumas de desenvolvimento*. Infelizmente, o trauma de desenvolvimento é na verdade bastante comum em nossa família humana. Uma série de estudos revelou que os resultados dessas experiências adversas, e mesmo de outras menos graves, incluem desafios à nossa saúde médica, ao nosso bem-estar mental e à nossa vida relacional.

Em *Mindsight*, ofereço uma série de relatos mostrando como pessoas com histórias de vinculação insegura, incluindo traumas de desenvolvimento, podem redirecionar suas vidas em direção à saúde. O recado importante a ser dado aqui desde o início é que os estudos sobre neuroplasticidade, pesquisas que exploram como o cérebro permanece aberto ao crescimento e às mudanças ao longo da vida, revelam como podemos nos curar de impedimentos prévios ao crescimento saudável do cérebro. Se a integração comprometida for o resultado de uma conexão insegura em vários graus, sendo o trauma de desenvolvimento o mais extremo, então a promessa e a esperança seria de que podemos desenvolver um cérebro mais integrado no futuro, caso essa tenha sido nossa experiência ruim no passado. Prevenir a vinculação insegura em geral, e o abuso e a negligência em particular, é importante, claro, mas aqueles que tiveram experiências iniciais avassaladoras não precisam se desesperar: o reparo é possível. Em que isso se baseia? Na integração. E a integração é o objetivo deste livro e da Roda da Consciência.

Uma análise do impacto cerebral de traumas de desenvolvimento mostra que essas experiências extremas de relações não integradas durante o início da vida impactam o crescimento das fibras integradoras no cérebro. Aqui vai uma equação simples: relações integradas levam a cérebros integrados; relações não integradas levam a prejuízos no aumento da integração no cérebro. A integração no futuro – com relações interpessoais na terapia ou com amigos e práticas autorreflexivas, como manter diários e praticar a Roda da Consciência – ajuda a promover mais integração em sua vida em qualquer idade.

Se você olhar para seu modelo de mão para mapear o cérebro, apresentado na parte II, podemos agora rever visualmente essas descobertas. Aqui estão os nomes das áreas com crescimento prejudicado por causa de trauma de desenvolvimento: o corpo caloso, o hipocampo, o córtex pré-frontal e o conectoma em geral. Em seu modelo de mão, seriam as fibras que ligam os lados esquerdo e direito do córtex dos dedos com o corpo caloso, a região de hipocampo do lobo temporal médio, no seu dedão "límbico", que liga sistemas de memória amplamente separados uns dos outros, e as regiões pré-frontais logo atrás da testa (suas unhas), que liga o córtex, as regiões límbicas, o tronco cerebral, o corpo propriamente dito e o mundo social. O conectoma se refere às muitas zonas diferenciadas do cérebro e suas ligações entre si, para que possamos dizer: "Isso é um conectoma interligado", ou não tão interligado, como no caso do trauma.

Se você observou que essas quatro áreas de integração prejudicadas pelo trauma são exatamente aquelas que crescem com o treinamento mental, você está detectando uma descoberta coerente.

Estudos sobre meditação são independentes de pesquisas sobre vinculação e trauma, mas essas buscas disciplinadas para descobrir como a experiência molda o crescimento do cérebro revelam uma base comum de integração dos circuitos neurais. A vinculação segura e a atenção plena consciente parecem ser tramas do mesmo tecido. Gosto de pensar que ambas são formas de sintonia. A vinculação segura é baseada na sintonia interpessoal, e a atenção plena consciente é uma forma de sintonia interna – o modo como nos sintonizamos e nos tornamos amigos de nosso eu interior.

A grande novidade sobre essas descobertas coerentes é que, enquanto as experiências integradoras prejudicadas pelo trauma de desenvolvimento impedem o crescimento da integração neural, o treinamento mental apoia o crescimento desses mesmos circuitos integradores. O que precisamos agora é de estudos focados, com um grande número de indivíduos, examinando como aqueles que sofreram traumas desenvolvem um crescimento integrador com treinamento mental, a fim de afirmar que essa implicação coerente de atenção e vinculação também pode se aplicar, por meio de práticas reflexivas, às mudanças neuroplásticas de um indivíduo traumatizado.

Por que o abuso ou negligência do trauma de desenvolvimento revela uma relação não integrada? Lembre-se de que a integração é feita de diferenciação e conexão. Existe diferenciação das necessidades de uma criança quando a raiva de um dos pais resulta em abuso físico ou emocional? Existe diferenciação das necessidades de uma criança quando os impulsos sexuais dos pais são impostos a ela? A resposta em ambos os casos é não. Essas intrusões de fato revelam uma falta de diferenciação e um excesso de conexão. Em caso de negligência, existe integração? Negligência emocional e física são profundos impedimentos à vinculação, deixando a criança isolada e excessivamente diferenciada, incluindo a integração na vinculação entre pais e filhos. O abuso e a negligência são exemplos extremos de integração relacional deficiente.

É impressionante que, mesmo sem essa perspectiva sobre as relações, as conclusões são claras: o principal impacto no cérebro, com o trauma de desenvolvimento, é o comprometimento da integração cerebral. Dado que todas as formas de regulação, como já discutimos, parecem surgir da integração neurológica, podemos ver como o trauma de desenvolvimento prepara o cenário para uma vida de desregulação dentro do corpo e do cérebro, e nos relacionamentos futuros – a menos que esforços específicos sejam feitos para cultivar a integração na vida do indivíduo. Como nosso senso de identidade surge de nosso corpo e de nossos relacionamentos, podemos ver como o trauma de desenvolvimento é um ataque ao nosso senso de quem somos no mundo.

De certo modo, podemos ver o impacto do trauma como vários tipos de platôs construídos que mantêm o indivíduo em um modo reativo de sobrevivência. Lembre-se: os platôs servem como filtros de consciência que moldam quem somos e, dessa forma, o trauma de desenvolvimento pode envolver as formas como fomos afetados diretamente por experiências avassaladoras e também como nos adaptamos da melhor maneira possível a essas experiências aterrorizantes, incluindo abuso e negligência.

O trauma de desenvolvimento e outras experiências adversas na infância podem comprometer a integração e criar impedimentos sociais, psicológicos e fisiológicos à regulação – e esses resultados da não integração podem ser sensíveis a intervenções que criem mais integração no futuro. A reparação é possível mesmo que ainda não tenhamos mostrado empiricamente o mecanismo exato dessa cura. A Roda da Consciência pode ser útil nessa jornada rumo à integração, permitindo-nos acessar o plano das possibilidades, com todas as suas novas formas potenciais de ser que estavam escondidas sob os platôs rígidos e caóticos, os filtros diretos ou adaptativos, aprisionando-nos de forma incessante, longe do fluxo mais harmonioso de uma vida integradora.

Nossas ideias fundamentais básicas são estas: a integração é a base da saúde. Crescemos ao longo de toda a vida. Tirar proveito do núcleo – acessar o plano das possibilidades – é um passo importante nessa jornada em direção à liberdade. Se experiências adversas como o trauma comprometem a integração, talvez façam isso em parte bloqueando o acesso à fonte de novos potenciais que se assentam no plano. Encontrar os recursos para cultivar a cura provavelmente envolve o crescimento de uma nova integração para liberar e criar um modo de vida mais saudável.

Essas são as ideias que estavam se agitando dentro de mim quando conheci Teresa.

Vamos olhar novamente as experiências dela para mergulhar a fundo em um exemplo de como tal processo de cura e crescimento pode se desenvolver com a prática da Roda e nossa nova perspectiva 3-P.

Enquanto a história específica de Teresa é uma vida de trauma de desenvolvimento significativo, suas experiências oferecem a cada um de nós, quaisquer que sejam nossas histórias pessoais, uma oportunidade não apenas de aprofundar nossa compreensão dos outros como também de fazer descobertas gerais relevantes para compreender nossa própria vida.

Lembre-se de que Teresa era uma mulher de 20 e poucos anos que veio até mim para fazer terapia depois de ter sofrido um trauma de desenvolvimento significativo. Na história de Teresa, períodos de negligência precoce foram seguidos mais tarde, em sua infância, pela fúria aterrorizante de uma mãe alcoólatra e pelo abuso sexual de um padrasto manipulador e sádico que até hoje é casado com sua mãe. Teresa era uma aluna de pós-graduação que lutava para encontrar em sua vida relações gratificantes que durassem mais de alguns meses. Ela veio até mim para encontrar alguma maneira de compreender o que estava acontecendo, em termos de suas próprias contribuições para essas experiências e na esperança de que um dia ela pudesse não viver de uma forma tão isolada. Aprender a Roda da Consciência foi, a princípio, bastante desafiador para ela. Na verdade, ela se sentiu aterrorizada e, assim como com outras pessoas que observei, teve o impulso de fugir da prática da Roda da Consciência.

Por que *fugir*?

Um impulso de fugir às vezes faz parte do *estado reativo* de luta/fuga/congelamento/desmaio mediado pelo tronco cerebral. Esse estado é criado e depois reforçado no cérebro em resposta a uma ameaça externa ao corpo, ou mesmo de experiências geradas dentro do corpo e por obra de nossa própria mente. É o oposto de um *estado receptivo*, que ativa o que é chamado de *sistema de engajamento social* e cria um senso de confiança no que estamos e com quem estamos fazendo. Vamos tentar ver como e por que a prática da Roda pode iniciar esse estado mental reativo, criando em Teresa um sentimento de medo e um impulso para fugir. As lições que podemos aprender com sua reação certamente podem ser específicas para as experiências de trauma, mas também pode haver generalizações que revelam camadas de resposta aos componentes da Roda e esclarecem mais sobre como experimentamos em nossa vida a mente, com sua memória, atenção e emoções e, a partir da estrutura 3-P, o plano, os platôs e os picos.

Vários componentes da prática da Roda colocam a atenção focal – que direciona o fluxo de energia e informação para a consciência

– diretamente sobre um aspecto da vida que pode ser semelhante a uma experiência traumática precoce. No cérebro, traços do presente podem desencadear a lembrança de experiências do passado que depois impactam como as coisas estão se desenrolando no momento presente, incluindo o modo como nos sentimos e agimos agora e como nos preparamos para o futuro. Em outras palavras, o cérebro e a experiência da memória conectam o passado, o presente e o futuro.

Com um trauma não resolvido, uma camada de memória chamada *memória implícita* pode ser a forma primária na qual as experiências aterrorizantes estão sendo armazenadas no cérebro. A memória implícita envolve sensações corporais, emoções, imagens, pensamentos e impulsos comportamentais. Quando surge um sinal externo ou uma condição interna, esses elementos da memória implícita podem ser ativados como recuperações de memória. Uma questão-chave no sistema de memória do cérebro é que, quando recuperada do armazenamento, a memória implícita pura não é etiquetada como sendo do passado. Em vez disso, pode parecer que ela está acontecendo no momento presente. Em essência, isso significa que o passado não é realmente o passado no que se refere a traumas não resolvidos, refletindo a maneira do cérebro de moldar nossa vida mental.

Uma noção sobre o tempo pode ajudar a esclarecer essa importante descoberta. Quando temos uma experiência, *codificamos* a ativação de redes neurais no momento presente, o que então altera as conexões no cérebro nas formas que discutimos – aumentando as sinapses, alterando a regulação epigenética, estimulando a interconexão da bainha de mielina. Essas conexões alteradas são a base estrutural para o *armazenamento* da memória. Mais tarde, um sinal interno ou externo, de algum modo semelhante à experiência inicial de codificação, pode acionar a ativação das conexões neurais armazenadas, e então temos a *recuperação* de memória.

No caso da memória implícita pura, estudos revelam que o processo de recuperação faz com que o pedaço de informação recuperado entre na consciência, mas não seja etiquetado ou rotulado como vindo do passado. Quando recuperada, a memória implícita pura simplesmente molda nossa experiência do aqui e agora, de modo que subimos em uma bicicleta e pedalamos sem sentir algo assim: "Ah, estou me lembrando de como andar de bicicleta". Com o trauma, um estudo sugere, codificamos apenas alguns aspectos de uma experiência traumática em sua forma puramente implícita durante o armazenamento. Como resultado, a recuperação da memória pura implícita de um trauma passado pode entrar na consciência durante o presente e ser vivenciada como se estivesse acontecendo agora, um provável mecanismo de flashback ou emoções e sensações intrusivas de um trauma não resolvido.

O foco no segundo segmento do aro, por exemplo, pode trazer à tona sensações corporais de estar sendo sufocado, com foco na respiração ou no peito, ou sendo violado sexualmente ao focalizar os órgãos genitais ou a boca. Se essas sensações corporais que surgem são de fato impressões não resolvidas do passado, embutidas agora em camadas de memória implícita pura, quando são recuperadas de seu armazenamento neural como padrões potenciais de ativação, elas não são marcadas como tendo uma origem no passado, uma "memória" como normalmente conhecemos, mas emergem como uma realidade aqui e agora. Uma mistura tão desorientadora de passado e presente pode ser aterrorizante, pois confunde a condução com a construção e pode encher uma pessoa de terror e desamparo. Com um trauma não resolvido, podemos achar que estamos vivendo experiências aterrorizantes no presente, pois não juntamos os pedaços da memória de algo que aconteceu no passado.

Depois de sua experiência inicial com a Roda, Teresa descreveu em detalhes suas reações. Ela me disse que, enquanto o segundo segmento da Roda trazia sensações avassaladoras, o foco no espaço entre as atividades mentais na revisão do terceiro segmento e, depois, o passo seguinte de curvar o raio para dentro do núcleo causava-lhe diferentes tipos de angústia. Já discutimos anteriormente como se manter na consciência do núcleo, assentar-se no plano das possibilidades, pode criar uma sensação de incerteza que, para alguém com um trauma não resolvido, pode parecer muito inseguro.

Como vimos em nosso foco anterior sobre vinculação, nosso cérebro evoluiu para precisar dos três As de ser assistido, acalmado e abrigado, a fim de desenvolver o estado neural integrador de autoconfiança. Cada um de nós tem uma expectativa inata de que essa segurança é tudo o que buscamos. Na neurociência, chamamos isso de *expectativa de experiência no crescimento cerebral*, e somos programados geneticamente para desenvolver circuitos que esperam certas experiências. Exemplos incluem tipicamente ouvir sons ou ver a luz. Acredito que também podem incluir ser amados e cuidados. Em outras palavras, não precisamos ter experimentado segurança para que a necessidade e o direcionamento cerebral rumo à segurança se desenvolvam geneticamente. São necessidades que fazem parte das regiões de conexão do nosso cérebro social e levam à expectativa inata de que receberemos as relações amáveis pelas quais ansiamos, em que nossos pais, cuidadores, parceiros e amigos estarão presentes, sintonizados, ressonando e cultivando nossa confiança.

Se uma vinculação de baixa qualidade domina nossa vida na infância, precisamos fazer duas coisas um pouco distintas: aceitar de modo direto aquilo que nos é dado; e nos adaptar à ausência daquilo que nosso cérebro "aprendeu" a esperar. Essa adaptação é como aprendemos uma estratégia, um mecanismo de sobrevivência ou o que alguns poderiam chamar de estrutura defensiva, que nos dá uma maneira de responder da forma mais efetiva possível a essas relações de vínculos inferiores de uma maneira que nos ajuda a sobreviver.

Quando um conjunto de experiências de baixa qualidade inclui o abuso e a negligência do trauma de desenvolvimento, então a incerteza pode ser aterrorizante. Esse sentimento de terror aprendido como resposta ao desconhecido pode vir a definir o modo como reagimos à incerteza do plano das possibilidades. A abertura de consciência do plano, um estado de potencial aberto que pode ser sentido por alguns como liberdade, também é caracterizada como não conhecimento, assentando-se no menor grau de certeza, e pode ser encarada por outros como se fosse perigosa. O acesso ao plano das possibilidades pode evocar uma recuperação da memória implícita de uma crença profunda, mas não consciente, de que tudo aquilo que é desconhecido é ruim. Tal estado de imprevisibilidade para esses indivíduos pode funcionar como um gatilho e iniciar um estado de ameaça.

O trauma de desenvolvimento pode nos levar a não confiar mais em nossas esperanças e expectativas e, em vez disso, nos encerrarmos em um mundo aterrorizante, desprovido de conexões confiáveis, com rupturas que parecem irreparáveis. Um impacto direto de tais experiências iniciais traumáticas é que elas são codificadas nas camadas implícitas da memória. Isso faz com que as intrusões de sensações e emoções corporais e os sentimentos de traição e isolamento sejam mais propensos e mais rápidos para emergir. Além disso, temos nossas adaptações para nos ajudar a sobreviver. Muitas dessas consequências adaptativas podem ocorrer quando o trauma de desenvolvimento é nossa realidade, e duas delas são: a experiência da *dissociação*, em que uma continuidade habitual da consciência é fragmentada; e o estado emocional de *vergonha*. Embora essas duas respostas adaptativas ao trauma sejam comuns em experiências de abuso e negligência, elas com frequência também estão presentes, em vários níveis, em muitos de nós que experimentam formas de vínculos inferiores, mas que não seriam chamadas de trauma de desenvolvimento.

Dissociação

Vamos primeiro analisar a dissociação. Quando um circuito neural motivacional e social em nossa área límbica (o polegar, no modelo da mão) inicia um estado que, se pudesse falar, diria "Vá em direção aos seus pais, suas figuras de vinculação, para ser protegido quando se sentir ameaçado", e outra área igualmente potente, mas anatomicamente mais antiga e profunda, o circuito do tronco cerebral (a palma da mão de seu modelo) diria "Vá para longe da fonte de terror! Fuja!", você tem uma urgência límbica *em uma direção* e uma urgência do tronco cerebral *na direção oposta*, ao mesmo tempo. Quando a figura da vinculação é a fonte do terror, como você resolve esse dilema se você só tem um corpo? Como pode um corpo ir na direção e afastar-se da mesma figura, o cuidador que é a fonte da ameaça? Isso é o que os pesquisadores Mary Main e Erik Hesse chamaram de "medo sem solução", um paradoxo biológico no sentido de que o impulso límbico e o impulso do tronco cerebral não podem ser resolvidos porque você tem apenas um corpo. Pesquisas revelam que o resultado de tal medo sem solução é a resposta mental chamada dissociação.

A dissociação pode assumir uma variedade de formas, incluindo experiências sutis de se sentir irreal ou desligado do corpo, ou experiências mais intimistas de lapsos de memória e um isolamento de partes do eu que podem não se comunicar umas com as outras, como em uma condição chamada transtorno dissociativo de identidade. Embora seja um resultado comprovado de maus-tratos infantis, a própria dissociação pode tornar-se traumatizante para o indivíduo, pois pode levar à experiência de ser incapaz de confiar na própria mente. Essa infeliz cascata de constantes respostas traumáticas de adaptação ao mundo exterior, e depois também ao mundo interior, pode ser profundamente fragmentária, mas felizmente bastante aberta ao crescimento e à cura. A dissociação é uma resposta natural ao trauma, e a mente pode ser apoiada no aprendizado de uma nova habilidade de lidar com desafios internos e externos por meio de uma relação terapêutica e curativa.

A Roda da Consciência pode ser uma ferramenta poderosa no apoio a formas de construir um local interno de consciência subjacente às reações dissociativas que podem ser reações aprendidas, acima do plano, a um mundo não confiável. Pontos do aro podem ser elementos dissociativos de memórias exclusivamente implícitas e não resolvidas que a abertura do núcleo pode ajudar a refletir e integrar em uma narrativa maior, emergente, de coerência cada vez maior na vida de uma pessoa. Uma perspectiva 3-P sugere que estados fragmentados do eu podem ser vistos como platôs enraizados que moldam a forma como reagimos às experiências em curso e temos diferentes graus de acesso à memória e ao conhecimento de eventos dolorosos do passado. Servindo como filtros, tais platôs são tentativas adaptativas de manter o indivíduo em modo de sobrevivência por meio da divisão de suas formas de ser. O plano das possibilidades, embora assustador no início, pode vir a ser a fonte de uma nova liberdade e percepção à medida que esses platôs mudam suas rígidas formas de confinar e definir o sentimento do indivíduo de um eu fragmentado.

Vergonha

Quando acrescentamos a vergonha a essa mistura de adaptações, podemos ver como o trauma de desenvolvimento pode ser desafiador. A vergonha é uma emoção que pode criar uma sensação de peso no peito, náusea no estômago e uma tendência a evitar o contato olho no olho. A crença mental que muitas vezes acompanha esse estado emocional de vergonha é uma sensação de que o eu é defeituoso. Assim, a vergonha é muito diferente de culpa ou da timidez, nas quais sentimos que fizemos algo errado ou estamos muito expostos, mas então podemos corrigir esses comportamentos ou exposições no futuro. A vergonha, em contraste, vem acompanhada de uma sensação impotente de que, se eu for deficiente, se eu for um produto com defeito, não há nada que eu possa fazer para mudar. Estou impotente. A vergonha não está presente apenas naqueles que sofreram trauma; pode também fazer parte de muitas formas de vinculação de baixa qualidade.

A vergonha é tão dolorosa em sua impotência, no desespero e nos sentimentos de estar preso, sem a possibilidade de conserto, que pode ser muito difícil até mesmo reconhecer sua existência na vida de uma pessoa. Por essa razão, a vergonha como adaptação a maus-tratos ou a experiências relacionais ruins pode passar batida no radar da consciência, indisponível à consciência cotidiana. A vergonha também pode vir à tona e moldar o repertório de um comediante, como na famosa piada de Groucho Marx citada por Woody Allen: "Por que eu seria membro de um clube que *me* aceitou?".

A boa notícia sobre dissociação e vergonha é que, embora possam ser bastante incapacitantes, ambas são condições tratáveis.

Cura

Para Teresa, a prática da Roda desafiou cada uma dessas adaptações aprendidas em seu doloroso passado. As memórias dissociadas de negligência e abuso sexual e físico levaram a ansiedade e imagens dolorosas durante sua prática inicial. A memória implícita e isolada é um exemplo de uma forma de dissociação. Embora muitos possam sentir um impulso inicial para evitar a consciência do corpo, a representação do corpo no cérebro é um nodo importante na forma como conhecemos nossos sentimentos, como conhecemos a nós mesmos. Somente por essa razão, as dificuldades em sentir qualquer parte do aro, especialmente o segundo segmento, podem ser mais bem entendidas como convites para explorar o que está acontecendo e curar configurações de memória não resolvidas que podem continuar a aprisionar um indivíduo. O desejo de fugir e nunca mais voltar a essas sensações desconfortáveis que surgem durante a prática da Roda pode ocorrer devido aos padrões de adaptação e de um conjunto de habilidades atuais, padrões mentais aprendidos – que moldam o fluxo de energia e informação – que continuam a manter a pessoa na prisão do passado. Em vez de fugir e evitar a prática, imagine se, com apoio, uma pessoa como Teresa pudesse aprender a acessar o plano das possibilidades e se abrir a quaisquer platôs e picos que pudessem ser varridos para dentro de sua consciência. Em vez de se tornar aqueles platôs e picos – pontos no aro de sua Roda –, ela agora pode aprender a acessar o plano, a se assentar no núcleo, para que novas formas de ser possam surgir. Tal convite refletiria uma espécie de atitude de "manda ver!" que a resolução de traumas exige. Eu posso me assentar no núcleo de minha Roda e convidar qualquer conhecimento do elemento do aro para o conhecer da consciência. Posso me assentar no plano das possibilidades e abrir a mente para quaisquer platôs e picos de memória que se configurem. Esses elementos acima do plano são os fluxos transitórios de energia e informação; eles não são a totalidade da minha identidade. Com a habilidade recentemente aprendida de acessar o plano, eu me torno aberto e receptivo, em vez de ficar repetidamente fechado e reativo.

O processo de cura pode envolver a recuperação de quaisquer picos, quaisquer elementos do aro, para a consciência no plano, experimentados a partir do santuário do núcleo, para que possam ser refletidos e para que novas configurações de memória sejam estabelecidas. É assim que a resolução do trauma pode envolver tanto o desaprendizado das compreensíveis, mas não mais úteis adaptações de um passado doloroso, quanto um novo aprendizado da habilidade de ser receptivo e de tornar a mente integrada.

A recuperação da memória pode se tornar um modificador da memória, o que significa que, nas condições certas, o aproveitamento da consciência de eventos passados pode, na verdade, libertar uma pessoa de seus efeitos de aprisionamento quando esses eventos não são resolvidos. A resolução envolve a integração da Roda de tal forma que ela possa ser cultivada e que você possa estar aberto a qualquer coisa que emerja a partir da experiência.

No cérebro, foi explorado um processo de consolidação cortical no qual as memórias se tornam armazenadas nas regiões mais altas do cérebro. Um componente desse desaprendizado e desse novo aprendizado pode envolver a mudança da memória implícita pura para a sua camada mais flexível e integrada, chamada memória *explícita*. A consciência pode ser necessária para ativar o hipocampo límbico, que é essencial para ativar a memória implícita e tecê-la nas duas principais formas de memória explícita: factual e autobiográfica. Quando recuperamos a memória explícita em qualquer uma dessas formas, ela causa uma sensação de "ecforia", a sensação de que o que estou lembrando agora é algo do passado, como um fato que eu já conheço ou um episódio que já vivi. *Ecforia* significa simplesmente "recuperação"; assim, as memórias que surgem podem ser sentidas como algo que está sendo recuperado, não algo que está acontecendo agora. Resolver o problema de memórias dissociadas puras e implícitas pode envolver o núcleo da Roda, que pode ter sido evitado por um longo tempo.

Em termos 3-P, os platôs latentes (modelos mentais e crenças) e picos (sensações ou imagens particulares) de memória implícita podem ter sido desativados ou excluídos da entrada na consciência por não estarem conectados ao plano. Em outras palavras, antes não saberíamos que estes eram eventos do passado. Sua intromissão na consciência como flashbacks ou outras recuperações implícitas angustiantes não facilita sua resolução – simplesmente nos retraumatiza e nos faz sentir desamparados e feridos novamente. Que ciclo doloroso.

Teresa precisava ser amiga do núcleo de sua mente para facilitar esse processo de resolução e cura. De nossa perspectiva 3-P, podemos agora entender esse passo em seu crescimento como a permissão de que seu estado de probabilidade de energia entre nessa posição de quase 0% certeza do plano. Sim, é aí que surge a consciência. E é aí que a integração da memória precisa ocorrer. Portanto, em um nível, vendo isso como a metáfora do núcleo ou como o mecanismo do plano, a questão é a mesma – a consciência das coisas que são avassaladoras é avassaladora, e elas podem ser evitadas de uma forma ou de outra. Elas podem ser bloqueadas para recuperação ou ser dissociadas para que, à medida que surgirem na consciência, não saibamos que são eventos que realmente vivenciamos no passado.

Ver a incerteza máxima, quase 0%, do plano nos traz conhecimentos novos e ampliados sobre essa situação. Uma delas é que a reação de Teresa, de medo dessa incerteza, é compreensível, dado seu terror passado em situações incertas. Isso significa que seu medo do plano pode ser uma resposta aprendida embutida em um determinado platô, filtrando sua experiência e permitindo que apenas determinados picos surjam – como os de medo ou de terror. Uma segunda visão importante é que, não importa o que aconteça conosco – o que quer que gere impactos diretos ou adaptações na forma de platôs e picos –, *nada pode tirar nosso plano das possibilidades*. Nada.

E, assim, quando olhei nos olhos de Teresa, pude sentir uma conexão com seu plano das possibilidades. Seu plano, meu plano e o plano de Teresa são o mesmo, pois o infinito é infinito. Como gerador de diversidade, como esse mar de potencial, esse plano das possibilidades é a fonte de tudo o que poderia ser. Portanto, eu não estava exagerando ou tentando ser dramático quando disse a Teresa que acreditava nela, que podia sentir que existia um aspecto dela, um lugar dentro dela, que estava cheio de possibilidades. Sinto isso em cada osso e neurônio do meu corpo. E espero que ela possa sentir o mesmo a partir de mim – talvez você também possa.

O trabalho é muito pesado quando o trauma não é resolvido. A fabulosa notícia é que o plano das possibilidades está lá para que emerjam novas combinações de configurações de energia. É um recurso e se tornou um santuário para Teresa, mesmo que a princípio não fosse confortável.

No início, essa abertura e incerteza podem ser aterrorizantes. Podemos talvez imaginar o terror como um platô filtrante de baixa altitude, definindo o eu de Teresa naquele estado adaptativo e tentando protegê-la do desconhecido. De muitas maneiras, como discutimos nas estratégias de adaptações que usamos para sobreviver, nossa rede em modo padrão provavelmente gera essa sensação de quem somos para permitir que nos adaptemos da melhor forma possível. O *Adult Attachment Interview* [Entrevista de Vinculação do Adulto] é um instrumento que pode revelar diretamente estados de trauma e perda não resolvidos nos aspectos de desorientação e desorganização da narrativa que emergir, identificando a importância crucial de dar sentido a essas histórias autobiográficas autolimitantes que contamos a nós mesmos sobre quem somos. Sair da prisão de uma autodefinição constritiva e da autoconfinação de um platô, escapando para uma experiência mais livre, é a jornada necessária – um processo que está na essência de como damos sentido a nossa vida e curamos esses estados não resolvidos de ser.

Imagine como a recusa de se assentar no plano das possibilidades molda a experiência de Teresa. Não saber ou ser incerto ativa implicitamente estados de terror aprendidos que precisam ser evitados a todo custo. Seus platôs e picos emergentes que simbolizam essas reações adaptativas se repetem com tanta frequência que se tornam um padrão rígido de filtros da RMP. Sua vida então se torna mais restrita à medida que ela cresce, tornando-a propensa à rigidez.

No entanto, Teresa também tem tendências dissociativas; seus picos e platôs não são apenas isolados um do outro, mas também emergem de repente com emoções intrusivas ou sensações corporais, memórias implícitas de experiências traumáticas não resolvidas. Esse caos faz com que sua mente se mova em direção ao outro extremo, agora longe da rigidez enquanto ela salta de um lado para outro ao longo dessas margens, longe do fluxo FACES de uma vida mais harmoniosa e integrada.

Avançar em direção ao núcleo na prática da Roda é aprender a importante habilidade de se assentar no plano das possibilidades – aprender não apenas a tolerar mas também a prosperar na incerteza.

Quando Teresa aprendeu a deixar de lado o filtro de um platô de baixa altitude, que provavelmente lhe causava uma sensação de medo e pavor com a vasta e aberta imensidão do plano, algo mudou profundamente. Essa visão sugere que seu pânico não está no plano, mas é uma reação de um platô adaptativo construído historicamente, que define suas reações à abertura e à incerteza daquele plano. O que o trabalho precisava fazer não era continuar a evitar ou alterar seu plano das possibilidades, mas sim ajudá-la a acessar o plano, apoiando-a em seu aprendizado para abrir a mente para a noção de que suas adaptações passadas, mesmo que úteis por um tempo, precisavam ser atualizadas. Era hora de baixar a versão mais recente de seu senso de proteção da RMP. Era hora de refazer seu platô.

Teresa começou a experimentar, no início, uma sensação breve de alívio e de estar à vontade com a prática da Roda. Ela usou uma rotina diária para ter uma sensação de domínio diante dos frequentes sentimentos anteriores de estar fora de controle e de não ser boa em nada. Conforme continuava a praticar, ela pôde sentir uma sensação de alegria, conexão e gratidão que, a princípio, ela tinha medo de reconhecer, por receio de que fosse embora.

Explorar a Roda foi uma base para seu trabalho de reflexão sobre as experiências do passado e sobre como elas moldaram seu desenvolvimento até aquele momento de sua vida. Agora era hora de ver como encontrar sentido no impacto desse passado em sua vida poderia ser uma parte de sua libertação para uma nova vida. Refletir sobre o passado e construir uma mente mais integrada com a prática da Roda andam de mãos dadas. Aprender novas habilidades de integração é essencial para a atualização do nosso software, o *"autosoftware"*, ou a autoconsciência. Considerando que a mente pode ser uma propriedade emergente do fluxo de energia, e que esse fluxo implica mudanças de probabilidade, como já discutimos, a capacidade de Teresa de recuperar sua mente é uma habilidade poderosa para aprender novas maneiras de monitorar e modificar essas mudanças de probabilidade. Em termos simples, Teresa estava revisando as relações entre seu plano, seus platôs e seus picos.

E refletir sobre o passado foi importante para ela desaprender as adaptações de desenvolvimento de um passado que já não fazia sentido. Encontrar sentido em um passado que já não faz sentido é abrir-se para as sensações passadas, juntando-as hoje para ver como elas impactaram à época, e como você pode se libertar para viver a vida que você quer agora. É por isso que encontrar sentido faz tanto sentido integrador. Não podemos alterar o passado, mas podemos mudar nosso entendimento de como ele nos impactou e como nos libertamos no presente para nos liberar para o futuro. No passado, estar aberto à incerteza era compreensivelmente aterrador; agora, acessar esse plano das possibilidades fez do estar aberto à incerteza um caminho para a liberdade.

Conforme também começamos a trabalhar a experiência de vergonha de Teresa, pudemos redefinir o que era aquele estado emocional – um platô de temperamento e crença que preparou sua mente para dar origem aos picos específicos da emoção da vergonha e do pensamento de que ela era defeituosa. Ela estava convencida de que o núcleo de quem ela era, sua essência, estava quebrado, era um lixo, que ela era uma pessoa má. No presente, com a prática da Roda em sua vida, nossa relação terapêutica se desdobrava nessas conversas reflexivas, e ela podia literalmente ver, com a metáfora visual da Roda, que a vergonha era simplesmente uma adaptação compreensível de seu passado doloroso. A vergonha era um ponto em seu aro, e não uma qualidade de seu núcleo – o centro, a essência de quem ela é.

Quando somos crianças, *não podemos* simplesmente dizer: "Ah, meus pais não estão disponíveis para cuidar bem de mim porque eles estão distraídos ou perturbados. Eu sei que tenho conexões neurais de expectativa de experiência, todas aguardando por seu amor e frustradas nesse momento. Por isso, meus pais não são capazes de me manter a salvo. Sem problema, vou dar um jeito de satisfazer minha necessidade de ser assistido, acalmado, abrigado e autoconfiante em outro lugar". Se pudessem raciocinar assim, as crianças se sentiriam completamente em risco de morrer sem a proteção de seus pais. Esse sentimento incessante de pavor pode levar uma pessoa à loucura. Assim, em vez de enlouquecer, as crianças tendem a se envergonhar. Eu posso sobreviver se eu disser a mim mesmo quando criança: "Ah, eu tenho pais confiáveis que me amam e cuidam de mim – *não estou recebendo o que preciso porque sou defeituoso* e na verdade não mereço realmente ter satisfeitas essas necessidades". Essa é a provável origem adaptativa do desenvolvimento da vergonha.

Toda essa emoção e essas crenças aprendidas são platôs e picos acima do plano. Traumas não estragam o plano das possibilidades. Mesmo com impactos diretos de sensações e interações corporais que são aterrorizantes, e adaptações secundárias como dissociação e vergonha, o plano permanece o plano. O que o trauma faz é moldar nossos platôs e picos que definem quem somos, pelo menos por um momento. Com o tempo, a ativação repetida dessas configurações de energia acima do plano reforça nossa crença de que somos vergonhosamente defeituosos ou fragmentados e em dissociação. No nível acima do plano, essas são as adaptações de sobrevivência dos processos internos que perpetuam o senso traumatizado do eu; no nível do plano, existem formas potenciais não realizadas de ser que aguardam a liberação.

Imagine o crescimento de Teresa quando ela pôde então acessar esse núcleo interior de clareza e calma em sua vida. Permanecendo apenas no nível da metáfora, poderíamos dizer que de alguma forma o núcleo da Roda se tornou uma avenida para sua cura. Metaforicamente falando, seu trauma não resolvido eram elementos intrusivos do aro, o que não mais a impressionava. Porém, com nosso mergulho mais profundo nos mecanismos, com nossa perspectiva 3-P, podemos ver como o trauma molda essas funções de probabilidade e como a cura precisaria enfrentar os padrões diretos e adaptativos de energia que a mantinham afastada da própria fonte de cura, aquele mar de potencial dentro dela que o trauma não podia tocar. O cérebro participa naturalmente de todas essas adaptações com mudanças neuroplásicas: aonde vai a atenção, flui a ativação e cresce a conexão. Aquele plano das possibilidades que Teresa teve que evitar na juventude, substituindo-o pelo platô de baixa altitude de um filtro de vergonha autodefinido de RMP, passou a ser visto como algo que ela agora poderia compreender, uma adaptação que a manteve sã diante de uma família insana.

Podemos até mesmo dar sentido às coisas que não faziam sentido, ao sentirmos profundamente, literalmente, o que aconteceu conosco e compreender como isso nos impactou. Nessa jornada em busca de sentido, precisamos do santuário do núcleo da Roda, da escolha e da mudança que surgem do plano das possibilidades, a fim de acessar novos caminhos para a libertação. Nesse processo de encontrar sentido, o que muitas vezes surge é um sentimento de perdão – não uma aprovação do abuso ou da negligência, mas, como meu querido amigo e colega Jack Kornfield descreve em seu trabalho pessoal e profissional, "um desprendimento de toda a esperança de um passado melhor", como já apontamos.

Teresa pôde entrar em seu plano das possibilidades e encontrar o amor que sempre esteve ali, enterrado sob platôs e picos de adaptação que tentavam protegê-la, mas acabaram aprisionando-a ao longo do caminho. Agora, sua própria mente poderia se tornar uma fonte do que ela sempre desejou. Ela podia se libertar daquela prisão e abrir seu plano das possibilidades para liberar toda a alegria e gratidão que ela agora podia experimentar em sua vida. Ela podia *assistir* sua própria mente com um estado de consciência receptiva, a essência de estar presente. Ela podia *acalmar* sua própria mente, com ternura e cuidado, oferecendo os tipos de conexão e compaixão que ela agora sentia que merecia. Ela podia se manter *abrigada*, estando aberta a perigos reais no mundo ao seu redor, e evitar formas de experimentar o terror de seu próprio mundo de memória implícita não resolvida do passado. E tudo isso – ser assistida, acalmada e abrigada – para que Teresa adquirisse uma nova sensação de *autoconfiança* em sua vida.

A Roda na vida profissional e uma mente desperta: Zachary e o acesso ao plano

Ao ensinar a prática da Roda ao longo dos anos, tornou-se bastante claro para mim que a integração da consciência faz mais do que simplesmente ajudar as pessoas a encontrar calma e clareza em suas vidas. Para muitos, existe um surgimento de significado e conexão que alguns definem como a essência de uma espécie de crescimento espiritual, um despertar da mente. Como disse um aluno meu: "Eu me sinto inteiro agora. Sinto-me livre de uma forma que eu não sabia que era possível". Enquanto compartilhava comigo essas palavras simples mas profundas, seu sorriso e o brilho em seus olhos falavam por si sós.

Como você deve se lembrar do início de nossa jornada, Zachary participou de um dos meus workshops da Roda da Consciência e por fim teve uma experiência semelhante à de um aluno meu. Antes de praticar a Roda, Zachary era um investidor imobiliário que não via sentido em sua profissão. Ele me disse que algo parecia "desligado" em sua vida. Ao contrário das outras histórias de vida que discutimos aqui, nas quais havia questões com pensamento rígido ou caótico, a narrativa de Zachary, como ele me explicou, era de que sua vida parecia estar tomando um rumo que ele pensava que deveria. E, ainda assim, se algum elemento de sua vida poderia precisar de alguma mudança, era que havia uma monotonia em sua experiência no trabalho que ele não conseguia entender.

À medida que Zachary avançava na prática da Roda depois daquele fim de semana, conforme ele mesmo afirmou mais tarde, ele se sentiu bastante desconectado da missão da empresa onde ele e seus colegas trabalhavam, embora gostasse muito de trabalhar com eles e sentisse grande amor e admiração pela equipe. Quando revisou inicialmente o quarto segmento do aro, onde mergulhamos em nossa interconexão, Zachary se encheu de uma sensação de alegria e euforia que o deixou surpreso. Após o encerramento do workshop, essas sensações foram seguidas de sentimentos de saudade e perda enquanto ele refletia sobre o que faltava em sua vida de então.

Ao pensar em sua experiência, ele me disse que se sentia apreensivo ao expressar amor e admiração por seus colegas, temendo que eles o achassem "mole demais". Uma vez ouvi praticamente as mesmas reflexões de um funcionário do governo que participava de um workshop diferente da Roda. Ao contrário de Zachary, esse funcionário disse que não compartilharia sua experiência com seus colegas formuladores de políticas – nesse caso, o que emergiu na parte núcleo-sobre-núcleo da prática – porque eles veriam sua experiência de amor como um sinal de que ele era fraco ou de que havia algo errado com ele. Quando disse a esse funcionário público que compreendia sua relutância em parecer fraco diante de seus colegas, perguntei como ele e seus colegas poderiam estar deixando o amor de fora de seu planejamento político para as comunidades às quais haviam sido eleitos para servir. Seus olhos se arregalaram com essas reflexões, então, com expressão de "você me pegou", ele foi falar com seus colegas. Esperemos que, com sua coragem, eles possam juntos trazer esse sentimento de interconexão e alegria, esse amor, para o trabalho, em nome de nossas comunidades compartilhadas.

(*Amor* é uma palavra poderosa. Conforme eu digitava essas palavras para você, meu telefone vibrou – uma mensagem havia chegado. Eu fiz uma pausa após digitar "comunidades compartilhadas" e vi que a mensagem no celular era da minha filha, a ilustradora deste livro, Madeleine Siegel, que naquela noite estava trabalhando como babá para uma família de amigos. Aqui está a foto que ela enviou na mensagem, um desenho que ela havia acabado de fazer para as crianças de quem estava cuidando e que haviam perguntado o que é o amor: "Amor é cuidar de verdade de um( )outro e de seu bem-estar enquanto cuida de si mesmo e do próprio bem-estar". Ao voltar ao computador para continuar digitando, a proteção de tela trazia, naturalmente, uma foto que eu nunca tinha visto antes... da minha filha. Coincidência? Emaranhamento? Quem sabe? Mas eu amo isso.)

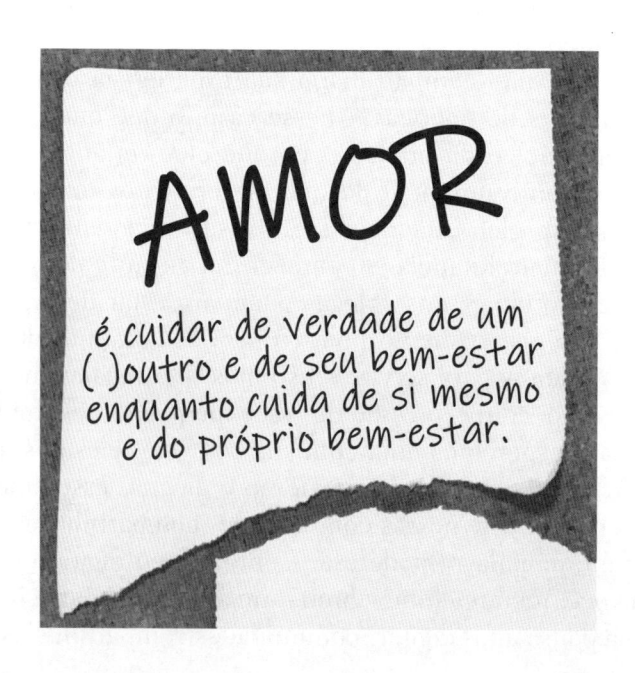

A experiência de Zachary com a palavra *amor*, semelhante àquele funcionário do governo, me levou a contemplar como em nossa vida profissional, assim como em toda a nossa vida, pode ser muito desafiador abordar nossas relações com os outros a partir dessa fonte de amor, o plano das possibilidades. Podemos ter nos impregnado com as mensagens em nosso tempo de escola, talvez de amigos ou família, ou apenas da sociedade em geral, que o modo certo de estar no mundo é ser durão e independente. Em outras palavras, recebemos a mensagem de que há força na separação e, como resultado, nos sentimos mais em casa – ou familiarizados – nesses estados acima do plano que podem nos impedir de tomar consciência da sensação de profunda interconexão que o plano das possibilidades oferece. Essa interconectividade se expande para nossas relações com os outros e também para nossa concepção de nós mesmos no universo – nosso propósito e significado. Como muitos têm sugerido, significado e conexão muitas vezes é o que querem dizer quando usam o termo *espiritual*.

O sentido da mente pode emergir de maneiras únicas em cada um de nós. Podemos identificar o que vimos como o ABCDE do sentido no cérebro, no qual *a*ssociações, *b*ases de crenças, *c*ognições, *d*esenvolvimento e *e*moções podem se aglutinar de formas diferenciadas, ligando-se para criar um sentido integrado de significado. Viktor Frankl escreveu e discursou eloquentemente sobre como o encontro de sentido em nossa vida pode nos dar força e propósito. Para mim, como médico e cientista, pai e marido, filho e amigo, o sentido emerge com a integração. Dessa forma, viver com sentido é encontrar uma maneira de ter tanto o ser quanto o fazer conectando-se à nossa liberdade de associação, conectando-os às crenças que amamos; cultivando correntes de pensamento relacionadas que chamamos de cognição; tecendo passado, presente e futuro em nosso desenvolvimento ao longo da vida; e abrindo-se a todo o espectro da experiência emocional. Isso é viver uma vida integradora de sentido – uma que nunca é completa, nunca termina como "integrada", mas é, antes de tudo, um verbo de desdobramento, uma versão de "integrar" que simplesmente afirmamos como integradora. É assim que falamos nossa verdade, como vivemos com sentido por dentro e para fora, como perseguimos nossos sonhos com integridade, perspicácia e compaixão. Quando vivo desde o plano das possibilidades, sou capaz de tanto *estar* na relação quanto *ter* um comportamento dentro da relação. Posso trabalhar para diferenciar e conectar – posso viver com sentido. O significado emerge tanto com o ser quanto com o fazer. Nesse estado integrador, nesse estado de ser e fazer com presença que se conecta com os outros, emerge o sentimento de "sim", um sentimento de esperança e clareza, acompanhado de algo que se sente certo, que se sente inteiro, que se sente livre, clara e inatamente coerente.

O significado e a conexão emergem em uma vida integradora.

A conexão envolve sentir as profundas maneiras como o nosso eu não é tão separado quanto as mensagens que recebemos na escola e na sociedade contemporânea podem ter nos ensinado que deveria ser.

Nosso eu é tanto inter quanto entre. O significado surge à medida que a integração é liberada em nossa vida.

Muito de nossa experiência escolar envolve saber a resposta correta. Somos continuamente encorajados a aprender fatos e somos recompensados por determinar a escolha correta nos exames, ou saber qual é a melhor forma para nossas redações. Essas experiências educacionais reforçam uma vida acima do plano das possibilidades. Escolhemos uma resposta em um teste com um pico, construímos uma redação com raciocínios subpico a partir de um platô de certas maneiras de abordar o conhecimento e escrevemos aquelas frases com picos específicos de atualidade.

Isso é muita construção rumo ao objetivo de uma forma correta de atualizar as coisas. Não se dá muito valor ao fluxo sensorial da condução.

No plano, não existem respostas certas e erradas estabelecidas, construídas pela experiência; não há julgamentos inatos sobre o que deveria ser, não há deveres que são pré-formados por experiências anteriores. Algo muito parecido com um poema de Rumi, no qual ele descreve um campo além do certo e do errado: "Quando a alma se deita naquela grama, o mundo está preenchido demais para que falemos dele". Sim, como Rumi escreve, "Vamos nos encontrar lá", nesse campo cheio de potencial para além das palavras, um campo que, como agora podemos imaginar, é o plano das possibilidades do qual surge a consciência. Viver desde o plano é como realmente nos encontramos e encontramos sentido em nossa vida.

Se você já trabalhou em colaboração com colegas, deve conhecer a energia de tal união, em que cada pessoa é respeitada por seu ponto de vista, e a sinergia do trabalho dá origem a algo muito maior do que algo que apenas uma pessoa poderia ter criado. Essa é a sinergia da integração, na qual o todo é maior do que a soma de suas partes. Essa é a sinergia do amor.

Sem integração, estamos dispostos a viver vidas isoladas que carecem de vitalidade, conexão e sentido. No entanto, podemos simplesmente ter nos adaptado, passando pelos movimentos sem nenhum conhecimento de que a vitalidade, a conexão e o sentido não estão sendo otimizados em nossa vida cotidiana, em casa e no trabalho. Aos 50 anos, Zachary estava agora num ponto em que tinha uma vida familiar plena, seu relacionamento com sua esposa e filhos era recompensador e seu empreendimento imobiliário estava indo bem. Depois de participar daquele primeiro workshop com seu irmão no ano anterior e experimentar a Roda, ele tomou consciência de sensações que antes não havia experimentado claramente. Ele começou a tomar consciência de que algo estava faltando em sua vida, algo que ele não conseguia articular. Zachary voltou para um segundo workshop da Roda comigo um ano depois, e foi fascinante aprender sobre como a Roda estava transformando sua vida.

Essa falta de sentido e de conexão pode ter sido o que atormentou Zachary por um tempo em sua carreira, antes de nosso primeiro workshop. Ganhar dinheiro para sua família era naturalmente importante para sua sobrevivência e para o bem-estar financeiro. Mas ter dinheiro como único objetivo de sua vida profissional deixou algo de fora de grande parte de suas horas de vigília. Ele havia conseguido aquele importante ponto de apoio financeiro para sua sobrevivência. Agora era uma questão de florescer. Quando estamos afinados o suficiente para poder escolher nosso tipo de trabalho ou para refletir sobre o que nosso trabalho significa para nós, nos é dado um momento de pausa para considerar meios de transformar nossa vida profissional. Nem todos têm esse luxo – talvez muitas pessoas não tenham. No entanto, cada um de nós pode estar ciente de que viver com presença e estar a serviço dos outros são componentes fundamentais na essência de uma vida com propósito e bem-estar. Mesmo que não mudemos de profissão ou de empresa, podemos usar esse sentimento de falta, esse desejo de algo mais, para despertar nossa mente para uma nova maneira de viver, mais cheia de sentido, conexão e vitalidade. Essa é uma maneira mais integradora de viver no mundo que podemos aprender a criar em nossa vida.

Esse sentimento de que faltava algo levou Zachary a começar a fazer perguntas fundamentais sobre o sentido e a conexão em sua vida profissional. Foi esse conjunto de perguntas que inspirou o irmão de Zachary a convidá-lo para nosso primeiro workshop sobre a Roda da Consciência, chamado "Alma e Sinapse". O plano das possibilidades é nosso mar de potencial. Ao acessá-lo completamente, somos inspirados a imaginar formas interiores e interconectadas de ser e fazer que podem estar muito além do que poderíamos ter imaginado conscientemente antes. À medida que mergulhamos na Roda e nos tornamos mais aptos a diferenciar o núcleo do aro, nós gradualmente deixamos para trás os platôs filtrantes que restringem nossa vida. Também impactamos a arquitetura de nosso cérebro ao afrouxar aquelas noções da RMP do eu, restritivas e construídas, permitindo o surgimento de novas combinações de ativação cerebral.

Após a primeira noite de nosso primeiro workshop, Zachary começou a questionar como suas conexões com os outros estavam apoiando seu bem-estar. Como a colaboração com outros o ajudou a se tornar parte de algo maior, um todo maior que, isoladamente, não existia? Como o foco de seu trabalho fez deste um mundo melhor para todos nós e para as gerações futuras? Se a integração é um surgimento natural de presença, e a presença é essencialmente o plano das possibilidades, então essas perguntas sobre um modo de vida mais integrador seriam questões naturais decorrentes desse estado de presença mais desperto.

No dia seguinte, quando fomos ainda mais longe na prática mais avançada da Roda, explorando o próprio núcleo, como você também fez ao longo desta jornada, as coisas começaram a emergir ainda mais. Zachary teve uma experiência entre atividades mentais durante a revisão do terceiro segmento que lhe deu uma profunda sensação de calma e clareza e o surpreendeu, já que sua mente costumava estar preenchida por uma tagarelice interna – um "macaquinho", como ele a chamava. Quando então curvou o raio e experimentou a consciência da consciência, ele teve o que outros descreveram, uma sensação de estar bem aberto e em paz. Durante essa prática de núcleo-sobre-núcleo, surgiu uma nova experiência de estar conectado a todos na sala. Ele pôde sentir os outros praticando e então sentiu uma conexão com as pessoas que conhecia fora de nosso workshop. Essa sensação também era nova para ele. Zachary, naquele momento, tinha uma sensação de atemporalidade – não tanto de que o tempo tinha parado, mas que ele era irrelevante, que não existia. Ele chamou isso de uma "sensação de eternidade" e inicialmente se sentiu incapaz de dizer algo mais sobre isso durante o momento de compartilhamento no workshop.

Essa sensação de conexão e de eternidade foi acompanhada de um sentimento de alegria, uma euforia que permaneceu com Zachary muito tempo depois da prática naquele fim de semana.

Como discutimos, a prática da Roda foi acompanhada por uma dissolução daquela dor prolongada no quadril de Zachary, uma diminuição da dor crônica que também tinha sido demonstrada em outras práticas de treinamento mental. Cada uma dessas experiências impactou Zachary de modos poderosos, motivando-o a praticar a Roda regularmente no ano seguinte. À medida que sua prática continuava, começou a emergir uma clareza sobre o que faltava em seu trabalho, e depois um sentimento de necessidade de fazer uma mudança em sua vida profissional. Ele começou a conversar mais intensamente com as pessoas de seu escritório imobiliário sobre a mente e as relações. As exigências das responsabilidades da equipe de vendas, o foco nas transações comerciais e a primazia da geração de renda fizeram Zachary considerar a possibilidade de mudar o curso de sua carreira profissional. Se suas prioridades estavam mudando e seu ambiente de trabalho não tinha espaço para tal transformação, talvez fosse hora de ele fazer uma mudança.

Zachary começou a discutir o significado de seu trabalho com sua esposa, seu irmão e seus amigos próximos. Felizmente, ele tinha os recursos para tentar uma nova direção. Mas qual seria o rumo dessa sua aventura profissional?

Você já experimentou a sensação de tomar consciência de algo que, ao mesmo tempo, você tinha uma intuição de que era algo que você já sabia ou sentia? Como disse certa vez a romancista britânica Doris Lessing: "Aprender é isso. De repente, você entende algo que já sabia por toda a sua vida, mas de uma maneira nova".

Dessa forma, a Roda da Consciência pode permitir que você "saia da sua frente". Deixar para lá significa deixar o estado de presença do plano das possibilidades emergir naturalmente. Para alguns, isso pode ser uma libertação e um alívio tão grandes que é como se tivessem esperado a vida toda para encontrá-lo.

Se considerarmos que a experiência subjetiva de Zachary nesse estado aberto de consciência teve uma textura de característica vasta e espaçosa, que ele e outras pessoas descreveram com palavras como *alegria*, *Deus* e *amor*, podemos ver como isso mudou seu senso não apenas de quem ele era naqueles momentos de prática, mas de quem ele poderia ser para o resto de sua vida.

A mente de Zachary estava em um estado de transformação. Se tivesse participado do evento, para ouvir essas descrições, ou ouvi-lo refletir sobre o impacto na vida dele no ano que se seguiu ao seu primeiro workshop da Roda, você também poderia ter usado o termo que o irmão de Zachary usou para descrever o que estava acontecendo: o *despertar* da mente de Zachary.

Quando os irmãos saíram do workshop, Zachary sentiu que queria "viver essas mudanças em casa e no trabalho". Quando ele mencionou isso, pensei na afirmação de Khalil Gibran: "O trabalho é o amor tornado visível". Zachary queria expressar esse amor seguindo uma nova carreira.

Seu irmão sentiu calma e clareza, mas não teve essas mesmas experiências transformadoras. Cada um de nós está em seu próprio lugar na vida quando iniciamos a prática da Roda, e cada uma de nossas experiências com ela é única. Para alguns, encontrar um novo significado e conexão com o próprio trabalho pode trazer uma nova sensação de liberdade e vitalidade para sua vida profissional. Tenho vários alunos que continuaram como profissionais da saúde mental e acham que a Roda aprofundou seu sentimento de compromisso e reavivou uma sensação de vitalidade em seu trabalho. Para outros, como Zachary, encontrar um modo de desenvolver uma maneira mais integradora de viver em seu cotidiano familiar, com seus amigos e em sua profissão o inspirou a caminhar rumo a uma nova vida profissional. Ele queria entrar em algum tipo de trabalho no qual pudesse compartilhar com outros essa liberdade que emergia. Zachary, agora, escolheu seguir uma carreira no campo da saúde mental, onde ele pode usar essa nova forma de ser para apoiar o sentido e a conexão na vida daqueles com quem ele agora pode se conectar por meio de um novo sentido de presença em sua própria mente.

O trabalho de Viktor Frankl sobre significado descreve as sensações corporais de se sentir à vontade, calmo e completo quando se vive com sentido e propósito, comandando suas próprias ações. Esse foi o sentimento que Zachary descreveu, uma sensação de clareza em sua mente, de que esse novo caminho para ele seria guiado pelo sentido, uma jornada cuja direção agora tomava forma concreta conforme ele aprendia a confiar nesse estado desperto e perceber a importância dele em sua vida.

Na próxima e última parte do livro, vamos refletir sobre essas muitas maneiras de integrar nossa vida, retornando às ideias fundamentais da mente que a Roda da Consciência nos permitiu explorar ao longo desta intrincada jornada que você e eu estamos percorrendo juntos.

PARTE IV

A sabedoria do agora

Você lembra que começamos nossa jornada com a analogia de um recipiente de água com sal? Quando aproveitamos o núcleo e acessamos o plano das possibilidades, expandimos esse recipiente de água e nos banhamos na beleza e na extensão da eternidade. Estamos plenamente presentes em nossa vida.

Em nossa jornada neste livro, exploramos a ciência e a prática da presença. À medida que avançar, caberá a você, e a ninguém mais, usar essas ideias e habilidades para continuar a cultivar uma vida mais presente e consciente. Mas, por favor, seja gentil consigo. Por mais que você aprofunde sua prática da Roda, a própria vida às vezes pode atrapalhar a maneira de estar disponível presente para a vida.

Nesta seção final de nossa jornada, espero dar-lhe uma certa visão de como você pode navegar por estes momentos com mais facilidade e clareza.

Como vimos, os obstáculos à presença podem vir na forma de padrões aprendidos ou inatos – os platôs e picos que às vezes dominam nossa vida e nos impedem de experimentar a abertura do plano. Com as experiências de vida de Billy, Jonathan, Mona, Teresa e Zachary, vimos como fatores tanto experimentais quanto genéticos podem contribuir para criar desafios ao acesso ao plano. Vamos avançar e abordar a questão de como tal bloqueio acontece e o que você pode fazer se ele ocorrer.

Como aprendemos, muitas vezes as coisas que acontecem em nosso cérebro são profundamente moldadas pelo que aconteceu antes e o que pensamos que pode acontecer em seguida. Uma colega minha, a pesquisadora de psicologia Jennifer Freyd, fez um estudo, por exemplo, no qual uma série de pontos foi exibida em um padrão de arco. Quando a série parou, os sujeitos de fato perceberam que o arco se estendia para além do último ponto. Em outras palavras, essas *representações dinâmicas* moldam nossa percepção a partir da forma como sentimos um padrão do passado e antecipamos e projetamos esse padrão no futuro. Nossa percepção do momento presente é uma construção dessa junção passado-futuro de detecção e antecipação de padrões. O que isso significa é que padrões de reação aprendidos que se firmam como sombras sinápticas do passado moldam nossa experiência no presente. O que é essa experiência? Ela envolve percepção, sim, mas também emoção, pensamento, humor e estados mentais que emergem como platôs filtrantes aprendidos. Entretanto, a realidade feliz e animadora é que o caminho para libertar a mente *não* está em classificar ou se preocupar com todas as formas específicas e variadas com que os platôs preditivos podem criar impedimentos que conseguem tornar sua vida rígida ou propensa ao caos. O caminho para viver uma vida mais consciente, uma vida de presença, é simples, mas não é necessariamente fácil: acessar o plano das possibilidades.

Lembre-se: uma mente ampliada por uma nova ideia não retorna à sua forma original. Para nossos propósitos aqui, a noção de que seu núcleo e seu aro são distintos um do outro é a ideia transformadora que vem nos guiando em nossa jornada desde o início. Você pode aprender a tirar proveito do núcleo – ou acessar o plano – por meio das ideias e da prática da Roda da Consciência.

Mas o que significa realmente tirar proveito do núcleo e acessar o plano? Como podemos usar essas habilidades para melhorar nossa experiência de vida cotidiana? É exatamente nisso que mergulharemos mais a fundo durante o resto de nossa jornada.

Viver desde o plano nos convida à presença da mente, o que nos permite fazer a distinção entre o conhecer e os conhecimentos. Os vislumbres da amplitude do núcleo durante nossa prática da Roda podem ser levados para a nossa vida diária. Podemos usar esses momentos receptivos de mergulhar no plano para sentir mais claramente nossos filtros de platô – e não nos deixarmos enganar pelos picos que eles criam, revelando a história completa e precisa de quem somos ou mesmo de quem podemos ser. Viver a partir do plano não significa apenas se tornar mais desperto e consciente; significa conectar-se com o mar do potencial de onde surgem novas possibilidades. Significa estar aberto à transformação e às mudanças em nós mesmos – o crescimento pessoal –, o que é possível a qualquer momento.

Essa visão sugere um conselho bem comum: às vezes você procura algo que esteve ao seu lado o tempo todo. O plano sempre esteve lá, talvez não à vista de todos, mas mesmo assim está esperando por você com gentileza e aceitação. Como o poeta Derek Walcott nos lembra em seu poema intitulado "Amor após Amor", devemos nos cumprimentar à nossa própria porta: "Você amará novamente o estranho que você era…". O plano pode ficar coberto por platôs e seus picos, mas essa fonte de curiosidade e admiração, esse sentimento de gratidão e admiração, assenta-se ali, um estranho, talvez, esperando que você tenha acesso à presença a que ele dá origem. A partir desse lugar de presença, você pode então seguir o conselho de Walcott: "Sente-se. Festeje sua vida".

A chave para aplicar a Roda da Consciência em seu dia a dia é aumentar seu acesso ao plano das possibilidades. Esse mar de potencial está com você desde o momento em que você foi concebido. Alguns talvez digam, com razão, de uma perspectiva física, que esse vácuo quântico, o mar de potencial que é seu plano das possibilidades, existia mesmo antes do momento de sua concepção. O plano das possibilidades é seu direito desde o nascimento e tem estado sempre com você. Você não precisa criar o plano; você só precisa acessá-lo e aprender a viver a partir dele.

Desafios e oportunidades de viver com presença e estar consciente

Nesta manhã fui ao dentista fazer um procedimento intenso, que envolvia cirurgia. Pensei que esse seria um bom momento para ver se eu poderia seguir os passos da Roda, refletindo sobre todas as coisas que você e eu temos discutido, e optei por tentar começar a prática da Roda da Consciência quando o dentista se preparou para anestesiar minha boca. Quando chegou a hora da primeira injeção, eu imaginei o núcleo e o aro da Roda. Imaginei que qualquer sensação de dor que surgisse na consciência seria um dos muitos pontos possíveis ao redor do aro. Se eu pudesse tirar proveito do núcleo, se pudesse usar o santuário do plano das possibilidades como uma fonte de serenidade, eu poderia sentir o pico daquela agulha em uma grande e ampla extensão, exatamente como discutimos na parte I, sobre a colher de sal sendo colocada em um grande recipiente de água fresca, agora acessível – o mar de potencial. Se essa abordagem não funcionasse, meu recipiente seria mais parecido com aquela xícara de café; eu seria arrastado até o pico da dor, a água salgada demais para beber, e estaria atolado no aro daquela sensação da minha boca. Eu estava pronto para experimentar.

Eu não disse nada ao dentista – minha boca estava cheia de bugigangas – e só sinalizei para ele com o polegar que eu estava pronto para que ele começasse seu trabalho. Com meu olho mental, mirei a imagem do núcleo e imaginei a gama de pontos no aro que possivelmente poderiam ficar conectados a ele. Esse é o poder de uma imagem visual como metáfora. Um desses muitos pontos poderia ser a sensação da agulha em minha boca, e eu a acolheria bem. Eu poderia ter uma postura aberta, do tipo "manda ver", de não tentar afastar algo ou me apegar a isso uma vez que ocorresse. Eu estaria na amplitude neutra do plano, acolhendo qualquer coisa que viesse.

Fui até o núcleo e esperei. Lá, naquele momento, me senti bastante tranquilo. Pude perceber uma sensação distante na minha boca. Imaginei que em outras circunstâncias eu poderia me concentrar intensamente naquela sensação afiada e dolorosa da agulha, com a exclusão de todas as outras coisas que aconteciam, e depois ficar bastante extenuado por ela. Em vez disso, naquele cenário, com essa mentalidade, assentado no plano, aproveitando o núcleo, eu estava pronto e me sentia bem.

À medida que o procedimento prosseguia, eu também continuava com uma prática muito lenta da Roda. Em algum momento, o cirurgião-dentista me analisou para ver se eu não havia desmaiado porque, disse ele, eu parecia muito calmo. Quando voltei para casa, refleti ainda mais sobre as ideias e práticas que temos explorado em nossa jornada juntos, e, nesse tempo, aplicando gelo na minha boca dolorida e em silêncio para me recuperar, pareceu-me evidente que a Roda tem benefícios – e também tem potenciais inconvenientes. Esse gelo contra minha bochecha torna desafiador digitar estas palavras para você, mas parece estar funcionando *direeeitchinho*.

O benefício que podemos ver neste exemplo é dar um contexto à dor e encontrar uma maneira de reduzir a ansiedade ou o medo, substituindo-o por uma sensação de clareza e calma. Eu me lembrei do estudo com 10 mil indivíduos e das numerosas pessoas que haviam relatado suas experiências de que a dor corporal havia diminuído durante a prática da Roda. Também lembrei que pesquisas sobre atenção plena haviam encontrado a mesma redução de dor, tanto na sensação subjetiva quanto em registros do próprio cérebro. Uma série de estudos semelhantes, que também já discutimos, revela que outros benefícios do treinamento mental incluem o aumento da função imunológica e uma maior capacidade de cura com a redução da inflamação, bem como uma otimização dos níveis de telomerase para manter e reparar as extremidades dos cromossomos, tão vitais para a saúde celular, como Elizabeth Blackburn e Elissa Epel demonstraram. Isso é ótimo depois de um procedimento odontológico, e na vida em geral. O professor de meditação e pesquisador Jon Kabat-Zinn descobriu até mesmo que ouvir uma meditação de atenção plena durante um tratamento com luz ultravioleta fez com que a psoríase cicatrizasse quatro vezes mais rápido.

Tudo isso apoia a noção de que as práticas de treinamento mental e construção de habilidades que incluem o treinamento de atenção focada, consciência aberta e intenção de gentileza realmente melhoram a saúde corporal. Não estou exagerando: é apenas realidade empiricamente comprovada. Isso é fantástico.

Uma possibilidade é que esses benefícios à saúde, na mente, no corpo e nos relacionamentos tenham em seu núcleo um mecanismo de acesso ao plano das possibilidades. Quando Elissa Epel e eu, com dois de meus estagiários, Suzanne Parker e Ben Nelson, tentamos explicar a ciência da presença em um capítulo de um livro didático, achamos útil oferecer a perspectiva 3-P e a presença do plano para propor um mecanismo subjacente aos modos cientificamente estabelecidos pelos quais a mente consegue transformar as moléculas do corpo, incluindo os níveis de telomerase.

Após a cirurgia, minha esperança é de que essas práticas que estamos explorando, e as que estou fazendo agora e que você pode escolher fazer também, apoiem a capacidade de nosso corpo de se curar e se recuperar dos desafios que enfrentamos na vida. Esse é o poder da presença e a promessa de viver a partir do plano das possibilidades. Ter acesso ao núcleo e aprender a viver a partir do plano é um caminho para cultivar a saúde e a resiliência em nossa vida.

Além dessas oportunidades de promover o bem-estar por meio de se estar presente para a vida, há desafios que podem se tornar obstáculos para o bem-estar. No desenvolvimento, os períodos de oportunidade também são motivos de vulnerabilidade. Há desvantagens potenciais nas práticas reflexivas, que muitas vezes não são abordadas, mas que também podem ser esclarecidas com esta imersão odontológica.

Um risco das práticas meditativas, incluindo a Roda da Consciência, é algo que tem sido chamado de "desvio espiritual", no qual uma pessoa visa ao crescimento espiritual, uma transformação em direção a mais sentido e conexão na vida, mas, em vez disso, evita a dor que precisa ser observada, compreendida e curada antes que esse crescimento possa realmente acontecer.

Se as dores física, emocional e social são pontos ao redor do aro, então tentar viver apenas no núcleo dará a um indivíduo uma escotilha de fuga pela qual ele tentará evitar dores que lhe parecerem intoleráveis. Isso é compreensível, mas a dor curativa pode exigir que nos movamos na direção dela, não para longe dela.

Pense nisso como ser mordido por um cachorro: quando os dentes dele se fecham em sua mão, se você se afastar dele, ele vai fechar ainda mais, causar danos extras. Enfie sua mão na garganta do cachorro e ele a soltará; sua mão ficará menos machucada e seu corpo pode reparar mais facilmente as feridas.

Conforme o procedimento dentário se desenrolava, percebi que o santuário do núcleo é tanto um recurso poderoso quanto uma escotilha de fuga potencialmente incapacitante. O que aconteceria se não houvesse apenas a dor dental, mas também dores emocionais e relacionais, do passado ou de interações do presente? Experiências de trauma ou perda, traição ou abuso podem se incorporar em nossa vida na forma de platôs – e seus picos rígidos ou caóticos – que precisam de integração, e não de evasão. Alguém poderia escolher, caso estivesse aprendendo essas práticas, a evitar a sensação dolorosa do aro e simplesmente assentar-se no núcleo? Será que aprender a viver desde o plano das possibilidades se tornaria um problema se alguém estivesse usando essa abordagem para evitar os picos e platôs dolorosos de sua vida, em vez de integrá-los?

Uma vez trabalhei com um professor de meditação que estava tendo problemas em sua vida. Quando ele veio para a terapia e eu sugeri que fizéssemos a entrevista sobre vinculação para rever como as primeiras experiências em sua família podem ter influenciado sua vida, ele me disse que não "trabalhava com o passado". Quando perguntei o que queria dizer, ele respondeu: "Eu sou um professor de meditação. Isso se resume a viver no presente. O passado é uma ilusão. Pensar em si mesmo, ou pensar em suas lembranças, é parte de uma ilusão dualista". Eu poderia entender o impulso em direção a uma visão "não dualista" que fizesse jus à nossa verdadeira interconectividade no mundo. Mas, para mim, a integração nos convida a viver a realidade de que de fato temos um corpo, esse corpo tem uma história, e essa história molda as conexões no cérebro corporificado de agora, mesmo que elas tenham vindo do passado. Nós temos um eu e temos um nós; temos um passado e temos um futuro – e todos podem viver na consciência e ser abraçados ao viverem com presença.

Se o agora é tudo o que existe, eu disse ao meu novo paciente, então existem *agora* conexões neurais que moldam sua mente e seus relacionamentos e que são sombras de um "agora" anterior, e ele pode querer viver um agora mais livre ao dar, agora, sentido a essas experiências do agora.

Quando ele concordou em tentar, e nós fizemos a entrevista sobre vinculação, o que surgiu foram lembranças de uma história muito dolorosa de traumas de desenvolvimento, tanto de abuso quanto de negligência, experiências que ele não havia compartilhado com ninguém antes e para as quais não havia dado sentido em seu foco no presente, excluindo seu passado. Em nosso trabalho conjunto, ele chegou a compreender não só que o passado o aprisionava no presente enquanto evitava refletir sobre ele como também que esse passado o havia levado de muitas maneiras a se tornar um especialista em práticas meditativas.

Encontrar um platô que dissesse "Não olhe para nada além do agora" ajudou esse indivíduo a sobreviver. Os únicos picos que esse filtro de consciência permitiu que se afunilassem para uma atualização foram aqueles relacionados ao aqui e ao agora, e ele podia então efetivamente – ao menos em algum nível de sua experiência – banir da consciência quaisquer lembranças de seu passado doloroso. Esse platô também poderia impedi-lo de experimentar quaisquer novas questões que pudessem fazer com que essas lembranças se tornassem eventos reais. Um platô tão adaptável, mas rígido, poderia criar uma mentalidade de que até mesmo a traição não importa, como evidenciado por seu sistema de crenças sobre a recusa de ser um "pensador dualista", no qual ele enfaticamente me disse que as relações e o passado não importavam.

Para esse indivíduo, aquelas técnicas meditativas que provavelmente acessaram o núcleo de sua Roda lhe permitiram *dissociar-se* de quaisquer pontos de dor do seu passado traumático. Podemos compreender o impulso para reduzir a dor e sobreviver; podemos também compreender o impulso natural para puxar a mão da mordida de um cachorro.

Se aprendermos a nos dissociar da dor de nossa realidade, poderemos sobreviver a uma infância de imensas traições, tristeza, dor e medo. Mas, se perpetuada, a dissociação – que é uma ferramenta de sobrevivência – tem seu preço. A dissociação da dor não é seletiva; nós inevitavelmente nos desligamos até mesmo da alegria de estarmos vivos. *Desaprender* uma habilidade adaptativa dissociativa é tão importante quanto aprender a viver uma vida de abertura ao que vier.

Para meu paciente, o que ele experimentou durante todos esses anos também poderia ser chamado de uma espécie de desvio emocional, uma forma de evitar viver plenamente. O risco da dor emocional não examinada é que ela volta a influenciar tanto nossa vida em vigília como o nosso sono. Tomar o tempo e colocar a energia necessária para sentir e refletir sobre as realidades dolorosas de nossa vida nos fornece a oportunidade de dar sentido a esses eventos e descobrir o significado sob a loucura e a dor. Não, não podemos mudar o passado. Mas refletir sobre ele nos dá uma nova possibilidade de dar sentido à forma como moldou nosso desenvolvimento. Ao estarmos conscientes dessas lembranças e experiências, aproveitamos tanto o santuário da ampla consciência quanto as novas possibilidades do plano. É isto o que realmente significa estar presente e permitir que a integração emerja – não evitar as coisas, mas acolher qualquer coisa na consciência. O plano nos dá a capacidade de um estado mental de "manda ver!", no qual estamos abertos a qualquer coisa – passado, presente, futuro, todos bem-vindos à consciência.

Um obstáculo relacionado à presença também pode ter raízes históricas. O desamparo e a vergonha das difíceis experiências iniciais de vida podem manter alguém aterrorizado e ansioso pela eclosão de uma desconexão da dor típica do núcleo. Esses desafios emocionais podem ocorrer especialmente quando emergem com nossas figuras de vínculo, como foi o caso desse professor de meditação e o da história do trauma de desenvolvimento de Teresa. Digo "típico do núcleo" porque essa dissociação é uma fuga da receptividade, não uma imersão nela. Sim, é possível desligar-se da dor corporal ou emocional dissociando-se dela, mas o que queremos dizer com tirar proveito do núcleo não é uma fuga; é um abraço receptivo. Você não está evitando o sal; você está expandindo seu recipiente de água.

Não importa qual seja seu passado traumático, nada pode tirar de você o seu plano. Como já vimos, o desafio para muitos com histórias como essa é que a incerteza do núcleo da Roda pode evocar respostas de terror no aro que os impedem de abrir a consciência para novas possibilidades. Dessa forma, um platô é um estado mental que pode trazer a reboque o medo do plano. A dissociação pode reforçar esse sentimento de horror e incerteza, um reflexo automático de fragmentação frente ao estresse ou a situações emocionalmente desafiadoras. Infelizmente, a vergonha que se instala faz com que as pessoas percam não só a fé na qualidade que têm, assim como a esperança de quem podem se tornar, sentindo-se defeituosas em seu âmago. Quando percebemos que essa é simplesmente uma convicção errônea criada pela vergonha, que aponta o dedo da culpa para nós mesmos em vez de reconhecer a realidade assustadora de figuras de vínculo não confiáveis, podemos começar a jornada para abraçar o núcleo da nossa Roda, o plano das possibilidades, que oferece tanto o mar de potencial (na forma de uma expansão do estar consciente) quanto um novo e diversificado conjunto de respostas que nos ajudam a abraçar a realidade de todo o nosso ser, sendo indivíduos intactos, independentemente de nossas crenças de desenvolvimento que nos aprisionaram até então. Podemos aprender a liberar os platôs da vergonha e os picos de desespero que deles advêm. Essas crenças embutidas em platôs restritivos, filtros de consciência e estados mentais adaptativos que a princípio nos protegem podem se tornar nossa prisão não intencional. Agora podemos ir para baixo daqueles platôs aprisionadores, mas anteriormente úteis, mudando o significado da experiência e a experiência do eu, abrindo-se para o plano e acessando novas formas de ser.

Eu evitei ser inundado pela dor da agulha do dentista. Mas não evitei todos os passos frustrantes que estou seguindo para cuidar deste corpo, agora que o procedimento terminou. Ainda estou com o gelo sobre o rosto para reduzir a inflamação em minhas gengivas, por mais doloroso que seja para a minha pele. Toda essa experiência é a forma como posso estar presente para este procedimento e a cura que ele me convida a cultivar.

Um desvio emocional pode ser o modo como uma prática de treinamento mental, ou mesmo um modo de viver, é usada para evitar viver plenamente a própria vida, em vez de alcançar a integração. Você pode achar útil refletir sobre as maneiras que, em sua própria vida passada ou atual, estar presente foi ou continua sendo um desafio. A meditação, ou qualquer outra prática ou modo de ser que ofereça acesso ao plano das possibilidades, não precisa, de modo algum, ser uma forma de dissociação. A dissociação é simplesmente um perigo em potencial, uma vulnerabilidade de qualquer prática de acesso ao plano se tentarmos nos desviar ao viver apenas na pura consciência receptiva.

Mesmo sem um histórico de trauma, quando a integração intensa é o objetivo principal, para alguns, a segurança do núcleo, essa grande extensão do plano das possibilidades, pode se tornar excessivamente diferenciada dentro de uma prática reflexiva regular, com exclusão de sentimentos, memórias e pensamentos. Algumas pessoas dizem coisas como: "Eu amo tanto lá, tudo o que eu quero fazer é ficar no núcleo!". Eu gosto de dizer que viver com a presença do plano, em termos de Roda, é estar aberto a qualquer coisa do aro, e não o evitar. Ficar em êxtase com o núcleo é ótimo, e bom para você. Mas você não precisa ficar evitando nada. "Manda ver!" significa integração – abraçar os momentos em que você pode simplesmente se assentar no núcleo, e outros momentos em que explorar o aro é igualmente importante e simplesmente diferente. É assim que nós integramos a mente – conectando essas diferentes formas de estar no núcleo ou no aro, essas diferentes posições de probabilidade que são os picos, platôs e o plano da nossa mente.

Quer tenhamos tido traumas, quer não, focar apenas o núcleo pode ser uma vulnerabilidade da prática. Às vezes, a sensação de paz do plano é sedutora e se torna o "objetivo" da meditação. Dessa forma, a prática da Roda não se torna mais integradora, na medida em que se prefere o núcleo ao aro, que é considerado "não tão bom". Em vez disso, uma abordagem integradora assume a postura de que tudo é bom; o núcleo e o aro são simplesmente diferentes e nos ajudam de maneiras únicas.

A beleza da Roda como prática é que você pode aprender a ter acesso ao plano mesmo mudando sua proporção de varredura para incluir mais do plano em suas experiências cotidianas. A natureza atemporal do plano dá uma qualidade expansiva a desdobramentos momento a momento que podem enriquecer sua vida, mesmo quando você não estiver praticando formalmente. Às vezes, ter a certeza de cuidar de quaisquer questões remanescentes, quaisquer platôs rígidos ou caóticos e picos de experiências passadas, será um ponto de partida útil para abrir seu acesso ao plano.

Nos termos do plano das possibilidades, resolver traumas ou viver uma vida integradora de presença significa ser capaz de conectar o plano do conhecer (dentro da proporção de varredura da consciência) com qualquer coisa que emerja, como os platôs e os picos dos conhecimentos. "Manda ver!" significa dizer, do expansivo recipiente de consciência do plano, "Estou aberto a tudo o que possa emergir – bem-vindo!". Essa é a fonte da noção de viver com a tranquilidade do bem-estar.

Aprender com o plano significa deixar que tudo seja nosso professor.

Como nos lembra o poema "A casa de hóspedes", de Rumi, podemos deixar que cada visitante da casa, que é nossa vida, seja um guia para aprendermos mais.

Liberdade: transformando-a em possibilidade

Viver desde o plano significa reconhecer que podemos ter muitos platôs e picos que fazem parte dos estados que nos definem e que potencialmente nos confinam – ou seja, que podem estar *confinando nosso potencial*. O crescimento é possível porque podemos explorar o plano, a fonte que permite o surgimento de novas configurações.

Platôs e picos criam as proclividades da personalidade à medida que moldam os valores de probabilidade que emergem. São essas as tendências que definem o modo como pensamos, sentimos e nos comportamos. Pesquisadores podem chamar isso de características de nossa personalidade; podemos simplesmente chamá-las de características de quem somos. Viver a partir do plano nos liberta dos persistentes padrões de tendências de personalidade que definem recursivamente nosso senso de identidade. Nós não perdemos nossa personalidade; expandimos sua amplitude e alcance. Essa liberdade não é simplesmente um ideal; é uma forma de viver que nos parece nova e viva.

Imagine assim. Se o sentimento, o pensamento e o comportamento são valores de probabilidade parciais que criam um senso do eu no mundo, então viver a partir do plano dá liberdade tanto à consciência quanto à criação de um senso do eu emergente. Novas combinações de platôs e picos podem agora surgir a partir de um plano de livre acesso. Não mais definida apenas pelos persistentes platôs e picos do passado, a presença do plano permite que emerjam novos padrões de probabilidade acima do plano, dando nova vida às formas de pensar, sentir e se comportar. O acesso ao plano permite que novos platôs e picos surjam e libertem nossa personalidade.

Como vimos nos perfis da parte III, a Roda como ideia e prática oferece alívio das formas habituais de ser que podem ter parecido imutáveis. Os traços de personalidade podem ser vistos como propensões parciais de nosso sistema nervoso, incluindo a tendência a ser consciente, prudente e aberto, a ter reações neuróticas ou emocionalmente intensas, e a ser extrovertido em nossa abordagem do mundo. Esses cinco grandes traços de personalidade foram estudados, revelando-se capazes de mudar ao longo do tempo com esforço intencional, em processos de transformação como a psicoterapia. Uma maneira de ver essa mudança empiricamente demonstrada de nossos traços de personalidade é que cada um deles pode ser um padrão de valores acima do plano que se tornaram reforçados como traços específicos na vida de um indivíduo. A personalidade não é fixa; esses estudos revelam como nossa tendência a ser abertos ou conscientes, por exemplo, pode ser cultivada por meio do esforço. Como? Visualizando mudanças nos platôs e picos e, talvez, entrando no plano, podemos ver como novas combinações podem surgir. Naturalmente, tais mudanças teriam um impacto sobre o cérebro, bem como sobre nossas relações com os outros.

A transformação nos afasta das arraigadas inclinações de personalidade à medida que abrimos a porta da possibilidade.

A personalidade pode ser vista como a forma de nosso temperamento inato interagir com nossas experiências para moldar quem nos tornamos ao longo do tempo. Às vezes, aspectos do que imaginamos serem características imutáveis de nosso temperamento são, na verdade, tendências aprendidas de nossa personalidade, uma amálgama de padrões neurais – muitas vezes influenciados geneticamente – combinados com a forma como a experiência moldou nossas conexões neurais. Devido à neuroplasticidade vitalícia, o cérebro é capaz de mudar sua estrutura. Essa mudança pode levar a alterações na forma como nos comportamos, como nos sentimos e como tendemos a pensar – em outras palavras, mudanças em nossa personalidade e na experiência de quem somos.

Os padrões de personalidade podem ser vistos como traços duradouros da interação entre genética e experiência, manifestados como platôs particulares e seus picos específicos de pensamentos, emoções e comportamentos atualizados. Agora que chegamos a esse ponto em nossa jornada, você consegue visualizar como se libertar, abrindo as propensões de personalidade, envolve nada mais que permitir que surjam novas posições de probabilidade em sua vida? Você tem acesso a essas novas possibilidades a partir do plano das possibilidades. Dessa forma básica, viver a partir do plano é um caminho para a liberdade de ser quem você é.

Quando pratica a Roda, você acessa o plano, que oferece novas variações de como os platôs podem surgir e até mesmo como os picos podem vir a emergir diretamente do próprio plano. É assim que aprender a viver desde o plano lhe dá poder para criar em sua vida – uma liberdade de padrões de personalidade arraigados, agora abertos para mudar com intenção. É assim que platôs persistentes e potencialmente restritivos em nossa vida podem ser transformados com intenção, prática e abertura para a liberdade.

Este é o seu desafio: você pode usar a mente para mudar os padrões em seus relacionamentos e em seu cérebro. Esse é o ingrediente secreto. Você não é um prisioneiro do cérebro ou dos relacionamentos, mesmo que as propensões dessas fontes internas e interconectadas de sua mente tendam a movê-lo rumo a padrões antigos. Perder-se em lugares familiares é uma vulnerabilidade natural que todos nós temos; usar sua mente e sua capacidade de estar consciente é o caminho para você se libertar desses padrões arraigados. Paciência e persistência serão seus amigos ao longo desse caminho rumo à liberdade de uma vida a partir do plano.

Presença além dos métodos

> Acredito que um dos perigos mais terríveis na espiritualidade e nas tentativas de nos tornarmos conscientes é privilegiar algum método específico para nos levar até lá – porque eu acho que o método acaba se tornando o fim, e não um meio. Acho que estar aqui é isso, e que podemos desacelerar um pouco 10 mil vezes por dia, tendo um apetitoso vislumbre do milagre de estar aqui. Acho que, em última análise, o teste da prática, mesmo muito rigorosa durante longos anos, é na verdade investir todos os momentos de não prática em estar presente. Para mim, a presença é isso.
>
> John O'Donohue
> Workshop "Despertando a mente", ministrado por
> John O'Donohue e Daniel J. Siegel, em Berkshires, Massachusetts, 2006

Qualquer que seja o método que julgamos útil para nos ajudar a tomar consciência, há um assunto comum compartilhado por muitas práticas modernas e antigas: a libertação da mente dos filtros de consciência que nos impedem de estar abertos para o presente.

Nesta jornada, exploramos um método particular chamado Roda da Consciência. Essa prática foi criada para integrar a consciência, pois diferencia os conhecimentos de que estamos cientes e o próprio conhecimento de estar consciente; em seguida, o movimento sistemático do raio da atenção focal os conecta. Se essa metáfora da Roda como ideia e como prática tem funcionado para você, maravilha.

E, se a prática tem sido difícil, e talvez nem parece ser muito para você, espero que as ideias dos mecanismos potenciais subjacentes à metáfora da Roda tenham sido úteis. As ideias por si só podem ampliar sua mente. Você pode estar desenvolvendo uma mente que, uma vez preparada por essas experiências e ideias, pode construir a integração em sua vida de muitas maneiras.

Se a integração pode ser a base fundamental da saúde e da felicidade, então tornar a sua vida integrada – usando os métodos que se adaptem a você – é um caminho positivo à medida que você avança.

As reflexões de John O'Donohue podem ser paralelas à visão de nossa jornada sobre os mecanismos de consciência – a presença que experimentamos quando a posição de probabilidade é capaz de se assentar no plano das possibilidades. Como eu gostaria que John estivesse vivo para que pudéssemos compartilhar essa visão quântica da mente e ver como ele poderia ter respondido a essa sugestão de que a presença a que ele se referiu, um "vislumbre do milagre de estar aqui", possivelmente tem o mecanismo do plano; infelizmente, ele morreu – ou seu corpo morreu. Michael Graziano sugere, como vimos na parte II, que podemos pensar na mente de John como vivendo naqueles entre nós que o conhecíamos bem; assim, a mente de John na minha, e talvez na sua, se você estudou bastante as obras dele, estaria dando uma bela gargalhada de concordância e empolgação sobre a perspectiva de compartilhar uma visão da espiritualidade com a ciência, dissolvendo seus limites e compartilhando em risadas e luzes as percepções de ambos os campos do conhecimento.

A presença de estar consciente é o fundamento para despertar a mente e libertar nossa vida.

A Roda da Consciência dá a você apenas um dos muitos métodos para cultivar o acesso ao plano das possibilidades. Oração centrada na tradição cristã, versões de meditação de atenção plena, ioga, tai chi chuan, qigong, práticas de compaixão e miríades de outras formas de treinamento mental podem dar acesso a esse gerador de diversidade, esse mar de potencial. A Roda simplesmente oferece um método para servir como um meio de acesso correto ao plano. Com esse estado de consciência, podemos desenvolver a característica de viver a partir do plano das possibilidades.

Pode ser esclarecedor e libertador exercitar algum método regularmente, ter uma prática focada e disciplinada – mesmo que não seja uma abordagem formal, no sentido fortemente controlado de uma forma tradicional de "prática rigorosa". Uma prática reflexiva frequentemente engajada, que nutra sua capacidade de "estar aqui", pode abrir sua vida à presença de estar consciente a partir do plano aberto das possibilidades. Para alguns poetas, como meus amigos John O'Donohue e Diane Ackerman, simplesmente caminhar pela natureza com a mente desperta, prestando muita atenção ao seu redor, foi e é uma prática rigorosa regular – mesmo que não seja uma prática "formal". Para outros, uma meditação formal que constrói as características da mente com atenção focada, consciência aberta e intenção de gentileza é um caminho preferencial para a presença.

Qualquer que seja o método, é possível que vislumbrar o milagre de estar aqui, de acessar o poder da presença, de estar consciente e de celebrar sua vida seja revelado pelo mecanismo de viver a partir do plano das possibilidades. Como Diane Ackerman conclui em sua Oração Escolar, "honrarei todas as vidas – sob qualquer forma e em qualquer lugar – na Terra, em minha casa, e nas mansões das estrelas".[40]

Uma vida integradora emerge com a integração da consciência, seja qual for o método ou a abordagem que funcione para você. Em nossa perspectiva 3-P, isso não significa viver apenas no plano; significa diferenciar e conectar plano, platô e pico. John chama esse estado de estar ciente e vislumbrar o "milagre de estar aqui" com *a presença* – e podemos sugerir que este "a" antes de "presença" tem a qualidade universal que é significada *no* plano das possibilidades. Seu plano e meu plano são praticamente, se não completamente, idênticos. O infinito no "seu" plano é infinito no "meu". E "sob qualquer forma e em qualquer lugar", estamos conectados na vida. Encontramos nossa natureza diferenciada em nossos platôs e picos e compartilhamos essa natureza diferenciada de nossas identidades únicas. E nos encontramos na base comum em nosso plano das possibilidades compartilhado, pois infinito é infinito: o vácuo quântico – o mar de potencial – é o espaço matemático de grandes e amplas possibilidades que é gerador de diversidade, a fonte da qual tudo isso pode surgir.

Atenção plena consciente e integração

Temos proposto que muitos métodos, novos e antigos, podem estar tirando proveito desse mecanismo comum de acesso ao plano.

---

[40] Diane Ackerman. *I Praise My Destroyer*. New York: Vintage, 1998, p. 3.

Em termos de pesquisa, por mais diferentes que essas abordagens possam ser umas das outras, elas têm uma base fundamental comum, que é envolver uma atenção focada tanto na intenção quanto na própria atenção, e abrir a mente para alguma forma de consciência – de monitorar o conteúdo e a experiência de estar ciente.

Vimos que os três pilares dos métodos de treinamento mental apoiados por pesquisas envolvem o cultivo da atenção focada, da consciência aberta e da intenção de gentileza. Embora a Roda da Consciência tenha uma origem diferente de outras práticas, já que foi criada a partir de ideias científicas e de experiências clínicas para integrar a consciência, e não de abordagens tradicionais, ela inclui os três componentes essenciais para uma prática de treinamento mental que comprovadamente cultivam o bem-estar.

Nossa proposta tem sido a de que uma das facetas da mente é um processo emergente de auto-organização que regula o fluxo de energia e informação dentro do corpo e entre nossas relações. Dentro e entre nós é onde está essa faceta da mente. E, como um processo regulador, essa faceta da mente inclui duas funções básicas: monitorar e modificar. O fortalecimento da mente acontece quando estabilizamos o monitoramento e depois aprendemos as habilidades de modificação em direção à integração. As práticas de treinamento mental, incluindo a Roda da Consciência, fortalecem a mente ao construir tanto a capacidade de monitoramento quanto a de modificação.

Em uma prática de atenção plena consciente que constrói a integração da mente, acabamos por fortalecer nossa capacidade de monitorar o fluxo de energia e informação à medida que repetidamente trazemos nossa atenção errante de volta ao foco. Isso é treinamento de atenção focada. Quando experimentamos uma conscientização aberta, desenvolvemos ainda mais a mente ao aguçar nossa capacidade de diferenciar os conhecimentos da experiência de conhecer – de estar ciente. É assim que nos modificamos em direção à integração. E a prática da intenção de gentileza promove essa integração, ampliando nosso senso de preocupação e cuidado, permitindo-nos experimentar não uma perda do eu, mas uma expansão de como experimentamos o que nosso "eu" realmente é ou ao menos o que ele pode se tornar. Como Naomi Shihab Nye afirma ao dizer que a gentileza é a "coisa mais profunda" da vida quando nos damos conta das tristezas universais do nosso mundo, "então só a gentileza faz sentido", pois "vai com você a todos os lugares como uma sombra ou um amigo".[41]

Em nossos relacionamentos, ser capaz de constantemente prestar atenção nos permite focar o fluxo de energia e informação que chega dos outros, conectando-nos com eles de uma forma mais profunda. À medida que nos tornamos mais abertos aos dados que os outros estão nos direcionando, somos capazes de ressonar melhor com eles e cultivar a experiência de *sentir que nos sentem* dentro da conexão. Quando então acrescentamos as maneiras como o cuidado e a preocupação com o bem-estar de cada um de nós – o eu dos outros corpos e o eu emanando de nosso corpo –, percebemos como alargar o nosso círculo de compaixão e preocupação, desenvolvendo uma intenção de gentileza, resulta em uma enorme expansão de nossa integração relacional. Nós nos diferenciamos e nos conectamos por meio de sentidos talvez antes mais restritos de quem somos, e nos tornamos um eu mais integrado, um Eu mais um Nós, ou um Eu-Nós.

Experimente isso em sua vida cotidiana – sentindo o núcleo de sua Roda, abaixando-se até o plano enquanto você se conecta com a comunicação – e sinta a diferença agora, enquanto você abandona as expectativas e os julgamentos, aqueles platôs e picos fixos, e simplesmente vislumbra esse milagre de estar aqui, a presença de uma mente aberta e consciente.

A presença tem o poder de criar não apenas as conexões gentis e compassivas dos relacionamentos e a felicidade que sentimos em nossa vida mental como também a saúde de nossa vida encarnada – nosso corpo limitado pela pele, incluindo nosso cérebro.

A presença liberta nossa *mente* e traz saúde aos nossos *relacionamentos* e ao nosso *cérebro encarnado*.

Conexão desde o plano

Algo que se tornou ainda mais forte para mim, à medida que esta jornada se desdobra, é uma sensação crescente de que nossa visão moderna de um eu definido apenas por pele ou crânio levou a uma sensação de isolamento e desconforto. Parece muito natural atribuir

---

[41] Naomi Shihab Nye. *On Kindness, in Words Under the Words: Selected Poems.* Portland, Oregon: Far Corner Books, 1995.

o termo *eu* ao corpo, mas nessa jornada de exploração da consciência e da Roda, talvez você também tenha percebido que um novo senso de identidade emerge. No início pensei que fosse o que poderíamos chamar de uma "identidade nós", um sentimento de pertencer a um grupo maior. Mas então, com o incentivo de uma aluna que estava angustiada durante uma palestra minha, intitulada "De mim para nós", percebi que talvez eu estivesse na verdade tentando descrever algo mais que isso. Ela tinha razão – não precisamos perder a noção do eu para ganhar o pertencimento a um nós. Sim, precisamos cuidar do corpo, conhecer a história pessoal de nosso próprio corpo, dormir bem, comer bem, fazer exercícios e desfrutar de nossa experiência corporal. Essa realidade encarnada é o eu de quem nós somos. Pertencer não significa perder a integração ao deixar desaparecer essa diferença do eu. Dentro do meu relacionamento com essa aluna, em nossa comunicação e com sua preocupação, dentro de nossa conexão, surgiu uma noção integrada de como um eu poderia combinar "eu" e "nós" no sentido plural de um todo, um eu integrador, um Eu-Nós. Quem nós somos é tanto eu quanto nós, uma pluralidade. E quem somos está emergindo continuamente – um verbo, não um substantivo. Esse verbo plural de uma experiência de autoexpressão pode ser visto como uma forma integradora de estarmos sempre nos tornando um Eu-Nós.

Na mesma época, outra aluna se aproximou de mim e expressou certa confusão. Ela tinha ouvido um de meus ensinamentos gravados, mas nunca visto meu nome escrito. Sendo das tribos Lakota, do Centro-Oeste dos Estados Unidos, ela me disse que achava que meu nome era Dan Siegel. "Mas este é o meu nome", eu disse. E ela repetiu, "Não, eu pensei que fosse Dan Siegel". Mais uma vez, repeti educadamente que *este* era meu nome. Então ela educadamente escreveu o que ela achava que meu nome era: D-A-N-C-E... E-A-G-L-E.[42] Ah! Quando ela me disse que, no curso que estava acompanhando, havia uma história sobre eu ter deixado a faculdade de medicina para considerar me tornar um dançarino, pude ver como sua mente foi preparada tanto pela sua cultura como pela minha história pessoal para ouvir meu nome dessa maneira criativa. *Dance Eagle* é agora meu apelido na minha família. Espero que quem eu sou continue a ser aberto e evolua à medida que os muitos filtros de cima para baixo

---

[42] Dance Eagle [Dance, águia / Águia dançarina] e Dan Siegel têm pronúncias muito parecidas. (N. T.)

da minha mente sejam libertos dos substantivos e nomes fixos, aqueles platôs relaxados e soltos, e que o potencial aberto da liberdade de baixo para cima se torne realizado à medida que nossos campos relacionais coletivos e interconectados se desenvolvam.

Neste momento em que expresso isso a vocês, meu corpo está cheio de energia e empolgação. A visão que tenho em mente é que nosso cérebro encarnado pode se tornar mais integrador, nossas relações mais receptivas e conectadas, nossa mente mais desperta e consciente, à medida que vivemos a partir desse espaço aberto de presença. Os padrões fixos de platôs e picos não precisam nos definir como substantivos em um dicionário de proclamações de cima para baixo sobre quem somos ou quem pensamos que deveríamos ser. Juntos, Eu-Nós podemos tornar nossa vida mais enriquecida, mais apoiada e mais divertida de maneiras que um eu isolado nunca poderia criar. Eu vivi a vida inteira sem considerar *Dance Eagle* como um rótulo linguístico para um aspecto alegre de minha identidade.

Viver desde o plano nos abre para a liberdade de assumir um novo nome.

Isoladamente, nossos autofiltros tentam projetar no mundo uma identidade que pode prever como nós e nosso entorno *deveriam* ser. Esses filtros são os padrões repetidos de platôs e seus picos que podem, para alguns de nós, estar reforçando a sensação de um eu separado, talvez conectados dentro, mas desconectados entre si. Quando nos abrimos para viver mais no plano das possibilidades, nos engajamos em uma vida sem a prisão de previsões que projetam percepções passadas, despertando agora para a grandiosidade de viver plenamente no momento, conectando-se de novas formas dentro e entre que não mais se esforçam para estar no controle.

Essa é a divertida e fascinante viagem que a presença permite.

Nós nos moldamos uns aos outros, porque *somos* uns e os outros. Isso é o que o Eu-Nós implica, reconhecendo nossa singularidade nos picos e platôs acima do plano de que podemos desfrutar, ao mesmo tempo que abraçamos as possibilidades incertas e sempre inconstantes do plano. Conectando os diferentes e reconhecíveis platôs e picos com a liberdade do amplo potencial aberto do plano, emergimos nesse equilíbrio do conhecido e do novo dentro da integração de uma vida presente.

Quando descemos ao plano das possibilidades dentro da mente, tornamo-nos abertos e receptivos ao que quer que emerja dentro de nós. Quando trazemos esse estado de compromisso social e receptividade para nossas relações, o campo relacional criado tem a espontaneidade e a postura de um "sim" que convida cada um a simplesmente ser, e ser simplesmente respeitado.

Talvez você possa sentir aquela sensação de harmonia e energia que vem de uma sensação tão vital de união. O que muitas vezes surge, também, é um profundo sentimento de alegria, de pertencimento e de riso.

Rir, viver e morrer desde o plano

Humor é assunto sério.

Uma vez eu estava indo jantar com meu colega e amigo Jack Kornfield. Nós tínhamos encerrado o primeiro de dois dias de um seminário que estávamos ministrando juntos, e nossa editora, Toni Burbank, estava nos levando para um passeio noturno. Enquanto caminhávamos pelas ruas de São Francisco rumo ao restaurante, Toni, entre nós, disse: "Olha, acho que agora entendo a diferença entre vocês dois". Continuamos caminhando, e Toni olhou para mim e depois apontou para Jack: "Você sabe contar uma piada".

Ui.

Toni estava certa. Não sei como a habilidade de fazer piadas é transmitida, se por genética, aprendizagem ou alguma combinação entre os dois, mas sei que não recebi nem uma gota dela. Essa é uma característica da minha mente que meus filhos, quando eram mais novos, ficavam felizes em me lembrar cada vez que eu contava uma piada ou mesmo tentasse contar uma história engraçada, com quase nenhum timing de comédia ou indução de risos. "Isso foi *muito* engraçado", eu ouvia esse sarcasmo com frequência, e com razão. Jack, por outro lado, é um mestre das piadas. Mesmo ouvindo as mesmas piadas depois de todos as nossas aulas em ambientes diferentes, eu ainda racho de rir. Por quê? Porque acredito que Jack nos faz rir desde o núcleo.

Rir desde o núcleo é uma maneira de preparar o palco para irmos até o plano das possibilidades e depois nos encontrarmos uns com os outros por lá. A história ou piada faz você ressoar com alguns platôs previsíveis de expectativas compartilhadas ou picos de detalhes, e então, com um timing impecável, Jack explode seus valores acima do plano e bum!, você está dentro do plano das possibilidades, lidando com algo que você não previu que chegaria (mesmo que você já tenha ouvido essa história uma dúzia de vezes). Uma vez no plano, alguma nova combinação de coisas que parecem estar surgindo de uma direção – platôs e picos de um ou outro tipo no centro da piada ou no clímax da história – é então subitamente deslocada e você se junta a Jack e a todas as outras pessoas de uma forma inesperada. É como se as expectativas de cima para baixo estivessem se encontrando com uma surpresa de baixo para cima. É fabuloso.

Rir é gostoso e faz bem para nós. O humor realmente nos abre para um novo aprendizado, aumenta a neuroplasticidade e faz com que o aprendizado dure mais tempo à medida que crescem no cérebro novas conexões durante esse estado aberto, constrói confiança e nos une uns aos outros. Tudo a partir de uma boa risada.

Não sei por que eu não consigo contar uma piada, mas adoro rir. Certa vez, eu estava triste pelo falecimento do meu pai, quando um amigo me convidou para participar de uma aula de improvisação para não atores – ou seja, seria pura diversão. A postura padrão de improvisação é "Sim, e", significando que não dizemos a nosso parceiro "Não, mas" durante um esquete de improvisação, quando eles inventam alguma fala ou ação que leva a cena para uma direção que não esperávamos ou não queríamos.

"Sim, e" é uma ótima maneira de viver a partir do plano.

Imagine todas as combinações que estão presentes no plano das possibilidades. Meu professor de improvisação nos lembraria de não planejar o modo como reagiríamos ao nosso parceiro, mas de estar *presente para a conexão*. No início, achei isso bastante desafiador. Meu desejo de cima para baixo, de controle e previsibilidade, apresentaria todos os tipos de cenários antes da hora, alguns engraçados, outros sérios, mas cada um deles preestabelecia enredos que impediam a presença. Eu estava repleto de platôs de ideias para histórias com seu conjunto prescrito de picos destinados a obter respostas específicas. Por exemplo, se o cenário fosse entrar numa sala imaginária e receber os sinais e os sentidos de meu parceiro e deixar a cena se desenrolar a partir daí, eu acabaria de fato vindo com tantos platôs de ideias ou picos de coisas específicas que eu poderia dizer para ser sério ou engraçado ou apenas interessante. Esse posicionamento acima do plano me impediu de estar presente. Eu estava perdido no aro da minha Roda mesmo antes de começar a cena. Estar no núcleo dá acesso a toda a diversidade do plano. Quando eu recebia feedback do professor de que eu estava "pensando demais" e deveria apenas estar presente para meu parceiro, eu usava a imagem da Roda e minha familiaridade com o núcleo para reorientar minha abordagem. A mudança para a presença permitiu que o poder de conexão se desenvolvesse. Às vezes era séria e comovente, às vezes patética e hilariante, mas sempre conectada e real.

Quando uma cena engraçada emergia, às vezes era difícil não arruinar a cena com nossas próprias risadas. O humor parecia mover-se ao longo de nosso diagrama 3-P em um padrão particularmente livre, envolvendo nosso corpo, nossa mente e nossas relações. O riso liberado do plano das possibilidades nos permite abraçar a natureza espontânea da vida, indo no embalo das expectativas de platôs e picos, sentindo surpresa, choque ou irritação quando aquele embalo muda para uma nova direção, e então deixando a energia daquela surpresa fluir na liberdade de palmilhar o plano, a fonte da qual o riso pode realmente vir. Rir é libertar-se das prisões de probabilidade que criam nossas propensões para a expectativa e proclividades do pensamento, e revela a liberdade que surge do plano das possibilidades.

Humor é um assunto sério.

Quando meu pai estava perto do dia de sua morte, tendo estado bastante doente e acamado durante dezoito meses, ele me perguntou se ele estava morrendo. Eu olhei seus sinais vitais e me sentei perto dele ao lado de sua cama, e afirmei que sim, parecia que estava chegando ao fim. Eu segurei sua mão e começamos uma conversa que nunca esquecerei.

"O que devo fazer?", ele perguntou. Eu lhe disse que ele deveria ter certeza de que, se houvesse algo que ele quisesse dizer a alguém antes de partir, aquele seria um bom momento para isso.

"E para onde vou quando morrer?"

Meu pai era um homem muito forte – obstinado, declaradamente não espiritual, um engenheiro treinado e comprometido com uma visão materialista, baseada na ciência, na realidade – palavras dele. Ele também tinha uma maneira de ter reações negativas intensas a qualquer pessoa de sua família que pudesse oferecer um ponto de vista diferente do seu (minhas palavras), diferente do ponto de vista correto (suas palavras).

E assim você pode imaginar como eu estava nervoso ao tentar encontrar um jeito de responder à sua pergunta existencial naquele momento, que poderia ser nosso último. Portanto, eu disse que certamente não sabia o que acontece a nenhum de nós quando morremos. Então ele me perguntou o que eu pensava que poderia acontecer. Então eu disse o que eu pensava.

Disse que, depois de um quarto de século sendo psiquiatra, ninguém tinha vindo até mim durante a terapia dizendo que estava refletindo sobre onde esteve *antes* de ser concebido.

Ele parecia intrigado, então continuei.

"Se você imaginar que havia trilhões de espermatozoides e bilhões de óvulos no mundo que poderiam ter formado você", eu lhe disse, "mas apenas um óvulo e um espermatozoide daquele vasto conjunto de possibilidades de gametas se uniram, então você é uma atualização emergindo de um mar de potencial, um plano de todas as possibilidades."

"Certo", disse ele, ouvindo atentamente.

"Você tem cerca de um século para viver neste corpo, essa atualização de uma forma que surgiu de um mar amorfo, a fonte de tudo o que era possível. Essa é a sua vida; essa é a oportunidade que você tem de viver neste corpo. Quando você morre, você pode simplesmente voltar para o lugar de onde veio – aquele plano das possibilidades."

Ele olhou para mim, e uma expressão serena surgiu em seu rosto pela primeira vez em um longo, longo tempo. Talvez tenha sido a primeira vez que eu vi aquela expressão. E então ele disse: "Isso me faz sentir tão tranquilo. Obrigado".

Passamos o resto desse tempo de mãos dadas enquanto ele descansava na cama, apenas falando de várias coisas. Foi a última vez que eu vi ou falei com meu pai.

Viver desde o plano é uma dança de inspiração divina que nos liberta para nos regozijarmos com gratidão por esse milagre de estar aqui. Sim, nascemos em um corpo que dura cerca de cem anos, se formos afortunados, para dançar por este planeta. Mas também temos uma mente, uma mente que é em parte atada a uma seta e que vive em um nível newtoniano de realidade. Essa é uma verdade simples que meu pai engenheiro mecânico poderia abraçar. Mas também vivemos com uma mente que é em parte livre de setas, dado que vivemos na liberdade atemporal do plano das possibilidades.

Ver a serenidade no rosto de meu pai naquelas últimas horas de sua vida foi um presente que me faz sorrir agora, e até mesmo sentir um riso de prazer surgindo de todas as facetas do meu ser. Aquele plano das possibilidades pode proporcionar uma alegria espontânea e abraçar o paradoxo de realidades incompatíveis, tempo e atemporalidade, limites do corpo e infinito, forma e sem forma. Podemos não ser capazes de experimentar a alegria da vida sem a realidade da morte. Sei que tudo isso pode não parecer engraçado, mas é uma realidade engraçada fundamental para nossa vida mental.

E por que não rir?

Uma vez eu estava dando aula com meus colegas Diane Ackerman, Jon Kabat-Zinn e nosso querido amigo John O'Donohue. Naquele encontro chamado "Mente e Momento", nenhum de nós sabia que o corpo de John logo teria seu último suspiro. Perto do final daquele encontro de três dias, uma participante nos pediu desesperada para explicar por que a estávamos ajudando a se tornar mais aberta e empática enquanto o mundo está tão cheio de dor e sofrimento. Nós mergulhamos em sua pergunta, e eu ofereci a seguinte reflexão: uma vez, eu estava em uma reunião com Sua Santidade o dalai-lama, a quem um participante perguntou como ele poderia estar tão cheio de alegria, dando tantas risadas, quando o mundo está convulsionando. A resposta do dalai-lama foi incisiva e perspicaz. Ele disse que não era apenas *apesar* do sofrimento do mundo que ele ria e encontrava alegria em cada dia, mas sim *por causa* do sofrimento. Se não cultivarmos nossa capacidade inata de alegria e riso, então o sofrimento do mundo vencerá.

É nosso privilégio, e nossa responsabilidade, encontrar a alegria e o riso enquanto estamos plenamente conscientes da vasta gama de dores e perigos, bem como das vastas possibilidades de estar a serviço de nosso precioso planeta.

Diante dos desafios da vida, se não encontrarmos humor em tudo o que enfrentamos, por dentro e por fora, afundaremos. Se alegria e riso, gratidão e amor emergem do plano, então esse é o caminho da vida em que Eu-Nós podemos apoiar Cada-Nós para cultivar nossa vida. Vamos encontrar esse plano das possibilidades juntos enquanto Eu-Nós criamos risadas de alegria e amor a partir da presença de nossa mente coletiva.

Liderar e amar desde o plano

Viver desde o plano das possibilidades é algo que convida cada um de nós a se tornar um líder na vida. Além de outros estudiosos, Arthur

Zajonc, físico quântico e ex-presidente do instituto Mind and Life, que apoia o estudo científico da meditação, usa um termo que eu adoro: *liderança difusa*. Ensinei Arthur a Roda da Consciência e compartilhamos a empolgação com a estrutura mental 3-P. E Arthur compartilhou com todos nós essa poderosa visão de liderança e amor. A noção é que a forma como orientamos nossa vida interna pode capacitar cada um de nós a assumir a responsabilidade de trazer mudanças para o mundo. De dentro para fora, podemos conduzir a jornada para um modo de vida mais integrador, que pode ser difundido em nosso mundo à medida que cada indivíduo assume a responsabilidade e a oportunidade de uma vida ética e compassiva.

Quando imaginamos uma vida de consciência, de viver a partir do plano, podemos sentir como cada pessoa pode aprender a acessar o núcleo de sua Roda e encontrar o potencial de viver com presença a partir desse lugar de possibilidade.

Coletivamente, temos muitos desafios. Um deles é que herdamos o traço de sobrevivência de fazer distinções de grupo para que, especialmente sob ameaça, desconsideremos as pessoas que avaliamos como forasteiras. Estudos revelam que desligamos nossos circuitos cerebrais de compaixão, restringindo a forma como utilizamos nossas habilidades de visão mental para o discernimento e a empatia e não mais respeitamos a natureza diferenciada de nossa individualidade ou a conexão com a intenção de gentileza e a ação solidária. Podemos perder nossa capacidade de integração. A boa notícia é que, embora nossa família humana tenha essa tendência de restringir nossos círculos de preocupação apenas àqueles "como nós", pesquisas revelam que a atenção e as práticas de compaixão podem ampliar esses círculos e reduzir os vieses implícitos que nos dividem. Como isso acontece? Se formos até o plano das possibilidades, teremos acesso a nossa conexão uns com os outros, que se encontra abaixo dos platôs do preconceito, nossas distinções dentro e fora do grupo, que podem nos levar a desumanizar uns aos outros. Viver com presença, sendo conscientes, nos liberta dessa antiga forma de desconsiderar aqueles que não são como nós para abraçar uma realidade maior de nossa interconexão como seres vivos neste planeta.

Quando as escolas, a sociedade e até mesmo a ciência nos dizem que somos separados, chegamos a outro desafio ao bem-estar, pois acreditamos nesses padrões de informação e os incorporamos em nossos próprios platôs persistentes e picos de identidade. Já vimos que a mente é mais ampla que o cérebro, que o eu é maior que nosso corpo – e, ao tomarmos consciência da realidade dessa natureza interior e interconectada da nossa identidade, podemos crescer em direção à clareza e à liberdade.

Por vezes, é um desafio comunicar essa visão mais ampla de quem somos – mas pode ser uma questão de vida ou morte. Ao palestrar em uma escola secundária de uma comunidade que recentemente havia sido devastada por uma série de suicídios, tentei relacionar essa noção de como o senso limitado de um eu separado pode trazer desânimo tanto para jovens quanto para adultos. O significado e a conexão emergem quando abraçamos a realidade de nossa natureza profundamente relacional. Viver em isolamento pode levar a uma angústia que ameaça a vida. Foi isso que eu disse aos alunos, pais e funcionários naquela reunião escolar.

Imagine que somos velas. Se pensarmos que somos apenas um pedaço de cera que nunca fornece luz – que nunca é acesa –, então temos uma noção do que significa pensar em um eu restrito ao corpo e à mente como apenas uma característica de nossa cabeça. Pelo contrário, cada um de nós é capaz de carregar uma chama – e, além disso, de compartilhar nossa luz. Se, por outro lado, sua família e a sociedade lhe enviam a mensagem de que você deve ser a vela mais distinta e especial do grupo, qualquer outra vela que reluz de forma brilhante representa uma ameaça à sua singularidade. Sua tendência pode ser a de se sentir inadequado frente ao brilho de outras velas, e você pode até sentir-se motivado a apagar os pavios delas para que sua chama seja a mais brilhante.

Agora imagine um tipo diferente de mundo. E se quem somos não for apenas a cera, mas também a luz de nossa chama? E, quando olhamos para outra vela que não está acesa, nós nos aproximamos e acendemos seu pavio, compartilhando nossa luz. Vejam, nada é tirado de nós quando compartilhamos nossa energia. E o que ela faz com o mundo? Torna o mundo um lugar mais brilhante para se viver.

Quando praticamos a integração de nossa consciência, quando tiramos proveito do núcleo e acessamos o plano das possibilidades, nos tornamos mais conscientes de nossas identidades interconectadas. Sim, nós temos um eu que é a cera da vela de nossa identidade. Mas nós somos mais do que a cera desses corpos em que temos apenas cerca de um século para viver. Somos também a chama, a luz que podemos gerar juntos, neste mundo que todos nós compartilhamos.

Agradecimentos

Algumas simples palavras de agradecimento para todos aqueles cuja jornada se juntou ao nascimento deste livro: estou cheio de gratidão para além dos símbolos linguísticos destas linhas de agradecimento.

Na leitura do manuscrito em suas várias etapas, ou na discussão de algumas das ideias relacionadas à sua estrutura fundamental, muitos deles ofereceram comentários úteis para fazer do livro o que ele se tornou, guiando-me para entender o que estava funcionando e o que precisava de mais desenvolvimento ou esclarecimento. Esses indivíduos incluem Ed Bacon, Lou Cozolino, Richard J. Davidson, Elissa Epel, Bonnie Goldstein, Dacher Keltner, Jack Kornfield, Maria LeRose, Helen Liang, Jenny Lorant, Veronica Magar, Deena Margolin, Sally Maslansky, Deborah PearceMcCall, Madeleine Welch Siegel, Elli Weisbaum, Caroline Welch, Elisheva Wexler, Barnaby Willett e Suzanne Young. Obrigado a todos por terem dedicado seu tempo e oferecido seus inestimáveis insights.

Em nosso Instituto Mindsight, temos frequentes reuniões ao redor da mesa, que serviu como inspiração original para a Roda da Consciência, e tenho a honra de compartilhar esse círculo de cadeiras com Jane Daily, Ryan McKeithan, Kayla Newcomer, Andrew Schulman, Priscilla Vega e nossa diretora executiva, Caroline Welch. É um privilégio ter cada um de vocês apoiando a missão de compartilhar com o mundo a visão da neurobiologia interpessoal e a abordagem da visão mental para promover mais discernimento e empatia, compaixão e bondade. Colaborar com vocês para levar ao mundo essas ideias do uso prático e da aplicação da integração dentro e entre nós é um presente pelo qual sou profundamente grato.

Ao longo dos anos, os indivíduos, casais e famílias pelos quais tenho tido o privilégio de atuar clinicamente, os alunos a distância e presenciais, bem como os participantes de workshops, todos eles imersos na Roda da Consciência, têm sido vitais tanto em sua criação quanto em seu desenvolvimento. Agradeço a todos vocês pela coragem de tentar algo novo e de oferecer seus comentários sobre como melhorar essa aplicação prática de integração da consciência em suas vidas diárias.

Na divisão TarcherPerigee da Penguin Random House, é um prazer trabalhar com uma equipe profissional e eficiente, incluindo Heather Brennan e a copidesque Kym Surridge. Desde os dias de *Parentalidade consciente* e *Brainstorm*, tem sido uma alegria trabalhar de perto com Sara Carder, minha publisher e editora. Obrigado por seu olhar aguçado, seu delicioso senso de humor e sua devoção à experiência dos leitores conforme chegávamos à estrutura e editávamos as palavras do livro em sua forma final.

É um desafio expressar somente com palavras essas ideias sobre a experiência subjetiva da consciência. Ao longo da jornada de criação deste livro, tive o privilégio de trabalhar com uma brilhante artista que também estuda ciência e meditação – Madeleine Welch Siegel, minha filha – cujas ideias criativas e profunda compreensão da mente permitiram que o livro tivesse ilustrações fundamentais para a visualização dos conceitos e das práticas da Roda. Maddi me ajudou a pensar sobre muitos dos desafiadores conceitos e a explorar como articulá-los mais claramente; ela também trouxe o título em inglês – *Aware* [Consciente] – quando me disseram que minha sugestão original para o título não ia decolar. O título e as imagens são exatamente o que o livro precisava, e eu agradeço sua presença essencial nestas páginas.

Minha família é a fonte mais profunda do meu apoio e inspiração para escrever este livro. Com Maddi agora em Nova York, vários outros membros da família em Los Angeles têm sido cruciais para que eu tenha a clareza de espírito em minha vida necessária para escrever. Somos abençoados por nosso filho Alex (cuja vida na música nos inspira a cada dia) poder ainda cruzar seu caminho com os nossos, seus pais. Temos muito prazer em encontrar filmes para compartilhar quando nos encontramos. Minha mãe, Susan Siegel, é fascinada pela mente e continua a me desafiar com perguntas sobre o que tudo isso significa. Meu irmão Jason fornece reflexões ponderadas, bem como anedotas bem-humoradas sobre o papel que a visão mental desempenha em sua ocupada vida. Caroline Welch, minha companheira de vida e trabalho, é uma leitora perspicaz e uma atenciosa praticante de meditação e de atenção plena. Nossas discussões sobre as maneiras de cultivar uma vida mais saudável usando o poder da presença e o treinamento mental enchem nossos argumentos de paixão, foco e diversão. Obrigada, Caroline, por ser uma presença tão solidária e central e por me ajudar a dar prioridade e ritmo em nossas vidas compartilhadas, no pessoal e no profissional.

Referências e leituras selecionadas

Uma bibliografia com leitura de apoio e referências científicas pode ser encontrada em meu site [conteúdo em inglês]. Organizei as listas por tópico para que você possa encontrar mais informações que possam ser de seu especial interesse. Os tópicos incluem telômeros e compaixão, ou áreas mais gerais, como função e estrutura neural ou o impacto da meditação nos processos mentais, nossos relacionamentos e o cérebro. Se houver uma citação específica no próprio texto, então uma nota de rodapé estará disponível na mesma página, indicando a fonte exata de onde a citação foi extraída.

Como mencionado, este livro não pretende ser uma revisão abrangente da pesquisa científica, mas sim um guia prático para uma ferramenta de inspiração científica de cultivo da consciência, focando especialmente uma abordagem específica, a Roda da Consciência. As referências listadas devem ser consideradas como um ponto de partida para que você possa mergulhar mais a fundo na pesquisa, e não uma lista exaustiva de estudos empíricos. Além disso, a familiaridade com essas fontes que servem como base científica para *A sabedoria do agora* e para a Roda da Consciência não é de forma alguma necessária para utilizar plenamente as práticas e discussões ao longo de nossa jornada no livro, que é um guia abrangente e autônomo para uma prática que se mantém por conta própria. Minha esperança é que esse conjunto de fontes à sua disposição simplesmente ofereça uma amostra inspiradora da obra diversificada que é a ciência interdisciplinar subjacente à nossa jornada.

Para um panorama geral de como a mente se desenvolve e sua conexão com nosso cérebro corporificado e nossas relações, você pode ler meu primeiro livro, *A mente em desenvolvimento*, uma publicação acadêmica agora em sua terceira edição, que oferece milhares de referências científicas sobre processos mentais como a atenção e a memória. O campo da neurobiologia interpessoal delineado nesse livro oferece uma maneira de focar a natureza da mente e a saúde mental construída a partir dessa maneira de conectar uma ampla gama de disciplinas em uma única estrutura. Como editor fundador da série *Norton Professional Series on Interpersonal Neurobiology* [Série Profissional Norton sobre Neurobiologia Interpessoal], trabalhei muito para disponibilizar mais de 65 livros de outros autores para estudo adicional sobre essa empolgante área. Se você se inspirou para mergulhar em algum desses livros ou nas abundantes fontes que encontrará em nosso site, aproveite e lembre-se de diferenciar e conectar sua imersão experimental direta com a prática da Roda e o conhecimento científico dessas referências para integrar sua experiência!

Aproveite!

Dan

Índice remissivo

Números em *itálico* indicam ilustrações.

A

ABCDE dos sentidos mentais, 239
Abertura, 40, 115
Abuso
    reparando vínculos por meio de integração, 287-288
    superando, 288
Ackerman, Diane, 330
Adivinhação de palavras como exemplo do fluxo de energia, 195-203, *197*, *198*, *200*, *201*, 208
Adolescência
    lidando com, 276
    ESSENCE, 275
    usando a Roda da Consciência durante a, 277
A estranha ordem das coisas (Damásio),125
Afirmações internas, 100
Aloparentalidade,165
AlteredTraits (Goleman e Davidson), 23
Amor, 106, 305-307, *306*
Analogia do sal para a consciência, 32
Antecipação, 241
Aro da Roda da Consciência
    quatro segmentos, 18, 70-73, 127, 218-219
    como uma metáfora visual do fluxo de energia, 128
    vs. o núcleo, 17, 75, 192, 323
Atasoy, Selen, 231, 251
Atenção
    direcionada *vs.* Demandada, 60
    efeitos de mensagens culturais de separação, 144
    estabilizando a, 36, 42-47
    exemplo de uma trilha, 57
    focada, 58
    focale não focal, 56-59, *58*, 257
    focando raio a raio, 18, 19, 33
    modelando, 275
    permanecendo alerta durante uma prática de respiração consciente, 36

processo de avaliação, 59
treinando a, 40
Atenção plena (*mindfulness*) (sn)
   aspectos compassivos da, 55
   interesse popular em, 56
   para melhorar a atenção na, 37
   pesquisas acerca da respiração consciente e, 35-37
   práticas de, 36-37
   traços da, 63
Atividades mentais,18, 68, 70, 75, 80, 116, 127
Auto-organização
   diferenciando e conectando, 52
   características ótimas (FACES), 52
   propriedades de sistemas complexos, 20, 51, 83, 234

B

Bem-estar
   eudaimonia, 16
   pesquisa a respeito, 23-24
Benefícios para a saúde
   da atenção, consciência e intenção, 15
   de uma maior integração, 98
   redução de dor, 319-320
Biamonte, Jacob, 195
Billy (estudo de caso), 25, 269-274
Bitbol, Michel, 188, 273
Blackburn, Elizabeth, 23,141, 319
Bohr, Niels, 184
Brainstorm: The Power and Purpose of the Teenage Brain, 274
Brewer, Judson, 143, 163, 226
Burbank, Toni, 355
Burnout, 94

C

Campos
   relacionais, 154, 334
   sociais generativos, 154
CARA, 56
Características CLIFF, 71, 151, 182, 211, 237
Cérebro
   árealímbica, 275
   como apenas uma parte da mente, 133-134
   conectomas interconectados, 52
   configuração espaço-temporal, 236
   corpo caloso, 155
   córtex insular (ínsula), 131
   córtex pré-frontal, 133-134, 154-155, *164*
   e o sistema nervoso, 125-130
   efeito da compaixão sobre, 98-99
   efeito da repetição sobre a estrutura neural, 29
   integração neural, 15, 28, 52, 155, 175-176, 282
   junção temporoparietal, 167
   magnetoencefalografia, 251
   modelo de mão do, *131*, 130-131, 135, 154, *164*, 168, 288
   papéis das diferentes partes de, 133-134
   princípio da energia livre, 234-235
   reconexão, 130
   região do tronco encefálico, 163
   sistema de recompensa, 145
   sulco temporal superior, 167

teoria do esquema de atenção, 171, 226
Chalmers, David, 160
Ciência, visão da física sobre a energia, 178-179
Cognição, 136, 215, 307
Comida, experiências sensoriais da, 114, 260
Compaixão, 16, 53, 69, 73, 82, 87-90, 92-93, 96, 97-103, 103-106, 149
Conceituação (camada filtrante), 244
Conectomas
    harmônicos, 232, 252
    interconectados, 52, 92
    Projeto Conectoma Humano, 92
Conexão/ligação
    de diferentes partes do cérebro, 157
    de potenciais diferenciados, 262
    entre pessoas e o mundo natural, 83, 85
    para criar harmonia, 21, 234-235
Conhecer/saber
    camadas de filtragem, 245
    localização no núcleo, 17-18
Conhecimento
    localização no aro, 18
    segmentos do aro, 18, *19*
Consciência
    aberta, 32, 47, 53
    atenção focal *e* atenção não focal, 56-59, 58
    autoconhecimento, 164-165
    autoconsciência, 15, 368
    benefícios do aumento, 16-17, 231-232
    como oportunidade para escolha e mudança, 58, 272-274
    consciência e sonhos, 229, 230
    correlatos neurais, 160
    definida, 18, 50
    diferenciação dos componentes, 19
    e o plano das possibilidades, 187
    encontrando o local no cérebro, 134, 161,168
    equilibrando, 20
    estado de "não consciência", 239
    exemplo da trilha como atenção não focal, 59, 60
    expandindo o compartimento, 18, 19
    filtros da, 214, 220-221, 224, 228, 229-240, 246, 322
    inferida, 169
    interoceptiva, 79, 163, 218
    pampsiquismo, 159
    sem esforço, 163, 176, 226
    situações ambientais que aumentam a, 92, 96
    teoria da informação integrada, 157, 226
    da consciência, 163
    teoria do esquema de atenção, 171, 226
    vastidão da, 175
Construção *vs.* Condução, 37-38, 38, 45, 83-84, 114-115, 139-140, 150
Controle de impulsos, 269-274

Criatividade, 154
Criticalidade, 254
Csikszentmihalyi, Mihaly, 359
Cultura, termos diversos de acordo com a religião e, 176
Cura, 297-304

D

dalai-lama, 88-89, 339
Damásio, António, 125-127, 131-134, 147, 161
Dass, Ram, 55
Davidson, Richard J., 23, 87, 89, 92, 226, 343
Deco, Gustavo, 251
Desafios para uma vida interconectada, 340-341
Desejo e dependência, 145-146
Desvio
    emocional, 323, 324
    espiritual, 320
Developing Mind, The (A mente em desenvolvimento), 23
Diagrama 3-P de probabilidades. *Ver também* probabilidade
    cone cognitivo, 212
    coordenadas de tempo, probabilidade e Diversidade, 203-204, *203*
    correlação dos segmentos do aro da Roda com o Plano, platô e picos, 218
    durante a adolescência, 276
    picos *vs.* Subpicos, 212, 274
    plano das possibilidades, 221, 254
    varredura de oscilação atencional, 248-253, *249*

Diferenciação, importância de, 282, 289
Dissociação, 282, 295-296
Distrações, 45, 53, 72, 139, 154
Distúrbio psiquiátrico, 277
Dopamina, 145-146
Dor
    crônica, 32, 232, 310
    evitando dores necessárias, 320-321
    treinamento de atenção plena e, 319-320
Drogas psicodélicas, 230

E

Efeito da repetição sobre a estrutura neural, 29
Einstein, Albert, 190
Emoções
    autotranscendentes, 96-97
Empatia, 56, 69, 79, 82, 87-90, 95, 105-107, 277
Energia
    adivinhação de palavras, exemplo de, 195-196, *197, 198, 200, 201*, 208
    como o movimento da possibilidade para a atualidade, 209
    conexões, 83
    definição, 178, 181
    emaranhamento, 151-152
    em torno da Roda, experiência, 114-118
    fluxo, 71-72, 124-125, 129-130, 193, 202, 205-206
    funcionamento do princípio da livre energia do cérebro, 234-235

informação, interpretando, 193
livre, 234
ondas transmitidas por longas distâncias, 150-151
padrões, consciência dos, 229-230
propriedade da probabilidade geral, 193
vácuo quântico, 193
Entropia, 234, 240
Epel, Elissa, 23, 141, 319-320
Equilíbrio, 15, 20
Espiritualidade, 94, 159, 180, 328-329
Estado
de não consciência, 230, 258
emocional, 16
mental, 99
Estudos de caso
a respeito, 268
Billy (controle de impulsos), 269-274
Jonathan (graves alterações de humor), 274-281
Mona (tornando-se receptiva), 281-287
Teresa (trauma de desenvolvimento), 287-304
Zachary (dor crônica), 304-312
"Eu-Nós", 332-334, 339
Evolução
aloparentalidade, 165
compreendendo o foco da atenção dos outros. 167
Experiências
adversas na infância (EAI), 27, 290

subjetivas, 50, 52, 61, 77, 85, 124-128, 157-158, 264, 311, 344
Expectativa de experiência no crescimento cerebral, 167-169

F

FACES, 52, 235, 271, 283, 301
Faraday, Michael, 150, 159
Farb, Norman, 138
Filtros da consciência
afrouxando os, 229, 246, 333-334
estado de vigília, 230-231
experiência do autor, 243-245
lados ruins dos, 242, 247
platôs como, 212, 214
processos neurais como, 229-230
SOCS, 243-244
top-down vs. bottom-up, 242
Física
definindo energia a partir da, 178
emaranhamento, 152
macro e microestados, 182-183, 194
mecânica quântica, 182-183, 185
não localidade, 190
newtoniana, 183
nível clássico *vs.* nível quântico, 189, 214-215
separação espacial, 152, 190
Fluxo de informação, 193
Foco
externo, 36
interno, 36
FOMO, 147

Formação de mielina, 129
Frankl, Viktor, 307, 312
Fredrickson, Barbara, 105
Freud, Sigmund, 229
Freyd, Jennifer, 316
Friston, Karl, 234
Função de modificação da mente, 34
Função de monitoração da mente
 como parte da regulação, 34
 estabilizando, 34-35
 monitorando saliências, 46
Função imunológica, melhorando a, 15

G

Gargalhadas, 329
Genes
 e transtornos psiquiátricos, 277-278
 alterandoa regulação epigenética, 292
Gentileza, 103-104
 a intenção de, 82-93
Germer, Christopher, 55
Gibran, Khalil, 312
Gilbert, Paul, 55
Goleman, Daniel, 13, 178
Gostando de algo *vs.* querendo algo, 145-146
Gratidão, 97, 262
Graziano, Michael, 167, 168, 170, 329
Greater Good Science Center, 96

H

Hattiangadi, Jagdish, 185
Herrell, Shelly, 55
Hesse, Erik, 295
Hipócrates, 125
Hobson, Art, 184
Holmes, Oliver Wendell, 11, 161
Homeostase, 234
Hrdy, Sarah, 165
Humor, 339

I

Identidade, 142
Immordino-Yang, Mary Helen, 97
Improvisação, 336
Inclusão, importância da, 144
Infância
 experiências adversas na infância (EAI), 27-28
 sentimentos de vergonha em situações de negligência parental, 302-303
 uso infantil da Roda da Consciência, 269
Integração, 269
 como um modo de combater vício e ansiedade, 143
 comprometida, 277
 consertando a vinculação com, 288
 criando harmonia, 21
 da Rede de Modo Padrão (RMP), 134, 135-138
 diferenciação, importância da, 94-95, 249-250
 durante tempos difíceis, 105
 e amor, 105
 exemplo da vela como compartilhamento de identidades interconectadas, 341

gentileza como consequência da, 92
impedimentos para a, 94
neural, 15, 28, 52, 163-165, 174, 282
para melhoria da saúde, 91-92, 328-329
princípios fundamentais da, 29
relação da espiritualidade com, 94-95
Intenção de gentileza, 53-54, 69-70, 82, 87,89-90, 97, 102-103, 279, 331
Interconexão, 18, 71, 72-73, 76, 83-84, 93, 149-154, 306-307, 332, 340
Interocepção, 68, 70, 139
Interpretação ortodoxa de Copenhague, 186-187
Instituto Mind and Life, 88, 340
Iogues, 173, 175
Isolamento, 94-95

J

James, William, 40, 231
Jonathan (estudo de caso), 26, 274-281
Jung, Carl, 159

K

Kabat-Zin, Jon, 319
Keltner, Dacher, 96
Kornfield, Jack, 55, 101, 304, 335
Kornfield, Trudy Goodman, 55
Kringelbach, Morten, 249-250

L

Langer, Ellen, 237-238

Lentes da visão mental
abertura, 41, 115
lidar com distrações usando amorosidade e, 45, 62
objetividade, 41,115
observação, 41, 115
projetada como um tripé, *41*, 42
Liderança difusa, 340
Lessing, Doris, 311
Llinás, Rodolfo, 227, 229
Loop, características, 253-264

M

Main, Mary, 295
Mapas e mapeamento
aspectos positivos e negativos, 65-66
circuitos de ressonância, 169
da Roda da Consciência Básica, 70-73, *71*
do cérebro, 132
do foco atencional de outros, 167
do infinito, 172
Mecânica quântica
definindo *quantum*, 184
interpretação ortodoxa de Copenhague, 186-187
mar de potencial, 182, 330
natureza relacional da realidade, 188
probabilidades, 183-184
quatro princípios da energia, 185
vácuo quântico, 182, 193, 209-210, 214, 225, 252, 273, 318, 330

Meditação
  estudo de meditadores experientes, 176-177
  prática regular rigorosa, 329-330
  treinamento da mente, 54-55
  iogues e ondas gama, 173-174, 226
Melhorias na função celular de telomerase, 62, 319-320
Memória
  ansiedade pela "memória do futuro", 220
  armazenamento e recuperação, 220
  explícita, 298
  implícita, 292-294, 297, 299, 304
  sensação de ecforia, 299
Metaestabilidade, 250-251
Mind (Siegel)(Mente saudável), 23
Mente
  ABCDE dos sentidos mentais, 239-240, 307
  composta pelo sistema nervoso e pelo corpo, 125-126
  definição, 47-48
  entremente(s), 49, 83, 90, 147, 158, 200, 272, 274
  impressão (preparação), 208
  incerteza sobre de onde a mente emerge, 160
  natureza científica da energia e da, 194-195
  quatro facetas da, 49f, 49-53, 128-129
  reconectando o cérebro, 129, 158
  tanto embutida quanto relacional, 48f, 49, 170-171

Mindsight (O poder da visão mental)(Siegel), 26-27, 277, 287
Mona (estudo de caso), 27, 281-287
Monitoração de saliências, 46, 60, 255-256
Morte
  retornando ao Plano das Possibilidades após a, 357
  sobrevivência da mente após a, 170-171

N

Nash, Jonathan, 176
Neff, Kristin, 55, 104
Nelson, Ben, 320
Núcleo da Roda da Consciência
  curvando o raio para explorar a, 68, 109-113, *110*, 116, 172, rindo desde a, 336
  como o lugar do conhecer, 18
  como uma fonte de ações alternativas, 270
  vs. Aro, 27-29, 81, 191-192, 227-228
Newberg, Andrew, 176
Newton, sir Isaac, 183, 188-189, 215
Nye, Naomi Shihab, 331

O

Objetividade, 40-42, 45, 115
Observação
  camadas de filtragem, 244
  como parte das lentes da visão mental, 41-42, 115
  e probabilidades, 186

vs. Sensação, 38-39, 115
O'Donohue, John, 150, 159, 178, 180, 234, 329
OEOE, circuitos, 137-140, 147
Ondas gama, 155, 173-175, 225-226, 245

P

Padrões
   de pensamento, 141
   e traços de personalidade, 326-328
Pampsiquismo, 159
Parentalidade, 281-287
Parker, Suzanne, 320
Pascal, Blaise, 39
Passado
   experiências como auxílio em situações incertas, 241
   refletindo sobre o, 302, 321-322
Pauli, Wolfgang, 184
Pearson, Joel, 251-252
Pensamento hiper-racional, 275
Percepção, 316
Perdão, 101
Pesquisa
   sobre respiração consciente e atenção plena, 36
   sobre a Rede de Modo Padrão (RMP), 138-142
   sobre o impacto da compaixão em nossas vidas, 98
   sobre o treinamento mental para aumentar a integração, 142-143
   sobre bem-estar, 23-24
Pertencimento e inclusão em comunidade, 144

Picos. *Ver* diagrama 3-P de probabilidades
Postura científica, 153
Plano das possibilidades, 204
Platôs. *Ver* diagrama 3-P de probabilidades
Prática de respiração
   benefícios da, 47
   com um grupo, 37
   como exercício, 46
   distrações, 45-46
   ficando alerta durante, 36-37
   instruções, 43-44, 46
   observação *vs.* Sensação, 37
   para estabilizar atenção, 36, 42-47
   redirecionamento durante, 255-257
   relaxamento *vs.* Reflexão, 37
Presença, 31, 38, 55, 63, 330, 336
Probabilidade. *Ver também* diagrama 3-P de possibilidades
   adivinhação de palavras, exemplo de, 195-202, *197, 198, 200, 201,* 208
   física quântica, 183-186, 254
"Programas de ação" para sobrevivência, 132
Processamento de informação
   exemplo da "Golden Gate", 50
   simbolismo, 51
Processo de filtragem
   bottom-up, 234-238
   top-down, 234-238
Projeto Conectoma Humano, 92

Q

Quatro facetas da mente
   auto-organização, 51

consciência, 50
experiência subjetiva, 50, 128-129, 227
processamento de informação, 50

R

Raio da Roda da Consciência
conectando o *loop* do diagrama 3-P com o, 249, 250
conectando o núcleo ao aro, 18
curvando o, 68, 110, *110*, 116, 171
focando em cada, 19, 32-33
Receptividade *vs.* Reatividade, 27, 28-29, 291
Reflexão
dificuldade de, 39-40
sobre a prática da Roda da Consciência Básica, 76-77
sobre amorosidade e compaixão, 103-104
sobre curvar o raio para explorar o núcleo, 112-114, 116
sobre o passado, 302, 321-324
vs. Relaxamento, 37
Regulação
impedimentos causados por vinculação insegura, 282-283
modificando, 34-36, 53
monitorando, 34-36, 53
Rede de Modo Padrão – RMP, 134
analogia da exclusão social por um grupo, 247
áreas de linha média fracamente conectadas, 135
circuitos lateralizados, 139
circuitos OEOE, 137-140, 147

córtex cingulado posterior, 136, *136*, 168
córtex pré-frontal medial, 136, *136*, 168
córtex pré-frontal ventromedial, 136
definição, 134-135
eu solitário, 137, 148
pesquisa, 138-142
senso do eu, 136-137, 165, 238
teoria da mente, 241
Redes sociais e autopreocupação, 147
Relaxamento *vs.* Reflexão, 37
Religião
consciência do universo, 159
termos diversos de acordo com a cultura e a, 176
Resiliência, 90
Ressonância de positividade, 105
Ricard, Matthieu, 88
Rinpoche, Mingyur, 175
Roda da Consciência
batida policial como exemplo de um novo sentido de interconexão, 106-107
e a varredura oscilatória atencional, 248-249, *249*
exemplo de cirurgia dental para encontrar serenidade usando a Roda, 318-320
explicada, 17, *19*, 65
fluxo do exterior para o interior e para o interespaço, 170
impulso para fugir da, 291
mapeando a, 65-70
Básica, prática, 67-70, 70-73, *71*
Completa, prática, 67-70

Condensada, prática, 118-121
propósito da, 19, 73, 328
reações comuns e descrições, 22-223
reflexão sobre, 77-81, 115-116
segmentos do aro, *19,* 18-19, 67-68
termos e seus enquadramentos conceituais, 264-265
uso por adolescentes, 277
uso por crianças, 269
Roda da Consciência Básica
mapa, 65f, 65-66
prática, 67-70, 73-76
reflexões sobre, 76-81
Roda da Consciência Completa
afirmações de intenção amorosa e compaixão
prática, 67-70
Roda da Consciência Condensada, 118-121
Rovelli, Carlo, 152
Rumi (poeta), 325

S

Saúde cardiovascular, melhorando, 15
Scharmer, Otto, 154
Segal, Zindel, 138
Segmentos do aro, 18-19, *19,* 126
1 (primeiros cinco sentidos), 18-19, 68, 70, *71,* 74, 112, 119, 127
2 (sensações corporais, interocepção), 68, 70, 77, 115, 126, 127, 293
3 (atividades mentais), 68, 70, 72, 83, 115, 120, 126, 138, 171, 217, 222
4 (interconexão/relacional), 67, 69, 70, 72, 76, 81, 86, 93, 101, 149-150, 153, 279, 305
self
definindo, 84
entre-eu relacional, 83-84, 95-96
eu interior, 83, 95-96
preocupação com, 137, 143,147
Senge, Peter, 154
Sensações corporais, 78, 115, 127, 245, 292-293, 300, 312
Senso interno de eu, 170
Senso relacional (interconexão), 18, 68, 73, 81, 84
Sentidos
1-5 (primeiros cinco), 18, 68, 70, 72, 77, 84, 114, 119, 124,139
6 (interocepção), 68, 70, 139
7 (atividades mentais), 18, 55, 68, 70, *71,* 72, 75, 80, 81, 83, 107-108, 110, 112, 115, 116, 120, 127-128
8 (interconexão), *71,* 71-73, 83-84, 128
filtro de fluxo de sensações, 244
Sentimentos, 126-127, 132
Separação
a ilusão de, 86
espacial, 152, 190
Shapiro, Shauna, 55
Shimony, Abner, 190
Siegel, Daniel J.
apelido, 333-334
exemplo da Roda para consciência e energia, 259
explorações sobre a energia e a mente, 178-181

publicações anteriores, 23-24
Siegel, Madeleine, 237, 306
Significado, 309, 311-312
Sinergia, 21, 308
Simon-Thomas, Emiliana, 96
Singer, Tania, 88
Sistema
   de engajamento social, 291
   de recompensa, 145-146, 275
   nervoso, 125, 133
SOCS, filtros (sensação, observação, conceituação e saber), 243-244
Sonhos, 229
Sono e sonhos, 230
Stapp, Henry, 186

T

Teresa (estudo de caso), 27-31
Tempo
   ausência de tempo no núcleo vs. no aro, 192-193
   seta do, 185, 192, 228
Termos e sua estrutura conceitual, 264-265
The Telomere Effect (Blackburn e Epel), 141
To Bless the Space Between Us (O'Donohue), 150
Trabalho
   colegas, 308
   encontrando sentido no, 308-309
Transtorno bipolar, 277-278
Trauma
   adaptações para lidar com, 294
   Adult Attachment Interview, 300
   cura, 297-304
   de desenvolvimento, 288
   difíceis experiências infantis, 27, 30, 78, 287-288, 294-295, 323-324
   e o plano das possibilidades, 299, 302
   impulso de fugir da prática da Roda como consequência de, 291-293
   libertar-se de, 231-232
   lidando com, 294
Treinamento mental
   prática regular de, 118
   três pilares do, 53-54, 54
Triângulo a experiência humana, 48

V

Variedades da experiência religiosa, As Varieties of Religious Experience (James), 240
Varredura de 40 Hz da atividade elétrica
   benefícios da, 227
   ciclo oscilatório, 248-249, 249
   exemplo de distração durante a prática de consciência, 255
   proporções, 253-261
   variados níveis de envolvimento, 254
Vergonha, 296-297
Vício
   desejo e dependência, 145-146
   gostando de algo *vs.* querendo algo, 145-146
   redes sociais, 146
Viés de confirmação, 180, 242, 245

Vinculação/apego
    4 As da, 284-285, 285
    ambivalente, 281, 281, 287
    esquiva, 281, 282, 287
    desorganizada, 281
    insegura, 281, 282, 287, 288
    segura, 281, 284, 289
Visão mental, 56, 63, 88, 115, 166, 277, 284, 340, 345

W

Walcott, Derek, 317
Welch, Neil, 151

Z

Zachary (estudo de caso), 304-312
Zajonc, Arthur, 89, 191, 208, 339-340

Elogios para *A sabedoria do agora*

"Daniel Siegel é uma das pessoas mais conscientes que eu conheço; e agora ele compartilha conosco uma brilhante ferramenta prática para aguçar a consciência de todos nós."

– Daniel Goleman, autor de *Inteligência emocional*

"Em nossa vida, desenvolver uma mente forte é o caminho comprovado cientificamente para cultivar mais bem-estar, inteligência emocional e conexão social. A nova abordagem de Dan Siegel para a Roda da Consciência nos oferece uma ferramenta poderosa para fazer exatamente isto: trazer mais saúde, resiliência e cuidado para toda a extensão de nossa vida."

– Goldie Hawn, autor de *A Lotus Grows in the Mud* e *Ten Mindful Minutes*

"Com uma abordagem nova e cativante da meditação, *A sabedoria do agora* nos permite fazer buscas internas bem-sucedidas para o cultivo do bem-estar e uma compreensão mais profunda da mente. A Roda da Consciência fornece um caminho abrangente, fundamentado na ciência, para desenvolver a atenção focada, a consciência aberta e a intenção de gentileza que, segundo pesquisas, podem ajudar a trazer saúde e resiliência para a nossa vida."

– Chade-Meng Tan, autor de *Alegria todo o dia* e *Busque dentro de você*, best-sellers do *The New York Times*

"Em *A sabedoria do agora*, Dan Siegel combina visões de uma variedade de práticas tradicionais, criando um método original de praticar a atenção plena, integrando completamente as experiências mentais e físicas, e nos conduz rumo à saúde e à felicidade para todos. Fundamentado pela prática cientificamente validada da Roda da Consciência, o dr. Siegel revela como as práticas de consciência multissensorial e holística levam a uma presença robusta nas relações, à harmonia e à vida pacífica em comunidades diversas. Leia *A sabedoria do agora* para liberar um novo modo de despertar para a possibilidade infinita de ser e amar em nossa vida e comunidade, aceitando nossas diferenças e mudando com alegria do 'Eu' para o 'Eu-Nós'."

– Rhonda V. Magee, professora de direito da Universidade de São Francisco

"O dr. Dan Siegel tem um dom extraordinário: descrever padrões e, de uma forma poderosa, tornar acessíveis as percepções e as práticas fundamentais para o bem-estar e o despertar. Em *A sabedoria do agora*, com base na ciência e na psicologia, ele apresenta para nós a sua Roda da Consciência, um modo prático e libertador de usar e perceber a mente."

– Joan Halifax, PhD, abadessa, Upaya Zen Center

"Dan Siegel apresenta um novo olhar e uma imaginação criativa para fornecer um mapa da mente e tornar as práticas de atenção plena mais acessíveis e aplicáveis à vida cotidiana. *A sabedoria do agora* nos fornece um modo de aumentar as habilidades de autoconsciência, automonitoramento e autorregulação – aumentando nossa capacidade para ter alegria, prosperidade e paz."

– Ronald Epstein, autor de *Attending*, doutor em medicina, professor de medicina da família, psiquiatria e oncologia da Escola de Medicina e Odontologia da Universidade de Rochester

"Nós sabemos muito sobre o que há lá fora no cosmos, a bilhões de anos-luz de distância, mas pouquíssimo sobre o que está acontecendo agora em nossa mente. Sabemos sobre a matéria escura, mas não tanto sobre a matéria cinzenta, que me parece bem mais importante. Daniel Siegel finalmente nos dá uma visão de quem somos, como trabalhamos e, o mais importante de tudo, como retreinar e mudar a nossa mente. Para mim, quase todas as frases são momentos de descoberta. Finalmente alguém acerta em cheio o que é ter uma mente saudável e, se esse não for o seu caso, como alcançar uma."

– Ruby Wax, autor de *Sane New World*

"Daniel Siegel é único, de verdade. Sua habilidade de combinar neurociência de primeira com técnicas acessíveis de treinamento mental é magistral. Quem quiser ficar menos distraído e mais presente na própria vida vai querer ler este livro."

– Andy Puddicombe, cofundador da Headspace

"Dan Siegel, um médico brilhante e compassivo e um mestre da 'tradução' de pesquisas e tópicos complexos, oferece este guia sábio e prático sobre a Roda da Consciência. Inspirado na ciência e em décadas de experiência clínica e de ensino, combinado com a visão única de Dan, *A sabedoria do agora* abre nossa mente para uma prática mental transformadora, que pode servir como um recurso valioso para vivermos com plenitude os altos e baixos da vida cotidiana."

– Susan Bauer-Wu, presidente do instituto Mind and Life, autora de *Leaves Falling Gently*

"Esta é a primeira vez que vejo a integração das três principais práticas de meditação (concentração, benevolência e abertura de consciência) em uma teoria sustentada cientificamente... ao mesmo tempo, ligando o autoquestionamento à nossa pulsão por comunidade. De textos tibetanos à teoria quântica, Dan eleva a nossa compreensão da mente."

– Jeffrey C. Walker, ex-vice-presidente da JPMorgan Chase & Co.

"Com afeto e humanidade, o dr. Siegel nos fornece uma síntese brilhante das novas ciências da mente. Uma síntese fascinante, às vezes de cair o queixo, e sempre de uma utilidade admirável. É uma integração notável de neurociência de ponta, profundas visões contemplativas e práticas de experiências realistas. Uma obra genial de um mestre dessa área do conhecimento."

– Rick Hanson, PhD, autor de *Resilient: How to Grow an Unshakable Core of Calm, Strength, and Happiness*

**Acreditamos
nos livros**

Este livro foi composto em Fairfield LT
Std – 45 Light e impresso pela Gráfica
Santa Marta para a Editora Planeta do
Brasil em janeiro de 2022.